# Un Économiste pionnier des problématiques environnementales et des Ressources Naturelles en Afrique

*Mélanges scientifiques en l'honneur du Professeur Claude Njomgang*

Sous la Direction de

Désiré AVOM

et Jean Hugues NLOM

# Un Économiste pionnier des problématiques environnementales et des Ressources Naturelles en Afrique

*Mélanges scientifiques en l'honneur du Professeur Claude Njomgang*

Préface de Patrick GUILLAUMONT

L'Harmattan

5-7, rue de l'École-Polytechnique ; 75005 Paris

www.editions-harmattan.fr

ISBN : 978-2-336-50092-8

EAN : 9782336500928

# SOMMAIRE

# PRÉFACE

C'est un immense plaisir et, un non moindre honneur pour moi, d'avoir à préfacer ces très riches mélanges écrits en l'honneur du Professeur Claude Njomgang. J'ai la chance de connaître Claude Njomgang depuis plus de 50 ans. Il était venu accomplir ses études de doctorat en Auvergne à Clermont-Ferrand, et m'avait choisi comme directeur de thèse. A vrai dire, je n'étais alors qu'un jeune doyen et directeur de thèse. Ce qui m'a frappé, du début de notre rencontre jusqu'à aujourd'hui, et pendant les longues années où s'est développée une profonde amitié entre nous, ce sont, outre la persévérance de Claude Njomgang, sa droiture, son honnêteté intellectuelle, un sens aigu des questions économiques importantes, le choix des meilleurs outils pour les traiter, et ses bonnes intuitions. J'ai toujours trouvé juste cette formule familière disant qu'à son contact, les Bamilékés me semblent plus volontaires que les Auvergnats, qui passent pour l'être, sans doute, exagérément. Avec sa persévérance et sa ténacité, mais plus encore, du fait de son dévouement aux étudiants, de son engagement dans la recherche sur les sujets économiques les plus importants, voire de son autorité morale empreinte de modestie, Claude Njomgang s'est montré un universitaire exemplaire. Le florilège de contributions réunies ici, en son honneur, en est un magnifique reflet.

J'ai à l'égard de Claude Njomgang une dette intellectuelle particulière. J'avais soutenu en 1964, une thèse dont l'objet portait sur « l'absorption du capital » ; et qui, publiée quelques années plus tard, était essentiellement plus théorique qu'empirique. Claude Njomgang releva le défi d'en appliquer l'analyse au Cameroun, donnant ainsi un contenu concret et opérationnel à cette notion encore peu étudiée alors, qui n'a cessé de l'être depuis, mais de façon ambiguë. L'absorption du capital, c'est-à-dire l'utilisation effective et efficace de l'épargne interne ou externe, reste un problème fondamental du développement. Or, au lieu d'être un instrument dont on se sert pour s'attaquer aux obstacles au développement, la notion de capacité d'absorption a très souvent été abusivement employée par les bailleurs de fonds, pour justifier la lenteur et la difficulté à débourser les flux concessionnels correspondant aux engagements pris. Au demeurant, il y a lieu de noter que suite à la prise en compte des différents types d'impact de l'investissement, notamment dans le domaine de l'environnement, la notion de capacité d'absorption n'a pas cessé de s'enrichir. De sorte que, pour le cas d'espèce, l'efficacité de l'absorption du capital doit s'apprécier en intégrant l'environnement à son évaluation.

Dans ce domaine de l'environnement précisément, c'est dès l'entame des années 2000 que Claude Njomgang a donné une nouvelle orientation à ses travaux, jouant un rôle de pionnier pour appliquer l'analyse économique aux problèmes environnementaux dans le contexte africain. A un moment où, tenant compte des priorités qu'il revient à chaque pays de déterminer, la communauté scientifique internationale, et chaque pays en particulier, s'interrogent sur les moyens de concilier les objectifs de croissance économique et de réduction de la pauvreté, d'une part, et ceux de croissance économique et de préservation de l'environnement, d'autre part, le cheminement intellectuel du Professeur Claude Njomgang sert d'exemple. Les mélanges ici compilés, sont la manifestation éclatante de la fécondité de cet exemple.

**Pr Patrick Guillaumont**

Professeur émérite de l'Université de Clermont Auvergne

Président de la Fondation pour les études et recherches sur le développement international (FERDI)

# INTRODUCTION

L'article de Sachs et Warner publié en 1995 sous l'intitulé *« Natural Resource Abundance and Economic Growth »*, est un marqueur fort pertinent de la problématique fondée sur les ressources naturelles ; car, il apporte un regard nouveau sur le sujet. En effet, ces auteurs établissent, à la surprise générale, une relation négative entre l'abondance des ressources naturelles longtemps considérée comme une bénédiction, et la croissance économique. Et alors même que cette préoccupation théorique et empirique n'est pas au cœur des travaux du Professeur Emérite NJOMGANG Claude, elle a certainement eu le mérite d'aiguiser sa pensée pour une tout autre préoccupation scientifique : la maîtrise de l'économie de l'environnement. A un moment où la discipline connaît ses premiers balbutiements en Afrique, cette icône de la recherche a l'idée de faire de cette branche des sciences économiques qu'est l'économie de l'environnement, le pilier de son éveil des consciences. Près de quarante ans après, si les grandes questions aux enjeux planétaires, que figurent le changement climatique et les troubles environnementaux qu'il engendre restent d'actualité, la gestion calamiteuse des ressources naturelles suscite davantage d'intérêt. En ouvrant une brèche sur l'analyse des ressources naturelles, cet ouvrage, qui rassemble une diversité de contributions aussi pertinentes les unes que les autres, veut marquer d'une autre empreinte différente, l'abondante littérature déjà produite dans le domaine de l'économie de l'environnement.

Mais d'abord, que nous disent les faits ? Ils disent : **1.** qu'à plusieurs reprises, l'utilisation hasardeuse des ressources naturelles, et le manque de planification de leur gestion, ont conduit à la dégradation de l'environnement ; **2.** qu'aux 19$^{e}$ et 20$^{e}$ siècles principalement, l'urbanisation et l'industrialisation rapides des pays occidentaux ont accentué la pollution dans le monde, dégradant notablement la santé des populations ; **3.** que l'augmentation rapide de la population, conjuguée à la révolution industrielle, ferment de la croissance et de la diversification de l'activité économique, ont non seulement contribué à mettre plus de pression sur le secteur extractif, mais, à plus grande échelle, ont modifié le paysage et la qualité de l'air et de l'eau.

Le tournant récent et plutôt décisif des écrits sur l'environnement n'occulte en rien le fait que ce sont les économistes de la première heure qui, en pionniers, se sont penchés sur la question. Dans *The Wealth of Nations* (en francais, « La Richesse des Nations »), Adam Smith (1776) présente une analyse détaillée des industries minières en combinant l'extraction du charbon, de l'étain et des métaux précieux. Vingt-deux ans après, dans son « Essai sur le Principe de la Population » paru en 1798 (titre original : *Essay on the Principle of Population*), Malthus exprime une grande inquiétude quant à l'amenuisement des terres arables disponibles, et l'inadéquation entre des approvisionnements alimentaires insuffisants, et une population en constante augmentation. Plus tard, en 1817, dans ses *Principes d'économie politique et de l'impôt*, Ricardo soutient que la croissance économique va finir par s'essouffler en raison de la raréfaction des terres, et de la baisse subséquente de leur capacité de production alimentaire. Ce qui aurait pour effet de stabiliser la population à un niveau de subsistance. Jevons (1865) fait le même diagnostic à partir de l'analyse du rôle du charbon dans l'économie britannique, et de l'épuisement supposé de ce minerai.

Vers la fin des années soixante-dix, une interrogation s'est propagée au sujet de la capacité de la biosphère à fournir les ressources nécessaires à la poursuite du développement économique. Le *Rapport Meadows* de Delauney et Le Club de Rome (1972) aura représenté à cet égard, un repère évolutif marquant. La décennie 1980, quant à elle, a accouché d'une analyse qui établit la distinction entre les ressources épuisables les plus « marchandes » (à l'instar du pétrole et des ressources renouvelables), et celles beaucoup moins « marchandes » (comme les éléphants ou les baleines menacés d'extinction). Et plutôt que de craindre que le développement ne rencontre une limite absolue dans la disponibilité des ressources, on tend à envisager les ressources naturelles comme une réalité physique concrète, « un stock qu'il convient de gérer en tenant compte, soit des rythmes naturels de reproduction (ressources renouvelables), soit de ses perspectives d'épuisement et des délais nécessaires aux prises de relais par de nouvelles ressources (ressources non renouvelables). » (Passet, 1990)

Depuis le début des années 2000, et au cours des deux décades qui ont suivi, on a observé un éloignement de la gestion des ressources naturelles, des pôles centralisés des pouvoirs publics, vers des modèles plus délégués ; lesquels sont généralement connus sous le vocable de « gestion communautaire des ressources naturelles. » Il faut dire que ces modèles de gestion décentralisée des ressources naturelles se répandent dès lors que ces dernières, perçues comme des biens communs, sont elles-mêmes issues de mère nature, c'est-à-dire du premier des biens que les hommes ont en partage depuis la nuit des temps. De telles modèles supposent qu'il existe une mesure de cogestion des ressources entre les autorités centrales, les instances gouvernementales locales, et les communautés qui en dépendent. Le but est qu'au travers de divers arrangements institutionnels, ces trois entités organisationnelles se partagent les droits et les responsabilités inhérents à la cogestion. Le transfert supposé acté du management des ressources naturelles, de l'autorité centrale vers les communautés locales, conduit souvent à des réformes institutionnelles d'envergure ; et à des changements fondamentaux au plan de la répartition du pouvoir (IIED, 2009 ; Ostrom, 1990).

Les problèmes liés aux ressources naturelles et à l'impératif de préservation de l'environnement pour les générations futures, sont devenus plus que prépondérants vers la fin de l'ère néoclassique. Le Professeur Emérite NJOMGANG Claude, en bon visionnaire qu'il est, a entrepris de travailler sur l'analyse économique que ces préoccupations d'ordre mondial pourraient susciter. Pour avoir consacré une bonne partie de sa carrière au domaine de l'économie de l'environnement en général, et à celui de la gestion des ressources naturelles en particulier, il a commis en 2009, un livre publié aux éditions L'Harmattan sous le titre « Economie des ressources naturelles et de l'environnement ». Cette publication, faut-il le souligner, est le fruit d'un enseignement dispensé depuis les années 1990 aux étudiants de Maîtrise, DEA (Diplôme d'Etudes Approfondies) et Doctorat des filières tant académiques que professionnelles, de différentes universités d'Afrique et de France. Il est par ailleurs l'émanation d'un apport non négligeable de sa thèse complémentaire qui, du fait d'avoir porté sur la théorie des ressources naturelles non renouvelables de Hotelling appliquée à la politique pétrolière, a en ce début de décade 1980, définitivement marqué sa spécialisation en économie des ressources naturelles et de l'environnement. Considéré comme un des pionniers dans ce domaine en Afrique centrale, cet enseignant chevronné s'est continuellement attelé à familiariser ses nombreux étudiants aux fondements théoriques et principes généraux de la politique environnementale. Avec pour objectifs constants, de renforcer leurs capacités d'analyse en politique économique, et de leur fournir une meilleure compréhension de l'interface environnement-développement.

Cet ouvrage collectif de seize (16) chapitres regroupés en quatre (4) parties retrace, dans l'ensemble, la situation actuelle des ressources naturelles, des forêts et du changement climatique en Afrique Centrale. Le livre vise à explorer des thèmes de recherche aussi variés que divers, dont : la contribution des ressources naturelles au Produit Intérieur Brut (PIB) et au bien-être des populations ; le niveau de mise en œuvre des instruments de gestion de l'environnement et des conventions internationales en matière de protection de l'environnement ; mais aussi et surtout, les perspectives d'une meilleure prise en compte des questions environnementales et de gestion des ressources naturelles dans ce contexte géographique particulier de l'Afrique centrale.

Dans la première partie intitulée **ANALYSE ECONOMIQUE DES CHANGEMENTS CLIMATIQUES EN AFRIQUE SUB-SAHARIENNE,** quatre (4) chapitres sont développés. Ouvrant la porte au lecteur, **Sophie Michelle EKE BALLA, Fidoline NGO NONGA et Claude NJOMGANG** proposent au premier chapitre, un article intitulé **Adaptation au changement climatique et durabilité des produits forestiers non ligneux (PFNL) dans la forêt communautaire de Morikouali-Yé au Cameroun**. Ce travail de recherche, qui s'inscrit dans les logiques de l'adaptation au changement climatique (CC) et de la gestion durable des ressources, entend analyser l'incidence des mesures d'adaptation au CC sur l'adoption des comportements écologiques des ménages ruraux engagés dans la collecte de produits forestiers non ligneux (PFNL) au Cameroun. Pour y parvenir, les auteurs utilisent les données primaires datant de 2011, d'un échantillon stratifié de soixante (60) ménages ruraux de la forêt communautaire (FC) de Morikouali-Yé au Cameroun, Région de l'Est, Arrondissement de Yokadouma. Leurs résultats montrent que, d'une part, le bois de feu, l'*Irvingia gabonensis* (mangue sauvage), le *Ricinodendron heudelotii* (Njansang), le *Gnetum* (Ikok), le Jujube et les écorces, restent les espèces de PFNL les plus collectées ; et que, d'autre part, compte tenu du fait qu'année après année, la proportion des ventes des PFNL dans le revenu total des ménages concernés demeure forte (41%), la relation entre le revenu total et le revenu des PFNL est croissante et significative.

**Martial BINDOUMOU** nous révèle ensuite, dans un article titré **Livelihood Diversification under Climate Risk in the Centre Region of Cameroon**, que la diversification des moyens de subsistance assure la stabilité des revenus, et réduit le risque climatique dans le département de la Lékié. Le portefeuille agricole optimal montre qu'une variation unitaire d'un homme-jour conduit à une augmentation de 27,84% ; 92,6% ; 67,44% ; 69,11% ; 155,32% et 159,77% des revenus des activités cacao, gnetum africanum, maïs, amandes de mangues sauvages, légumes et porc, respectivement.

S'intéressant au changement climatique, **Donald Dimitri ONOUNGA** propose, au troisième chapitre, une production scientifique intitulé **Incidence des facteurs socio-économiques sur le changement climatique dans les pays du bassin du Congo.** L'auteur utilise, pour la période allant de 1985 à 2018, les données d'un échantillon comprenant six (6) pays. Les résultats révèlent que le changement climatique dû aux émissions de $CO_2$ dans les pays du Bassin du Congo, est la résultante de multiples facteurs, parmi lesquels : la croissance démographique, la croissance économique mondiale et la déforestation de ces pays. L'étude arrive également à la conclusion que les facteurs socio-économiques affectent négativement les températures et les précipitations dans le seul cas d'une hausse des émissions de $CO_2$. Finalement, l'auteur fait le constat que pour les pays du Bassin du Congo, il apparaît nécessaire de viser, sur le long terme, un développement économique dénué du risque de dégradation environnementale.

Pour achever cette partie de l'ouvrage en opérant une transition harmonieuse avec la suivante, **Cyrille Dominick BITTING, Orelien Trésor TCHAMBA FEUMBA et Sandrine-Carole NGANANG** s'intéressent aux **Impacts potentiels du changement climatique sur l'agriculture au Cameroun.** Cette étude, dont la période d'intérêt s'étend de 1961 à 2015, examine les effets du changement climatique et, à travers eux, ceux de ses canaux de transmission que sont les températures et les précipitations, sur la moyenne et la variance de la production agricole, de l'élevage et de la pêche au Cameroun. Les résultats issus de l'estimation d'une fonction de production stochastique développée par Just et Pope (1978), conduisent au constat que les précipitations impactent positivement la production animale et celle des cultures agricoles ; quand les températures, elles, exercent un effet négatif sur la production tirée des activités de pêche et d'élevage. Un autre pan de ces résultats établit que les précipitations ont tendance à réduire le risque de production, alors que les températures augmentent ce risque.

La deuxième grande articulation de l'ouvrage traite du triptyque **OUVERTURE COMMERCIALE, CROISSANCE ECONOMIQUE ET ENVIRONNEMENT.** Cinq (5) chapitres meublent cette partie. Le premier concerne l'article de **MONDJELI MWA NDJOKOU ITCHOKO MOTANDE et Suzanne Clarisse Edwige HYOBA** intitulé **Politique environnementale et croissance économique en Afrique**

**Subsaharienne.** L'objectif de cette recherche est de déterminer, sur la période allant de 1980 à 2018, l'influence des politiques environnementales sur la croissance économique de 26 pays d'Afrique Subsaharienne (ASS). Utilisant la méthode Pooled Mean Group (PMG) estimator et celle dite Dynamic Fixed Effect (DFE) proposées par Pesaran et *al.* (1999), les auteurs parviennent à montrer qu'il existe en ASS, autant à court qu'à long terme, une relation positive et significative entre les politiques environnementales (notamment la taxe sur les ressources naturelles non renouvelables), et la croissance économique.

Dans le but d'appréhender les effets de la croissance économique sur l'environnement, **Edmond NOUBISSI DOMGUIA, Thierry MESSIE PONDIE et Borice Augustin NGOUNOU** produisent, au deuxième chapitre, **Croissance économique, dépenses militaires et dégradation de l'environnement en Afrique**. Les auteurs ont recours aux méthodes d'estimation des effets fixes, Driscoll-Kraay, Lewbel (2SLS), Oster, des VAR structurels et des Quantiles. L'étude dévoile qu'il y a un impact positif et significatif des dépenses militaires sur les indicateurs de l'environnement retenus (le dioxyde de carbone, l'oxyde nitreux et le méthane). Ce qui laisse entendre que, de manière tout à fait paradoxale, bien qu'aucun pays africain ne soit producteur d'armes, les dépenses militaires contribuent à la dégradation de leur milieu de vie. D'où la prise en considération de l'enjeu majeur de protection de l'environnement que représente, en Afrique, la maîtrise des dépenses militaires.

**Émissions de $CO_2$ et croissance économique : rôle du secteur financier en Afrique subsaharienne** est l'étude qui figure au troisième chapitre, et sur laquelle ont travaillé **Satiéba FAYAMA, Babacar SENE et Boukary OUEDRAOGO**. En ciblant la période 2000-2019, l'estimation du modèle ARDL (avec comme estimateur PMG) a été utilisée sur un échantillon de 27 pays d'Afrique subsaharienne. Les résultats montrent qu'à court et à long terme, les émissions de $CO_2$ ont un effet positif sur la croissance économique. Mais que, lorsque le secteur financier est intégré dans l'analyse, l'effet positif des émissions de $CO_2$ sur la croissance économique diminue. A tel point qu'à long terme, le secteur financier en vienne à affecter négativement la croissance économique. Ces résultats révèlent en outre qu'une amélioration du secteur financier, tant au plan structurel que qualitif, réduit les émissions de $CO_2$ ; ce qui a un effet positif à court et à long terme sur la croissance économique. Pour ce qui est des implications attendues en matière de politiques économiques, les auteurs suggèrent aux pouvoirs publics de mettre l'accent sur le développement du secteur financier en général, et des marchés et instruments financiers, en particulier.

Le quatrième chapitre de la deuxième partie de l'ouvrage est consacré au travail de **Hilaire NKENGFACK et Serge DJOUDJI TEMKENG** qui, au travers de leur article intitulé **Revisiting the Resource Curse Hypothesis in Africa**, testent sur la période allant de 2003 à 2019, l'hypothèse de la malédiction des ressources naturelles dans 50 pays africains. Il convient de noter ici que la malédiction des ressources naturelles a fait l'objet de test à la fois dans sa dimension économique et politique. Les indicateurs de dépendance et d'abondance des ressources sont utilisés. Les résultats mis en lumière par l'étude témoignent de ce que : **1.** la malédiction des ressources économiques opère via l'altération du bien-être ; **2.** une augmentation de la dotation totale en ressources naturelles a, à court terme, un effet négatif et significatif sur le bien-être ; cet effet est positif à long terme. De plus, **3.** si l'impact des ressources naturelles sur le développement humain ne change pas après contrôle de la gouvernance, alors, dans sa dimension politique, la malédiction des ressources naturelles n'est davantage qu'une malédiction pétrolière.

Et c'est pour approfondir cette étude, et abonder dans le sens des conclusions auxquelles elle aboutit, que dans le cinquième et dernier chapitre de la deuxième grande articulation de ces mélanges, **Joel SOTAMENOU et Glory NEHGWELAH** produisent l'article intitulé **Investigating the effect of trade openness and agriculture on deforestation in Cameroon**. Se référant à la série chronologique 1980-2015, l'étude examine les effets de l'ouverture commerciale et de l'agriculture sur la déforestation au Cameroun. Les données qui y sont exploitées proviennent des statistiques de la Banque Mondiale et de la FAO. L'outil méthodologique utilisé est la méthode des Moindres Carrés Modifiés (MCM). Les résultats obtenus indiquent que lorsque l'ouverture commerciale augmente, la déforestation augmente également. Mais, quand il advient que l'ouverture commerciale croît au-delà d'un certain seuil, la déforestation diminue. Ce travail de recherche révèle par ailleurs que l'agriculture est l'une des causes majeures de la déforestation au Cameroun ; et qu'il existe une relation du type courbe en U inversée entre la croissance économique et la déforestation au Cameroun (hypothèse d'existence de la courbe environnementale de Kuznets).

Le concept de durabilité est analysé dans la troisième partie des présents mélanges. Comme son intitulé l'indique, elle s'intéresse à la problématique de la **GESTION DURABLE DES RESSOURCES NATURELLES EN AFRIQUE SUB-SAHARIENNE.** Le premier des quatre (4) chapitres qui constituent cette partie correspond à l'article de **Novice Patrick BAKEHE et Roukiya HASSAN**, lequel se décline comme suit dans la langue de Shakespeare : **Household cooking fuel choice in the Congo basin**. Cette recherche met en exergue les facteurs qui influencent le choix, par les ménages, des sources d'énergie pour la cuisson. Les données utilisées proviennent de l'Enquête Démographique et de Santé de trois pays du Bassin du Congo (le Cameroun, le Congo et le Gabon) et couvrent 32 770 ménages. Les résultats obtenus sur la base d'un modèle logit multinomial établissent que les caractéristiques démographiques, la richesse et le capital humain des ménages, ont un impact significatif sur le choix du type d'énergie dédié à la cuisson des aliments. Les coefficients sont globalement stables quel que soit le pays. Les politiques devraient pouvoir s'appuyer sur les conclusions de cette étude pour promouvoir dans le Bassin du Congo, une utilisation accrue des combustibles écologiquement propres.

En s'intéressant plus spécifiquement au Bassin du Congo, **Hilaire NKENGFACK et Hervé KAFFO FOTIO** co-signent l'article tenant lieu de deuxième chapitre de la troisième grande articulation de ces mélanges, à savoir : **Croissance sectorielle et déforestation dans le Bassin du Congo**. Les auteurs, qui ont utilisé les données de quatre pays du Bassin du Congo sur la période 1990-2017, y font le constat que l'accroissement de la valeur ajoutée agricole diminue le couvert forestier, tandis que les activités relevant des secteurs industriels et tertiaires l'augmentent significativement. D'autres facteurs tels que l'ouverture commerciale, la densité de la population et la corruption contribuent eux aussi, et pour beaucoup, à la déforestation.

Au troisième chapitre, **Claudiane Yanick MOUKAM et Claude NJOMGANG** répondent à la question **Quelles modalités de gestion des forêts communautaires au Cameroun ?** Leur étude évalue les pratiques de gestion desdites forêts au Cameroun. Elle s'inspire de la littérature sur les biens communs, et utilise la méthode d'évaluation contingente. Il en ressort que les principales caractéristiques de gestion des ressources communes s'appliquent aux forêts communautaires (FC) en général, et à la FC de Molimozok en particulier. Ici, 68% des populations riveraines éprouvent un réel besoin d'amélioration des modalités de gestion de leur FC. Le CAP (consentement à payer) est en moyenne estimé à 1 285 FCFA, soit un bénéfice total d'amélioration de 509 288 FCFA. L'amélioration des systèmes de gestion des FC permettrait, par ailleurs, une meilleure implication des populations.

Dans une approche macroéconomique, **Romaine Doline NGO NGUEDA et Arsene MOUONGUE KELLY** délivrent aux lecteurs leur article intitulé **Complexité économique et gestion durable des ressources naturelles : enjeux et opportunités pour l'Afrique Sub-Saharienne.** Ce quatrième et ultime chapitre de la troisième partie de ces mélanges donne l'occasion à ces auteurs, d'analyser l'effet de l'exploitation des ressources naturelles sur la complexité économique en Afrique Sub-Saharienne (ASS). Les analyses sont menées grâce à la technique d'estimation des moindres carrés ordinaires des effets fixes, et couvrent la période allant de 1998 à 2019. Elles conduisent à des résultats qui montrent que l'augmentation du revenu par tête, la consommation d'énergie renouvelable, et les investissements directs étrangers contribuent tous positivement à la sophistication du système économique et du panier des biens à exporter. Les tests de contrôle de robustesse réalisés à l'aide de la méthode des moments généralisés et des effets aléatoires des moindres carrés généralisés, confirment à la fois, les résultats obtenus, et la nature de la relation entre la complexité économique et la gestion des ressources naturelles en ASS.

La quatrième partie de cet ouvrage collectif traite de la problématique **AGRICULTURE ET SERVICES ECOSYSTEMIQUES**. Elle est structurée en trois (3) chapitres. La notion de service écosystémique y est prépondérante, sans doute parce que depuis une dizaine d'années maintenant, elle s'impose dans les arènes internationales de la biodiversité. En termes de genèse et de signification symbolique, les services écosystémiques sont un vocable médiatisé à la suite d'une consultation d'experts internationaux qui, entre 2001 et 2005, vont travailler à commettre un rapport scientifique sur le sujet. Rapport commandé en l'an 2000 par le Secrétaire Général de l'ONU alors en fonction, Kofi Annan. Ce document avait pour objet de hiérarchiser les actions à entreprendre pour restaurer et conserver notre environnement et les services écosystémiques qu'il nous rend, tout en veillant à son utilisation durable par l'Homme. Il est connu sous le nom d'***Evaluation des écosystèmes pour le millénaire*** (EM) ; en anglais, ***Millennium Ecosystem Assessment*** (MEA).

En intervenant comme le premier des chapitres de la dernière grande articulation des présents mélanges, l'article de **Lucien Armel AWAH MANGA et Dorothée NGONDJEB YONG**, intitulé **Effets de**

**l'urbanisation sur la fourniture des services écosystémiques dans le maraîchage urbain et périurbain de Yaoundé**, apporte une réponse globale à la fourniture des services écosystémiques. Les auteurs y ont exploité les données d'une enquête menée par le World Vegetable Center auprès de 185 producteurs de légumes, et celles du Bureau Central des Recensements. Des études de la Population et de Google Maps ont été conduites via un modèle Probit multivarié pour analyser quatre (4) pratiques interdépendantes de conservation des sols (PCS), à savoir : la rotation des cultures, la fumure organique, le paillage et la jachère. Les résultats descriptifs montrent que la PCS la plus adoptée est la fumure organique (85%) ; la moins adoptée étant le paillage (61%). Ils révèlent aussi que l'intensité d'adoption moyenne de PCS est de 2,87. Les résultats de régression, quant à eux, établissent que la proximité par rapport au centre-ville réduit l'adoption de la rotation des cultures, de la fumure organique, du paillage et de la jachère ; tandis que la densité de population diminue la pratique de la jachère.

Au deuxième chapitre, la problématique de la déforestation est au cœur de l'article de **Patrick Arnold OMBIONO KITOTO**, qui se décline ainsi qu'il suit : **Productivité agricole et déforestation dans les pays francophones d'Afrique subsaharienne.** L'étude identifie les déterminants de la déforestation dans les pays francophones d'Afrique Sub-saharienne sur la période 2007-2018, et examine en particulier, l'effet que peut avoir la productivité agricole de la terre (PAT) sur le taux de déforestation (TDF). L'approche économétrique choisie par l'auteur a reposé sur les méthodes des moments généralisés en panel dynamique (MMGPD). Il s'est agi pour lui, de mettre d'abord en évidence l'effet mémoire du TDF illustré par sa valeur retardée. Par la suite, il a été amené à faire le constat que le niveau actuel de productivité agricole ne permet pas de limiter la pression sur les forêts. Pour finir, le chercheur édifie le lecteur sur le fait qu'un revenu stable et suffisant peut jouer un rôle dans la motivation des pays africains à participer à la préservation des forêts.

L'article commis par **Dorothée NGONDJEB YONG**, qui s'intitule **Analyse des contraintes liées à la fourniture des services environnementaux dans la zone soudano-sahélienne du Cameroun : le cas de la sécurité foncière**, fait office de chapitre de clôture à la quatrième et dernière partie de cette contribution collective aux mélanges dédiés au Professeur NJOMGANG. Le travail qui y est produit utilise les données tirées d'une enquête inscrite dans le plan du projet Eau-Sol-Arbre couvrant la zone soudano-sahélienne du Cameroun, et menée en 2008 auprès des agriculteurs de ladite zone. Une technique d'échantillonnage aléatoire à plusieurs degrés, a servi d'outil méthodologique pour recueillir des données auprès de 303 agriculteurs cibles. Un modèle d'effet de traitement endogène multinomial a permis, non seulement d'examiner l'impact des droits de propriété foncière sur l'adoption des pratiques de conservation des sols par les ménages agricoles de la zone soudano-sahélienne du Cameroun, mais aussi de prendre en compte l'endogénéité qui sous-tend la corrélation entre le droit de propriété et l'adoption de l'agriculture de conservation. Les résultats auxquels l'étude parvient montrent que les ménages de l'échantillon sont propriétaires de 48% des parcelles exploitées ; et, tandis que 37% des parcelles sont acquises par métayage, 6% et 9% le sont, respectivement, par contrat de location, et par prêt ou don. Le régime foncier adopté par les agriculteurs de la zone soudano-sahélienne du Cameroun influence donc, et de manière significative, la décision des agriculteurs d'investir dans des pratiques de conservation des sols ; et, ce faisant, influence aussi la fourniture des services environnementaux que peuvent offrir les écosystèmes (eaux, sols et arbres) caractéristiques de cette zone.

## RÉFÉRENCES


Delaunay J., and Club de Rome (1972), *Halte à la croissance - Rapport Meadows*, Paris, Fayard / *CMED (1989)*, *Notre avenir à tous*, Montréal, Éditions du Fleuve.

IIED (2009), *Stratégie de l'Institut international pour l'environnement et le développement 2009-14*. [En ligne] https://www.iied.org/fr/g02720, site web consulté le 18 juin 2024.

Jevons W.S. (2018), "The coal question". In Julian L. Simon (Ed.), *The Economics of Population : Classic Writings*, Routledge, 1st Edition, pp. 193-204. ISBN 9781351291521

Jevons W.S. (1865), *The coal question : An inquiry concerning the progress of the nation, and the probable exhaustion of our coal-mines*, Macmillan (Original work published).

Just R.E., and Pope R.D. (1978), "Stochastic specification of production functions and economic implications". *Journal of econometrics*, vol. 7, n° 1, pp. 67-86. [Online] From https://www.sciencedirect.com, accessed June 15, 2024 at 8 : 21 a.m.

Malthus T.R., and Winch D. (1992), *Malthus : "An Essay on the Principle of Population"*. New York / USA, Cambridge university press. First edition : *Essay on the Principle of Population [1798]*. [Online] From https://www.books.google.cm, accessed May 28, 2024 at 10 : 46 a.m.

MEA - Millennium Ecosystem Assessment (2005), *Ecosystems and Human Well-being : Synthesis*. Island Press, Washington, DC. [Online] From https://www.millenniumassessment.org, accessed May 15, 2024 at 8 : 55 a.m.

Njomgang C. (2009), *Economie des ressources naturelles et de l'environnement*, Paris, L'Harmattan. 220p.

Ostrom, Elinor (1990), "Governing The Commons : The Evolution of Institutions for Collective Action". *Political Economy of Institutions and Decisions*, Cambridge UK, Cambridge University Press, 280 pages.

Passet, R. (1990). "Environnement et Biosphère". In *Encyclopédie Economique* (pp. 1815-1868), Paris, Economica.

Pesaran M.H., Y. Shin, and Smith R.P. (1999), "Pooled mean group estimation of dynamic heterogeneous panels". *Journal of the American statistical Association*, vol. 94, n° 446, pp. 621-634.

Sachs, Jeffrey D. and Warner, Andrew M. (1995), "Natural Resource Abundance and Economic Growth". *NBER - National Bureau of Economic Research*, Working Paper Series, 5398, pp. 1-47. [Online] DOI: 10.3386/w5398

Smith A. (1937), *The wealth of nations : An inquiry into the nature and causes*, New York, Modern Library *[Original work published, 1776]*.

# PREMIÈRE PARTIE

# ANALYSE ÉCONOMIQUE DES CHANGEMENTS CLIMATIQUES EN AFRIQUE SUB-SAHARIENNE

## *Adaptation au changement climatique et durabilité des produits forestiers non ligneux (PFNL) dans la forêt communautaire de MORIKOUALI-YE au Cameroun.*

Par

***Sophie Michelle EKE BALLA*** • *Université de Douala*

*ekesophie@gmail.com*

***Fidoline NGO NONGA*** • *Université de Yaoundé 2*

*fiona_nonga@yahoo.fr*

***Claude NJOMGANG*** • *Université de Yaoundé 2*

*claudenjomgang@yahoo.fr*

**RÉSUMÉ :**

Le Cameroun est confronté à de graves problèmes de déséquilibres écologiques et de dégradations dans l'ensemble de ses zones écologiques. De nombreuses forêts sont de ce fait, menacées de disparition par des facteurs d'ordre climatique et anthropique. Cet article qui s'insère dans les logiques de l'adaptation au changement climatique (CC) et de la gestion durable des ressources, vise à analyser l'incidence des mesures d'adaptation au CC sur l'adoption des comportements écologiques des ménages ruraux engagés dans la collecte de produits forestiers non ligneux (PFNL) au Cameroun. Pour y parvenir, nous avons utilisé les données primaires datant de 2011, d'un échantillon stratifié de soixante (60) ménages ruraux riverains de la forêt communautaire (FC) de Morikouali-yé au Cameroun, Région de l'Est, Arrondissement de Yokadouma. Faisant recours aux techniques économétriques basées sur la méthode des moindres carrées ordinaires, un test de Student, et le modèle de Heckman à deux étapes, nous aboutissons aux résultats suivants : le bois de feu, *l'Irvingia gabonensis (mangue sauvage), le Ricinodendron heudelotii (Njansang), le Gnetum (Ikok),* le Jujube et les écorces, restent les espèces de PFNL les plus collectées ; la relation entre le revenu total et le revenu des PFNL est croissante et significative, puisque les ventes de PFNL contribuent au revenu total des ménages concernés à hauteur de 41%. De plus, l'utilisation d'énergies alternatives au bois de feu, le savoir traditionnel, les activités complémentaires génératrices de revenus, le reboisement et l'agroforesterie, sont des pratiques courantes d'adaptation au CC. Ces pratiques participent de l'adoption des comportements durables de collecte des PFNL par les ménages. Nous suggérons de consolider ces stratégies d'adaptation pour préserver durablement les PFNL.

**MOTS CLÉS :** adaptation, climatique, durabilité, forêt communautaire, PFNL.

***Climate Change Adaptation and Sustainability of Non-Timber Forest Products (NTFPs) in the MORIKOUALI-YE Community Forest in Cameroon.***

***ABSTRACT:***

*Cameroon is faced with serious problems of ecological imbalances and degradation in all of its ecological zones. Many forests are therefore threatened with disappearance by climatic and anthropogenic factors. This article, which is part of the logic of adaptation to climate change (CC) and sustainable resource management, aims to analyze the impact of adaptation measures to CC on the adoption of ecological behaviors of rural households engaged in the collection of non-timber forest products (NTFPs) in Cameroon. To achieve this, we used primary data dating from 2011, from a stratified sample of sixty (60) rural households bordering the community forest (CF) of Morikouali-yé in Cameroon, Eastern Region, Yokadouma District. Using econometric techniques based on the ordinary least squares method, a Student test, and the two-stage Heckman model, we arrive at the following results: fuelwood, Irvingia gabonensis (wild mango), Ricinodendron heudelotii (Njansang), Gnetum (Ikok), Jujube and bark, remain the most collected NTFP species; the relationship between total income and income from NTFPs is increasing and significant, since sales of NTFPs contribute 41% to the total income of the households concerned. In addition, the use of alternative energies to fuelwood, traditional knowledge, complementary income-generating activities, reforestation and agroforestry are common practices for adaptation to climate change. These practices contribute to the adoption of sustainable NTFP collection behaviors by households. We suggest consolidating these adaptation strategies to sustainably preserve NTFPs.*

***KEYWORDS:*** *adaptation, climate, sustainability, community forest, NTFP.*

Les produits forestiers non ligneux (PFNL) sont des biens d'origine biologique autres que le bois (végétaux[1] et animaux[2]), dérivés des forêts, autres surfaces boisées et arbres hors de la forêt (FAO, 1999 et 2000). Les PFNL peuvent également être « non palpables », surtout en ce qui concerne les services offerts par les forêts, dont entre autres : i) la production de la nourriture, des fibres, des médicaments et de l'énergie ; ii) la transformation et le stockage du carbone et d'autres éléments nutritifs ; iii)

[1] Les PFNL d'origine végétale sont très variés. On y distingue, entre autres, les champignons et les parties de plantes telles que les écorces, les feuilles, les fruits, les amandes, les tiges, les racines, les tubercules, les bulbes, le miel, les résines, les fleurs et les fourrages.

[2] Les PFNL d'origine animale regroupent les parties d'animaux, dont les peaux, les plumes, les cornes, les griffes, les os, les dents, les excréments, le sang, la soie, les différents organes, et les animaux eux-mêmes, des termites jusqu'aux éléphants, en passant par les oiseaux, les reptiles, les rongeurs, etc.

l'assimilation des déchets, l'épuration de l'eau, la régularisation du ruissellement des eaux et la lutte contre les inondations, la dégradation des sols et l'érosion des plages ; et iv) la possibilité d'accueillir des activités à caractère récréatif et touristique.

Au Cameroun, les PFNL sont principalement utilisés à des fins alimentaires et médicinales ; et, dans les deux cas, peuvent être autoconsommés et/ou commercialisés. Les PFNL d'usage courant intègrent ici, tout à la fois, les plantes médicinales, les légumes sauvages, le bois de chauffage, les herbes, les écorces, les produits fauniques, les fruits comestibles, etc. Le fait préoccupant de l'heure est cependant que, la disponibilité de ces PFNL se voit de plus en plus menacée par le changement climatique. Or, les PFNL faisant partie intégrante de la vie quotidienne de nombreuses communautés au Cameroun, celles-ci courent le risque de manquer, bientôt, de nourriture, de revenus, de médicaments traditionnels, voire d'autres produits tout aussi essentiels.

Le changement climatique (CC) est l'un des défis les plus écrasants auxquels est confrontée l'humanité en ce 21e siècle. Bien que ses principaux impacts soient équitablement répartis à travers le globe, certaines parties du monde subissent, plus que d'autres, les pires conséquences nées de ce phénomène. Les travaux du Groupe d'Experts Intergouvernemental sur l'Évolution du Climat (GIEC) en documentent l'ampleur. De son l'côté, le Millenium Ecosystem Assessment Report (2005, a et b) a démontré que les principaux services écologiques rendus par la biosphère sont fortement altérés. Qu'il s'agisse des services de régulation (du climat, de la capacité des océans à absorber les déchets, etc.), des ressources (eau, biodiversité, énergie fossile, etc.), ou de services d'ordre immatériel (beauté des sites et/ou des paysages, sources de méditation, etc.), tous les services environnementaux régressent à un taux inquiétant (Ngo Nonga, 2015). Selon les prévisions du GIEC en 2013, l'Afrique Subsaharienne serait plus touchée par les impacts du CC ; ceci tenant du fait que la grande majorité de ses populations dépendent encore fortement des activités économiques sensibles au climat (agriculture, collecte des ressources naturelles). Le CC impacte directement les niveaux de productivité et les moyens de subsistance des populations. D'où la nécessité de rechercher des méthodes de valorisation et d'exploitation durables des ressources naturelles, qui permettent de s'adapter au CC.

L'engouement suscité par la valorisation des PFNL pour la sécurité alimentaire est en pleine effervescence au Cameroun en général, et dans la région de l'Est en particulier (SNV, 2010). La forêt communautaire (FC) de Morikouali-yé[3] (arrondissement de Yokadouma dans la région de l'Est) dispose de nombreuses ressources forestières exploitables. Selon l'étude de SNV 2010, l'exploitation de bois et de PFNL y est très active. Ces ressources forestières constituent une source essentielle d'alimentation, de médicaments et de revenus pour les populations. Cependant, à cause de divers facteurs d'ordre anthropique (l'expansion de l'agriculture, l'exploitation minière, les feux de brousse annuels et le surpâturage) et climatique (émissions de $CO_2$ dues à la déforestation) elles sont de plus en plus menacées de raréfaction, si ce n'est de disparition. Easterling et *al.* (2007) pensent que de ces deux ordres de causes, l'impact du CC sur les PFNL est le domaine qui requiert une plus grande attention de la part de la communauté scientifique ; car, le phénomène en question limite considérablement l'accès et la disponibilité des PFNL.

Ainsi qu'il est décrit dans le Plan National d'Adaptation aux Changements Climatiques (PNACC, 2015), au Cameroun comme dans le reste du monde, l'emballement des paramètres climatiques que sont les températures, les précipitations et les événements extrêmes provoqués par la conjugaison des deux premiers (sècheresse et érosion), affecte sévèrement tous les secteurs d'activité. Les effets impactants du CC touchent particulièrement les moyens de subsistance des pauvres, la disponibilité des PFNL et la biodiversité dans le pays (Ngo Nonga, 2020). Or, la dégradation et la diminution de la disponibilité des PFNL privent les ménages ruraux nécessiteux, d'une source prioritaire de revenus, de nourriture et de soins de santé. Bien plus, ceux des ménages qui dépendent des ressources forestières déjà confrontées à la dégradation, risquent de devenir encore plus démunis. D'où la nécessité d'engager des stratégies locales d'adaptation au CC (Maddison, 2007).

Pour le GIEC (IPCC, 2007 : 6)[4], l'adaptation au CC est l'ajustement des systèmes naturels ou humains en réponse à des stimuli climatiques réels (ou attendus) ou à leurs effets, en vue d'atténuer les dommages ou d'exploiter les opportunités bénéfiques. Selon Regmi et *al.* (2010), et bien avant eux, Baede Alfons et *al.* (2008), l'adaptation au CC consiste en des initiatives et mesures prises pour réduire la vulnérabilité des systèmes

---

[3] « *L'homme ne peut aimer que sa chose* », telle est la traduction française de l'expression langagière locale « Morikouali-yé ».

[4] ''Adaptation is the adjustment in natural or human systems in response to actual or expected climatic stimuli or their effects, which moderates harm or exploits beneficial opportunities.'' Traduction en français: « L'adaptation est l'ajustement des systèmes naturels ou humains en réponse à des stimuli climatiques réels (ou attendus) ou à leurs effets, qui atténue les dommages ou exploite les opportunités bénéfiques. » (IPPC/GIEC, 2007 : 6)

naturels et humains aux effets des CC réels ou prévus. Ngo Nonga (2020), elle, voit en l'adaptation au CC, « des logiques non plus de processus ou d'action au sens propre du terme, mais plutôt une intention d'agir au travers des modes de gestion des territoires et des sociétés, de la planification du développement, etc. Il y a là, à la fois, la notion d'intention [ainsi que] celle d'anticipation et de prise en compte des enjeux présents et à venir ».

Sur le plan international, depuis une bonne vingtaine d'années maintenant, il n'est désormais plus question seulement de « lutter contre » le CC, mais aussi, de « faire avec ». A ce propos, Ngo Nonga (2020) soutient que : « Pour 'lutter contre' [le CC], les leviers de l'atténuation sont relativement classiques et connus (normes, incitations, verdissement et décarbonisation des économies, innovations technologiques, etc.). En revanche, pour construire une politique d'adaptation, il n'y a pas de recettes passe-partout connues, et la reproductibilité des mesures d'un endroit, [voire] d'un pays à un autre, apparaît inefficace, obligeant ainsi à profiler très finement les mesures d'adaptation envisageables en fonction de chaque système écologique, économique, politique et social. » L'adaptation gagne néanmoins du terrain dans l'arène des décideurs politiques. Un peu partout à travers le monde, des stratégies d'adaptation sont en effet mises en œuvre. La stratégie camerounaise, elle, est implémentée depuis 2015.

Au Cameroun, l'adaptation au CC et la durabilité des PFNL sont des sujets d'une importance capitale, en raison de la dépendance significative des communautés locales vis-à-vis de ces ressources ; ainsi que des défis que représente le CC pour la région. Parmi ces défis, figurent en bonne place, au Cameroun, l'augmentation des températures, des schémas de précipitations changeants et un accroissement progressif d'événements météorologiques extrêmes qui, tous autant qu'ils sont, peuvent compromettre la disponibilité des PFNL, et altérer leur qualité. Le CC va, pour ainsi dire, accroître la vulnérabilité des ressources du type PFNL ; exposant celles-ci à des risques de raréfaction, de dégradation de la qualité et de diminution de la diversité qui leur est spécifique. Cet état de fait pourrait alors avoir des répercussions négatives sur la sécurité alimentaire et les moyens de subsistance dont dépendent les populations. Les communautés pour lesquelles la survie est tributaire de la disponibilité des PFNL, peuvent à leur tour être amenées à s'adapter au CC, handicapées qu'elles sont, par une certaine vulnérabilité socio-économique, et un accès limité aux ressources et aux informations. La compréhension de ces dynamiques est cruciale pour élaborer des stratégies efficaces visant, en général, à renforcer l'adaptation des communautés locales au CC ; et dans le cas d'espèce, à assurer la durabilité à long terme des PFNL. Cela peut impliquer des initiatives de gestion durables, des programmes d'adaptation basés sur les connaissances locales, et une intégration de politiques et de pratiques qui prennent en compte les défis spécifiques.

Mais, si sur le plan scientifique, les impacts du CC sur les communautés dépendantes de la forêt, sur la biodiversité, et même sur les activités économiques sont très documentés [lire à cet effet : Tshering (2003), Trieu (2003), Sharma (2003), Shougong et *al.* (2003), Fisher (2004), Lynam et *al.* (2004), Mamo et *al.* (2007) et les rapports du GIEC], les effets spécifiques du CC sur certaines ressources restent faiblement analysés.

Il en est ainsi des conséquences du CC sur les PFNL. Elles demeurent relativement mal connues. En dehors des travaux de Basu *(*2018) en Inde et Gurung et *al.* (2021) au Népal, seules les études menées par Nghogekeh Tieminie et *al.* (2021) dans la région du Sud-Ouest, et Amougou (2018) dans la Région de l'Est, font office pour nous, d'uniques références sur le sujet au Cameroun. Amougou (2018) met par exemple en lumière la forte réduction de la répartition et de la disponibilité de nombreuses espèces de PFNL, qui est à l'origine de la vulnérabilité des communautés tributaires de ces produits. Pour cet auteur, les changements observés dans la libre accesibilité aux PFNL sont généralement attribués à la hausse des températures et à la variation des régimes de précipitation. Ces perturbations climatiques peuvent se combiner aux activités humaines telles que la déforestation, et provoquer de facto, une disparition encore plus accrue de PFNL.

L'objectif principal de ce travail de recherche est d'analyser l'incidence que peuvent avoir les mesures d'adaptation au CC, sur l'adoption des comportements écologiques par les ménages ruraux engagés dans la collecte de produits forestiers non-ligneux (PFNL) au Cameroun. Partant du constat que les auteurs des études camerounaises realisées jusqu'ici, n'ont à aucun moment rapproché les pratiques d'adaptation et celles de collecte durable des PFNL, notre étude se propose d'examiner en parallèle ces deux types de pratiques ; avec pour finalité, d'identifier les effets qui en résultent sur la durabilité des ressources et le revenu des ménages. Plus concrètement, nous nous attacherons à démontrer que les stratégies d'adaptation au CC sont liées à l'adoption de pratiques de collecte durables des PFNL par les ménages ruraux riverains de la FC de Morikouali-yé dans la Région de l'Est-Cameroun. Dans les lignes qui suivent cette section introductive de notre article, nous procédons tout d'abord à une brève revue de la littérature empirique et théorique (section 2). Nous faisons ensuite l'esquisse d'une approche méthodologique (section 3). L'articulation d'après (a la section 4) présente et commente les résultats de notre analyse ; tandis que la dernière (section 5), en concluant notre étude, égrène quelques recommandations de politique économique.

# REVUE DE LITTÉRATURE

Le CC est un changement de long terme dans la distribution statistique des conditions météorologiques (Adger, 1999 ; Robledo et Forner, 2005). Le long terme fait ici référence à des périodes allant de plusieurs décennies à des millions d'années. Le CC est imputable au réchauffement de la planète. Des observations faites à travers le monde révèlent que depuis la période préindustrielle, et spécifiquement dès la fin du 20$^{e}$ siècle, la température des océans et celle de l'atmosphère ont été en hausse fluctuante. Il est estimé que selon la localisation et le scénario, l'augmentation future de la température mondiale sera comprise entre 1,1°C et 6,4°C au cours des années 2009-2099 (GIEC, 2007). La principale cause du réchauffement de la planète est incontestablement l'augmentation des gaz à effet de serre (GES) ; c'est-à-dire, les variations toujours plus croissantes de la concentration des GES et des aérosols dans l'atmosphère.

Les gaz à effet de serre les plus courants sont le gaz carbonique ($CO_2$), le méthane ($CH_4$), le protoxyde d'azote ou oxyde nitreux ($N_2O$), et les chlorofluorocarbones (CFC). Ces gaz sont produits aussi bien par les activités humaines que par les phénomènes naturels. Parmi ces phénomènes naturels, figurent la dérive des continents, les éruptions volcaniques, l'inclinaison de la terre, et les courants océaniques (Adger, 1999). Du rapport du GIEC (2007), on apprend par ailleurs qu'environ 90% des GES sont produits par les activités humaines (l'industrialisation, la déforestation et la dégradation des forêts)[5].

Ainsi, le CC et la variabilité éponyme sont susceptibles de provoquer des perturbations de paramètres climatiques, tels que les modifications des régimes de précipitations, et [celles] de la fréquence et de l'intensité des événements extrêmes (Forner et Santoso, 2006) ; toutes choses qui se traduisent par des changements dans la structure et la fonction des écosystèmes. Les conséquences positives ou négatives résultant du CC dépendent largement des conditions géographiques, environnementales,

---

[5] Au Cameroun, ces gaz sont en grande partie dus à l'utilisation de combustibles fossiles, aux transports, à l'industrialisation, à la destruction des forêts, à la modification de l'utilisation des forêts, et à l'agriculture (Ngo Nonga, 2020).

sociales et économiques des zones touchées (Adger, 1999). Par exemple, une augmentation des précipitations pourrait être bénéfique dans les zones où l'eau est rare, mais pas dans les zones sujettes aux inondations. Pour Ngo Nonga (2020), le CC est de nature transversale et, par ce fait, il impacte tous les secteurs : production, infrastructures, développement humain, etc.

Au fil des ans, la vulnérabilité des écosystèmes, des territoires, des populations et des activités économiques s'est très largement accrue. Le CC induit dans de nombreuses régions, une constante augmentation de la fréquence et de la gravité des événements climatiques extrêmes, tels que le stress thermique, les fortes pluies, les sécheresses et les inondations, les ouragans, les tornades, les séismes (Ngo Nonga, 2020).

Depuis 2007, le GIEC a identifié à l'échelle mondiale, les principaux impacts attendus du changement climatique au cours du 21e siècle. Ces impacts sont susceptibles de toucher l'ensemble des systèmes naturels et des secteurs d'activités. Le CC pourrait ainsi engendrer des effets négatifs sur la santé de la faune et de la flore, la qualité de l'air, les écosystèmes, la biodiversité, la sécurité alimentaire, etc. Et selon les prévisions du GIEC (2014), dans les années à venir, les périodes de forte chaleur seront plus nombreuses.

Le CC impacte particulièrement la distribution de la biodiversité[6], et partant, celle des PFNL ; avec des conséquences qui se révèlent néfastes pour la production de la nourriture, des fibres, des médicaments et de l'énergie, [tout comme pou] la santé humaine et les revenus (Basu, 2018). Dans les régions à forte population dépendante de la forêt, et en Afrique en particulier, les diminutions attendues des précipitations, et l'augmentation de la gravité et de la fréquence de la sécheresse exacerbent les pressions d'exploitation actuellement exercées sur les forêts, ainsi que l'expansion de l'agriculture dans les terres forestières (Arnold et Perez, 2001). Ce qui, fatalement, crée des contraintes supplémentaires pour les personnes vivant des ressources naturelles en général, et des ressources forestières en particulier.

En raison de sa nature transnationale, le CC est souvent considéré comme un problème de bien public mondial ; ce qui rend difficile la

[6] Il est connu que la biodiversité est très affectée directement par la modification de la température et de la pluviométrie, à laquelle s'ajoute l'acidification des eaux en domaine marin. Des impacts négatifs du CC s'abattent aussi sur les forêts tropicales, les espèces endémiques, et les services non marchands fournis par la forêt (Ngo Nonga, 2020).

coordination des actions visant à le résoudre. Il est étroitement lié aux externalités, c'est-à-dire aux effets secondaires non compensés résultant de l'activité économique. Dans le contexte du CC, les émissions de gaz à effet de serre constituent l'un des exemples les plus évidents d'externalités négatives. Celles-ci s'inscrivent dans le domaine de l'économie des ressources communes (ou biens communs), où les activités économiques affectent souvent de manière non compensée, des ressources partagées. Les externalités du CC peuvent être considérées comme étant l'archétype de la tragédie des communs, dans laquelle l'activité économique non réglementée a des répercussions négatives sur des biens communs mondiaux. Les externalités liées à ce phénomène peuvent par conséquent influencer les décisions économiques et la durabilité des ressources naturelles.

La tragédie des communs fait référence à la surexploitation des ressources partagées où chaque individu agit dans son propre intérêt, ce qui aboutit souvent à des conséquences négatives pour tous. La corrélation entre le CC et la tragédie des communs est étroitement liée à la surexploitation des ressources naturelles partagées ; laquelle peut aggraver les effets du CC. La tragédie des communs se produit lorsque des ressources communes sont utilisées sans réglementation adéquate, les vouant de facto à une dégradation certaine. La régulation et la gestion durable des ressources naturelles apparaissent ainsi comme des éléments cruciaux susceptibles d'atténuer la tragédie des communs et les effets du changement climatique. Des pratiques de gestion responsable, des politiques environnementales adaptées, et une sensibilisation accrue à ces questions, peuvent contribuer à inverser ces tendances néfastes. Plusieurs économistes et chercheurs de disciplines connexes existent, qui ont travaillé sur ces sujets : Elinor Ostrom, Nicholas Stern, William Nordhaus, et Jeffrey Sachs. Leurs travaux abordent divers aspects de l'économie liés au CC, à la durabilité et aux externalités.

Les PFNL font référence à une grande variété de ressources biologiques autres que le bois, qui proviennent des forêts. Ces produits comprennent des éléments aussi divers que les fruits, les noix, les champignons, les plantes médicinales, la résine, le miel, le caoutchouc, etc. La tragédie des communs peut être associée aux PFNL lorsqu'il y a surexploitation de ces ressources par des acteurs individuels ou collectifs, sans régulation adéquate. Lorsque les ressources forestières sont considérées comme des biens communs, c'est-à-dire qui appartiennent à tous et à personne en même temps, il peut y avoir une tendance à les consommer outre mesure ;

les individus ayant, par nature, des incitations à maximiser leur propre bénéfice au détriment de la durabilité à long terme des ressources. Les PFNL peuvent donc être affectés par la tragédie des communs si leur utilisation n'est pas réglementée de manière adéquate ; avec pour corrollaire, la production de conséquences dommageables pour l'environnement et les communautés qui en dépendent.

Des constats d'effets sévères du CC sur la disponibilité des PFNL ont été faits par de nombreux chercheurs (Ibe, 2018 ; Pandey et *al.*, 2018). D'autres se sont intéressés aux effets négatifs du CC sur le cycle de vie des plantes et des animaux (Maikhuri et *al.*, 2018) ; l'altération de la phénologie des espèces ; la composition des communautés ; et les risques d'extinction (Lamsal et *al.*, 2018).

Pour limiter les effets externes inconfortables du changement climatique (CC), deux solutions coexistent : l'action sur les causes du CC, qui vise à réduire les émissions de gaz à effet de serre (atténuation) ; et l'action sur ses conséquences (adaptation). Dès 1992, ces deux solutions sont identifiées par la Convention-cadre de Nations unies sur le changement climatique (CCNUCC). Elles sont liées, puisque l'adaptation vient généralement remédier à l'insuffisance des actions de réduction des GES d'origine anthropique.

L'adaptation au CC est donc reconnue comme étant l'une des principales options politiques [choisie] pour faire face au CC, notamment dans les pays en voie de développement (Di Falco et *al.,* 2011). Il s'agit, en fait, d'une option prioritaire souvent prise pour réduire les effets négatifs du CC sur les ressources naturelles. Elle contribue à améliorer la sécurité alimentaire et les revenus des ménages ruraux des pays en développement (Dickie et *al.,* 2014). Des études ont montré que sans stratégie d'adaptation, le CC génère de nombreux préjudices sur les ressources naturelles, viviers multiformes indispensables à la survie des populations locales (Smit et Skinner, 2002 ; Maddison, 2007).

Les mesures d'adaptation au CC dont la finalité est d'assurer la durabilité des PFNL, peuvent inclure une gamme d'approches et de stratégies spécifiques, telles que : LA GESTION DURABLE DES RESSOURCES FORESTIÈRES [une telle approche implique la mise en place de pratiques de gestion forestière qui favorisent la durabilité des PFNL, en y incluant des réglementations pour la récolte, des plans de reboisement, et la protection des écosystèmes forestiers) ; LA DIVERSIFICATION DES SOURCES DE REVENUS [celle-ci a pour objet d'encourager les communautés dépendantes des PFNL à diversifier leurs sources de revenus. Développer des activités économiques alternatives peut, en effet, contribuer à réduire la pression que lesdites communautés exercent sur les ressources, et à renforcer leur résilience au CC] ; LA PROMOTION DE L'AGRICULTURE DURABLE [qui impose d'encourager des pratiques agricoles durables, à l'instar de l'agroforesterie ; lesquelles sont seules capables de réduire la dépendance aux PFNL, tout en favorisant la conservation des ressources forestières et la résilience au CC] ; LE RENFORCEMENT DES CAPACITÉS [une démarche qui consiste à doter les communautés locales d'une formation et d'un soutien technique, aux fins d'améliorer leurs connaissances en matière de gestion des ressources naturelles, d'adaptation au CC, et de création de valeur ajoutée pour les PFNL] ; LA PROTECTION DES ÉCOSYSTÈMES FORESTIERS [ici, diverses initiatives prises pour protéger les écosystèmes forestiers sensibles aux effets du CC, peuvent participer au maintien de la disponibilité et de la qualité des PFNL] ; L'ADAPTATION AUX NOUVELLES RÉALITÉS CLIMATIQUES [y souscrire peut conduire à introduire dans les écosystèmes forestiers, des variétés de plantes adaptées aux conditions climatiques changeantes, ainsi que des pratiques de récolte et de transformation adaptées aux nouveaux défis environnementaux]. Ces mesures, combinées à une approche participative impliquant les communautés locales, les gouvernements et les organisations internationales, sont susceptibles de concourir efficacement à une gestion plus durable des PFNL dans le contexte du CC.

Quelques études empiriques ont analysé l'incidence des mesures d'adaptation au CC sur l'adoption des pratiques de gestion durables des PFNL. Basu (2021) en Inde, estime un modèle de Heckman en deux étapes, dans le but de déterminer les facteurs responsables des décisions que les ménages prennent pour s'adapter au CC, et adopter des pratiques durables de gestion des PFNL. Il montre, pour ainsi dire, que les facteurs socio-économiques et climatiques jouent un rôle important dans le processus de prise de décision des ménages.

Une étude axée sur la problématique CC et PFNL nous aurait permis, certes, de mieux préserver la biodiversité, d'entretenir les moyens de subsistance des communautés dépendantes des PFNL, et de promouvoir une utilisation durable des ressources en question. Cependant, pour être complète, l'étude envisagée doit prendre pleinement en compte les connaissances et l'expertise des communautés locales consommatrices des PFNL. Impliquer les populations locales tout au long de notre travail de recherche s'est donc avéré, plus qu'une nécessité, un objectif permanent non dissocié de l'étude.

# MÉTHODOLOGIE

## 1. Zone d'étude

La zone d'étude est limitée à la seule forêt communautaire (FC) de Morikouali-yé. Cette FC couvre une superficie totale de **5000 hectares** (ha). Créée le 30 avril 2002, et légalisée à la préfecture le 24 mai de la même année, elle est localisée dans la région de l'Est ; son terrain d'action couvrant le département de la Boumba et Ngoko en général, et l'arrondissement de Yokadouma en particulier (PSG, 2007)[7]. Cette FC est constituée d'un ensemble de 8 villages, associés pour gérer durablement cet espace vert. Son siège se trouve à Djalobékoé. Les activités exercées par la communauté des 8 (huit) villages sont : l'agriculture, la cueillette et le ramassage des PFNL, l'élevage, la chasse, et la pêche. Les principaux PFNL cueillis et/ou ramassés sont, entre autres, les mangues sauvages, les champignons, les écorces d'arbres, le miel, le *Gnetum*, le *Ricinodendron heudelotii*, les chenilles, le Jujube, le bambou de raphia, le vin de palme, les racines, etc.

Une pré-enquête ayant eu pour cibles 13 (treize) ménages a été effectuée pour mieux affiner le questionnaire. Ce qui a permis de rencontrer le gestionnaire de la FC et les chefs de chaque village, non seulement pour avoir leur accord en vue des entretiens futurs avec les communautés villageoises, mais aussi pour mieux expliquer l'objet et le but de l'enquête. Après cette entrée en matière, le questionnaire a été revu pour qu'il satisfasse aux besoins spécifiques de l'enquête. Cette dernière, compte tenu du temps et des moyens matériels et financiers dont nous disposions pour réaliser le travail de terrain, a concerné un échantillon stratifié de 90 (quatre-vingt dix)[8] ménages. Pour toute l'enquête, la taille de l'échantillon a été calculée sur la base des données du plan simple de gestion (PSG) de la FC objet de l'étude. Chaque village n'ayant pas le même poids démographique, on a déterminé la fréquence par village en divisant le nombre de personnes du village par le nombre total de

---

[7] Le Plan Simple de Gestion (PSG) est un document de gestion durable, qui permet aux sylviculteurs de mener une réflexion sur le long terme (10 à 20 ans); de planifier les coupes et travaux sylvicoles sur la durée; de simplifier leurs démarches administratives, tant vis-à-vis du code forestier que des nombreuses autres réglementations qui ont une portée sur la forêt (documents d'urbanisme, sites classés, monuments historiques, etc.)

[8] Le choix de la taille a été dicté par l'atteinte d'un seuil statistiquement intéressant pour l'interprétation des résultats et les limites matérielles, financières et logistiques.

personnes qu'abrite l'ensemble des huit villages. La fréquence par village multiplié par la taille de l'échantillon donne le nombre de ménages à enquêter par village (Yelkouni, 2004). Les ménages enquêtés ont été choisis de manière aléatoire. La personne répondant aux questions est le chef de ménage. Après dépouillement, seuls 60 ménages ont finalement été retenus pour l'analyse ; les rejets s'expliquant par la non fiabilité de certains des questionnaires retournés par les enquêtés, soit parce qu'ils étaient mal remplis, incomplets, ou qu'ils comportaient des réponses incohérentes, voire douteuses.

**Tableau 1.** *Répartition de l'échantillon par village*

| **village** | Limoé | Djalobékoé | Modoumo | Biwala | Nyabonda | Mobalo | Malabango | Newton |
|---|---|---|---|---|---|---|---|---|
| **Nombre de ménages enquêtés** | 1 | 11 | 6 | 9 | 18 | 5 | 8 | 2 |

*Source : Auteurs à partir des données d'enquête.*

## 2. Approche empirique

- *Relation entre le revenu des ménages et le revenu des PFNL*

Pour analyser la relation entre le revenu total et le revenu des PFNL, nous avons considéré l'équation linéaire suivante : $\boldsymbol{Z = aT + b}$ (1)

**Z** y désigne le revenu total des ménages (dépenses mensuelles) ; **T** le revenu obtenu des PFNL ; **a** le coefficient de régression ; et **b** la constante. La méthode des moindres carrés ordinaires (MCO) est utilisée pour estimer cette relation. Les revenus issus de la vente des PFNL constituent un pourcentage du revenu total des ménages. Alors, pour déterminer la part du revenu des PFNL dans le revenu total, on calcule le rapport **T/Z** ; puis, on réalise un test de Student classique sur la moyenne de la série[9] estampillée « part du revenu issu de la vente des PFNL dans le revenu total des ménages », pour voir si cette moyenne est significativement supérieure à 0 ou non, et évaluer cette contribution.

- *Adoption de pratiques de collecte durable*

Face à un problème de choix, l'agent économique rationnel penche pour l'option qui maximise son utilité (McFadden et Reid, 1975). Bien qu'elle soit généralement économique, cette rationalité peut aussi être écologique ou socioculturelle. Conformément à la théorie économique, les

[9] La moyenne de la série est, dans ce cas, prise en compte pour ne pas avoir à calculer cette part pour chaque ménage.

ménages sont supposés prendre des décisions rationnelles d'adoption, ou non, des pratiques de collecte durable sur une maximisation de l'utilité (Adesina et *al.*, 2000). Ainsi, la théorie de la maximisation de l'utilité est employée pour expliquer le comportement qui conduit les ménages à l'adoption de pratiques durables.

L'adoption des pratiques de collecte durable de PFNL est un processus en deux temps. Celui-ci explique à la fois, la perception de l'évolution à la baisse des PFNL dans la FC, et l'adoption des pratiques de collecte durable. La première étape du processus fait comprendre au ménage que l'évolution à la baisse des PFNL dans la FC est une menace réelle ; la deuxième étape, elle, guide le ménage dans le choix d'une stratégie de survie, notamment, l'adoption de pratiques durables de collecte en fonction de la perception qu'il a de l'évolution à la baisse des PFNL.

L'étape du choix stratégique de l'adoption des pratiques durables est donc un sous-échantillon de la phase de perception. Et il est tout à fait possible que ce sous-échantillon ne soit pas aléatoire, et même, diffère de l'échantillon de ceux qui perçoivent l'évolution à la baisse des PFNL dans la FC. Un tel choix peut être à l'origine du biais de sélection de l'échantillon. Heckman (1976, 1979) a développé un cadre pour analyser ce type de processus. Le cadre d'analyse de Heckman (1976) considère le biais de sélection comme un problème de variables omises. Les modèles de choix discrets multinomiaux peuvent également servir de matériau pour modéliser l'adoption des pratiques durables. Opter pour ces méthodes impose, cependant, de composer avec leurs inconvénients ; lesquels résident dans la difficulté d'interpréter l'influence des variables explicatives sur les choix de chacune des pratiques distinctes de collecte durable (Nhemachena et *al.*, 2014). Certes, le modèle probit multivarié habituel surmonte les lacunes des modèles multinomiaux, mais il ne tient pas compte du biais de sélection. Aussi, en raison de son avantage par rapport aux modèles probit multinomial[10] et multivarié, une variante de la méthode en deux étapes de Heckman (Heckman, 1976 et 1979) doit-elle être utilisée pour rendre compte du processus en deux étapes.

Le processus en deux étapes de la perception et de l'adoption est décrit par les équations suivantes :

[10] Ces modèles ne sont pas adaptés à l'analyse des procédures d'adoption des pratiques de collecte durable de PFNL en deux étapes décrites.

$$
\begin{cases}
y_i = x_i^{'}\alpha + \mu_i & (2) \\
z_i^{*} = w_i^{'}\theta + \varepsilon & (3) \\
z_i = \begin{cases} 1 \text{ si } z_i^{*} \geq 0 \\ 0 \text{ sinon} \end{cases} & (4)
\end{cases}
$$

L'équation (2) figure la deuxième étape de l'adoption, le modèle de résultat (outcome model). Alors que $y_i$ représente le choix des pratiques durables de collecte de PFNL conditionné à la perception de l'évolution à la baisse des PFNL dans la FC, $x_i$, $\alpha$, et $\mu_i$ désignent, respectivement, le vecteur des variables explicatives (tableau 2), le vecteur des paramètres à estimer, et le terme d'erreur.

L'équation (3) représente la première étape du modèle de sélection de Heckman (1979). Elle constitue ici le modèle de sélection. Les vecteurs des variables explicatives de l'équation (3) sont décrits par $W_i$, alors que $\theta$ et $\varepsilon_i$ indiquent, respectivement, les paramètres à estimer et le terme d'erreur. $z_i^*$ est une variable latente liée à la perception de l'évolution à la baisse des PFNL dans la FC. $z_i^*$ c'est aussi la variable de sélection qui n'est observée que par son signe. Dès lors, nous pouvons déduire le signe de $z_i^*$, mais pas sa magnitude (Greene, 2012). Ce qui est connu, c'est la perception qu'un ménage a (ou n'a pas) de l'évolution à la baisse des PFNL dans la FC. L'équation de sélection dans le cadre d'analyse de Heckman est un modèle probit binaire. Dans ce cadre, $y_i$ n'est observé que lorsque $Z_i = 1$.

Après estimation de ce modèle, pour corriger le biais de sélection, l'inverse du ratio de Mills doit être généré et utilisé parmi les variables explicatives du modèle de résultats (outcome model). Si le coefficient associé à l'inverse du ratio de Mills n'est pas significativement différent de zéro, il n'y a aucune preuve de l'existence d'un problème de biais de sélection de l'échantillon.

Dans le cadre de cette recherche, l'équation de résultat est un modèle probit multivarié, ce qui permet de surmonter les limites des modèles de choix discret univarié et multinomial. Ce modèle probit multivarié aide, en effet, à prendre en compte les facteurs qui influendent les décisions d'adoption des différentes pratiques durables de collecte des PFNL; dont l'hétérogénéité des déterminants, et l'importance des caractéristiques de la parcelle et du ménage (Kassie et *al.*, 2009).

Le modèle probit multivarié est caractérisé par un ensemble de **m** variables binaires dépendantes $y_{ij}$ telles que[11] :

$$y_{ij} = \begin{cases} 1 \quad \text{si} \quad x_i'\alpha_i + \mu_{ij} > 0 \\ 0 \quad \text{si} \quad x_i'\alpha_i + \mu_{ij} \leq 0, \text{j=1, 2,..., m} \end{cases} \qquad (5)$$

Où $y_{ij}$ représente le choix des pratiques durables de collecte du PFNL j par le ménage i ; $x_i$ est un vecteur de variables explicatives ; $\alpha_1, \alpha_2, \ldots, \alpha_m$ sont des vecteurs de paramètres conformes ; et les termes d'erreurs aléatoires $\mu_{i1}, \mu_{i2}, \ldots, \mu_{im}$ sont distribués comme une distribution normale multivarié [multivariate normal (**MVN**)], avec des moyennes nulles, une variance unitaire et une matrice de corrélations contemporaines m × m $R = \left[\rho_{jk}\right]$ ; $\varphi\left(\mu_{i1}, \mu_{i2}, \ldots, \mu_{im}; R\right)$ figurant, ici, la densité :

$$\left(\mu_{i1}, \mu_{i2}, \ldots, \mu_{im}\right)' \sim MVN\left[0, \begin{pmatrix} 1 & \rho_{12} & \cdots & \rho_{1m} \\ \rho_{12} & 1 & \cdots & \rho_{2m} \\ \vdots & \vdots & \ddots & \vdots \\ \rho_{1m} & \rho_{2m} & \cdots & 1 \end{pmatrix}\right] \qquad (6)$$

Dans le cadre de cette modélisation, il convient de mentionner que pour tenir compte du biais de sélection, l'inverse du ratio de Mills, généré à partir de l'équation de sélection, doit être ajouté en tant que variable explicative dans les équations de résultat.

Le logiciel STATA a été utilisé pour estimer le modèle de sélection à deux étapes de Heckman. Les effets marginaux, eux, ont servi à quantifier l'influence des variables explicatives sur les variables dépendantes.

### 3. Variables de l'étude

S'étant inspiré des analyses de Maddison (2007), Basu (2018) et Gurung et *al.* (2021), Chisale et *al.* (2021), Nghogekeh Tieminie et *al.* (2021), les variables suivantes ont été sélectionnées pour nos estimations économétriques.

---

[11] Pour plus de détails sur les modèles probit multivariés, se référer à Nhemachena et *al.* (2014) et Cappellari et Jenkins (2003).

**Tableau 2.** *Variables utilisées dans le modèle*

| Variables explicatives incluses dans le modèle de Heckman | Définitions | Nature | Signe espéré | |
|---|---|---|---|---|
| | | | Modèle résultat | Modèle sélection |
| Perception de l'évolution à la baisse des PFNL dans la FC | 1 si le ménage perçoit une évolution à la baisse des PFNL dans la FC et 0 sinon | Qualitatif | | |
| Adoption de pratiques durables de collecte de PFNL | Domestication (culture et élevage des PFNL dans les espaces agricoles, développement de pépinières de mangues sauvages, djansang, gnetum, rondelles, vanilles sauvages dans les villages ; l'élevage de certains PFNL d'origine animale, comme les aulacodes, les abeilles, les escargots, etc.) | Qualitatif | | |
| | Ne pas faire la collecte systématique des fruits (ne pas collecter tous les fruits, noix et graines, laisser certains en forêts) | Qualitatif | | |
| | Ne pas arracher les lianes des plantes (couper les feuilles) | Qualitatif | | |
| | Ne pas déraciner l'arbre et récolter uniquement au niveau des branches (cas du *Pentacle thramacrophylla* pour avoir ses fruits) | Qualitatif | | |
| | Ecorçage réduit (ne pas écorcer tout l'arbre) | Qualitatif | | |
| Mesures d'adaptation aux changements climatiques | L'autorégulation de la collecte excessive et inappropriée des PFNL | Qualitatif | + | + |
| | Reboisement | Qualitatif | + | + |
| | Les activités alternatives (autres que la forêt) génératrices de revenus | Qualitatif | + | + |
| | Savoir traditionnel | Qualitatif | + | + |
| | Agroforesterie | Qualitatif | + | + |
| | Utilisation des énergies alternatives au bois de feu (foyer amélioré ; etc.) | Qualitatif | + | + |
| | **Variables de contrôle** | | | |
| Taille du ménage | Nombre de personnes vivant dans le ménage | Quantitatif | + | + |
| Age | En années | Quantitatif | +/– | +/– |
| Sexe du chef de ménage | 1 si féminin et 0 si non | Qualitatif | +/– | +/– |
| Nombre d'années d'expérience dans la collecte des PFNL | Nombre d'années d'expérience dans la collecte des PFNL du répondant | Quantitatif | + | + |
| Niveau d'éducation | Nombre d'années d'étude du répondant | Quantitatif | + | + |
| Obstacle aux mesures d'adaptation aux changements climatiques | Approvisionnement insuffisant en matériel végétal amélioré / manque de pépinière de PFNL | Qualitatif | – | – |
| | Manque de ressources financières adéquates | Qualitatif | – | – |
| | Manque de ressources humaines | Qualitatif | – | – |
| | Manque de compétences | Qualitatif | – | – |
| | Comportement de passager clandestin de certains ménages | Qualitatif | – | – |

| | | | | |
|---|---|---|---|---|
| | Manque de programme et de politiques gouvernementales | Qualitatif | – | – |
| Perception du changement climatique | Si le ménage perçoit un changement de température et précipitation | Qualitatif | +/– | +/– |
| R & D | 1 si des partenariats ont été initiés entre la FC et les instituts de recherche en domestication / valorisation tels que l'ICRAF et l'ANAFOR ; ceci afin de vulgariser auprès des ménages, quelques techniques de domestication connues des principaux PFNL et 0 sinon | Qualitatif | +/– | +/– |
| Distance maison-FC | Proche (1 si oui et 0 si non) | Qualitatif | +/– | +/– |
| | Moyenne (1 si oui et 0 si non) | Qualitatif | +/– | +/– |
| | Longue (1 si oui et 0 si non) | Qualitatif | +/– | +/– |
| Distance maison-marché | Proche (1 si oui et 0 si non) | Qualitatif | + | + |
| | Moyenne (1 si oui et 0 si non) | Qualitatif | +/– | +/– |
| | Longue (1 si oui et 0 si non) | Qualitatif | – | – |
| Accès à la terre et à la FC | 1 si les ménages ont accès à la terre et à la FC et 0 si non | Qualitatif | +/– | +/– |
| Coopération | Si un projet de communauté ne bénéficie pas directement à votre voisin, mais présente des avantages pour d'autres dans le village, pensez-vous que votre voisin contribuerait ou non en temps et en argent pour ce projet ? | Qualitatif | +/– | +/– |
| Groupe sociaux | Membre d'une / plusieurs organisations, associations, groupes, structures communautaires locales ou non | Qualitatif | +/– | +/– |
| Revenu mensuel des PFNL | Montant mensuel obtenu de la vente des PFNL par le ménage | Quantitative | + | + |
| Revenu mensuel du ménage | Le niveau des dépenses mensuelles des enquêtés | Quantitative | + | + |

*Source : Auteurs à partir des données d'enquête.*

L'analyse économétrique faite avec des données transversales est généralement associée aux problèmes d'hétéroscédasticité ou de multicolinéarité, et à l'effet des valeurs aberrantes dans les variables. La multicolinéarité entre les variables explicatives peut conduire à des estimations imprécises des paramètres. Pour explorer la multicolinéarité potentielle entre les variables explicatives, nous avons calculé le facteur d'inflation de la variance (VIF) pour chacune des variables explicatives. Les résultats du test VIF sont consignés dans l'annexe 2.6. Les valeurs du VIF, pour l'ensemble des variables, sont comprises entre 1,01 et 1,07 ; avec une moyenne de 1,16. Ces valeurs laissent entrevoir l'absence de multicolinéarité. Les valeurs VIF de toutes les variables explicatives sont inférieures à 10, valeur maximale admise (Lomax, 1992). De ce fait, la multicolinéarité ne semble pas être un problème.

# RÉSULTATS ET DISCUSSION

## 1. Analyse statistique

**Tableau 3.** *Statistiques descriptives des variables du modèle de Heckman à deux étapes*

| Variables du modèle de Heckman | | Moyenne | Ecart-type | Maximum | Minimum |
|---|---|---|---|---|---|
| Perception de l'évolution à la baisse des PFNL dans la FC | | 0,851 | 0,128 | 1 | 0 |
| Adoption de pratiques de collecte durable de PFNL | Domestication | 0,904 | 0,922 | 1 | 0 |
| | Ne pas faire la collecte systématique des fruits | 0,751 | 0,412 | 1 | 0 |
| | Ne pas arracher les lianes des plantes | 0,098 | 0,144 | 1 | 0 |
| | Ne pas déraciner l'arbre et récolter au niveau des branches | 0,449 | 0,417 | 1 | 0 |
| | Ecorçage réduit | 0,672 | 0,590 | 1 | 0 |
| Mesures d'adaptation aux changements climatiques | L'autorégulation de la collecte excessive et inappropriée des PFNL | 0,353 | 0,581 | 1 | 0 |
| | Reboisement | 0,632 | 0,641 | 1 | 0 |
| | Les activités alternatives génératrices de revenus | 0,321 | 0,743 | 1 | 0 |
| | Savoir traditionnel | 0,784 | 0,632 | 1 | 0 |
| | Agroforesterie | 0,825 | 0,381 | 1 | 0 |
| | Utilisation d'énergies alternatives au bois de feu | 0,131 | 0,522 | 1 | 0 |
| Taille du ménage | | 8,654 | 5,032 | 16 | 3 |
| Age | | 39,083 | 24,235 | 84 | 18 |
| Sexe du chef de ménage | | 0,837 | 0,415 | 1 | 0 |
| Nombre d'année d'expérience dans la collecte de PFNL | | 26,901 | 19,721 | 81 | 3 |
| Niveau d'éducation | | 1.335 | 2.581 | 0 | 13 |
| Obstacle aux mesures d'adaptation aux changements climatiques | Approvisionnement insuffisant en matériel végétal amélioré/manque de pépinière de PFNL | 0,271 | 0,446 | 1 | 0 |
| | Manque de ressources financières adéquates | 0,652 | 0,515 | 1 | 0 |
| | Manque de ressources humaines | 0,511 | 0,312 | 1 | 0 |
| | Manque de compétences | 0,0655 | 0,901 | 1 | 0 |

| | | | | | |
|---|---|---|---|---|---|
| | Comportement de passager clandestin de certains ménages | 0,0198 | 0,088 | 1 | 0 |
| | Manque de programme et de politiques gouvernementales | 0,157 | 0,219 | 1 | 0 |
| Perception du changement climatique | | 0,893 | 0,341 | 1 | 0 |
| R & D | | 0,624 | 0,184 | 1 | 0 |
| Distance maison-FC | Proche | 0,344 | 0,022 | 1 | 0 |
| | Moyenne | 0,433 | 0,518 | 1 | 0 |
| | Longue | 0,224 | 0,093 | 1 | 0 |
| Distance maison - marché | Proche | 0,677 | 0,137 | 1 | 0 |
| | Moyenne | 0,112 | 0,443 | 1 | 0 |
| | Longue | 0,422 | 0,622 | 1 | 0 |
| Accès à la terre et à la FC | | 0,033 | 0,287 | 1 | 0 |
| Coopération | | 0,844 | 0,522 | 1 | 0 |
| Groupes sociaux | | 0,855 | 0,368 | 1 | 0 |
| Revenu mensuel des PFNL | | 4245,124 | 12245,324 | 8450 | 2375 |
| Revenu mensuel du ménage | | 3223,841 | 1328,031 | 6951 | 945 |

*Source : Auteurs à partir des données d'enquête.*

Le tableau 3 ci-dessus présente les statistiques descriptives des variables explicatives utilisées dans le modèle de Heckman à deux étapes. Les ménages ont un âge moyen de 39 ans. Ceux de la zone d'étude ont une taille moyenne de 9 membres par ménage, avec un nombre moyen de 27 années d'expérience dans la collecte des PFNL.

Les PFNL les plus collectées dans la zone d'étude sont, entre autres, le bois de feu, *l'Irvingia gabonensis, le Ricinodendron heudelotii,* le Gnetum, le Jujube et les écorces. Ils servent généralement à plus d'une utilisation : alimentation, vente, ornement, médicaments, etc. L'estimation, par la méthode des MCO, de la relation entre le revenu issu de la vente des PFNL et le revenu total des ménages, donne les résultats présentés au tableau 4 ci-dessous :

**Tableau 4.** *Relation entre le revenu issu de la vente des PFNL et le revenu total des ménages*

| Revenu total | Coefficient | Erreur standard | t | P>\|t\| |
|---|---|---|---|---|
| **Revenu PFNL** | 1,301 | 0,611 | 2,13 | 0.038* |
| **_Cons** | 18869,8 | 6764,52 | 2,79 | 0.007** |
| **Erreur quadratique moyenne (RMSE) = 18580** | | **$R^2$ ajusté = 0.0565** | | **F (1, 58) = 4.53** |
| **$R^2$ = 0.0725** | **Prob> F = 0.0375** | **Nombre d'observations = 60** | | |
| ****,* significativité à 1% et 5%** | | | | |

*Source : obtenu par les auteurs à partir de données d'enquête.*

Le tableau 4 permet d'avoir l'équation suivante : **Z = 1,3T + 18869,89**. Celle-ci révèle une relation croissante et significative entre le revenu total et le revenu des PFNL. De plus, si le revenu des PFNL augmente de 1%, le revenu total augmente, lui, de 40.10% (élasticité : **eZ / eT = 0.4010388**).

Pour déterminer la contribution des PFNL au revenu total des ménages de la FC, nous avons utilisé un test de Student classique sur la moyenne[12] de la série estampillée « part du revenu issu de la vente des PFNL (T/Z) » dans le revenu total des ménages, et vu si cette moyenne est significativement supérieure à 0 ou non. Les hypothèses du test de Student classique sur la moyenne de la série (revenu du ménage /revenu des PFNL) sont :

Hypothèses du test unilatéral : $H_0 : moyenne = 0$ ; $H_1 : moyenne \succ 0$

Règle de décision : On rejette Ho si Pr (T > *t* ) < 5%

**Tableau 5.** *Résultats du test unilatéral de Student*

| Variable | Moyenne | Ecart type |
|---|---|---|
| Part du revenu issu de la vente des PFNL | 0,407 | 0,254 |
| Moyenne = moyenne (moyenne part du revenu issu de la vente des PFNL) ; t = 12,416 | | |
| Ho : moyenne = 0 | | dégré de liberté = 59 |
| **Ha : moyenne < 0**<br>**Pr (T < t) = 1,0000** | **Ha : moyenne ! = 0**<br>**Pr (\|T\| > \|t\|) = 0,0000** | **Ha : mean > 0**<br>**Pr (T > t) = 0 ,0000** |

*Source : Auteurs à partir des données d'enquête.*

Etant donné que $\Pr(T \succ t) = 0.0000 \prec 0.05$, on rejette l'hypothèse nulle. La moyenne est très significative. Ce résultat montre que la part du revenu issu de la vente des PFNL contribue significativement au revenu total des ménages. De plus, au regard de la moyenne de cette variable, on estime

[12] Ne pouvant déterminer cette part pour chaque ménage, on considère la moyenne de la série.

à 41% la contribution des PFNL au revenu total des ménages. Cette contribution notable de la vente des PFNL au revenu total des ménages a également été vérifiée en Inde par Tejaswi et *al.* (2008), où cette part contributive équivaut à environ 25% du revenu total des ménages. Ce résultat devrait pouvoir favoriser l'adoption de pratiques de récolte durable de PFNL ; la durée de tels revenus sur le long terme ne s'en verrait que garantie.

Un des résultats de l'enquête a révélé que 89% des répondants ont déclarés percevoir le CC à travers une somme d'événements extrêmes clés apparus dans leur localité ; à l'instar de l'augmentation de la population des ravageurs et des attaques d'insectes, de la recrudescence irrégulière des précipitations, de l'élévation notable des températures, des épisodes accrus de vents violents, d'inondations et du phénomène de sécheresse. On peut en conclure, à la suite des ménages répondants, que dans la FC objet de notre recherche en particulier, et à l'Est du Cameroun en général, le CC multiplie les insectes et les ravageurs ; lesquels consomment les feuilles des plantes, déflorent les arbres, voire les tuent, réduisant ainsi les récoltes de PFNL. Bien plus, les espèces végétales envahissantes empêchent, toujours aux dires des répondants, la régénération des PFNL, et dégradent leur habitat ; ce qui a pour conséquence de diminuer principalement le fourrage, le bois de feu, les produits d'ortie et les espèces de légumes sauvages. Ces constats des ménages ont également été obtenus par Nghogekeh Tieminie et *al.* (2021) auprès des populations dépendantes de la réserve forestière de Bamboko dans la région Sud-Ouest du Cameroun.

Parmi les stratégies adoptées par les ménages pour réduire les effets néfastes du CC sur les PFNL, on identifie : l'autorégulation de la collecte des PFNL (par la diminution de la récolte excessive ou inappropriée), le reboisement, la pratique des activités alternatives génératrices de revenus, la savoir traditionnel, l'agroforesterie et l'utilisation des énergies alternatives au bois de feu.

La grande majorité des répondants de l'échantillon (85%) perçoivent l'évolution à la baisse des quantités de PFNL dans la FC ; et parmi ces derniers, 56% déclarent adopter des mesures d'adaptation au CC pour anticiper les occurrences futures d'invasions de plantes envahissantes, d'insectes, et de variabilité des températures et des précipitations. En termes de mesures d'adaptation aux CC, 35% des ménages utilisent l'autorégulation de la collecte excessive et inappropriée des PFNL, 63% le reboisement, 32% les activités alternatives génératrices de revenus, 78% le savoir traditionnel, 82% l'agroforesterie et, environ 13%, des énergies alternatives au bois de feu.

## 2. Analyse économétrique

Les résultats de l'estimation du modèle probit utilisé en vue d'expliquer la probabilité pour les ménages, de percevoir comme une menace réelle l'évolution à la baisse de la disponibilité des PFNL dans la FC, sont présentés au tableau 6 ci-dessous. Dans l'ensemble, le modèle s'avère globalement significatif. Les résultats qu'il délivre conduisent à penser que plusieurs facteurs influencent positivement la perception par les ménages, de l'évolution à la baisse des PFNL dans la FC. Il s'agit : du savoir traditionnel, du sexe, du nombre d'années d'expérience, du revenu des ménages et de celui issu de la vente des PFNL, du groupe social, de la coopération, et de la perception du CC. Des résultats analogues ont également été obtenus par Chisale et *al.* (2021) au Malawi.

Le capital social est important pour la perception de l'évolution à la baisse des PFNL. En effet, les ménages peuvent accéder aux informations météorologiques et climatiques via leurs groupes sociaux. La taille du ménage, elle, est susceptible d'influencer la probabilité de percevoir l'évolution à la baisse des PFNL et l'adoption ultérieure de mesures d'adaptation. A l'exemple des grands ménages qui, dotés d'une main-d'œuvre suffisante, l'utilise autant dans les activités d'exploitation que dans celles ménagères. Les années d'expérience dans la collecte des PFNL s'avère être d'une importance capitale dans l'acquisition des connaissances sur le CC. Ainsi, plus le ménage est expérimenté, plus il est apte à vite percevoir comme une menace réelle, l'évolution à la baisse des PFNL.

Toutefois, les facteurs tels que la taille du ménage, le manque de compétence, et le comportement de passager clandestin de certains ménages, ont une incidence négative sur cette perception. En effet, le manque de compétences peut empêcher certains ménages de percevoir l'évolution à la baisse des PFNL. La probabilité d'une telle perception se trouve significativement diminuée avec la taille du ménage, suggérant par-là que les membres d'un ménage sont à même de développer différentes perceptions de l'évolution à la baisse des PFNL. Cette situation engendre souvent de la confusion au sein des ménages et réduit la capacité de ces derniers à adopter des pratiques durables de récolte des PFNL.

S'agissant de l'âge, ce facteur influence positivement la perception qu'a le ménage de l'évolution à la baisse des PFNL dans la FC. Basu (2018) en Inde, a obtenu un résultat similaire.

**Tableau 6.** *Résultats de l'estimation du modèle probit de la perception de l'évolution à la baisse des PFNL dans la FC*

| Variables du modèle de Heckman | | Coefficients | Probabilités | Effets marginaux |
|---|---|---|---|---|
| Mesures d'adaptation aux changements climatiques | Reboisement | 0,126 | 0,120 | 0,109 |
| | Activités alternatives génératrices de revenus | −0,623 | 0,410 | −0,433 |
| | Savoir traditionnel | 0,440*** | 0,073 | 0,302 |
| | Agroforesterie | 0,231 | 0,83 | 0,199 |
| | Utilisation d'énergies alternatives au bois de feu | 0,014 | 0,404 | 0,280 |
| Taille du ménage | | −4,942** | 0,034 | 4,633 |
| Age | | 22,544* | 0,001 | 20,680 |
| Sexe du chef de ménage | | 0,529* | 0,005 | 0,411 |
| Nombre d'années d'expérience dans la collecte des PFNL | | 26,742* | 0,002 | 23,912 |
| Niveau d'éducation | | 1,092*** | 0,079 | 0,998 |
| Obstacle aux mesures d'adaptation aux changements climatiques | Approvisionnement insuffisant en matériel végétal amélioré / manque de pépinières de PFNL | −0,099 | 0,321 | −0,083 |
| | Manque de ressources financières adéquates | −0,184 | 0,188 | −0,211 |
| | Manque de ressources humaines | −0,233 | 0,315 | −0,249 |
| | Manque de compétences | −0,165*** | 0,071 | −0,152 |
| | Comportement de passager clandestin de certains ménages | −0,092*** | 0,089 | −0,133 |
| Perception du changement climatique | | 0,166** | 0,023 | 0,159 |
| R & D | | −0,081 | 0,177 | 0,032 |
| Distance maison-FC | Proche | 0,231* | 0,007 | 0,156 |
| | Moyenne | 0,177*** | 0,072 | 0,139 |
| Distance maison - marché | Proche | 0,094* | 0,001 | 0,183 |
| | Moyenne | −0,111 | 0,157 | 0,091 |
| Accès à la terre et à la FC | | −0,144** | 0,023 | 0,118 |
| Coopération | | 0,290* | 0,004 | 0,231 |
| Groupes sociaux | | 0,170* | 0,009 | 0,115 |
| Revenu mensuel des PFNL | | 733,460** | 0,044 | 712,991 |
| Revenu mensuel du ménage | | 940,118** | 0,028 | 919,223 |
| Constante | | −0,231 | 0,182 | −0,066 |
| Observations = 60 Log pseudolikelihood = −173.866 Wald $x^2$ (26)=96,23Prob >$x^2$ =0,0000 | | | | |

*Source : Auteurs à partir des données d'enquête.*

**, **, *** significativité à 10%, 5%, and 1%, respectivement.*

**Tableau 7.** *Résultats du modèle probit multivarié des déterminants de l'adoption de pratiques de collecte durable de PFNL*

| Variables du modèle de Heckman | | Domestication | Ne pas faire la collecte systématique des fruits | Ne pas arracher les lianes des plantes | Ne pas déraciner l'arbre et récolter au niveau des branches | Ecorçage réduit |
|---|---|---|---|---|---|---|
| Mesures d'adaptation aux changements climatiques | Reboisement | 0,254* | 0,411* | 0,321* | 0,443* | 0,299* |
| | Activités alternatives génératrices de revenus | 0,132* | 0,185 | 0,255** | 0,562 | 0,088* |
| | Savoir traditionnel | 0,844* | 0,622* | 0,155* | 0,096* | 0,332* |
| | Agroforesterie | 0,099* | 0,325* | 0,229 | 0,441 | 0,553* |
| | Utilisation d'énergies alternatives au bois de feu | 0,144* | 0,084 | 0,033* | 0,663** | 0,096* |
| Taille du ménage | | 5,113* | 5,066 | 4,998* | 7,991 | 2,698 |
| Age | | 22,114 | 20,445 | 22,099 | 18,441 | 24,071 |
| Sexe du chef de ménage | | 0,532* | 0,457* | 0,511* | 0,366* | 0,511* |
| Nombre d'années d'expérience dans la collecte des PFNL | | 23,311* | 18,603* | 26,709* | 20,441* | 21,881* |
| Niveau d'éducation | | 0,994 | 1,122 | 3,922 | 0,638 | 0,993 |
| Obstacle aux mesures d'adaptation aux changements climatiques | Approvisionnement insuffisant en matériel végétal amélioré / manque de pépinière de PFNL | −0,322* | −0,302 | −0,069 | −0,177 | −0,104 |
| | Manque de ressources financières adéquates | −0,211 | −0,043*** | −0,336** | −0,066** | −0,022 |
| | Manque de ressources humaines | −0,122* | −0,031 | −0,221* | −0,115** | −0,336*** |
| | Manque de compétences | −0,109* | −0,223* | −0,033** | −0,338 | −0,119 |
| | Comportement de passager clandestin de certains ménages | −0,123* | −0,098*** | −0,224* | −0,822** | −0,211** |

| | | | | | | |
|---|---|---|---|---|---|---|
| Perception du changement climatique | | 0,318* | 0,175 | 0,125 | 0,133 | 0,199* |
| R & D | | 0,413* | 0,720 | 0,667* | 0,449 | 0,338* |
| Distance maison-FC | Proche | 0,328* | −0,317 | 0,118 | 0,105 | 0,662 |
| | Moyenne | 0,112 | 0,084* | 0,233 | 0,164 | 0,225 |
| Distance maison - marché | Proche | 0,181 | 0,017* | 0,111* | 0,154 | 0,088* |
| | Moyenne | −0,321 | 0,0113 | 0,423 | 0,077* | 0,854 |
| Accès à la terre et à la FC | | 0,221 | 0,1111** | 0,044 | 0,099 | 0,031 |
| Coopération | | 0,772* | 0,633 | 0,511* | 0,077* | 0,139* |
| Groupes sociaux | | 0,044* | 0,412* | 0,231 | 0,064** | 0,652 |
| Revenu mensuel des PFNL | | 798,222 | 455,985* | 933,772* | 530,443* | 644,071* |
| Revenu mensuel du ménage | | 960,643 | 901,332** | 670,088*** | 843,231*** | 703,021 |
| Inverse ratio de Mill | | −1,522* | 0,981 | − 0,215* | 0,701** | − 1,348 |
| Constante | | − 1,634 | 0,322 | −0,166 | 0,854 | 0,046 |
| | | Rho1 | Rho2 | Rho3 | Rho4 | Rho5 |
| Rho2 | | −0,234* | | | | |
| Rho3 | | −0,022 | − 0,266* | | | |
| Rho4 | | −0,412* | −0,412** | − 0,147 | | |
| Rho5 | | −0,211* | −0,282 | −0,199*** | 0,522 | |

Observations = 53 Log pseudolikelihood = −312,211 Wald $x^2$ (35)=108,192 Prob>$x^2$=0,0000

Test du rapport de vraisemblancerho21 = rho31 = rho41 = rho51 = rho32 = rho42 = rho52 = rho43 = rho53 = rho54 = 0; $x^2$ (10)=18,8595 Probabilité>$x^2$ = 0,0000

*Source : Auteurs à partir des données d'enquête.*

*, **, *** *significativité à 10%, 5%, and 1%, respectivement.*

Les résultats de l'estimation des déterminants de l'adoption des pratiques de collecte durable des PFNL sont présentés au tableau 7. D'après ces résultats, les coefficients de corrélation des termes d'erreurs sont importants pour six paires d'équations, indiquant que ces dernières sont corrélées. Il existe entre les équations, des différences substantielles (hétérogénéités) dans les coefficients estimés ; ce qui conforte la pertinence d'une nécessaire différenciation entre les diverses pratiques de gestion durable des PFNL.

Les modèles multivariés et univariés indiquent une relation conjointe importante

$$x^2(35)= 108{,}192 \quad \backslash \quad \text{Prob}>x^2=0{,}0000$$

Ceci justifie l'estimation par le modèle probit multivarié, qui considère différentes pratiques de gestion des terres durables comme opposées à des modèles de probit univariés séparés, et par conséquent, considère aussi qu'il est inadéquat de les agréger en une seule pratique durable. Les coefficients associés à l'inverse du ratio de Mill sont significatifs dans les deux équations ; d'où son inclusion. Il est à noter que la non-inclusion de l'inverse du ratio de Mill conduirait à des résultats biaisés attribués au biais de sélection des échantillons.

A partir du modèle de sélection à deux étapes de Heckman, les coefficients de l'équation de sélection s'interprètent comme ceux du modèle Probit multivarié. De sorte qu'au tableau 7, constat est fait de ce que les mesures d'adaptation au CC telles l'autorégulation de la collecte excessive et inappropriée des PFNL, le reboisement, les activités alternatives génératrices de revenus, le savoir traditionnel, l'agroforesterie, et l'utilisation des énergies alternatives au bois de feu, ont une incidence significative sur l'adoption de pratiques durables de collecte des PFNL par les ménages de la FC : domestication, non collecte systématique des fruits, non arrachage des lianes des plantes, écorçage réduit, etc. Ces résultats présentent nombre de similitudes avec ceux de Gurung et *al.* (2021) au Népal, et Basu (2018) en Inde.

L'agroforesterie est une mesure d'adaptation au CC très couramment pratiquée par les répondants. En effet, nos résultats montrent que l'agroforesterie a une incidence positive et significative sur l'adoption de pratiques durables de collecte des PFNL en général, et sur la domestication et le savoir traditionnel en particulier. Tel résultat est semblable à celui de Gurung et *al.* (2021) au Népal. A ce stade de notre recherche, il convient de relever que l'agroforesterie (qui associe la plantation d'arbres et d'arbustes, les cultures agricoles et/ou l'élevage) est de plus en plus reconnue comme une méthode efficace d'adaptation au CC; puiqu'elle permet de minimiser les risques liés à la variabilité des températures et des précipitations qui pèsent sur les PFNL. Grâce à leurs systèmes racinaires profonds, les arbres sont en effet capables d'explorer le sol en profondeur, à la recherche d'eau et de nutriments ; ce qui est bénéfique aux cultures en période de sécheresse. En contribuant à augmenter la porosité du sol, à réduire le ruissellement et à accroître la couverture du sol, les arbres renforcent l'infiltration et la rétention d'eau, réduisant ainsi le stress hydrique lorsque les précipitations deviennent faibles. En cas d'excès d'eau, en revanche, celle-ci est plus rapidement pompée hors du sol en raison de taux d'évapotranspiration plus élevés dans les parcelles agroforestières.

Les chefs de ménages femmes sont plus susceptibles d'adopter des pratiques durables de collecte. La raison possible de cette observation est que, dans la plupart des communautés rurales, la collecte des PFNL est effectuée par les femmes. Le ciblage des groupes de femmes a, de ce fait, un effet positif significatif sur la propension des ménages à adopter des pratiques durables de collecte.

L'expérience des ménages dans la collecte des PFNL augmente la probabilité, pour eux, d'adopter toutes les pratiques de collecte durables possibles. Les ménages très expérimentés accèdent plus facilement aux informations sur les CC. Et parce qu'ils sont généralement les leaders dans la plupart des communautés rurales, ces ménages expérimentés peuvent être ciblés pour aider à promouvoir les pratiques de collecte durables de PFNL. Ce qui pourrait se traduire, notamment, par la formation de collecteurs inexpérimentés, et partant, incapables de s'adapter aux aléas climatiques.

La plupart des répondants ont indiqué que la pratique des activités alternatives génératrices de revenus, telles que la menuiserie, la maçonnerie, l'implication comme main-d'œuvre dans des entreprises locales, figurait parmi leurs stratégies d'adaptation. Ces activités ont un effet positif sur la domestication et l'écorçage réduit des arbres. Gurung et *al.* (2021) au Népal, et Basu (2018) en Inde, arrivent à un résultat similaire.

Le manque d'informations, notamment en ce qui concerne l'évolution du climat, l'approvisionnement insuffisant en matériel végétal amélioré, le manque de pépinières de PFNL, de ressources financières adéquates, de compétences, ou le comportement de passager clandestin de certains ménages, influencent négativement l'adoption de pratiques durables de collecte des PFNL dans la FC. Ces résultats sont conformes à ceux obtenus par Gurung et *al.* (2021) au Népal. Pour une adaptation réussie au CC dans les communautés, ces auteurs suggèrent de combler les carences mentionnées ci-dessus, par la mise en place de politiques adéquates de planification et de gestion des forêts riches en ressources naturelles en général, et en PFNL en particulier.

Contrairement au résultat de la première étape du modèle de Heckman, la taille du ménage, à la deuxième étape, influence positivement l'adoption de pratiques de collecte durable. En effet, il est possible que les ménages dotés de nombreux membres soient contraints, plus que leurs homologues de moindre taille, de collecter des produits forestiers pour atténuer la pression de la consommation imposée par une famille nombreuse. De ce fait, il est impératif pour ce type de famille, d'assurer la pérennité des PFNL, et par ricochet, leur consommation à long terme. Ce résultat a également été obtenu par Chisale et *al.* (2021) au Malawi.

Garantir aux ménages ruraux le droit à la terre et aux produits est crucial pour qu'ils adoptent et améliorent les pratiques agroforestières. Nos résultats montrent en particulier que l'accès à la terre et aux produits de la FC influence positivement ces ménages à adopter les techniques qui relèvent de la domestication des espèces.

*

* *

Cet article avait pour objectif d'analyser l'effet des mesures d'adaptation au changement climatique sur l'adoption par les ménages ruraux engagés dans l'exploitation de produits forestiers non-ligneux (PFNL) au Cameroun, des pratiques de collecte durables. La grande majorité (85%) des ménages de l'échantillon pris dans la FC de Morikouali-yé sis à l'est du pays, perçoit l'évolution à la baisse des PFNL dans la FC ; et parmi ces derniers, 62% ont déclarés adopter des pratiques durables de collecte des PFNL en vue d'assurer la disponibilité à long terme de ces produits. Faisant recours aux techniques économétriques basées sur la MCO, un test de Student et le modèle de Heckman à deux étapes, nous avons trouvé que *le bois de feu, l'Irvingia gabonensis (mangue sauvage), le Ricinodendron heudelotii (Njansang), le Gnetum (Ikok), le Jujube et les écorces* sont les espèces de PFNL les plus collectées. Nous sommes aussi parvenus à montrer que la relation entre le revenu total et le revenu des PFNL est croissante et significative, et que les ventes de PFNL contribuent significativement, c'est-à-dire à hauteur de 41%, au revenu total des ménages de la FC.

Parmi les répondants qui perçoivent l'évolution à la baisse des PFNL dans la FC, 56% déclarent adopter des mesures d'adaptation au CC. Ce, afin d'anticiper les occurrences futures d'invasion de plantes envahissantes, d'insectes, et de variabilité des températures et des précipitations.

Un autre résultat à porter au crédit de notre étude est que la perception de l'évolution à la baisse des PFNL dans la FC s'avère renforcée par le savoir traditionnel, le sexe, le nombre d'années d'expérience, le revenu des ménages et celui issu de la vente des PFNL, les groupes sociaux, et la coopération. Cette perception pousse de nombreux ménages à adopter des pratiques d'adaptation au CC. Plusieurs de ces pratiques ont été identifiées dans la zone d'étude, dont les plus courantes sont : l'utilisation d'énergies alternatives au bois de feu, la pratique d'activités alternatives génératrices de revenus, la domestication des espèces, le reboisement et l'agroforesterie. A travers cette recherche, nous sommes in fine parvenus à demontrer que ces pratiques ou stratégies d'adaptation au CC conduisent, toutes, à l'adoption de comportements écologiques favorables à la collecte durable des PFNL.

En définitive, nous suggérons que ces stratégies soient consolidées, à la fois pour l'adaptation au CC, et pour une utilisation durable des PFNL. Cette consolidation des stratégies passerait par, entre autres, un encadrement accru des ménages ruraux, des soutiens en termes de mise à disposition de pépinières et de facilitation d'accès aux marchés, la disponibilité des informations concernant l'évolution du climat et la gestion durable des ressources naturelles. ■

# RÉFÉRENCES

Adesina A.A., D. Mbila, G.B. Nkamleu, and Endamana D. (2000), "Econometric analysis of the determinants of adoption of alley farming by farmers in the forest zone of southwest Cameroon." *Agriculture, ecosystems & environment*, vol. 80, n° 3, pp. 255-265.

Adger W.N. (1999), "Social Vulnerability to Climate Change and Extremes in Coastal Vietnam." *World Development*, vol. 27, n° 2, pp. 249-269.

Amougou J.A. (2018), « Situation des changements climatiques au Cameroun – les éléments scientifiques, incidences, adaptation et vulnérabilité. » *Environmental Law and Policy in Cameroon – Towards Making Africa the Tree of Life | Droit et Politique de l'environnement Au Cameroun - Afin de Faire de l'Afrique l'arbre de Vie*, edited by Oliver C. Ruppel and Emmanuel D. Kam Yogo, 1st ed., Baden-Baden, Germany, Nomos Publishing House, pp. 687-712.

Arnold M.J.E. and Pérez M.R. (2001), "Can non-timber forest products match tropical forest conservation and development objectives?" *Ecological Economics*, vol. 39, n° 3, pp. 437- 447.

Baede Alfons P.M., P. van der Linden, and A. Verbruggen (2008), « Annexe II : Glossaire », GIEC 2007 : *Bilan 2007 des changements climatiques : rapport de synthèse*. Contribution des Groupes de travail I, II et III au quatrième Rapport d'évaluation du Groupe d'experts intergouvernemental sur l'évolution du climat. GIEC, Genève, Suisse, pp. 76-89.

Basu J.P. (2021), ''Forest participation of local communities : a study of a tribal dominated region in India.'' *Journal of Social and Economic Development*, vol. 23, n° 1, pp. 180-201. [Online] From https://doi.org/10.1007/s40847-020-00142-w, accessed June 18, 2024 at 11:18 a.m.

Basu J.P. (2018), "Adaptation to climate change & Non-Timber Forest Products / A Study of Forest Dependent Communities in Drought prone areas of West Bengal, India." *Conference Paper/ Presentation*. [Online] From International Association of Agricultural Economists (IAAE) 2018 Conference, July 28-August 2, 2018, Vancouver, British Columbia, accessed March 6, 2024 at 8:28 a.m.

Basu J.P. (2009), ''Adaptation, non-timber forest products and rural livelihood: an empirical study in West Bengal, India.'' In : *IOP Conference Series. Earth and Environmental Science*, vol. 6, n° 38, Bristol, IOP Publishing. DOI :10.1088/1755-1307/6/38/382011

Cappellari L., and Jenkins S.P. (2003), ''Multivariate probit regression using simulated maximum likelihood.'' *The STATA Journal*, vol. 3, n° 3, pp. 278-294.

Chisale H.L., P.W. Chirwa, F.D. Babalola, and Manda S.O. (2021), ''Perceived Effects of Climate Change and Extreme Weather Events on Forests and Forest-Based Livelihoods in Malawi.'' *Sustainability*, vol. 13, n° 21. [Online] From https://doi.org/10.3390/su132111748, accessed April 9, 2024 at 8:44 p.m.

Dickie I.A., B.M. Bennett, L.E. Burrows *et al.* (2014), ''Conflicting values : ecosystem services and invasive tree management.'' *Biological Invasions*, vol. 16, pp. 705-719. [Online] From https://doi.org/10.1007/s10530-013-0609-6, accessed May 14, 2024 at 10:16 a.m.

DiFalco S. and Veronesi M. (2013), ''How can African agriculture adapt to climate change? A counterfactual analysis from Ethiopia.'' *Land Economics*, vol. 89, n° 4, pp. 743-766.

Dixon R.K., Brown S., Houghton R.A., Solomon A.M., Trexler M.C. and Wisniewski J. (1994), ''Carbon pools and flux of global forest ecosystems.'' *Science*, vol. 263, pp. 185- 190.

Easterling W.E., P.K. Aggarwal, P. Batima, K.M. Brander, L. Erda, S.M. Howden, A. Kirilenko, J. Morton, J.-F. Soussana, J. Schmidhuber and F.N. Tubiello (2007), "Food, fibre and forest products." In: M.L. Parry, O.F. Canziani, J.P. Palutikof, P.J. Van der Linden and C.E. Hanson (Eds.). *Climate Change 2007: Impacts, Adaptation and Vulnerability. Contribution of Working Group II to the Fourth Assessment Report of the Intergovernmental Panel on Climate Change (IPCC)*, Cambridge, UK, Cambridge University Press, pp. 273-313.

FAO (1999), « Les produits forestiers non ligneux et la création de revenus. » *Unasylva - Revue internationale des forêts et des industries forestières,* vol. 50, n° 198, Rome, Italie, Organisation des Nations Unies pour l'Alimentation et l'Agriculture, 125p.

FAO (2000), "Applications of the contingent valuation method in developing countries: A survey." *Economic and Social Development Paper*, Rome, Italy, Food and Agriculture Organization of United Nations, 146p.

Fisher M. (2004), “Household welfare and forest dependence in Southern Malawi.” *Environment and Development Economics*, vol. 9, n° 2, pp. 135-154.

Forner C. and Robledo I. (2005), “An introduction to the impacts of climate change and vulnerability of forests.” Background document for the South East Asian Kick-off meeting of the project Tropical Forests and Climate Change Adaptation, 45p.

Forner C., and Santoso H. (2006), “Climate change projections for Indonesia.” *Background document for the Southeast Asia kick-off meeting of the project Tropical Forest and Climate Change Adaptation (TroFCCA)*. Bogor, Indonesia, May 29-30.

GIEC (2014), *Changements climatiques 2014: Rapport de synthèse. Contribution des Groupes de travail I, II et III au 5e Rapport d'évaluation du Groupe d'experts intergouvernemental sur l'évolution du climat* [Sous la direction de l'équipe de rédaction principale, R.K. Pachauri et L.A. Meyer]. GIEC, Genève, Suisse, 161 p. [En ligne] sur le site internet SYR_AR5_FINAL_full_fr.pdf (ipcc.ch), consulté le 2 mai 2024.

GIEC (2013), « Résumé à l'intention des décideurs. » *Changements climatiques 2013 : Les éléments scientifiques. Contribution du Groupe de travail I au 5e Rapport d'évaluation du Groupe d'experts intergouvernemental sur l'évolution du climat* [Sous la direction de Stocker T.F., D. Qin, G.-K. Plattner, M.M.B. Tignor, S.K. Allen, J. Boschung, A. Nauels, Y. Xia, V. Bex, et P.M. Midgley]. Cambridge University Press, Cambridge, Royaume-Uni et New York (État de New York), États-Unis d'Amérique. [En ligne] sur le site internet WG1AR5_SummaryVolume_FINAL_FRENCH.pdf (ipcc.ch), consulté le 13 mai 2024.

GIEC (2007), « Résumé à l'intention des décideurs. » *Changements climatiques 2007 : Les éléments scientifiques. Contribution du Groupe de travail I au 4e Rapport d'évaluation du Groupe d'experts intergouvernemental sur l'évolution du climat* [Solomon S., D. Qin, M. Manning, Z. Chen, M. Marquis, K.B. Averyt, M. Tignor et H.L. Miller (Eds.)]. Cambridge University Press, Cambridge, UK et New York, NY, USA. [En ligne] sur le site internet ar4-wg1-spm-fr.pdf (ipcc.ch), consulté le 15 mars 2024.

Greene H.W. (2012), *Econometric Analysis*. New York, USA, International Edition, Pretice Hall.

Gurung L.J., K.K. Miller, S. Venn, and Bryan B.A. (2021), ''Climate change adaptation for managing non-timber forest products in the Nepalese Himalaya.'' *Science of the Total Environment*, vol. 796, DOI: 10.1016/j.scitotenv.2021.148853.

Gurung L.J., K.K. Miller, S. Venn, and Bryan B.A. (2021), ''Contributions of non-timber forest products to people in mountain ecosystems and impacts of recent climate change.'' *Ecosystems and People*, vol. 17, n° 1, pp. 447-463.

Heckman J.J. (1976), ''The common structure of statistical models of truncation, sample selection and limited dependent variables and a simple estimator for such models.'' *Annals of Economic and Social Measurement,* vol. 5, n° 4, NBER, pp. 475-492.

Heckman J.J. (1979), ''Sample selection bias as a specification error.'' *Econometrica : Journal of the econometric society*, vol. 47, n° 1, pp. 153-161.

Ibe G.O. (2018), "Climate variation, its impact on non-timber forest products and livelihood of Ohafia people, Abia State Nigeria." *Global Journal of Agricultural Sciences*, vol. 17, n° 1, pp. 91-107.

IPCC (2007), *Climate Change 2007 : Impacts, Adaptation and Vulnerability. Contribution of Working Group II to the Fourth Assessment Report of the Intergovernmental Panel on Climate Change*, M.L. Parry, O.F. Canziani, J.P. Palutikof, P.J. van der Linden, and C.E. Hanson (Eds.), Cambridge, UK, Cambridge University Press, 976p.

Kassie M., P. Zikhali, K. Manjur, and Edwards S. (2009), ''Adoption of sustainable agriculture practices : Evidence from a semi-arid region of Ethiopia.'' *Natural resources forum*, vol. 33, n° 3, Oxford, UK, Blackwell Publishing Ltd, pp. 189-198.

Lamsal P., L. Kumar, A. Aryal and Atreya K. (2018), "Invasive alien plant species dynamics in the Himalayan region under climate change." *Ambio*, vol. 47, n° 6, pp. 697-710.

Lynam T., R. Cunliffe and Mapaure I. (2004), ''Assessing the Importance of Woodland Landscape Locations for Both Local Communities and

Conservation in Gorongosa and Muanza Districts, Sofala Province, Mozambique.'' *Ecology and Society*, vol. 9, n° 4, art. 1.

Mamo G., E. Sjaastad and Vedeld P. (2007), ''Economic dependence on forest resources: A case from Dendi District, Ethiopia.'' *Forest Policy and Economics*, vol. 9, n° 8, pp. 916-927.

Maddison D. (2007), *The perception of and adaptation to climate change in Africa*. Working Paper N° 4308, Washington D.C., USA, World Bank Publications.

Maikhuri R.K., P.C. Phondani, D. Dhyani, L.S. Rawat, N.K. Jha, and Kandari L.S. (2018),''Assessment of climate change impacts and its implications on medicinal plants- based traditional healthcare system in Central Himalaya, India." *Iranian Journal of Science and Technology, Transactions A : Science*, vol. 42, pp. 1827-1835.

McFadden D., and Reid F. (1975), *Aggregate travel demand forecasting from disaggregated behavioral models*. Institute of Transportation and Traffic Engineering, University of California.

Millennium Ecosystem Assessment (2005, a & b), *Ecosystems and Human Well-being: Biodiversity Synthesis*, Washington D.C., USA, World Resources Institute, 100p.

Ngo Nonga Fidoline (2020), *Economie de l'adaptation : comprendre l'adaptation au changement climatique*, Douala, Cameroun, Editions Veritas, coll. Economica, 280p. ISBN: 978-9956-0-3017-0.

Ngo Nonga Fidoline (2015), « Économie verte : une solution pour réduire la vulnérabilité au changement climatique ? » Douala, Cameroun, Revue Camerounaise de Management, pp. 71-83.

Nhemachena C., R. Hassan, and Chakwizira J. (2014), ''Analysis of determinants of farm-level adaptation measures to climate change in Southern Africa.'' *Journal of Development and Agricultural Economics*, vol. 6, n° 5, pp. 232-241.

Nghogekeh Tieminie R., C.E. Loh, J. Chepezi Tieguhong, M.N. Nghobuoche, P.S. Mandiefe, and Tieguhong M.R. (2021), "Non-timber forest products and climate change adaptation among forest dependent communities in Bamboko forest reserve, southwest region of Cameroon." *Environmental Systems Research*, vol. 10, pp. 1-13.

PNACC – *Plan National d'Adaptation aux Changements Climatiques du Cameroun* (2015), Publication FAO, Base de données FAOLEX, *LEX-FAOC192040*. [En ligne] https://www.fao.org, site internet consulté le 10 mars 2024.

Pandey R., P. Kumar, K.M. Archie, A.K. Gupta, P.K. Joshi, D. Valente, and Petrosillo, I. (2018), "Climate change adaptation in the western-Himalayas: household level perspectives on impacts and barriers." *Ecological Indicators*, vol. 84, pp. 27-37.

Regmi B.R., A. Morcrette, A. Paudyal, R. Bastakoti, and Pradhan S., (2010), "Participatory tools and techniques for assessing climate change impacts and exploring adaptation options: a community-based tool kit for practitioners." *LFP - Livelihoods and Forestry Programme*, DFID, Nepal. 58p.

Robledo C. & Forner C. (2005), "Adaptation of forest ecosystems and the forest sector to climate change." Rome, Italy, *FAO - Food and Agriculture Organization of the United Nations* ; and Berne, Switzerland, *Swiss Agency for Development and Cooperation, and Intercooperation.*

Sharma R.C. (2003), "Forest for poverty alleviation: Chhattisgarh experience". In: *Forests for Poverty Reduction: Changing Role for Research, Development and Training Institutions*, H.C. Sim, S. Appanah, and N. Hooda (eds.), Bangkok, Thailand, Food and Agriculture Organization of the United Nations.

Shougong Z., L. Weichang, L. Wenming and Huafeng (2003), "Community forestry in mountain development: a case study in Guizhou Province, China". In: *Forests for Poverty Reduction: Changing Role for Research, Development and Training Institutions*, H.C. Sim, S. Appanah, and N. Hooda (eds.), Bangkok, Thailand, Food and Agriculture Organization of the United Nations.

Smit B., and Skinner, M.W. (2002), "Adaptation options in agriculture to climate hange : a typology." *Mitigation and adaptation strategies for global change*, vol. 7, n° 1, pp. 85-114.

SNV - Organisation Néerlandaise de Développement (2010), *Etude de marché des produits forestiers non ligneux (PFNL) au Cameroun et dans les pays voisins*, Yaoundé, Cameroun.

Tabeaud Martine (2010), « Les adaptations au changement climatique ou la re-découverte des acteurs et des territoires. » *Quaderni* [En ligne], N° 71 | Hiver 2009-2010, consulté le 20 juin 2024 sur http://journals.openedition.org/quaderni/522, DOI : 10.4000/quaderni.522

Tejaswi P.B. (2008), "Non-Timber Forest Products (NTFPs) for Food and Livelihood Security: An Economic Study of Tribal Economy in Western Ghats of Karnataka, India." M.Sc Thesis dissertation, Gent University, Belgium, 90p. [Online] From Non-Timber Forest Products (NTFPs) for Food and Livelihood Security: An Economic Study of Tribal Economy in Western Ghats of Karnataka, India (umn.edu), web site *ageconsearch.umn.edu* of AgEcon Search, accessed June 28, 2024 at 9 : 10 a.m.

Trieu V.H. (2003), "Forestry for poverty reduction in Vietnam". In: *Forests for Poverty Reduction: Changing Role for Research, Development and Training Institutions*, H.C. Sim, S. Appanah, and N. Hooda (eds.), Bangkok, Thailand, Food and Agriculture Organization of the United Nations.

Tshering D. (2003), "Forests for poverty alleviation: case of Bhutan". In *Forests for Poverty Reduction: Changing Role for Research, Development and Training Institutions*, H.C. Sim, S. Appanah, and N. Hooda (eds.), Bangkok, Thailand, Food and Agriculture Organization of the United Nations.

Verchot L.V., Van Noordwijk M., Kandji S., Tomich T., Ong C., Albrecht A., Mackensen J., Bantilan C., Anupama K. and Palm C. (2007), ''Climate change: linking adaptation and mitigation through agroforestry''. *Mitig Adapt Strat Glob Change*, vol. 12, pp. 901-918.

Yelkouni M. (2004), *Gestion d'une ressource naturelle et action collective : le cas de la forêt de Tiogo au Burkina Faso.* Doctoral dissertation, Clermont-Ferrand, France, Université d'Auvergne-Clermont-Ferrand I.

## *Livelihood Diversification under Climate Risk in the Centre region of Cameroon.*

By

***Martial BINDOUMOU*** • *University of Maroua*

*bindoumoumartial@yahoo.fr*

**ABSTRACT:**

This study aims to examine how farm (or agricultural) households in the Centre region of Cameroon, Lékié Department, are adapting to climate risks in order to sustain their livelihoods. The data used come from a survey conducted among 832 agricultural households in 21 villages of this administrative division, over the period from November 2017 to July 2018. The results of the study suggest that diversification of activities and the amount of work allocated to each of them, ensures income stability and reduces climate risk in this region. The optimal portfolio of the farm shows that a unit change of one man-day leads to an increase of 27.84%, 92.60%, 67.44%, 69.11%, 155.32%, 159.77% of incomes from the cocoa, *gnetum africanum* (ikok), maize, *Irvingia gabonensis* (wild mango), vegetables and pork activity, respectively. Therefore, to better cope with climate risk and further reduce their vulnerability, farm households need to increase their incomes, either by expanding their portfolio of activities or by increasing the shares of work allocated to each activity in this portfolio.

**KEYWORDS:** climate risk, farm Households, livelihood Diversification, portfolio theory.

**JEL CODE:** G110, Q120, Q540.

## *Diversification des moyens de subsistance face aux risques climatiques dans la Région du Centre au Cameroun.*

***RÉSUMÉ :***

*Cette étude vise à examiner comment les ménages agricoles du département de la Lékié, dans la Région du Centre du Cameroun, s'adaptent aux risques climatiques en vue de pérenniser leurs moyens de subsistance. Les données utilisées proviennent d'une enquête menée auprès de 832 ménages agricoles de 21 villages de ce département, sur la période allant de novembre 2017 à juillet 2018. Les résultats de l'étude suggèrent que la diversification des activités et de la dose de travail impartie à chacune d'elles, assure la stabilité des revenus, et réduit le risque climatique dans cette région. Le portefeuille agricole optimal montre qu'une variation unitaire d'un homme-jour entraîne une augmentation de*

*27,84% ; 92,60% ; 67,44% ; 69,11% ; 155,32% et 159,77% des revenus issus respectivement des activités cacao, gnetum africanum (ikok), maïs, Irvingia gabonensis (mangue sauvage), légumes et porc. Par conséquent, pour mieux faire face au risque climatique et réduire davantage leur vulnérabilité, les ménages agricoles doivent accroître leurs revenus ; soit en élargissant leur portefeuille d'activités, soit en augmentant les parts de travail allouées à chaque activité de ce portefeuille.*

***MOTS CLÉS :*** *risque climatique, ménages agricoles, diversification des moyens de subsistance, théorie du portefeuille.*

***CODE JEL :*** *G110, Q120, Q540.*

Climate change observed in Cameroon over the last 50 years shows a 2.2% decrease in rainfall per decade since 1960, a 0.7°C increase in average annual temperature, and a resurgence of extreme events such as high winds, more frequent storms, floods, mudslides, rock falls and landslides (PNACC, 2015). These extreme weather events are likely to affect the ability of Cameroonian farming households to maintain their livelihoods as rural economies in developing countries are still characterized by the considerable weight of agriculture, mainly subsistence. The reality of the facts already recorded shows that these extreme weather events inevitably lead to risks of loss of productive assets and harvests, with the added bonus of contagion effects, including a reduction in the income of agricultural households, not to mention that due to the significant decline in the supply of food products in this region of central Cameroon that is the subject of the study, there is a risk of erosion of food chains in urban and rural areas. According to the work of Ellis (1993) and Molua and Lambi (2007) on rural populations whose main sources of income come from agriculture and fishing, climate risks have a much greater impact on the poorest households and, consequently, contribute to increased social inequalities and vulnerability. Hence the need to adopt resilience measures that consist of strengthening the capacity of farm households to react, recover and cope with climate risks. It is in this spirit that rural households adopt strategies to generate more livelihoods as well as measures that can enable them to cope with and recover from stress and shocks, thereby maintaining and improving their capacities and assets for the present and the future (Escobal, 2001; Barrett et *al.*, 2001; Ellis et *al.*, 2003a et 2003b).

The department of Lékié (or Lékié division) is not spared from these risks. Located North West of Yaoundé, with an area of 2,989 $Km^2$, this territory in the Centre region of Cameroon is characterized by intense agricultural activity and, as a result, remains the breadbasket of the country's political capital. It is for this reason that, as the urban population of Yaoundé continues to grow, this agricultural land receives strong demand for food. This demand for food products also comes from other countries in Central and West Africa such as Gabon, Equatorial Guinea, the Central African Republic and Nigeria. The Lékié division has also always been home to abundant forest cover and ferralitic, acidic, clayey soils with a low nutrient retention capacity. In recent years, however, due to climate change, forest resources have been dwindling and soils have experienced a significant decline in fertility (Jago-on et *al.*, 2009). However, the department still supplies 60% to 70% of Yaoundé's food needs. The survey conducted as part of this study shows that the impacts and consequences of climate change in terms of food security are already alarming. Thus, given the important role that the Lékié department plays in the food security of the Centre region of Cameroon, a study on the adaptation strategies implemented by rural farming households in this area to stabilize their incomes could not be more essential.

From a theoretical point of view, the notion of diversification stems from the pioneering work of Markowitz (1952) according to which a judicious combination of many assets in a portfolio reduces the total risk incurred for a given expected rate of return. Moustier et *al.* (1997) define diversification as the introduction or development of additional speculations to existing speculations. Following them, Phélinas (2003) sees the diversification of activities (or multi-activity) as a means by which income from more than one economic activity is obtained. In 1997, Hardaker et *al.* produced another definition of diversification in which it is assimilated to a combination of agricultural and non-agricultural activities generating low co-variant returns. In rural areas, households are embracing diversification as a way to minimize risks or adapt to environmental changes (Barett et *al.*, 2001, Caviglia-Harris et *al.*, 2005). Diversification is therefore justified as soon as we take into account the idea that households in developing countries are not able to ensure their survival without increasing their income-generating activities (Maichanou, 2014). In Ellis' (1998) view, diversification of activities is often seen as an indicator of households' risk aversion. This suggests that risk-averse households will undeniably hold diversified portfolios of activities, which certainly generate little income, but are less risky. In practice however, in the absence of credit and insurance markets, households devote significant resources to stabilize their income flows and protect themselves against the adverse consequences of agricultural price fluctuations and climate risks (Bardhan and Udry, 1999).

By empirically assessing the diversification of agricultural land use as a strategy for adaptation to climate risks in the Tisza River basin in Hungary, Werners et *al.* (2011) show that with regard to intensive agriculture in this region, the portfolio composed of wheat, maize and sunflower activities is at the limit of efficiency. The same authors also find that through this portfolio model, crops with low correlated yields have the greatest potential to reduce climate risk. Comparison of the simulations carried out over the periods 1961-1990 and 2071-2100 suggests that climate will have minor effects on average crop yields, but will significantly reduce the variance of yields while modifying the correlation of yields. For their part, Wan et *al.* (2016) observe that the strategy of diversifying income sources allows rural farm households in northern China to stabilize farm incomes. Ersado (2003), in examining the relationship between income diversification and the well-being of farm households in Zimbabwe, found out that farm households tend to diversify their sources of income to cope with agricultural risks. Analyzing the effects of diversification in the Far North region of Cameroon, Wiit and Weibel (2009) argue that diversification in the study area is not entirely based on the strong correlation of income flows from different activities. We can therefore affirm here that in terms of development, intervention strategies that aim to modify the structure of co-variation of income flows can have knock-on effects on risk reduction and, possibly, increase the income of agricultural households in this northern region of Cameroon.

While the challenges posed by climate change have led to and continue to generate renewed interest in the adaptation strategies used by farming households, this study aims to examine how those in the Lékié division are adapting to climate risks in order to maintain or even improve their livelihoods. And while the literature on diversification as a strategy to cope with fluctuations in demand is extensive, few studies have looked at the benefits of diversification. Our research therefore also proposes to explore this issue of the benefits derived from diversification.

## CHARACTERISTICS OF THE BIMODAL FOREST AREA

In the bimodal forest zone, two rainy seasons can be distinguished: the first, known as the short season, which extends from mid-March to mid-June with a maximum rainfall of 200 mm per month, and the second season, described as long, which usually begins in September and ends in mid-November, with heavier rainfall reaching nearly 300 mm per month. Between these rainy periods, there are two dry seasons, one short and the other long, with very low rainfall (less than 150 mm per month) and slightly higher temperatures.

However, as can be seen in the ombrothermic diagram below, MINEPDED[13] (2015) observes that climate change has had a significant impact on these characteristics. For example, in the Central region of Cameroon, there is an early arrival of rains from the beginning of February and an increase in rainfall volumes compared to the historical average of +/-513.53mm. Despite the gradual onset of the rainy season in the highlands of the monomodal rainforest zone, and the short rainy season in the bimodal rainforest zone, it is highly likely that maximum and average temperatures will increase throughout the country during this season.

# METHODOLOGY

## 1. Data collection

The data used in this study come from a survey on the perception of and adaptation to climate change by farming households in the Centre region of Cameroon. This survey, conducted from November 2017 to July 2018, concerned 21 villages spread over three districts of the Lékié department, namely Sa'a, Obala and Okola. For this research, households grouping was necessary because the activities for which significant resources are allocated can vary from one household to another, or even from one village to another. The main crops identified in the Lékié division are cocoa, coffee, plantain, banana, groundnuts, cassava, egusi, yam, wild mango kernel, taro, gnetum africanum, tomato, pepper, in addition to fishing and chicken and pig rearing activities. In approaching this study, it should be borne in mind that agricultural activities referred to here are income-generating activities such as the cultivation of cocoa, gnetum africanum, corn (or maize), wild mango and vegetables, including pig farming, and for which less than 50% of the harvested products are consumed.

The survey collected data on demography, livelihoods, livelihood activities, sources of income, assessment of changes in climate variables, a timeline of climate-related disasters (floods, landslides, droughts), and adaptation strategies in the Lékié division. For the purposes of the study, it

---

[13] Ministry of Environment, Nature Protection and Sustainable Development of Cameroon (in French, MINEPDED - *Ministère de l'Environnement, de la Protection de la nature et du Développement Durable*).

was necessary to use demographic maps available at the Central Bureau of the Census and Population Studies (CBCPS) and the National Institute of Statistics (NIS) in order to get an idea of the population of each village. The sampling technique used in this study is simple random sampling. The choice of this method is justified by the fact that each village in the study area has an equal chance and probability of being selected among the 302 targeted villages. This means that their chances of inclusion are constant. In the end, of the 302 villages initially targeted, only 21 were selected by weighted random sampling. And, in proportion to the size of the village, 1004 households were chosen. However, after data entry and cleaning, the final sample size is made up of 832 households.

The working plots are estimated at one hectare. In rural areas, work is mainly family-oriented, with husbands and wives regularly involved in the field, while children help them only after school and during weekends and holidays. In order to obtain the value of the labour factor, we converted the household members into a standard work unit, i.e. into a man-equivalent, so that a man-day works eight hours (Nguta, 1992; Muange, 2010). The unit of evaluation of working time in this study is therefore 8 hours of work per day for one man-day. The maximum cultivable area per household is the area that this household can cultivate per year without the use of outside labour. The data processing allowed us to select six agricultural products, namely, cocoa, gnetum africanum, maize, wild mango kernels, vegetables, and pig farming. These activities are practiced by 92% of households surveyed.

## 2. Model

Making use of modern portfolio theory (MPT), through its principle of mitigating risks for a given level of rate of return, provides an appropriate analytical framework for analysing the system of livelihood strategies. In this study, we assume that agricultural households are rational, i.e. they are able to choose a portfolio of maximum utility and optimally diversified. Markowitz (1952) calls this efficient diversification.

### Mathematical model

Let $R_p$ be the return of the portfolio made up of $n$ return activities $R_1$, $R_2, \ldots, R_n$. It is assumed that each activity enters a proportion $X_i$ in the composition of the portfolio as follows:

$$R_p = \sum_{i=1}^{n} X_i R_i \tag{1}$$

Since the returns $R_i$ are normally distributed, the traditional parameters of the normal distribution used are expectation and variance or standard deviation of the portfolio's return:

$$E(R_p) = E\left(\sum_{i=1}^{n} X_i R_i\right) = \sum_{i=1}^{n} X_i E(R_i) \tag{2}$$

$$V(R_p) = \sum_{i=1}^{n} \sum_{j=1}^{n} X_i X_j \operatorname{cov}(X_i, X_j) \tag{3}$$

The return of the portfolio is determined by the weighted sum of the returns of each activity, while the volatility is a function of the correlations between the components of the entire portfolio.

The basic principles of this model are:

- Given equal risk, the portfolio with the highest expected return is selected.
- With equal expectation of return, the portfolio with the lowest risk is selected.

We then have a double optimization program as follows:

$$\begin{cases} MaxE(R_p) \\ MinV(R_p) \end{cases} \tag{4}$$

$$s/b\sum_{i=1}^{n} \phi_i = 1 \tag{5}$$

$$Z = \alpha E(R_p) - V(R_p) \tag{6}$$

$$\max Z = \alpha E(R_p) - V(R_p) \tag{7}$$

$$s/b\sum_{i=1}^{n} \phi_i = 1 \tag{8}$$

$\phi_i$ stands for the share of labour allocated to each activity, while $\alpha$ is the measure of farmers risk aversion. It expresses the rate at which the household agrees to take on an increased risk in favour of an increase in the expected return. Some authors have estimated the values of the coefficient of relative aversion between 2 and 4 (Nicholson, 1997). Myers (1989) estimated a relative aversion coefficient between 1 and 3 for a given American farmer. Other studies have estimated it between 0 and 4, where 0 represents neutral risk preferences. In this study, we consider a relative aversion coefficient varying between 0 and 4. This makes it possible to observe the behaviour of farmers in the face of climate risk. The solution to the program defined above lies in the definition of the Lagrange function. Thus, the Lagrangian gives:

$$L_a(\lambda, \phi_1, \phi_2, ...., \phi_n) = \alpha \sum_{i=1}^{n} \phi_i E(R_i) - \sum_i \sum_j \phi_i \phi_j \operatorname{cov}(R_i, R_j) + \lambda(1 - \sum_{i=1}^{n} \phi_i) \quad (9)$$

Applying the first order conditions, we have:

$$\frac{\partial L_a}{\partial \phi_1} = \alpha E(R_1) - 2\phi_1 \operatorname{cov}(R_1, R_1) - 2\phi_1 \operatorname{cov}(R_1, R_2) - \\ .... - 2\phi_1 \operatorname{cov}(R_1, R_n) \quad (10)$$

$$\frac{\partial L_a}{\partial \phi_2} = \alpha E(R_2) - 2\phi_1 \operatorname{cov}(R_2, R_1) - 2\phi_2 \operatorname{cov}(R_2, R_2) - \\ .... - 2\phi_n \operatorname{cov}(R_2, R_n) \quad (11)$$

$$\frac{\partial L_a}{\partial \phi_n} = \alpha E(R_n) - 2\phi_1 \operatorname{cov}(R_n, R_1) - 2\phi_1 \operatorname{cov}(R_n, R_2) - \\ .... - 2\phi_1 \operatorname{cov}(R_n, R_n) \quad (12)$$

$$\frac{\partial L_a}{\partial \lambda} = 1 - \phi_1 - \phi_2 ... - \phi_n = 0 \quad (13)$$

By posing :

$$\operatorname{cov}(R_i, R_j) = \sigma_{ij}$$

We have:

$$2\phi_1\sigma_{11} + 2\phi_2\sigma_{12} + ... + 2\phi_n\sigma_{1n} + \lambda = \alpha E(R_1) \quad (14)$$

$$2\phi_1\sigma_{21} + 2\phi_2\sigma_{22} + ... + 2\phi_n\sigma_{2n} + \lambda = \alpha E(R_1) \quad (15)$$

$$.2\phi_n\sigma_{n1} + 2\phi_2\sigma_{n2} + ... + 2\phi_n\sigma_{nn} + \lambda = \alpha E(R_1) \quad (16)$$

$$\phi_1 + \phi_2 + ... + \phi_n = 1 \quad (17)$$

$$\begin{pmatrix} 2\sigma_{11} & 2\sigma_{12} & . & . & . & 2\sigma_{1n} & 1 \\ 2\sigma_{21} & 2\sigma_{22} & . & . & . & 2\sigma_{2n} & 1 \\ . & & & & & & . \\ . & & & & & & . \\ . & & & & & & . \\ 2\sigma_{n1} & 2\sigma_{n2} & . & . & . & 2\sigma_{nn} & 1 \end{pmatrix} \begin{pmatrix} \phi_1 \\ \phi_2 \\ . \\ . \\ . \\ \phi_n \end{pmatrix} = \begin{pmatrix} \alpha E(R_1) \\ \alpha E(R_2) \\ . \\ . \\ . \\ \alpha E(R_n) \end{pmatrix} \quad (18)$$

$$AX = B \Leftrightarrow \Phi = A^{-1}B \quad (19)$$

Where $A$ is the variance-covariance matrix, $X$ is the column matrix of the share $\phi_i$ of labour allocated to each activity. This matrix is used to compute variance and covariance of the portfolio.

In addition, under the criterion Expectation-Variance (EV), the farmer is supposed to make decisions based on his/her expected income, which he/her wants to be as high as possible, and the variance of income, which he wants at the lowest possible rate. The farmer thus maximizes a function $Z(E(R_p), \sigma_p^2(R_p))$ on the basis of this criterion. This theory predicts which combinations should be selected in order to reduce the total variance of the portfolio's return. It assumes that farmers are rational, risk-averse, and maximize utility. Therefore, the optimal portfolio is the one with the minimum total variance in return. Four conditions must be met to apply the modern portfolio theory: **[i]** there is more than one activity in a given period, **[ii]** all activities are subject to risks, **[iii]** there is information about past and/or planned income activities, and **[iv]** the same external conditions do not affect all activities equally. Therefore, the application of the

Markowitz model in this study requires a number of hypotheses to be drawn up beforehand, including:

**H1:** farm households behave rationally: labour is allocated to a variety of income-generating activities in order to maximize returns for a given level of risk or to minimize risk for given levels of returns.

**H2:** the weight of each activity is represented by the share of labour allocated to an activity, $\phi_i = \frac{L_i}{L}$, in which the farmer is involved, as these activities are characterized by a highly intensive labour force, $R_i = f(L_i)$. In order to obtain the value of the labour factor, we converted the household members into standard work units, i.e. in a man-equivalent, so that a man-day (md) equals eight hours of work per person per day (Nguta, 1992; Muange, 2010). In other words, it is the daily equivalent of one work unit per member of the household.

**H3:** for a given farmer, the workforce is fully distributed among the different activities that make up his portfolio.

**H4:** all portfolio activities are carried out during the same period. This means that all farmers have the same decision-making horizon.

**H5:** the incomes of the portfolio activities are correlated and low but with a non-zero covariance.

**H6:** the behaviour of all farmers is characterized by a higher or lower level of risk aversion.

# RESULTS AND DISCUSSION

Diversification is evidenced by the results obtained in the variance-covariance matrix below (see Table 1). A negative variance associated with a combination of two activities on this matrix means that diversification based on the crops concerned reduces the variance of the total income of the household portfolio, thus stabilizing farm incomes. The matrix also indicates that some combinations of activities have negative variances. This suggests that for maize and pork, cocoa and gnetum, pork and vegetables, for example, households have put in place a strategic mix to reduce the overall risk of the portfolio. According to Riaz (2002), income-related activities with high negative outcomes are first selected and then replaced by those with low negative covariance as risk aversion decreases. The interpretation of these results can be consolidated by those obtained on the correlation matrix, estimation of the equations above, which leads to the determination of the efficient curve and the variance-covariance matrix.

Table 2 presents the correlation coefficients between two or more agricultural products. The fact that these correlation coefficients are, in absolute values, less than one, means that for each income-generating activity, the overall risk of a famer's portfolio is less than the weighted sum of the standard deviations of income (Werners et *al.*, 2011). Moreover, since the volatility of the portfolio decreases when the correlation coefficient tends towards its lower bound, and volatility increases when the correlation coefficient tends towards its upper limit, a rational household will always have an advantage in choosing a portfolio composed of negatively correlated activities. This is the case for cocoa and *gnetum africanum*, cocoa and vegetables, cocoa and pork, vegetables and maize, *gnetum africanum* and wild mango kernels, wild mango kernels and maize portfolios. The strong correlation between *gnetum africanum* and pork farming, on the one hand, cocoa and pork farming, wild mango kernels and pork farming, and maize and pork farming, on the other hand, is justified by the fact that the income from all these agricultural products is reinvested mainly in pork farming.

Figure 2 illustrated below shows that the diversification of agricultural activities in the Lékié division reduces the overall risk of the household portfolio and ensures the stability of household income while minimizing climate risk. The same figure also shows that households' agricultural portfolios are at the frontier of efficiency. The stability of agricultural incomes and the mitigation of climate risks are further highlighted by the construction of an optimal agricultural portfolio.

Risk is measured by the variance of expected income. It shows the variability of the portfolio, which is calculated above using equation 3. The results also show that the composition of the optimal portfolio changes with the level of income risk. This means that in the Lékié division, the farmer's attitude towards climate risk affects his selection of activities to be included in the portfolio. Cocoa's share of revenues is declining as risk aversion decreases. Moreover, changes in income from food crops are greater than those of cocoa and pork farming. The income generated by maize, pork activity, and cassava is relatively comparable to that of other crops.

Table 3 presents the farmer's income for major crops and the associated standard deviations or risks. It can therefore be read that, with the exception of cocoa, high-income agricultural activities also give rise to a high risk. Thus, although maize has the highest income, this crop is also the most exposed to climate risks due to its high-water requirements. The high income of *gnetum africanum* is justified by the fact that it is a highly valued crop both in the national territory and in its surroundings, especially in Nigeria. The production of *gnetum africanum* seems to be one of the most income-generating activities in the department of Lékié, and even in other department of the Centre region of Cameroon. In view of the upheaval in the agricultural calendar, it is easy to understand that *gnetum africanum* production is also an activity exposed to climate risks.

A marginal analysis of the same table 3 mentioned above compares the current values of the risk-income pairs with the optimal values obtained by estimating the optimal shares of work (i.e. man-days assigned to each activity) by equations 16 to 19 written above. The results show that a unit change of one man-day causes an increase in income of 27.84% for cocoa, 92.6% for *gnetum africanum*, 67.44% for maize, 69.11% for wild mango kernels, 155.32% for vegetables, and 159.77% for pork. Thus, to cope with climate risks by ensuring income stability and reducing vulnerability, famers have the flexibility to further increase their agricultural production, either by increasing the labour shares allocated to each activity included in the portfolio or by expanding the size of their portfolio of activities. The amount of work can be increased to the extent that each member of the household can decide, for example, to go to the farm field very early and to return only later than usual, only then devoting himself to other work. Thus, instead of working 8 hours, the member concerned would do 10 hours or even a little more.

There are also many ways to diversify activities: a farm can increase the diversity of its sources of income by assigning more workers to complementary activities or by increasing the number of complementary activities carried out by each worker. A farm household may therefore have one, several or all of its members engaged in complementary activities, each individual being able to carry out one or more complementary activities. These activities may be carried out at the same time as the agricultural activity or alternately with it. An individual can thus change occupation or sector of activity during the agricultural year, or even carry out several activities at the same time, in different sectors, over a given period. This is possible when in some households, members divide up the tasks in order to maximize the return on each of the activities that make up the portfolio.

*

* *

The objective of this study was to examine how farm households in the Lékié Department, Centre region of Cameroon, adapt to climate risks in order to maintain or even improve their livelihoods. Specifically, the study intended to identify and analyze risk mitigation strategies that stabilize the livelihoods of rural households in this region. And, to achieve this goal, modern portfolio theory (MPT) was applied, mainly because it is a suitable analytical framework to analyze the strategic livelihood system as a whole. The results show that diversifying a farmer's portfolio of activities ensures income stability and reduces climate risks. In addition, the strong correlation observed between certain crops and pork activity is justified by the fact that the income generated by these agricultural products is reinvested mainly in pork farming. By analyzing the impact of diversification on climate risks and on the incomes of rural farm households, this study provides a better understanding of the need for good *ex ante* management of production risks, and *ex post* of adaptation strategies to shocks. The study also reveals that, thanks to pluri-activity, famers are able to overcome income fluctuations induced by uncertain climatic conditions. Thus, in order to reduce the uncertainty that characterizes the agricultural productive environment in Cameroon, and to enable farmers to make informed decisions, the public decision-makers should put in place mechanisms for the regular production and dissemination of information on climate variability. In addition, rural households need to combine agricultural and non-agricultural activities, as according to CNUCED[14] (2014), rapid poverty reduction requires a dynamic agricultural sector and broad diversification to non-agricultural activities. However, it must be recognized that the development of non-agricultural activities can only be effective through a good growth of agricultural production. Finally, in line with the findings of Antwi-Agyei et *al.* (2014), the assessment and analysis of crop yields variance and covariance show how traditional breeding techniques and biotechnology can contribute to significantly increase yields stability. It should be noted that beyond all these results, our study considered a risk aversion

[14] CNUCED - Conférence des Nations Unies sur le Commerce et le Développement, i.e. **in English, UNCTAD - United Nations Conference on Trade and Development.**

coefficient varying between 0 and 4 for all households in the study area. A study that would prefer to estimate this coefficient directly in the model will have broken with the tradition of taking this range of values [0; 4] as data. ■

# REFERENCES


Antwi-Agyei P., L.C. Stringer, and Dougill A.J. (2014), "Livelihood adaptations to climate variability : insights from farming households in Ghana." *Regional Environmental Change*, vol. 14, n° 4, pp. 1615-1626.

Bardhan P., and Udry C. (1999), *Development microeconomics*, Oxford, Oxford University Press. 252p., ISBN: 9780198773719.

Barret C.B., M. Bezuneh, and Aboud A. (2001), "Income diversification, poverty traps and policy shocks in Côte d'Ivoire and Kenya." *Food Policy*, vol. 26, n° 4, pp. 367-384.

BUCREP – Bureau Central des Recensements et des Etudes de Population (2005), *Rapport de présentation des résultats définitifs du 3e Recensement général des population humaines [RGPH], Cameroun*. [En ligne] sur le site web www.onsp.minsante.cm, consulté le 10 mai 2024.

Caviglia-Harris J.L., and Sills E.O. (2005), "Land use and income diversification: comparing traditional and colonist populations in the Brazilian Amazon." *Agricultural Economics*, vol. 32, n° 3, pp. 221-237.

CNUCED – Conférence des Nations Unies sur le Commerce et le Développement (2014), « Croissance et transformation structurelle : un programme de développement pour l'après-2015. » *Rapport 2014 sur les pays les moins avancés*, New York & Genève, Etats-Unis & Suisse, Organisation des Nations Unies. [En ligne] sur le site web de la CNUCED – www.unctad.org/ldcr, consulté le 20 juin 2024.

Ellis F., and Mdoe N. (2003a), "Livelihoods and rural poverty reduction in Tanzania." *World development*, vol. 31, n° 8, pp. 1367-1384.

Ellis F., M. Kutengule and Nyasulu A. (2003b), "Livelihoods and rural poverty reduction in Malawi." *World Development*, vol. 31, n° 9, pp. 1495-1510.

Ellis, F. (2000), "The determinants of rural livelihood diversification in developing countries." *Journal of Agricultural Economics*, vol. 51, n° 2, pp. 289-302.

Ellis F. (1998), "Household strategies and rural livelihood diversification." *The journal of development studies*, vol. 35, n° 1, pp. 1-38.

Ellis, F. (1993), *Peasant economics: Farm households and agrarian development,* 2nd Edition, Cambridge, UK, Cambridge University Press, ISBN: 0521457114, 9780521457118, 309p.

Ersado L. (2003), *Income Diversification in Zimbabwe*, FCND discussion papers, n° 152, International Food Policy Research Institute (IFPRI).

Escobal J. (2001), "The Determinants of Nonfarm Income Diversification in Rural Peru." *World Development*, vol. 29, n° 3, pp. 497-508.

Hardaker J.B., R.B. Huirne, J.R. Anderson, and Lien G. (1997), *Coping with risk in agriculture*, vol. 29, Wallingford, UK, CAB International.

Jago-on K.A.B., S. Kaneko, R. Fujikura, A. Fujiwara, T. Imai, T. Matsumoto, J. Zhang, H. Tanikawa, K. Tanaka, B. Lee, and Taniguchi M. (2009), "Urbanization and subsurface environmental issues : An attempt at DPSIR model application in Asian cities." *Science of the total environment*, vol. 407, n° 9, pp. 3089-3104.

Maichanou A. (2014), *Comportement face au risque et risque de comportement: analyse et implications au Niger*, Thèse de Doctorat, Bordeaux, France, Université de Bordeaux.

Markowitz H. (1952), "Portfolio Selection." *The Journal of Finance*, vol. 12, n° 7, pp.77-91

MINEPDED (2015), *Stratégie Nationale de Développement Durable (SNDD)*, [En ligne] Rapport-Final-sur-la-Stratégie-Nationale-de-Développement-Durable.pdf (minepded.gov.cm), site web consulté le 20 avril 2024.

Molua E.L., and Lambi C.M. (2007), "The economic impact of climate change on agriculture in Cameroon." *Policy research working paper* n° 4364, Washington DC., World Bank Publications.

Molua E.L., and Lambi C.M. (2006), *Assessing the impact of climate on crop water use and crop water productivity: The CROPWAT analysis of three districts in Cameroon*, CEEPA - Centre for Environmental Economics and policy in Africa, vol. 44, discussion paper n° 33, Pretoria, South Africa, University of Pretoria.

Molua E.L. (2006), "Climatic trends in Cameroon: implications for agricultural management." *Climate Research*, vol. 30, n° 3, pp. 255-262.

Moustier P. et Pagès J. (1997), « Le péri-urbain en Afrique : une agriculture en marge ? » *Economie Rurale*, vol. 241, pp. 48-56, Montpellier, CIRAD. [En ligne], DOI: 10.3406/ecoru.1997.4888

Muange E.N. (2010), *Effect of Farm Income Risk on Smallholder Production Decisions in the Highlands of Machakos District, Kenya: The Case of Kauti Irrigation Scheme*, Master of Science in Agricultural and Applied Economics, Nairobia, Kenya, University of Nairobia.

Muchow R.C., and Bellamy J.A. (1991), *Climatic risk in crop production: Models and Management for the Semiarid Tropics and Subtropics*, Wallingford, UK, CAB International. ISBN 0 85198 665 X, 548p.

Myers, R.J. (1989), "Econometric Testing for Risk Averse Behaviour in Agriculture." *Applied Economics*, vol. 21, n° 4, pp. 541-552

Nguta, S.M. (1992), *Optimal, Farm Plans for Smallholder Farmers Practising Irrigation along Yatta Canal of Machakos District, Kenya: A Linear Programming Approach*, M.Sc. Thesis, Department of Agricultural Economics, Nairobia, Kenya, University of Nairobia.

Nicholson W. (1997), "Initial Eligibility for Unemployment Compensation". In *Unemployment Insurance in the United States : Analysis of Policy Issues*, Christopher J. O'Leary, and Stephen A. Wandner (eds). Kalamazoo, MI - USA, W.E. Upjohn Institute for Employment Research, pp. 91-123. [Online] From https://www.research.upjohn.org, accessed June 12, 2024 at 7:51 a.m.

PNACC – *Plan National d'Adaptation aux Changements Climatiques du Cameroun (2015)*, Publication FAO, Base de données FAOLEX,

LEX-FAOC192040. [En ligne] Sur le site internet Cmr192040.pdf (fao.org), consulté le 26 mai 2024.

Phélinas P. (2003), « Le rôle de la diversification dans le développement économique : l'impossible mesure. » *Économie et Société*, Série F, « Développement », V, vol. 41, n° 7-8, pp. 1373-1403.

Riaz, M. (2002), "Optimal Agricultural Land Use Systems for Northern Pakistan: Determination Through Quadratic Risk Programming." *Farming and Rural Systems Economics*, vol 40, Margraf, 167p.

Wan J., R. Li, W. Wang, Z. Liu, and Chen B. (2016), "Income diversification: A strategy for rural region risk management." *Sustainability*, vol. 8, n° 10, p. 1064.

Werners S.E., É. Erdélyi, and Supit I. (2011), "Use of modern portfolio theory to evaluate diversification of agricultural land use as an adaptation to climate risks in the Tisza River basin." *Climate change adaptation in developed nations : From theory to practice*, pp. 371-383.

Werners S.E., P. Matczak, and Flachner Z. (2009), "The introduction of floodplain rehabilitation and rural development into the water policy for the Tisza River in Hungary." In Huitema D., Meijerink S. (eds), *Water policy entrepreneurs - A research companion to water transitions around the globe*. Cheltenham, UK, Edward Elgar, pp. 250-271 [Online] From the web site http://dx.doi.org/10.4337/9781849803366.00027, accessed July 20, 2024 at 9:47 a.m.

Werners S.E., F. Incerti, M. Bindi, M. Moriondo, and Cots F. (2007), "Diversification of agricultural crops to adapt to climate change in the Guadiana River Basin." *Proceedings from the international conference on climate change*, Hong Kong, p. 115.

Witt R. and Waibel H. (2009), *Climate risk and farming systems in rural Cameroon*, Discussion paper n° 423 of the Faculty of Business, Economics and Informatics - Hannover Economic Papers (HEP), Hannover, Germany, Leibniz University of Hannover.

**Table 1.** *Variance-Covariance matrix*

| Crops | Cocoa | Gnetum | Maize | Wild mango kernels | Vegetables | Pork |
|---|---|---|---|---|---|---|
| **Cocoa** | **158.00** | -159.00 | -120.00 | 134.25 | -138.56 | -125.54 |
| **Gnetum** | -159.00 | **290.36** | -215.33 | -189.66 | -108.32 | -192.05 |
| **Maize** | -120.00 | -215.33 | **281.82** | 222.80 | 112.33 | -128.18 |
| **Kernels of wild mango** | 134.25 | -189.66 | 222.80 | **125.44** | -127.66 | 117.24 |
| **Vegetables** | -138.56 | -108.32 | 112.33 | -127.91 | **101.80** | -138.22 |
| **Pork** | -125.54 | -192.05 | -128.18 | 117.24 | -138.22 | **109.83** |

*Source: author from the survey data.*

**Table 2.** *Correlation Matrix*

| | Cocoa | Gnetum africanum | Maize | Wild mango kernels | vegetables | Pork |
|---|---|---|---|---|---|---|
| Cocoa | 1 | | | | | |
| Gnetum africanum | -0.569 | 1 | | | | |
| Maize | 0.602 | 0.572 | 1 | | | |
| Wild mango Kernels | 0.669 | -0.59 | -0.861 | 1 | | |
| vegetables | -0.469 | 0.591 | -0.503 | 0.380 | 1 | |
| Pork | -0.972 | 0.905 | 0.899 | 0.238 | 0.984 | 1 |

*Source: authors from the survey data.*

**Table 3.** *Current and optimal values of average household incomes and associated standard deviation*

| **Crops** | **Average revenue/ household ($10^3$ CFAF)** | **Standard deviation** | **Average deviation/ Household ($10^3$ CFAF)** | **revenue** | **Standard Variation%** |
|---|---|---|---|---|---|
| | **Current values** | | **Optimal values** | | |
| Cocoa | 158 | 12.57 | 202 | 17.02 | +27.84 |
| Gnetum | 81 | 17.04 | 156 | 9.57 | +92.6 |
| Maize | 172 | 46.71 | 288 | 22.05 | +67.44 |
| Wild mango kernels | 68 | 11.20 | 115 | 10.11 | +69.11 |
| Vegetables | 47 | 10.09 | 120 | 12.00 | +155.32 |
| Pork | 87 | 10.48 | 226 | 29.07 | +159.77 |

*Source: author from the survey data.*

**Figure 1.** *Umbrothermal diagram Central region*

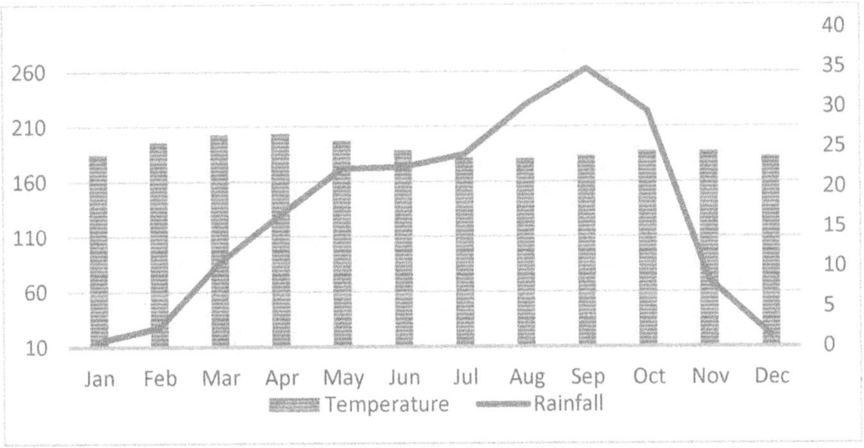


*Source: author from the survey data.*

**Figure 2.** *Average Revenue and Risks of Crops in the Lékié division*

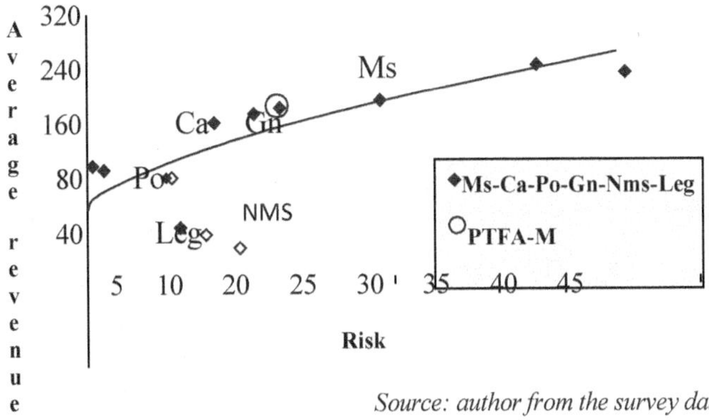


*Source: author from the survey data*

*Ms-Maize; Ca-Cocoa; Po-Pork; Gn-Gnetum africanum; Nms-wild mango kernels; Leg-Vegetables; PTFA-M-Agricultural household portfolio.*

# *Incidence des facteurs socio-économiques sur le changement climatique dans les pays du bassin du Congo.*

Par

***Donald Dimitri ONOUNGA*** • *Faculté des Sciences Economiques, Laboratoire de Recherches et d'Etudes Economiques et Sociales (LARES), Université Marien NGOUABI de Brazzaville*

*dimitri.onounga@umng.cg*

**RÉSUMÉ :**

Cet article analyse l'incidence des facteurs socio-économiques sur le changement climatique dans les pays du Bassin du Congo. Nous utilisons un modèle à équations simultanées appliquées aux données d'un échantillon comprenant six (6) pays pour la période allant de 1985 à 2018. Les résultats révèlent que la croissance démographique et économique, tout comme la déforestation de ces pays, favorisent le changement climatique au travers, notamment, des émissions de $CO_2$ largement attribuables aux activités anthropiques menées dans cet espace géographique du Bassin du Congo. Il ressort par ailleurs de cette étude que les facteurs socio-économiques, par l'intermédiaire du seul facteur qu'est l'augmentation des émissions de $CO_2$, affectent négativement les températures et les précipitations. Finalement, il apparaît nécessaire pour les pays du Bassin du Congo, de viser dans le long terme, un développement économique exempté du risque de dégradation environnementale. Aussi, promouvoir des activités économiques en parfaite harmonie avec l'économie verte serait-il indispensable, compte tenu de l'exigence d'atteinte des objectifs de développement durable qui incombent à tous, y compris aux pays du Bassin du Congo.

**MOTS CLÉS :** Socio-économique, Changement climatique, Bassin du Congo.

**CODE JEL :** O1, Q54, N57.

# *Impact of socio-economic factors on climate change in the Congo Basin countries.*

***ABSTRACT :***

*This paper analyzes the impact of socio-economic factors on climate change in the Congo Basin countries. We use a simultaneous equation model applied to data from a sample of six (6) countries for the period from 1985 to 2018. The results reveal that population and economic growth as well as deforestation in these countries promote climate change through, in particular, $CO_2$ emissions largely attributable to anthropogenic activities carried out in this geographical area of* *the Congo Basin. The study also shows that socio-economic factors, through the single factor of increasing CO2 emissions, have a negative impact on temperatures and precipitations. Finally, it seems necessary for the countries of the Congo Basin to aim for long-term economic development free of the risk of environmental degradation. Therefore, promoting economic activities in perfect harmony with the green economy would be essential, given the requirement to achieve the Sustainable Development Goals that are incumbent on everyone, including the countries of the Congo Basin.*

***KEYWORDS :*** *Socio-economic, Climate change, Congo Basin.*

***JEL CODE :*** *O1, Q54, N57.*

Le réchauffement climatique est devenu un sujet de préoccupation mondiale parce qu'il touche, de multiples façons, toutes les régions de la planète (GIEC, 2021). Dès lors, les rapports entre les activités humaines et leur environnement sont abordés à l'aune du concept de développement soutenable (CMED[15] - Commission mondiale sur l'environnement et le développement, 1987 ; Nordhaus, 2019). Ce développement qui tient compte des interactions entre les trois piliers que sont l'économie, le social et l'écologie, a pour visée d'orienter et de maintenir durablement la société dans un sentier de croissance viable. Cependant, qu'a-t-on constaté depuis la COP 21 tenue à Paris en 2015, autrement dit après trois (3) années de stabilisation ? Que les émissions de $CO_2$ sont reparties à la hausse (COP 23, 2017)[16]. Ce $CO_2$, encore appelé gaz carbonique, est un gaz à effet de serre (GES) responsable à lui seul, d'un peu plus de 55% de la part additionnelle de ce phénomène naturel[17] d'origine anthropique. Le fait est

---

[15] La Commission mondiale sur l'environnement et le développement (CMED) a été mise sur pied en 1983, à l'initiative de l'Organisation des Nations unies (ONU). Cette commission spéciale et indépendante était chargée d'examiner les problèmes environnementaux selon une perspective de coopération internationale. Elle fut présidée par l'ex-première ministre norvégienne, *Gro Harlem Brundtland*. Déposé au printemps 1987, son rapport se veut le fer de lance d'un programme global de changements à l'échelle mondiale dans le domaine de l'environnement.

[16] COP 23 ou 23e Conférence des Parties de la Convention Cadre des Nations Unies sur les Changements Climatiques (CCNUCC) tenue du 6 au 17 novembre 2017 à Bonn, en Allemagne. L'objectif principal de cet évènement était d'inciter les États à gravir un échelon supplémentaire dans leur volonté de lutter contre le réchauffement climatique. Elle était placée sous la présidence des Îles Fidji.

[17] L'**effet de serre** est un phénomène naturel causé par les échanges d'énergie entre le soleil et la Terre. Le rayonnement infrarouge émis par le soleil est absorbé par l'atmosphère, et en particulier par les GES qui y sont présents: vapeur d'eau, dioxyde de carbone, méthane, etc. Cette réserve de chaleur permet de maintenir des températures propices à la vie sur Terre. L'**effet de serre additionnel** désigne l'amplification de l'effet de serre provoquée par l'activité humaine. En effet, les activités humaines rejettent des GES plus rapidement que la planète ne peut les absorber. Face à ce déséquilibre, la concentration atmosphérique des GES

que, depuis belle lurette, l'augmentation de la concentration des GES dans l'atmosphère terrestre, et en particulier celle du $CO_2$, figure au tableau des facteurs inducteurs du réchauffement climatique. On dénombre à ce sujet, quatre sources principales d'émission de GES, et donc, du réchauffement climatique ; ce sont : l'approvisionnement énergétique, l'industrie, la déforestation et le transport (GIEC, 2019 ; GIEC, 2021).

Or, selon Hope (2009), les pays en développement vont payer le prix le plus fort des dommages causés par les changements climatiques ; lequels vont, à long terme, impacter le progrès économique (CNUCED, 2010). D'où l'intérêt que revêt le changement climatique dans le domaine des sciences sociales en général, et des sciences économiques, en particulier.

A cet effet, une abondante littérature tend à montrer que l'analyse de l'incidence des facteurs socio-économiques sur le changement climatique est devenue un sujet très passionnant au sein de la communauté scientifique. Et l'une des controverses qu'il suscite tient de l'opposition entre deux approches : celle du développement soutenable faible, et celle du développement soutenable fort. La première approche explique que les facteurs tels que l'énergie, la déforestation et l'agriculture, ont des effets néfastes sur le changement climatique. Cet argument est soutenu par les théories de l'allocation des ressources, des externalités, de la gestion des biens communs internationaux, ainsi que par celle de l'analyse coût-avantage (Hotelling, 1931 ; Pigou, 1932 ; Hardin, 1968 ; Solow, 1974 ; Nordhaus, 1977 ; Hanley et *al.*, 2019). La seconde approche, défendue par des économistes écologiques, soulève quant à elle, un certain nombre de critiques visant à relativiser les effets néfastes des facteurs socio-économiques sur le changement climatique. Et pour soutenir une telle thèse, ses auteurs ont dû s'appuyer sur les théories de la bioéconomie et de l'état stationnaire (Daly, 1991 ; Georgescu-Roegen, 1971 ; Costanza et *al.*, 2015).

C'est fort de cela que, depuis le protocole de Kyoto auquel les pays du Bassin du Congo[18] ont adhéré, la portée économique du carbone s'est opportunément imposée ; en suscitant au passage, deux types de marchés : les marchés régulés et contraignants ; et les marchés volontaires. Le principe ici est de faire payer au pollueur des taxes carbones, et de faire bénéficier au non-pollueur des crédits carbones ; en rapport bien sûr avec

augmente, et le phénomène d'effet de serre devient plus intense. Davantage de chaleur est alors absorbée et réfléchie vers la Terre: c'est la cause principale du réchauffement climatique (Badillo, 2024).

[18] Le Cameroun, La République Centrafricaine, le Congo, la République Démocratique du Congo (RDC), la Guinée Equatoriale et le Gabon.

leurs plafonds respectifs de quota d'émission de gaz à effet de serre. C'est le même esprit bioéconomique qui guide la COP 21 tenue à Paris en 2015, où il est question, pour les pays industrialisés, de financer le développement des pays en développement et de mettre en œuvre le projet d'électrification des pays africains. Tenant compte de ce que la transition énergétique est lente dans ces pays, l'objectif arrêté lors de la COP 21 avait pour visée de leur permettre de s'adapter aux différents effets à venir du changement climatique qui, sûrement, les toucheraient avec plus d'intensité. Quoi qu'il en soit, il convient de toujours se rappeler que la question des changements climatiques demeure complexe. Or, pour espérer comprendre cette complexité, il est impératif de s'intérroger sur ce que représente fondamentalement le changement climatique ; en termes de définition, de caractéristiques qui lui sont propres, ou d'évolution du phénomène au cours du temps.

Le changement climatique est un phénomène mondial qui se caractérise par la montée des températures moyennes des eaux ; la fonte de l'inlandsis du Groenland ; une modification des régimes de précipitation ; un accroissement de la probabilité d'occurrence des événements extrêmes (tempêtes tropicales, ouragans, etc.) ; une augmentation des gaz à effet de serre (GES) dans l'atmosphère, et ce, sur plusieurs années (Nordhaus, 2019 ; GIEC, 2021). Déjà, en 1992 à Rio de Janeiro, lors de l'adoption de la CCNUCC (Convention Cadre des Nations Unies sur les Changements Climatiques), le changement climatique est défini comme étant un ensemble de variations du climat[19] attribuées, directement ou indirectement, à une activité humaine altérant la composition de l'atmosphère mondiale ; et qui viennent s'ajouter à la variabilité naturelle du climat observée au cours des périodes comparables. L'aggravation à présent constatée du réchauffement climatique est, quant à elle, due à l'augmentation de la différence entre l'énergie radiative reçue du soleil, et l'énergie radiative émise par le globe terrestre directement dans l'atmosphère, après absorption d'une partie par les six GES suivants : le dioxyde de carbone ($CO_2$), le méthane ($CH_4$), l'oxyde nitreux ($N_2O$), les hydrofluorocarbones (HFCs), les hydrocarbures perfluorés (PFCs), et l'hexafluorure de soufre ($SF_6$) ; auxquels il faut ajouter la vapeur d'eau ($H_2O$) et l'ozone ($O_3$).

---

[19] Il est à noter que les projections climatiques se distinguent des prévisions du climat en ce sens que les projections climatiques sont fonction des scénarios d'émissions, de concentration ou de forçage radiatif utilisés, qui reposent sur des hypothèses fondées, par exemple, sur les progrès socio-économiques et technologiques à venir.

En temps normal, note Badillo (2024), la concentration de GES dans l'atmosphère est maintenue quasi constante par les échanges de matières et de gaz entre l'atmosphère, la biosphère et les océans. Par exemple, le cycle de l'eau et la respiration des végétaux contribuent au maintien d'un équilibre entre gaz émis et absorbés. La concentration croissante de GES dans l'atmosphère, due aux activités humaines, est à l'origine du réchauffement climatique. Et même, de l'amplification de ce phénomène, puisque les activités humaines rejettent des GES plus rapidement que la planète ne peut les absorber. Face à un tel déséquilibre, la concentration atmosphérique des GES augmentant sans cesse, davantage de chaleur est absorbée et réfléchie vers la Terre. Résultat, le phénomène d'effet de serre s'intensifie. Ainsi s'explique le réchauffement climatique, qui se traduit par une hausse de la température moyenne de la Terre, comparativement à celle qui a prévalu durant la période dite préindustrielle. C'est probablement ce qui a fait dire à Breteau (2021), que l'augmentation de la température moyenne de la planète et la montée du niveau des eaux qui s'en est suivie, ne sont que la conséquence de l'énergie supplémentaire triplement stockée sur la Terre par les océans, l'air et les sols.

En termes de statistiques, les activités anthropiques ont ainsi été, en 2019, à l'origine de la hausse des émissions de gaz carbonique ($CO_2$), de méthane ($CH_4$) et d'oxyde nitreux ($N_2O$), d'environ 410 parties par millions (ppm), 1866 parties par milliard (ppb), et 332 ppb, respectivement. Toutes ces émissions de GES, absorbées à 56% par les océans et la végétation, et à 44% par les sols, s'accumulent dans l'atmosphère et aggravent l'effet de serre. Par ailleurs, il convient de signaler qu'actuellement, trois des phénomènes mentionnés plus haut comme étant des conséquences du changement climatique en cours (la hausse de la température des océans, la fonte de l'inlandsis du Groenland, et la montée du niveau des mers), ne peuvent être stoppés, puisqu'il y a une relation linéaire entre ces événements et la teneur en $CO_2$ dans l'atmosphère (GIEC, 2021). Ce constat est aussi valable à propos de la hausse des températures de la planète, qui tend à se renforcer. A preuve, ces quatre dernières décennies ont été plus chaudes que les années 1960. Et, de l'avis des experts, la température globale à la surface de la Terre est, sur la période 2000-2020 (amplitude : 20 ans), de 1,1°C supérieure à la moyenne de la période 1850-1900 (amplitude : 50 ans), qui oscillait entre 0,2°C et 1°C. Cette hausse du niveau de mercure du thermomètre atteint 1,59°C dans les continents. Au cœur des océans, en revanche, elle n'est que d'environ 0,88°C. De fait, il s'avère que la période 2000-2020 a été marquée par une forte réduction des émissions de gaz à effet de serre d'origine humaine. Ce que l'évaluation du GIEC (2019) explique fort bien, en relevant que durant ladite période, les températures n'avaient connu qu'une augmentation de 0,19°C.

Les recommandations du GIEC (2019) vont donc dans le sens d'entreprendre des actions fortes visant, non seulement à réduire les émissions de gaz à effet de serre, mais aussi à atteindre le niveau zéro émission d'ici le milieu du 21e siècle. De plus, depuis plus de 20 ans, les scientifiques ont poursuivi le développement des simulateurs du climat, tout en étudiant la complexité des phénomènes climatiques et les nombreuses incertitudes que ceux-ci génèrent. Il est important de rappeler que le réchauffement planétaire ou toute modification des paramètres climatiques, par leur impact sur l'environnement, pèsent automatiquement sur l'ensemble des activités socio-économiques. A cet effet, les secteurs de l'économie tels que le commerce et l'industrie, les infrastructures, l'agriculture, la pêche, l'élevage, la gestion de l'eau et des écosystèmes, le tourisme, la foresterie, la production et la demande d'énergie, ont tous été ajustés aux paramètres climatiques historiques (Bourque, 2000). Les préoccupations majeures que notre planète connaît depuis une dizaine d'années, tiennent pout tout dire, aux modifications récentes et rapides du climat. C'est pourquoi, malgré la réticence de quelques acteurs politiques au niveau mondial, et la présence de nombreux climato-sceptiques au sein de la population, les scénarios qui prédisent les changements climatiques restent, encore aujourd'hui, une problématique centrale abordée dans les débats politiques et les colloques internationaux ; tant à l'échelle nationale, sous-régionale que mondiale.

De façon plus précise, les statistiques du GIEC (2019) mettent en exergue quatre principales sources émettrices de $CO_2$. L'industrie vient en tête avec 26% desdites émissions, suivie de l'approvisionnement énergétique (19%), de la déforestation (17%) et du transport (13 %). Pour le cas spécifique des pays du Bassin du Congo, c'est depuis 1990 que le lien entre les facteurs socio-économiques, la dégradation de l'environnement, et l'accélération de la croissance démographique a été établi. En effet, le Bassin du Congo affiche une évolution décroissante des superficies forestières qui passent, au fil des années 1990, 2000, 2005, 2010 et 2015, de 255, 249, 246, 243 à 240 millions d'hectares de forêts, respectivement. Bien plus, les pays du Bassin du Congo ont un niveau de pauvreté élevé, qui se situe en moyenne autour de 55,17% ; d'où la faiblesse, à la fois, du PIB moyen par habitant (8 566,35 USD) et du taux de croissance économique moyen (-1,43%) de ces pays (WDI, 2019).

Parallèlement à la déforestation, les émissions de $CO_2$, après avoir atteint une moyenne annuelle de 1,083 tonne métrique en 1985, vont connaître deux baisses successives équivalant à 0,282 et 0,13 tonne métrique durant les décennies 1985-1995 et 2005-2015, respectivement. Dans le même temps, les températures n'ont été que de 24°C et 25°C en moyenne ; et les précipitations, respectivement de 1,92 mm et 1,39 mm. Dans cette sous-région du Bassin du Congo, la température atmosphérique a augmenté chaque année de 1°C en moyenne, entre 1991 et 2017. Les projections sont de 1,1°C à l'horizon 2050, et 3°C en 2100 (De Wasseige et *al.*, 2015 ; GIEC, 2019). Dans le même ordre d'idées, ces pays affichent, individuellement, des émissions de $CO_2$ à la hausse ; c'est-à-dire, de 0,20 à 0,30 ; 0,17 à 0,26 ; 0,13 à 0,22 et 0,01 à 0,04 tonne métrique par habitant, pour le Cameroun, la République centrafricaine (RCA), le Congo, et la République démocratique du Congo (RDC), respectivement. Quant au Gabon et à la Guinée Equatoriale, les émissions de $CO_2$ y suivent une évolution en dents de scie.

Au vu de tous ces chiffres, il ressort que la situation socio-économique des pays du Bassin du Congo soulève plusieurs inquiétudes. La première concerne le rythme de croissance de la population ; celle-ci était déjà évaluée à plus de 118,6 millions de personnes en 2017. La deuxième inquiétude tient du fait que le développement des pays du Bassin du Congo est conditionné par l'exploitation des ressources naturelles ; laquelle est consubstantielle à la dégradation de l'environnement. Par conséquent, ces pays, qui ont tous pour objectif l'émergence à un horizon temporel plus ou moins proche, devraient s'alarmer des effets potentiellement néfastes que la croissance démographique rapide, l'exploitation abusive des ressources naturelles (forêts, pétrole, métaux, etc.), et la dégradation du milieu, peuvent avoir sur le climat. Cependant, le fait pour ces pays d'adhérer aux différentes initiatives mondiales sur la protection de l'environnement est un signe d'espoir en matière de lutte contre le changement climatique ; puisque, tout en étant focalisés sur l'émergence économique, ils se trouvent également engagés dans la gestion durable des forêts, la préservation de la diversité biologique, ou la conservation des sols. Au regard de tous ces enjeux, la réflexion relative à l'incidence des facteurs socio-économiques sur le changement climatique dans les pays du Bassin du Congo demeure d'une grande importance. D'où l'intérêt de cet article.

La suite de notre développement comprend quatre sections : la première est consacrée à la revue de la littérature ; la deuxième, à la méthodologie. La présentation et l'interprétation des résultats font l'objet de la troisième section quand, en dernier ressort, la quatrième et ultime section porte sur la conclusion de la présente étude, et ses implications en termes de politiques économiques.

## LES FACTEURS SOCIO-ÉCONOMIQUES ET LE CHANGEMENT CLIMATIQUE DANS LA LITTÉRATURE ÉCONOMIQUE

La littérature économique en lien avec l'incidence des facteurs socio-économiques sur le changement climatique aborde à la fois des aspects théoriques et empiriques. Mais il convient de préciser que la majorité des travaux a toujours été portée à vérifier que l'hypothèse de la Courbe en U inversé explique bien la relation qui existe entre la croissance économique et les indicateurs de dégradation environnementale (Grossman et Krueger, 1995 ; Shafik et Bandyopadhyay, 1992).

La perspective théorique présentée ici est centrée sur la controverse qui oppose le développement soutenable faible (Nordhaus, 1977) et le développement soutenable fort (Daly, 1991). Les tenants du développement soutenable faible pensent qu'il n'est pas nécessaire de conserver le capital naturel, car d'après le modèle de Hotelling (1931), les biens de la nature (ressources naturelles et services environnementaux) sont assimilables au capital naturel ; celui-ci étant considéré à la fois comme un facteur de production et une fonction d'utilité. Ensuite, viennent s'ajouter à ces arguments néoclassiques, la règle d'Hartwick qui découle d'un principe relevant que si les biens de la nature sont réinvestis en capital reproductible conforme à la substituabilité de différents types de capitaux, alors la constance ou l'augmentation de la consommation peut s'expliquer par l'épuisement des ressources renouvelables ou non renouvelables (Hartwick, 1977 ; Solow, 1986). A contrario de ces arguments, les économistes écologiques, partisans du développement soutenable fort, soutiennent le principe de la non-substituabilité entre le capital naturel et le capital créé par les hommes. Ils sont plutôt favorables à une complémentarité entre ces différents types de capitaux (Georgescu-Roegen, 1971 ; Costanza et Daly, 1992 ; Costanza et *al.*, 2015). Convoquant la théorie de la bioéconomie, Georgescu-Roegen (1971) va faire siennes les lois de la thermodynamique, pour traiter le problème de la dépendance du circuit économique vis-à-vis des systèmes biophysiques. C'est ainsi qu'à partir de la deuxième loi de la thermodynamique, il démontrera que maintenir le stock de capital naturel constant est une entreprise impossible ; ce en raison du fait que les ressources naturelles de la planète, renouvelables ou non, vont finir par être utilisées ou dégradées. Les travaux de Costanza et Daly (1992) sur la théorie de l'état stationnaire suggèrent, à leur tour, une conservation du capital naturel ; puisque, selon ces auteurs, il existe une condition minimale nécessaire à la durabilité.

Les différentes critiques formulées par les économistes écologiques au sujet des questions d'allocation de ressources naturelles, vont permettre aux néoclassiques, notamment à Pigou (1920), d'interroger au préalable la notion de maximisation du bien-être social. Pour cet auteur, cette maximisation représente la situation optimale de la collectivité ; car, dans la majorité des pays, le développement se traduit à la fois par un accroissement de la démographie, et une augmentation concomitante de la consommation du capital naturel. Par la suite, Pigou (1932) pose les bases du questionnement relatif aux externalités négatives. Les modalités principales de cette externalisation sont : la tarification et l'émission de droits à polluer ; en n'omettant pas d'indiquer que l'effet externe se présente comme une divergence entre les produits marginaux social et privé. Après Pigou, la deuxième réponse des néoclassiques aux critiques des économistes écologiques découle des principes d'établissement des droits de propriété et de négociation marchande entre les pollueurs et les pollués ; ce, quelle que soit la répartition initiale des droits entre eux (Coase, 1960). Ces principes doivent pouvoir aider à résoudre les problèmes de nuisance ou d'externalité négative liés à l'exploitation du capital naturel sans l'intervention de l'Etat. C'est ainsi que va naître l'idée d'un marché de la pollution. En s'inscrivant dans cette perspective, Dales (1968) apporte plus de précisions dans la définition des droits de propriété relatifs aux ressources naturelles, lesquelles sont à l'origine des effets externes nécessitant un marché des droits à polluer. D'où le débat entre Pigou et Coase. Il va être tranché par Beaumais et Chiroleu-Assouline (2001) et Chiroleu-Assouline (2015), qui prônent l'intervention de l'Etat par la voie de l'incitation, certes, mais aussi par celle, concomitante, de la promotion de tous les instruments conformes au marché ; à savoir, entres autres, les droits de propriété sur la faune et la flore, et les taxes carbones pour l'environnement. Le concept d'effet externe a par ailleurs été élargi à celui des externalités transfrontalières ; car, parmi les multiples postes de pollution existants, figurent les industries et l'approvisionnement en énergie. Ces deux catégories d'activité anthropique sont déjà connues pour être les principales causes du changement climatique actuel ; lequel est à l'origine de problèmes qui interconnectent bien des pays du monde (Hanley et *al.*, 2019).

Cette théorie néoclassique va également connaître un certain nombre de critiques ; parmi lesquelles celle de Passet (1996) qui, se fondant sur l'héritage mécanique de Newton, relève quelques limites, tout en soutenant qu'à l'intérieur du cadre de pensée développementiste, il n'y a pas de bonne solution pour remplacer la méthode de l'internalisation ; la voie réglementaire s'avérant peu efficace. Harribey (1997) reprend ces critiques en basant ses arguments sur trois controverses théoriques de l'allocation des ressources naturelles ; controverses inhérentes au modèle néoclassique d'équilibre général. Tout d'abord, Harribey affirme qu'à cause de l'existence des effets externes, il n'est pas possible de réaliser un optimum de Pareto. Ensuite, du fait de la constance du problème de redistribution des revenus, il remet en question l'unicité d'équilibre et l'optimum. Finalement, il va faire le constat que les effets négatifs sur l'environnement sont dus aux coûts et avantages internalisés. Et c'est ici que survient l'analyse coût-avantage développée par Nordhaus (1977)[20]. Les thèses avancées par ce dernier vont cependant susciter beaucoup de réserves de la part des économistes écologistes comme Adaman et *al.* (2002) soutenus par Spash (2007). Du point de vue de ces auteurs, dès lors que l'on fait recours à l'analyse coût-avantage, la détermination ou non d'une activité pouvant permettre de lutter contre les conséquences du changement climatique, procède d'une demarche erronée. En outre, appliquée aux grands problèmes environnementaux, la méthode d'évaluation de l'analyse coût-avantage a montré quelques limites (Funtowicz et Ravetz, 1994).

S'agissant à présent des aspects empiriques de la littérature économique consarée à l'incidence des facteurs socio-économiques sur le changement climatique, il convient d'emblée, de rappeler que plusieurs travaux analysent cette relation causale au travers de l'indicateur $CO_2$. Ces études partent des contributions de Nordhaus (1977) aux Etats-Unis, plus précisément de ses modèles DICE/RICE, pour montrer que la croissance, l'agriculture, la population et la déforestation influent sur le changement climatique. En dehors des modèles d'équilibre général, plusieurs travaux existent, qui utilisent d'autres modèles : macroéconomiques, comme le modèle VAR structurel (SVAR : Structural Vector AutoRegression, en anglais) ; et microéconomiques, à partir de données primaires. C'est d'ailleurs le cas, aux Etats-Unis, d'une étude de Soytas et *al.* (2007), qui utilise les modèles macroéconomiques sur la période allant de 1960 à 2004. Dans leurs travaux, sont examinés les problèmes de causalité entre le

---

20 Voir le 3$^{e}$ paragraphe de l'introduction au présent article.

revenu par habitant, la consommation d'énergie et les émissions de $CO_2$. Après modélisation en série chronologique sur la base d'un modèle vectoriel autorégressif (VAR), ces auteurs établissent que la consommation d'énergie induit bel et bien une hausse des émissions de $CO_2$. Par contre, la croissance économique n'est pas une solution pour préserver l'environnement de toute dégradation ; puisque, au sens de Granger, elle n'engendre pas, par elle-même, des émissions de $CO_2$. Des résultats similaires ont été obtenus en Tunisie par Essaber-Jouini (2012), à partir de données annuelles prises sur la période 1970-2008, et à travers un modèle vectoriel à correction d'erreur (VECM).

Dans la même perspective, interviennent les recherches de Coulibaly (2014), et celles de Sotamenou et Nguepdjio (2019), qui traitent du lien entre la croissance, la consommation d'énergie et l'environnement, respectivement dans les pays de l'UEMOA et au Cameroun. En mobilisant la méthode SVAR, Coulibaly (2014) aboutit à la conclusion qu'à long terme, l'énergie et la croissance sont des sources d'émissions de $CO_2$ en zone UEMOA. Ceci étant dit, les chocs énergétiques et les chocs de pollution ne sont pas symétriques dans la sous-région. Dans ses calculs, les cycles de l'énergie et des émissions de $CO_2$ sont corrélés, mais à un degré moindre. Ce qui lui permet d'inférer que la zone UEMOA n'est pas encore une zone énergétique et environnementale optimale, ou du moins, aboutie. Sotamenou et Nguepdjio (2019), en revanche, utilisent la technique ARDL. Les résultats obtenus montrent qu'à long terme, au Cameroun, la consommation d'énergie n'influe pas sur l'augmentation des émissions de $CO_2$ ; mais qu'à court terme, la consommation d'énergie et la croissance économique ont des effets négatifs sur la dégradation de l'environnement. On peut mettre dans cette veine, des travaux antérieurs comme ceux de Nkengfack et Kaffo Fotio (2014) qui ont étudié, sur la période 1978-2012, l'impact de la croissance économique sur les émissions de $CO_2$ dans quatre (4) pays du Bassin du Congo. Les résultats auxquels ils sont parvenus via la technique ARDL indiquent que la croissance économique, la consommation d'énergie, la densité de population et les activités industrielles, accroissent les émissions de $CO_2$ dans ces pays ; même si, dans le cas particulier de la RDC, la consommation d'énergie et les activités industrielles n'affichent aucune incidence sur les émissions de gaz carbonique. Concernant les modèles microéconomiques, seuls les travaux de Wolff et *al.* (2018) portent sur la combinaison des effets de la déforestation et du changement climatique ; et se fondent sur une analyse d'arbre de régression optimisée. Ils intègrent des mesures spatiales de la déforestation et de la température, après des enquêtes sociales approfondies menées dans près de 500 villages de Kalimantan (Bornéo indonésien). Leurs résultats mettent en évidence le rôle des forêts dans la régulation du climat local. Gravement menacé de disparition, ce service écosystémique s'avère on ne peut plus vital pour éviter les maladies dues à la chaleur ; et rendre effective l'adaptation au changement climatique mondial (Wolff et *al.*, 2018).

En résumé, l'enseignement que nous pouvons tirer de cette revue de littérature est que, du point de vue de la théorie, nombre de publications scientifiques existent, qui traitent des facteurs socio-économiques, des biens de la nature, des problèmes environnementaux, et des rapports complexes qui les lient. Le constat qui s'impose est que, de toutes les démarches abordées, l'approche néoclassique constitue celle qui tente le mieux, d'expliquer l'influence que peuvent avoir les facteurs socio-économiques sur le changement climatique. Sur le plan empirique, il y a lieu de noter que plusieurs travaux, qui font souvent la part belle au problème de l'augmentation des émissions de $CO_2$, sont consacrés non seulement au modèle d'équilibre général, mais aussi aux modèles macroéconomiques tels les modèles VAR et VECM. Dans le cadre de cette étude, nos analyses reposent sur le modèle théorique néoclassique, mais font surtout appel à d'autres outils économétriques ; notamment la méthode à équations simultanées, très peu utilisée dans ce type de travaux. Les rares travaux de recherche qui s'appuient sur la méthode à équations simultanées (Mouleye et *al.*, 2019 ; Yegbemey et *al.*, 2014), examinent beaucoup plus la relation en sens inverse ; à l'exemple de l'incidence du changement climatique sur le secteur agricole.

# MÉTHODOLOGIE

## 1. Modèle théorique

De nombreux travaux ont été consacrés au modèle de Solow (1956) pour, de façon tout à fait générale, analyser la relation entre l'économie et l'environnement. Le modèle en question a cependant été revu par Brock et Taylor (2004) qui, dès lors, lui ont trouvé une nouvelle appelation : « modèle augmenté de Solow ». Débutant par une fonction de production concave à rendement d'échelle constant de type Cobb Douglas, et admettant par ailleurs qu'en économie, le processus de production engendre de la pollution H (Coulibaly, 2014), le modèle de Solow obéit à l'équation suivante :

$$H = \Omega * F(K, B, L) \quad (1)$$

Où F est la taille de l'économie ; Ω les techniques de production ; B le niveau de technologie ; K le facteur capital ; et L le facteur travail.

Le taux de croissance des émissions de polluants est défini par la relation :

$$\frac{\dot{H}}{H} = \frac{\dot{\Omega}}{\Omega} + \frac{\dot{F}}{F} \quad (2)$$

L'économie F croît au taux $\frac{\dot{F}}{F} = (\delta + n + Z)$ ; où l'économie crée un secteur de dépollution influencé par les techniques de production dont le taux de croissance est $\frac{\dot{\Omega}}{\Omega} = -Z_A$ (Copeland et Taylor, 1994). Dans ces conditions, l'équation (2) peut se réécrire comme suit :

$$\frac{\dot{H}}{H} = Z_H = \delta + n + Z - Z_A \quad (3)$$

Or, en s'inspirant du modèle d'impact de la pollution de Copeland et Taylor (1994), Brock et Taylor (2004) sont parvenus, après de multiples développements[21], à l'équation (4) ci-après :

$$\left(\frac{1}{N}\right)\left(log\frac{e_t^c}{e_{it-N}^c}\right) = \beta_0 + \beta_1\, log\, \log(e_{it-N}^c) + \beta_2\, log\, \log(Z_{Ai}) + \beta_3$$
$log\, \log(s_i) + \beta_4$

$$log\, log\, (1-\theta)_i \;+ \beta_5\, log\, log\, (\delta + n + Z)_i \;+\; \mu_{it} \quad (4)$$

Donnant ainsi la possibilité à Brock et Taylor de modifier la forme de l'équation (4).

En intégrant certaines variables importantes qui affectent positivement les émissions de GES dans l'atmosphère, on obtient :

$$Log\, (E/Y)_{it} = \gamma_{i0} + \gamma_{i1}\, log\, log\, \left(w_{it}^p\right) + \gamma_{i2} Temps + \varepsilon_{it} \quad (5)$$

Où $(E/Y)_{it}$ représente les émissions par tête ; $w_{it}^p$ est un indicateur pouvant prendre en compte d'autres variables ; $Z_{Ai}$ figure une estimation du progrès technique spécifique à chaque pays en baisse, laquelle est donnée par -$\gamma_{i2}$.

En partant de l'équation (5), à des fins d'estimation, nos équations sont spécifiquement définies en un modèle récursif à équations simultanées, avec comme variables, les émissions de $CO_2$ par tête, les températures, les

[21] Voir Onounga (2021) pour implémentation complète du modèle.

précipitations, la croissance de la population totale, la consommation de l'énergie, les valeurs ajoutées industrielle et agricole, les investissements, les superficies forestières et le PIB mondial.

Les émissions de $CO_2$ par tête, les températures et les précipitations sont retenues ici parce que comme indicateurs, les deux premiers font l'objet de débat dans les conférences et autres colloques scientifiques à l'échelle mondiale. En effet, nombre de leurs mesures ont été prises eu égard aux deux variables climatiques que sont la limitation des températures pour tous les pays en dessous de 2°C, et le marché carbone ; ce dernier n'ayant cours que dans les pays développés dont le seuil des émissions de $CO_2$ est fixé à 5%. Dans ce marché, une confrontation est systématiquement opérée entre les quotas d'émissions de $CO_2$ et les crédits carbones de ceux des acteurs qui dépassent le seuil de 5%. Dans le cadre de notre étude, les deux variables mentionnées sont utilisées en suivant les travaux de Coulibaly (2014) pour ce qui est des émissions de $CO_2$ par tête dans les pays de l'UEMOA ; et ceux de Wolff et *al.* (2018) pour ce qui concerne les températures enregistrées en Indonésie sur l'île de Bornéo. Il convient de rappeler que rares sont les travaux qui utilisent les précipitations dans leur recherche.

Par ailleurs, dans la majorité des travaux sur l'environnement, la valeur ajoutée industrielle, la valeur ajoutée agricole, la formation brute de capital fixe, la consommation de l'énergie et les pertes du couvert forestier, sont souvent évoquées comme des variables ayant des conséquences négatives sur l'exacerbation des évènements extrêmes sources de dégradation environnementale. Et bien que dans la littérature empirique, la consommation de l'énergie est utilisée par plusieurs auteurs, seule l'étude de Sotamenou et Nguepdjio (2019) est retenue comme exemple dans cet article.

A ces variables purement économiques, nous ajoutons une variable démographique, la croissance de la population totale, et le PIB mondial. La croissance de la population a été souvent prise en compte par les théoriciens de l'économie de l'environnement (Pigou, 1932 ; Daly, 2008) ; tandis que ceux des disciplines de sciences sociales se sont penchés sur l'incidence que peut avoir ce facteur sur le changement climatique. L'intérêt porté au PIB mondial réside dans le fait qu'il est inducteur de pollution transfrontalière, ce qui permet d'apprécier le caractère planétaire du phénomène de changement climatique. Ce PIB mondial représente, en réalité, une somme pondérée des PIB des pays du G-7. Il est utilisé ici en suivant l'exemple de Stern (2008) dans l'étude qu'il consacre aux conséquences économiques du changement climatique. Les deux derniers indicateurs, éléments complémentaires de notre liste de variables, doivent être affectés de signes positifs. Ce, sur la base du principe qui veut que nos équations soient, à des fins d'estimation, spécifiquement définies en un système à trois équations formulées de la manière suivante :

$$(CO_2/habitant)_{it} = \gamma_0 + \gamma_1 Cpoptot_{it} + \gamma_2 \log \log (PIBmonde_{it}) + \gamma_3 Superfi\_forest_{i.t} + \gamma_4 Ct°d'énerg_{it} + \gamma_5 Fbcf\_pib_{it} + e_{it} \quad (6)$$

$$(T°C)_{it} = \beta_0 + \beta_1 Cpoptot_{it} + \beta_2 \log \log (PIBmonde_{it}) + \beta_3 Fbcf\_pib_{it_{it}} + \beta_4 Industrie_{it} + \beta_5 CO_{2it} + \mu_{it} \quad (7)$$

$$(Precip)_{it} = \partial_0 + \partial_1 Cpoptot_{it} + \partial_2 \log \log (PIBmonde_{it}) + \partial_3 Fbcf\_pib_{i.t} + \partial_4 Valajagr_{it} + \partial_5 CO_{2it} + \partial_6 T°C_{it} + \varepsilon_{it} \quad (8)$$

Où $e_{it}, \mu_{it}$ et $\varepsilon_{it}$ sont les termes d'erreur relatifs à chacune des variables endogènes, dont respectivement, le $CO_2$, les températures (T°C) et les précipitations (precip).

**2. Méthode d'estimation**

Généralement, la méthode utilisée pour expliquer les relations qui existent entre les indicateurs étudiés, est celle des moindres carrés ordinaires. Cette méthode conduit toutefois à des résultats incohérents ; et ses estimations sont souvent entachées de biais lorsque les indicateurs considérés sont déterminés de façon conjointe (Stock et Watson, 2011). Le constat que font Kim et *al.* (2007) de la prédominance et des limites de cette méthode dans le temps et dans l'espace, va conduire ces auteurs, durant leurs recherches empiriques, à identifier des méthodes alternatives capables d'estimer plusieurs équations au même moment, à travers un modèle à équations simultanées. Parmi ces méthodes alternatives, Wooldridge (2008) en propose deux : celle des triples moindres carrés (3LS), et celle des doubles moindres carrés (2LS).

Dans le cadre de cet article, nous avons retenu comme technique d'estimation, la méthode des 3LS associée à la fonction Conditional (recursive) Mixed-Process (CMP) pour corriger tout problème d'hétéroscédasticité. La raison de ce choix est toute simple : il s'agit de la technique en système la plus usitée et la mieux outillée pour produire des estimateurs plus efficaces que ceux de la méthode des 2LS (Wooldridge, 2008). Pour autant, sera mis à contribution le test de suridentification de Sargan/Hansen sur les restrictions préalables à observer avant la validation des équations. A ce propos, la validation des équations à estimer nécessite que le test mentionné suive une probabilité de Khi-deux avec le non rejet de $H_0$. La présence d'une hétéroscédasticité dans un modèle ayant pour conséquence d'affecter aussi bien les erreurs de chaque équation, que les tests d'hypothèse des coefficients de régression (Hill et *al.*, 2011), cela nous emmène à effectuer dans cette procédure, le test de Beusch-Pagan LM pour vérifier l'hétéroscédasticité globale du système (Shehata, 2011). Les résultats du test donnent une statistique chiffrée à 263,2960 ; et une P-value de 0,000. D'après ces résultats de test d'hétéroscédasticité obtenus à partir des estimations de la méthode 3LS, l'hypothèse nulle est rejetée, évoquant ainsi une absence d'hétéroscédasticité globale du système. Dès lors, dans nos estimations, nous retenons les résultats en 3LS (CMP) sur la base d'une technique proposée par Roodman (2007), dont la fonction CMP est construite sur l'estimateur de Maximum de Vraisemblance (MV). Il faut dire que les 3LS (CMP) avec MV produisent, pour chaque équation, des erreurs cohérentes avec une hétéroscédasticité.

## 3. Sources de données et analyses descriptives

L'échantillon retenu pour notre étude est composé de 6 pays, à savoir, le Cameroun, la RCA (République centrafricaine), le Congo, la RDC (République démocratique du Congo), la Guinée Equatoriale et le Gabon. La période de référence considérée s'étend sur trente-quatre (34) ans, allant de 1985 à 2018. Toutes les données utilisées sont extraites des bases de données de la Banque Mondiale (2019), disponibles sur le site internet https://donnees.banquemondiale.org/. La présentation des statistiques descriptives issues de l'analyse est donnée au tableau 1 ci-dessous :

**Tableau 1.** *Statistiques descriptives*

| Variables | | Moyenne | Ecart-type | Minimum | Maximum | Observations |
|---|---|---|---|---|---|---|
| $CO_2$ (tonnes métriques par habitant) | Ensemble pays | 1,31 | 1,99 | 0,01 | 8,66 | N=204 n=6 T=34 |
| | Inter pays | | 1,71 | 0,05 | 3,87 | |
| | Intra pays | | 1,22 | -1,74 | 6,85 | |
| Températures (°C) | Ensemble pays | 24,90 | 0,44 | 23,28 | 26,11 | N=204 n=6 T=34 |
| | Inter pays | | 0,28 | 24,44 | 25,22 | |
| | Intra pays | | 0,35 | 22,96 | 25,79 | |

| | | | | | | |
|---|---|---|---|---|---|---|
| Pluviométrie (millimètres) | Ensemble pays | 138,22 | 24,77 | 102,73 | 248,08 | N=204 n=6 T=34 |
| | Inter pays | | 23,79 | 112,70 | 179,35 | |
| | Intra pays | | 11,81 | 87,04 | 206,94 | |
| Croissance de la population (%) | Ensemble pays | 2,87 | 0,79 | 0,20 | 5,97 | N=204 n=6 T=34 |
| | Inter pays | | 0,71 | 1,78 | 4,00 | |
| | Intra pays | | 0,45 | 1,29 | 4,84 | |

Source : *Auteur à partir des résultats obtenus sur Stata.*

Les statistiques descriptives du tableau 1 montrent l'évolution des indicateurs du changement climatique dans les pays du Bassin du Congo. Du moins pour ce qui est des trois (3) retenus dans le cadre de cette recherche, à savoir, les émissions de $CO_2$ (en tonnes métriques par habitant), les températures (en °C) et les précipitations (en millimètres). Dans la sous-région cible, les émissions de $CO_2$ par habitant sont en moyenne de 1,31 tonne métrique ; les températures, en moyenne de 24,90°C ; et les précipitations, en moyenne de 138,22 mm. En ce qui concerne les facteurs socio-économiques, il ressort des résultats qu'au niveau global, sur la période 1985-2018, la croissance de la population dans la sous-région se situe à une moyenne de plus de 2,87%. Hormis cette présentation des caractéristiques de tendance centrale, il y a également les dispersions autour de la moyenne de tous ces indicateurs, suivant les valeurs des écarts-types issus des résultats du tableau 1. Les statistiques relatives aux écarts-types établissent que les indicateurs ciblés se caractérisent, dans leur ensemble, par une faible dispersion autour de la moyenne.

# PRÉSENTATION ET INTERPRÉTATION DES RÉSULTATS

## 1. Présentation des résultats

Les résultats de l'évaluation de l'incidence des facteurs socio-économiques sur le changement climatique dans les pays du Bassin du Congo sont présentés dans le tableau 2 illustré ci-dessous :

**Tableau 2.** *Les résultats du modèle récursif à équations simultanées (3LS-CMP)*

| | **(3LS)** | **(3LS)** | **(3LS)** | **(3LS CMP)** | **(3LS CMP)** | **(3LS CMP)** |
|---|---|---|---|---|---|---|
| **Variables endogènes** | Emissions $CO_2$ | Températures (Temp.) | Précipitations (Precip.) | Emissions $CO_2$ | Temp. | Precip. |
| Croissance de la population *(Cpoptot)* | 1,133*** (7,36) | -0,012*** (-6,47) | -0,117** (-2,40) | 1,131*** (7,07) | -0,012*** (-5,52) | 0,044*** (4,72) |
| PIB mondial *(PIBmonde)* | 0,406** (1,97) | 0,010*** (4,72) | 0,099** (2,22) | 0,385* (1,78) | 0,011*** (5,16) | - 0,030*** (-2,69) |
| Superficies forestières *(Superfi_forest)* | -0,625*** (-2,98) | | | -0,613*** (-3,92) | | |
| Consommation de l'énergie *(Ct°d'énerg)* | -0,153*** (-8,48) | | | -0,153*** (-9,89) | | |
| Formation brut de capital fixe *(fbcf_pib)* | -0,005 (-1,38) | 0,00009* (1,88) | 0,002*** (6,38) | -0,005 (-1,29) | 0,0001** (2,54) | 0,002*** (11,52) |
| Valeur ajoutée des Industries *(industrie)* | | -0,0001 (-1,47) | | | - 0,0001*** (-2,72) | |
| Valeur ajoutée agricole *(Valajagri)* | | | -0,001 (-1,55) | | | - 0,002*** (-6,80) |
| Emissions du $CO_2$ *($CO_2$)* | | 0,007*** (5,01) | 0,112*** (4,05) | | 0,007*** (7,35) | 0,019*** (2,75) |
| Températures *(T°C)* | | | -11,854*** (-3,28) | | | 0,295*** (2,64) |
| Constante *(Const_)* | -13,157** (-2,03) | 2,914*** (41,41) | 40,04*** (3,82) | -12,501* (-1,82) | 2,893*** (43,17) | 4,745*** (4,54) |
| Nombre de pays | 6 | 6 | 6 | 6 | 6 | 6 |
| Nombre d'observations | 204 | 204 | 204 | 204 | 204 | 204 |
| Statistique de Wald | | | | | *2331,9**** | |
| Hansen/Sargan; P-value | | *8,027/0,1547* | | | | |

*Source : Auteur à partir des résultats obtenus sur Stata.*

*Notes : Les valeurs absolues des t-student sont entre parenthèses sous les coefficients. Les seuils de significativité retenus sont respectivement de 1 % (***), 5 % (**) et 10 % (*).*

## 2. Interprétation des résultats

L'analyse des résultats du test de Hansen/Sargan issus du tableau 2 ci-dessus, montre que les équations sont bien spécifiées. Le test en lui-même révèle que les restrictions de suridentification des instruments sont valides au seuil de 5% ; d'où le rejet de l'hypothèse $H_0$. Des estimations issues des méthodes 3LS et 3LS (CMP), il ressort que la différence observée au niveau des signes et des significativités est négligeable ; c'est seulement dans le cas des températures que l'on constate une petite différence au niveau des signes. Il en va de même pour la validité globale du modèle, où la statistique de Wald s'avère significative au seuil de 5% (Prob>chi2=0,0134). Aussi, peut-on déduire que les variables étudiées sont reliées à la variable dépendante ; et que les résultats peuvent se prêter à l'interprétation. Ce constat nous permet de tirer un enseignement des facteurs socio-économiques objets de notre recherche. En effet, la croissance économique mondiale, la croissance démographique et les superficies forestières des pays du Bassin du Congo ont toutes, dans la sous-région, une incidence négative et significative directe sur les émissions de $CO_2$. En revanche, les températures et les précipitations ne sont affectées que de façon indirecte par certains facteurs socio-économiques ; ce, par le biais des émissions de $CO_2$.

### *2.1. Les conséquences négatives directes des facteurs socio-économiques sur le changement climatique*

Les résultats issus du modèle à équations simultanées à trois étapes montrent que, dans la première phase, la croissance démographique, la croissance économique mondiale et la diminution des surfaces forestières des pays du Bassin du Congo, influencent négativement les émissions de $CO_2$. De fait, les deux premières variables présentent des coefficients positifs ; et la dernière, un coefficient négatif. Cependant, elles sont toutes significatives au seuil de 10%.

Actuellement, les résultats suggèrent qu'au vu du caractère encore embryonnaire du secteur industriel des pays étudiés, la consommation d'énergie ne peut être considérée comme source directe d'augmentation des émissions de $CO_2$ dans l'atmosphère. A preuve, les résultats obtenus via l'équation des émissions du $CO_2$ montrent que, les facteurs socio-économiques à forte intensité carbone que sont la croissance de la population totale, la croissance économique mondiale et les superficies forestières, ont des coefficients équivalant respectivement à 1,131 ; 0,385 et (-) 0,613. Ce qui revient à dire que si une augmentation de 1 point de chacun des facteurs mentionnés ci-dessus entraine une hausse des émissions de $CO_2$, alors, celle-ci serait de 1,131 tonne métrique par tête pour la croissance de la population totale ; de 0,385 tonne métrique par tête pour la croissance économique mondiale ; de (-) 0,613 tonne métrique par tête pour les superficies forestières des pays du Bassin du Congo ; et de (-) 0,499 tonne métrique par tête pour la diminution des forêts.

Nos résultats sont conformes à ceux obtenus par Sotamenou et Nguepdjio (2019), tout comme à ceux de Nkengfack et Kaffo Fotio (2014). Dans les premiers travaux, les auteurs arrivent à la conclusion suivante : au Cameroun, la croissance économique est, à court terme, une source de pollution atmosphérique au gaz carbonique ($CO_2$) ; tandis que sur le long terme, la consommation d'énergie n'affecte que peu, ou pas, la concentration en $CO_2$ de la biosphère. Dans les travaux suivants, les chercheurs démontrent au contraire que la croissance démographique et la croissance économique se traduisent par une hausse des émissions de $CO_2$ dans quatre (4) pays du Bassin du Congo. Les arguments qui nous poussent à considérer ces trois (3) facteurs (croissance de la population, croissance économique et consommation d'énergie) comme les principales sources de la dégradation de l'atmosphère sont : [i] - la forte croissance démographique dans les pays du Bassin du Congo ; et [ii] - le développement industriel auquel les pays du Sud accordent à présent une grande importance.

Par ailleurs, les résultats relatifs à la consommation d'énergie, dont le coefficient, significatif au seuil de 5%, est affecté d'un signe négatif, sont contraires à nos attentes ; et pour cause, ayant considéré la forte dépendance des populations du Bassin du Congo aux énergies fossiles, nous croyions que leurs pratiques culturelles habituelles (qui se résument à préférer le bois plutôt que des sources d'énergie alternatives moins polluantes) devaient avoir des effets négatifs sur les émissions de $CO_2$. En réalité, il n'en est rien ; puisque dans les faits, la consommation d'énergie n'a que peu ou pas d'impact sur l'augmentation des émissions de $CO_2$. La désindustrialisation vécue par la majorité de ces pays au cours de la période 1986-1994 est également l'une des explications données à ces faits. Il en résulte que les pays du Bassin du Congo sont dans une dynamique continue de développement des activités économiques moins polluantes ; à l'instar de celles qui relèvent de l'économie verte, voire du numérique.

### *2.2. Les conséquences négatives indirectes des facteurs socio-économiques sur le changement climatique*

Les résultats issus du modèle à équations simultanées à trois étapes montrent que, dans la deuxième phase, le PIB mondial influence négativement les températures, après avoir affecté les émissions de $CO_2$ avec le concours des investissements. Cependant, par l'intermédiaire des émissions de $CO_2$ et des températures, les précipitations sont influencées négativement par les facteurs socio-économiques propres aux pays étudiés.

En ce qui concerne spécifiquement les températures, les résultats nous indiquent que dans les pays du Bassin du Congo, elles sont fortement liées à la croissance du PIB mondial ; et ce, de façon positive. Il est à noter également que l'industrie, encore embryonnaire, ne constitue pas un secteur à forte intensité de pollution, pour être à l'origine des modifications des températures dans les pays du Bassin du Congo.

La croissance économique mondiale influence négativement, et ce de manière considérable, la modification des températures. Une augmentation de 1% du PIB mondial entraînerait une augmentation des températures de 0,011°C. Contrairement aux émissions de $CO_2$, les investissements accompagnent le PIB mondial dans la modification des températures à hauteur de 0,0001°C dès qu'ils augmentent de 1%. Ces résultats sont conformes aux objectifs fixés lors des accords du protocole de Kyoto 2008-2012, lesquels attirent l'attention des gouvernements sur la limitation des températures en dessous de 2°C. Les conclusions de notre étude concordent aussi avec les travaux de Wolff et *al.* (2018), qui pensent que la modification des températures expose des millions de personnes à un risque accru de maladies dues à la chaleur. Ceci s'explique simplement par le fait que l'augmentation des températures est liée à la hausse des émissions de gaz à effet de serre dans l'atmosphère ; et l'accroissement des émissions de $CO_2$ conduit à une élévation des températures.

En revanche, les précipitations, impactées aussi bien par les émissions de $CO_2$ que par les températures, subissent une influence endogène de la part des facteurs socio-économiques. Parmi les indicateurs endogènes des économies des pays du Bassin du Congo, on note qu'à l'exception du PIB mondial qui n'a pas d'effet sur les précipitations, la croissance de la population totale et les investissements influencent négativement et significativement la modification des précipitations dans la sous-région. En effet, sur l'équation des précipitations, il ressort des résultats obtenus que, les variables population et investissements sont affectées de coefficients de signes positifs. Cela signifie que dans les pays du Bassin du Congo, une augmentation de 1 point de chacune de ces variables entraînerait une modification du nombre de pluies par jour de (+) 0,044 et (+) 0,002 pour, respectivement, le gonflement de la population et des investissements. En somme, la modification des précipitations ne peut être imputée au secteur agricole simplement parce que dans tous les pays du

Bassin du Congo, la transformation des produits issus de l'agriculture locale est encore peu effective.

*

* *

Cet article avait pour objectif d'analyser l'incidence de facteurs socio-économiques sur le changement climatique dans les pays du Bassin du Congo. Deux résultats essentiels expliquent cette analyse : premièrement, la croissance démographique, le PIB mondial et les superficies forestières de ces pays ont des effets négatifs directs sur l'augmentation des émissions de $CO_2$ ; deuxièmement, dans ces pays, il existe des effets négatifs indirects de la formation brute de capital fixe sur les températures ; de la population totale et des investissements sur les précipitations.

Force est par ailleurs de constater que les résultats obtenus à l'issue de notre recherche sont, pour la plupart, conformes à nos attentes ; notamment en ce qui concerne l'ensemble des pays du Bassin du Congo. Toutefois, si analyser l'incidence directe des facteurs socio-économiques sur les précipitations a paru difficile, la prise en compte de la croissance du PIB mondial comme l'un des facteurs socio-économiques responsable du changement climatique dans le contexte des pays du Bassin du Congo, s'est avérée probante quant à l'augmentation observée des émissions de $CO_2$ et des températures. Ce qui devrait encourager la communauté internationale à davantage se préoccuper des problèmes environnementaux ; ce, même en dépit du fait que les facteurs socio-économiques propres à ces pays concourent eux aussi au changement climatique. Au sortir de tels résultats, quelques implications de politiques publiques peuvent être envisagées.

Il est nécessaire que les pays du Bassin du Congo soient accompagnés par la communauté internationale dans la gestion durable de leurs forêts ; afin que les activités économiques soient également développées à long terme, sans risque de dégradation environnementale. En somme, promouvoir le développement économique en parfaite harmonie avec l'économie verte se révèle plus qu'indispensable, compte tenu de l'impératif d'atteinte des objectifs de développement durable si cher aux pays du Bassin du Congo. ■

# RÉFÉRENCES


Adaman F., P. Devine, and Özkaynak B. (2002), "Marketable permits: A critique from an ecological economics point of view." *Conference presentation*, 7th biennal Conference of the International Society for Ecological Economics (ISEE), 6-9th march, Sousse, Tunisia, Université du Centre.

Badillo A. (2024), « Effet de serre : définition et conséquences sur l'environnement. » *Climate consulting*, Paris, France, Selectra. [En ligne] article disponible sur le site web Effet de serre : définition et conséquences sur l'environnement (selectra.com), consulté le 2 avril 2024.

Barro R.J. (1991), "Economic growth in a cross section of countries." *The Quarterly Journal of Economics*, vol. 106, n° 2, pp. 407-443.

Beaumais O., et Chiroleu-Assouline M. (2002), *Economie de l'environnement*, Bréal, Collection Amphi Economie, 240p. ISBN : 2-84291-806-1.

Bourque A. (2000), "Les changements climatiques et leurs impacts." *VertigO* - la revue électronique en sciences de l'environnement, vol. 1, n° 2, disponible [En ligne] sur le site internet https://doi.org/10.4000/vertigo.4042, consulté le 15 avril 2024.

Breteau P. (2021), "Visualisez le réchauffement climatique en France et dans votre ville avec nos « rayures de réchauffement »." Article publié au *Journal le Monde* le 06 Janvier 2021. [En ligne] Visualisez le réchauffement climatique en France et dans votre ville avec nos « rayures de réchauffement » (lemonde.fr), site internet consulté le 22 juin 2024.

Brock W.A., and Taylor M.S. (2004), "The Green Solow Model." Working Paper N° 2004-16, Social Sciences and Research Institute (SSRI), Madison, USA, University of Wisconsin, 60p. [Online] From the web site The Green Solow model (researchgate.net), accessed February 18, 2024 at 2:48 p.m.

Chiroleu-Assouline M. (2015), "La fiscalité environnementale en France peut-elle devenir réellement écologique ? Etat des lieux et conditions d'acceptabilité." *Revue de l'OFCE*, Partie 3, pp. 131-165. [En ligne] La fiscalité environnementale en France peut-elle devenir réellement écologique ? | Cairn.info, site internet consulté le 17 juin 2024.

CMED (1987), *Our common future (Rapport Brundtland) – Notre avenir à tous*, Commission mondiale sur l'environnement et le développement, Organisation des Nations unies (ONU), 349p. [En ligne] 1987: Le Rapport Brundtland (admin.ch), site internet consulté le 2 avril 2024.

CNUCED (2010), *Rapport 2010 sur les pays les moins avancés. Vers une nouvelle architecture internationale du développement pour les PMA – UNCTAD/LDC/2010 (Overview)* – New York et Genève, Conférence des Nations Unies sur le Commerce Et le Développement, 52p. [En ligne] ldc2010overview_fr.pdf (unctad.org), site internet consulté le 14 juin 2024.

Coase R.H. (1960), "The problem of social cost." *The Journal of Law and Economics*, vol. 3, pp. 1-44. Available [Online] From the web site Coase_-_The_Problem_of_Social_Cost-libre.pdf (d1wqtxts1xzle7.cloudfront.net), accessed May 21, 2024 at 6:27 p.m.

Copeland B.R., and Taylor M.S. (1994), "North-South Trade and the Environment." *The Quarterly Journal of Economics,* President and Fellows of Harvard College, vol. 109, n° 3, pp. 755-787.

Costanza R., and Daly H.E. (1992), "Natural capital and sustainable development." *Conservation Biology*, vol. 6, n° 1, pp. 37-46.

Costanza R., J.H. Cumberland, H. Daly, R. Goodland, R.B. Norgaard, I. Kubiszewski, and Franco C. (2015), *An Introduction to Ecological Economics*, 2nd Ed. Boca Raton, Florida (FL), USA, CRC Press, Taylor & Francis Group, LLC. 350p., ISBN : 978-1-4200-1267-5 (eBook - PDF). [Online] From the web site Introduction to Ecological Economics, Second Edition (aiu.edu), accessed March 2, 2024 at 3:23 p.m.

Coulibaly S.N. (2014), *Energie, croissance et environnement dans les pays de l'UEMOA (Union Economique et Monétaire Ouest Africaine)*, Thèse de doctorat en Sciences Economiques, Rennes, France, Université de Rennes 1. [En ligne] Energie, croissance et environnement dans les pays de l'UEMOA. (hal.science), site internet consulté le 30 juin 2024.

Dales J.H. (1968), *Pollution Property and Prices: an Essay in Policy Making and Economics*, Toronto, Canada, University of Toronto Press, 111p.

Daly H.E. (1991), *Steady-State Economics*, 2nd edition with New Essays, Washington D.C., USA, Island Press, 318p, ISBN: 9781559630719.

Daly H.E. (2008), "A Steady-State Economy." *The Ecologist.* [Online] From the web site A steady-state economy (theecologist.org), accessed May 12, 2024 at 1:58 p.m.

De Wasseige C., M. Tadoum, R.A. Eba'a, et Doumenge C. (2015), *Les Forêts du Bassin du Congo – Forêts et changements climatiques*, Numéro spécial de l'*État des Forêts 2015* (publication conjointe OFAC/COMIFAC), Neufchâteau, Belgique, Weyrich Edition, 128p.

Essaber-Jouini S. (2012), « Croissance économique, émissions de polluants et consommation d'énergie en Tunisie » In Christophe B. et Pérez R., *Agro-ressources et écosystèmes : enjeux sociétaux et pratiques managériales*, vol. 2, 442p. (pp. 285-300), Presses Universitaires du Septentrion.

Funtowicz S.O., and Ravetz J.R. (1994), "The worth of a songbird: ecological economics as a post-normal science." *Ecological Economics,* vol. 10, n° 3, pp. 197-207.

Georgescu-Roegen N. (1971), *The Entropy Law and the Economic Process*, Cambridge, Massasuchetts (MA), USA, Harvard University Press, 457p., ISBN: 0-674-25781-2.

GIEC (2021), *Changement climatique 2021 : les bases scientifiques physiques. Contribution du Groupe de travail I au sixième Rapport d'évaluation (AR6) du Groupe d'experts intergouvernemental sur l'évolution du climat* [Masson-Delmotte V., P. Zhai, A. Pirani, SL Connors, C. Péan, S. Berger, N. Caud, Y. Chen, L. Goldfarb, MI Gomis, M. Huang, K. Leitzell, E. Lonnoy, JBR Matthews, TK Maycock, T. Waterfield, O. Yelekçi, R. Yu et B. Zhou (dir.)]. Unité d'appui technique du Groupe de travail I, Groupe d'experts intergouvernemental sur l'évolution du climat, 308p. [En ligne] IPCC_AR6_WGI_SummaryVolume_French.pdf, site internet consulté le 17 février 2024.

GIEC (2019), *Réchauffement planétaire de 1,5°C. Rapport spécial du GIEC sur les conséquences d'un réchauffement planétaire de 1,5°C par rapport aux niveaux préindustriels et les trajectoires associées d'émissions mondiales de gaz à effet de serre dans le contexte du renforcement de la parade mondiale au changement climatique, du développement durable et de la lutte contre la pauvreté* [Masson-

Delmotte V., P. Zhai, HO Pörtner, D. Roberts, J. Skea, PR Shukla, A. Pirani, S. Connors, C. Péan, W. Moufouma-Okia, Y. Chen, MI Gomis, E. Lonnoy, JBR Matthews, T. Maycock, T. Waterfield, M. Tignor, R. Pidcock et X. Zhou (dir.)]. Unité d'appui technique du Groupe de travail I, Groupe d'experts intergouvernemental sur l'évolution du climat, 110p. [En ligne] SR15_Summary_Volume_french.pdf (ipcc.ch), site internet consulté le 11 mars 2024.

Grossman G.M., and Krueger A.B. (1995), Economic Growth and the Environment, *The Quarterly Journal of Economics*, vol. 110, n° 2, pp. 353-377.

Hanley N., J. Shogren, and White B., (2019), *Introduction to Environmental Economics*, 3rd edition, Oxford, UK, Oxford University Press, 408p. ISBN: 9780198737230.

Hardin G. (1968), "The tragedy of the commons: the population problem has no technical solution; it requires a fundamental extension in morality." *Science,* vol. 162, n° 3859, pp. 1243-1248.

Harribey J.M. (1997), "La prise en compte des ressources naturelles dans le modèle néo-classique d'équilibre général : éléments de critique." *Economies et Sociétés - Série Développement, croissance et progrès*, vol. 35, pp. 57-70.

Hartwick J.M. (1977), "Intergenerational equity and the investing of rents from exhaustible resources." *The American Economic Review*, vol. 67, n° 5, pp. 972-974.

Hill R.C., Griffiths W.E., and Lim G.C. (2011), *Principles of Econometrics*, 4th edition, Hoboken, New Jersey (N.J.), John Wiley & Sons, Inc., 790p. ISBN: 978-0-470-62673-3. [Online] From the web site 9780470626733.pdf (unja.ac.id), accessed March 26, 2024 at 4:19 p.m.

Hope C. (2009), "How Deep Should the Deep Cuts Be? Optimal $CO_2$ Emissions over time under Uncertainty." *Climate Policy*, vol. 9, n° 1, pp. 3-8.

Hotelling H. (1931), "The economics of exhaustible resources." *Journal of Political Economy,* vol. 39, n° 2, pp. 137-175.

Hugon P. (2005), « Environnement et développement économique : les enjeux posés par le développement durable. » *Revue internationale et stratégique,* vol. 4, n° 60, pp. 113-126.

Islam N. (1995), "Growth empirics: A panel data approach." *The quarterly Journal of Economics*, vol. 110, n° 4, pp. 1127-1170.

Kim P.Y.H., Rhim J.C., and Friesner D.L. (2007), "Interrelationships among Capital Structure, Dividends, and Ownership: Evidence from South Korea." *Multinational Business Review*, vol. 15, n° 3, pp. 25-42.

Mankiw N.G., D. Romer, and Weil N.D. (1992), "A contribution to the empirics of economic growth." *The Quarterly Journal of Economics*, vol. 107, n° 2, pp. 407-437.

Mouleye I.S., A. Diaw, and Daouda Y.H. (2019), « Effets du changement climatique sur la pauvreté et les inégalités en Afrique Subsaharienne. » *Revue d'économie du développement*, vol. 27, n° 3, pp. 5-32.

Nkengfack H. et Kaffo Fotio H. (2014), « Effets de la croissance économique sur les émissions de CO2 dans les Pays du Bassin du Congo. » *Revue d'économie rurale,* pp. 1-17. [En ligne] Effets de la croissance économique sur les émissions de CO2 dans les Pays du Bassin du Congo (researchgate.net), site internet consulté le 26 juillet 2024.

Nordhaus W.D. (2019), *Le casino climatique - Risque, incertitudes et solutions économiques face à un monde en réchauffement*, 1re édition, De Boeck Supérieur, 352p. ISBN : 9782807325302.

Nordhaus W.D. (2010), "Economic aspects of global warming in a post-Copenhagen environment." *Proceedings of the National Academy of Sciences*, vol. 107, n° 26, pp. 11721-11726

Nordhaus W.D. (1977), "Economic growth and climate: The carbon dioxide problem." *The American Economic Review*, vol. 67, n° 1, pp 341-346.

Passet R. (1996), *L'économique et le vivant*, 2e édition, Paris, Economica, 291p., ISBN: 2-7178-3104-5.

Pigou A.C. (1932), *The economics of welfare*, 4th edition, London, UK, Macmillan and Co. Limited, 872 p. [Online] From the web site 0316_Bk.pdf (libertyfund.org), accessed May 18, 2024 at 6:55 p.m.

Pigou A.C. (1920), "Co-operative Societies and Income Tax." *The Economic Journal*, vol. 30, n° 118, pp. 156-162.

Roodman D. (2007), "CMP: Stata module to implement conditional (recursive) mixed process estimator." *Statistical Software Components S456882*, Boston, Illinois (IL), USA, Boston College Department of Economics, revised 18 April 2024.

Shafik N., and Bandyopadhyay S. (1992), *Economic growth and environmental quality: times series and cross-country evidence*, Policy research working papers N° WPS904, Background paper for the World Development Report, Washington D.C., USA, World Bank Group. [Online] From http://documents.worldbank.org/curated/en/833431468739515725/Economic-growth-and-environmental-quality-time-series-and-cross-country-evidence, accessed April 14, 2024 at 7:21 p.m.

Shehata E.A.E. (2011), "LMHREG3: Stata Module to Compute Overall System Heteroscedasticity Tests after (3SLS-SURE) Regressions." *Statistical Software Components S457381*, Boston, Illinois (IL), USA, Boston College Department of Economics, revised 27 Dec 2011.

Solow R.M. (1986), "On the Intergenerational Allocation of Natural Resources." *The Scandinavian Journal of Economics*, vol. 88, n° 1, pp. 141-149.

Solow R.M. (1974), "The economics of resources or the resources of economics." *American Economic Association*, Papers and Proceedings of the Eighty-sixth Annual Meeting of the American Economic Association, vol. 64, n° 2, pp. 1-14. [Online] From the web site The Economics of Resources or the Resources of Economics (uvm.edu), accessed March 30, 2024 at 10:56 a.m.

Solow R.M. (1956), "A contribution to the theory of economic growth." *The Quarterly Journal of Economics*, vol. 70, n° 1, pp. 65-94.

Sotamenou J. et Nguepdjio C.N. (2019), « Consommation d'énergie, croissance économique et émissions de $CO_2$ au Cameroun : une analyse de causalité. » *African Integration and Development Review*, vol. 11, pp. 82-100.

Soytas U., R. Sari, and Ewing B.T. (2007), "Energy consumption, income, and carbon emissions in the United States." *Ecological Economics*, vol. 62, n° 3-4, pp. 482-489

Spash C.L. (2007), "Problems in economic assessments of climate change with attention to the United States of America." In Erickson J.D., and Gowdy J.M. (Eds.), *Frontiers in ecological economic theory and application,* Cheltenham, UK, Edward Elgar, pp. 176-192.

Stern N. (2008), "The Economics of Climate Change, The Stern Review." *American Economic Review*, vol. 98, n° 2, pp. 1-37.

Stock J.H. and Watson M.W. (2011), *Introduction to econometrics,* 3rd edition, Pearson-Addison Wesley publication, 822p. [Online] From the web site Stock J.H., Watson M.W. Introduction to Econometrics (2ed., AW, 2006)(ISBN 9780321278876)(600dpi)(T)(O)(822s)_GL_.djvu (wisc.edu), accessed June 9, 2024 at 6:04 p.m.

WDI (2019), *World Development Indicators / DataBank*, World Bank Group. [Online] From the web site World Development Indicators | DataBank (worldbank.org), accessed May 13, 2024 at 5:42 p.m.

Wolff N.H., Y.J. Masudab, E. Meijaard, J.A Wells, and Game E.T. (2018), "Impacts of tropical deforestation on local temperature and human well-being perceptions." *Global Environmental Change*, vol. 52, pp. 181-189.

Wooldridge J.M. (2008), *Introductory Econometrics: A Modern Approach*, 4th edition, Mason, Ohio (OH), USA, South-Western Cengage Learning, 896p., ISBN: 0324581629.

Yegbemey R.N., J.A. Yabi, G.B. Aïhounton, et Paraïso A. (2014), « Modélisation simultanée de la perception et de l'adaptation au changement climatique : cas des producteurs de maïs du Nord Bénin (Afrique de l'Ouest). » *Cah. Agric.*, Etude originale, vol. 23, n° 3, pp. 177-187. DOI : 10.1684/agr.2014.0697

## *Impacts potentiels du changement climatique sur l'agriculture au Cameroun.*

Par

***Cyrille Dominick BITTING*** • *Faculté des sciences Economiques et de Gestion, Université de Yaoundé 2*

*bittingcyrille@gmail.com*

***Orelien Trésor TCHAMBA FEUMBA*** • *Faculté des sciences Economiques et de Gestion, Université de Yaoundé 2*

***Sandrine-Carole NGANANG*** • *Faculté des Sciences Economique et de Gestion, Université de Maroua*

**RÉSUMÉ :**

Cette étude examine les effets du changement climatique, à travers ses canaux de transmissions que sont la température et les précipitations, sur la moyenne et la variance de la production agricole, de l'élevage et de la pêche au Cameroun, entre 1961et 2015. Les résultats issus de l'estimation d'une fonction de production stochastique développée par Just et Pope (1978, 1979) montrent que les précipitations impactent positivement la production des cultures agricoles et animales ; tandis que les températures exercent une influence négative sur l'agriculture, la pêche et l'élevage. Par ailleurs, constat est fait de ce que les précipitations ont tendance à réduire le risque de production, quand les températures, elles, augmentent ce risque. Forts de tels résultats, nous recommandons aux pouvoirs publics de vulgariser l'information climatique auprès des producteurs, d'une part ; et, d'autre part, de favoriser le développement et la mise à disposition des semences améliorées, ainsi que des nouvelles espèces et autres souches halieutiques et animales résistantes au changement climatique.

**MOTS CLÉS :** Changement climatique, agriculture, pêche, élevage, Cameroun.

## *Potential impacts of climate change on agriculture in Cameroon.*

***ABSTRACT :***

*This study examines the effects of climate change, through its transmission channels of temperature and rainfall, on the average and variance of crop, livestock and fisheries production in Cameroon between 1961 and 2015. The results from the estimation of a stochastic production function developed by Just and Pope (1978, 1979) show that rainfall has a positive impact on the production of agricultural and animal crops, while temperatures have a negative impact on agriculture, fishing and livestock. In addition, it has been noted that rainfall tends to reduce the risk of production, while temperatures increase this risk. On the strength of these results, we recommend that public authorities popularize climate information among producers, on the one hand; and, on the other hand, promote the development and availability of improved seeds, as well as new species and other strains of fish and animals resistant to climate change.*

***KEYWORDS :*** *Climate change, agriculture, fisheries, livestock, Cameroon.*

Les changements climatiques sont considérés comme l'un des plus grands challenges auquel l'humanité doit faire face durant ce 21e siècle et au-delà (IPCC, 2021 ; Masson et Fritsche, 2021). En effet, depuis la publication du rapport Meadows, la communauté scientifique mondiale a admis que le réchauffement climatique mondial est maintenant sans équivoque (IPCC, 2007). Au fil des dernières décennies, l'on a observé des mutations climatiques à l'échelle planétaire. Celles-ci sont marquées par une hausse de la température moyenne, une plus forte variabilité de la pluviométrie, et une augmentation de l'occurrence des évènements extrêmes tels que les inondations, des épisodes de sécheresse de plus en plus fréquents, les cyclones, les tsunamis, etc. (IPCC, 2021). Les études les plus récentes indiquent que la terre s'est réchauffée de 0,7°C comparativement à la moyenne des années 1861-1900 ; ceci à un rythme d'environ 0,2°C par décennie durant les trois dernières décades (World Bank Group, 2021).

Les données météorologiques concernant l'Afrique Subsaharienne indiquent une hausse des températures moyennes comprise entre 0,2°C et 0,8°C, avec des prévisions d'augmentation de l'ordre de 3°C à 4°C à l'horizon 2100 (IPCC, 2014). Il convient en outre de souligner que cette zone est identifiée comme l'une des régions du monde les plus vulnérables aux chocs climatiques ; où il est prédit avec une forte probabilité que, d'ici la fin du siècle, le réchauffement climatique dépasse la moyenne mondiale de 2°C (IPCC, 2014).

Il faut se rappeler que l'agriculture est l'un des secteurs de la vie économique qui subit, le plus, les effets du changement climatique. Et, comme l'atteste le 6e rapport du Groupe d'Experts Intergouvernemental sur l'Evolution du Climat (GIEC), les changements climatiques affectent négativement la production agricole dans plusieurs pays d'Afrique (IPCC, 2021). De fait, la grande sensibilité de l'agriculture aux fluctuations climatiques engendre énormément d'inquiétude quant à la capacité du secteur agricole à satisfaire les besoins alimentaires des populations (FAO et *al.*, 2020). Les prévisions apportent la preuve que, au cours du 21e siècle, les changements climatiques vont réduire les rendements agricoles mondiaux de 2% par décennie ; alors même que jusqu'en 2050, la demande alimentaire mondiale va augmenter de 14% par décennie (FAO et *al.*, 2020 ; IPCC, 2021 ; World Bank Group, 2021). Les études théoriques et empiriques tendent de plus en plus à démontrer que les changements climatiques ont un impact négatif sur l'agriculture mondiale (Mendelsohn, 2009) et africaine (Koirala et Bhandari, 2019 ; Kurukulasuriya et Mendelsohn, 2007a ; Kurukulasuriya et Mendelsohn, 2007b ; Bello et Maman, 2015 ; Mohammed et Uraguchi, 2013 ; Molua, 2008).

Le Cameroun ne saurait échapper à ce contexte planétaire fait de dysfonctionnements climatiques. Les données météorologiques du pays révèlent que la température moyenne annuelle a augmenté de 0,7°C depuis 1960 ; soit un taux moyen de 0,15°C par décennie (PNACC, 2015). La moyenne pluviométrique de la période 1981-2000 est 20% à 40% plus basse que celle de la période 1961-1980. Par ailleurs, depuis 1960, le pays connaît une régression des précipitations d'environ 2,2% par décennie ; soit en moyenne moins (-) 2,9 mm tous les mois (Amougou, 2018).

Le secteur agricole, faut-il le relever, occupe une place prépondérante dans la formation du Produit Intérieur Brute (PIB) camerounais. En valeur relative, le PBI associé à ce secteur avait atteint 22,5% en 2017 (WDI, 2020). Ce qui, avec 62 % de la population active, fait de lui le premier employeur du pays (INS, 2015). Notons que l'activité agricole considérée ici est prise au sens large. En fait, il faut l'entendre comme le secteur de l'économie qui englobe les cultures, l'élevage, la pêche et la foresterie (Banque Mondiale, 2007 ; Bodiguel, 2005 ; PARM, 2017). Pris ensemble, ces corps d'activité constitutifs du secteur agricole emploient plus de 80% de la main-d'œuvre active nationale et occupent une place cruciale dans la survie quotidienne de millions de Camerounais (INS, 2015). Dans ce pays d'Afrique centrale, l'agriculture est, pour l'essentiel, pratiquée de façon rudimentaire ; ce qui la rend fortement tributaire des conditions climatiques.

De nombreuses études ont analysé l'impact des changements climatiques sur l'agriculture camerounaise (Awazi et *al.*, 2021 ; Bele et *al.*, 2013 ; Julie et *al.*, 2014 ; Gaymard et *al.*, 2015 ; Molua, 2008 ; Molua, 2002 ; Mpabe, 2022 ; Tingem et *al.*, 2008 ; Witt et Waibel, 2009). Elles aboutissent sensiblement à la même conclusion, à savoir que l'agriculture camerounaise est vulnérable à l'augmentation des températures et à la baisse des précipitations. Il est à noter que toutes ces études se sont focalisées uniquement sur l'analyse de la relation entre les changements climatiques et la production des cultures agricoles. Elles ne se sont pas intéressées à l'impact que les mutations du climat peuvent avoir sur les autres activités du secteur agricole que sont, par exemple, l'élevage et la pêche qui, bien menés, peuvent très largement garantir la sécurité alimentaire des populations camerounaises.

Cette étude a donc un double intérêt. Premièrement, elle vise à combler les limites des précédents travaux, en analysant simultanément l'incidence potentielle des changements climatiques sur la production des cultures agricoles, de la pêche et de l'élevage. Deuxièmement, elle compte aller au-delà des estimations des effets directs des changements climatiques sur la production, pour examiner leur impact sur la variabilité de la production ou, dit autrement, le risque de production.

La suite de notre analyse se déploie au gré des articulations suivantes : la section 2 présente une synthèse de la littérature consacrée à la relation entre les changements climatiques et l'agriculture ; la troisième section dévoile le modèle adopté ainsi que les données utilisées ; la section 4, quant à elle, donne les résultats de l'étude et la discussion qui en est faite. A la section 5, enfin, interviennent la conclusion et quelques recommandations de politiques publiques qu'il nous a semblé nécessaire de formuler à l'endroit des gouvernements.

# REVUE DE LA LITTÉRATURE

## 1. Quelques faits stylisés sur le changement climatique et l'évolution de la production des cultures agricoles, de l'élevage et de la pêche au Cameroun

Le graphique 1 ci-dessous présente l'évolution, au Cameroun, des précipitations et des températures relevant de la période 1960-2015. A l'analyse, la courbe des précipitations affiche une tendance décroissante sur la période d'étude. En effet, les précipitations passent de 125,3188 millimètres (mm) en 1961, à 111,5513 mm en 2015 ; soit une diminution de 13,7675 mm, équivalant à une baisse annuelle moyenne d'environ 0.255 mm. En ce qui concerne la courbe des températures, elle tend globalement à croître sur l'ensemble de la période d'étude ciblée. Les températures auront ainsi migré de 24,32°C en 1961, à 25,13°C en 2015 ; connaissant ainsi une hausse d'environ 0,81°C équivalant à un accroissement moyen annuel de 0.015°C.

Les études menées par l'Observatoire National des Changements Climatiques (ONACC) sur l'évolution des paramètres climatiques dans les différentes régions du Cameroun, montrent que les quantités de précipitations ont progressivement diminué dans toutes les régions entre 1950 et 2015 (ONACC, 2018, 2019a, 2019b, 2019c, 2019d). En effet, les précipitations ont baissé de 165,16 mm dans la région de l'Est, 50 mm à l'Extrême-Nord, et 0,009 mm au Centre. En ce qui concerne l'évolution des températures moyennes annuelles, on observe des moyennes de 25,74°C dans la région du Centre ; 26,45 °C à l'Est ; 28,96°C à l'Extrême-Nord ; et 24,83°C au Sud-Ouest. L'analyse des différents scénarii de prévisions climatiques laisse entrevoir un climat plus chaud, indifféremment de la zone où l'on se trouve dans le pays. Les régions de l'Adamaoua, du Nord et de l'Extrême-Nord connaîtront ainsi une augmentation moyenne des températures de l'ordre de 1,2°C à l'horizon 2035, et de 4,8°C en 2100 ; tandis que les régions du Centre, de l'Est et du Sud-Ouest verront leurs températures croître, en moyenne, de 0,6°C en 2035, à 3,6°C en 2100 (CSC, 2013 ; CSC et WUR, 2013).

**Graphique 1.** *Evolution des précipitations et des températures au Cameroun*

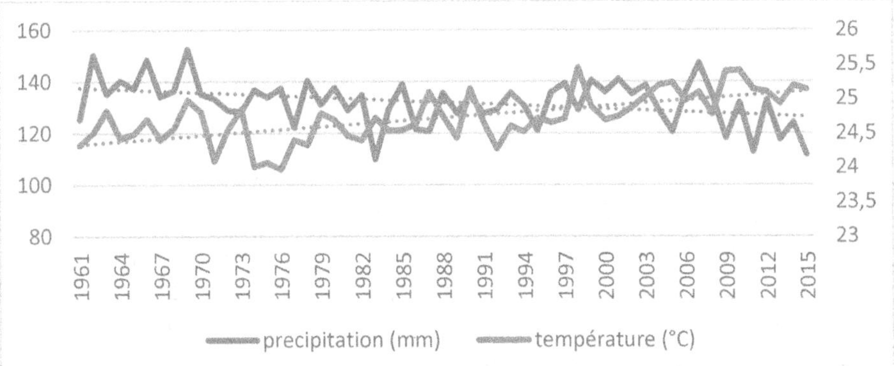


*Source : auteurs à partir des données de l'Observatoire National des Changements Climatiques.*

Le graphique 2 infra présente l'évolution de la production agricole au Cameroun, sur la période 1960-2015. L'analyse du profil évolutif de la courbe montre qu'initialement, plus précisément entre 1961 et 1990, il se produit une certaine stagnation de la production ; et qu'ensuite, intervient une hausse notable de celle-ci, qui passe dès lors de 994 962 tonnes en 1991, à 3 656 816 tonnes en 2015. Ainsi, la production agricole du Cameroun a connu une forte croissance dès les premières années d'indépendance du pays ; mais le profil de cette croissance s'est profondément modifié depuis les années 1980, à partir du moment où les cultures traditionnelles d'exportation (café, cacao) ont été progressivement abandonnées au profit des cultures vivrières. Ces dernières sont en réalité devenues plus rentables, puisque selon les données statistiques FAOSTAT (FAO, 2020), les cultures vivrières ont vu leur valeur productive partir à la hausse, en passant de 240 milliards de FCFA en 1990, à 1 631 milliards de FCFA en 2013. Sur cette même période, en revanche, l'augmentation de la valeur productive des cultures de rente est moins marquée ; elle passe de 179 milliards de FCFA en 1990, à seulement 538 milliards de FCFA en 2013 (PARM, 2017).

**Graphique 2.** *Evolution de la production agricole (en tonnes)*

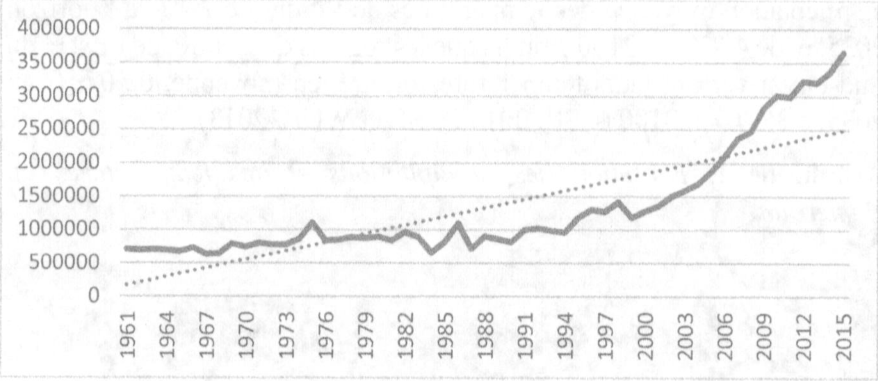


*Source : auteurs à partir des données de la FAOSAT (2020).*

Le Cameroun est un pays d'élevage et, de ce fait, occupe une place de choix dans la sous-région Afrique Centrale. L'élevage camerounais développe à ce jour cinq grandes filières : les bovins, les petits ruminants, l'aviculture, la porciculture et les élevages non conventionnels. D'après les statistiques annuelles du Document de Stratégie du Sous-Secteur de l'Elevage, des Pêches et des Industries Animales (MINEPIA, 2011), l'élevage bovin fournit près de 110 000 tonnes de viandes par an ; l'aviculture, elle, produit environ 30 millions de poussins d'un jour l'an ; tandis que la capacité productive des œufs de table est estimée annuellement à 13 000 tonnes. En ce qui concerne la filière porcine, elle fournit environ 30 000 tonnes de viande par an. Quant aux élevages non conventionnels, ils regroupent l'élevage des aulacodes, cobayes, lapins, escargots, grenouilles, rats, cailles, autruches, crocodiles, etc.

Le graphique 3 ci-après présente l'évolution de la production animale totale du Cameroun sur la période 1960-2015. L'analyse de la courbe mène au constat qu'elle croît sur l'ensemble de la période étudiée. La production animale passe ainsi de 62 562 tonnes en 1960, à 308 473 tonnes en 2015 ; soit une augmentation de 245 911 tonnes, équivalant à un gain de production annuel moyen d'environ 4 471 tonnes.

**Graphique 3.** *Evolution de la production animale (en tonnes)*

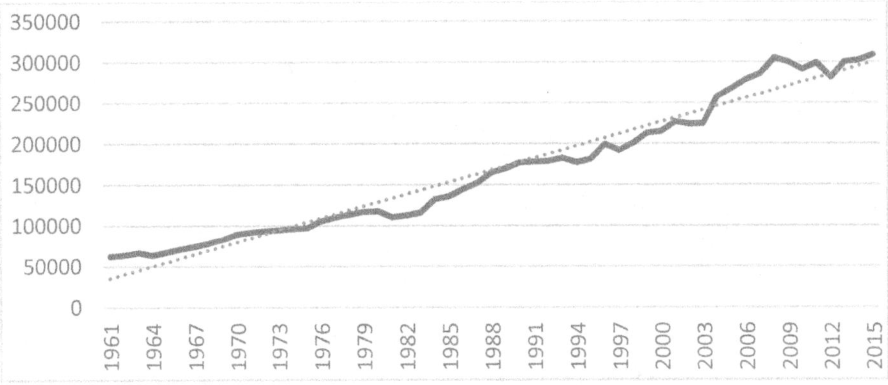


*Source : auteurs à partir des données de la FAOSAT (2020).*

La pêche joue également un rôle important dans l'alimentation des populations. En effet, les produits de pêche contribuent pour près du tiers des protéines animales consommées au Cameroun. En fonction des moyens de production mis en œuvre, on distingue la pêche maritime artisanale, la pêche maritime industrielle, et la pêche continentale. Le graphique 4 infra présente l'évolution de la production de poisson au Cameroun entre 1961 et 2015. Même si la tendance du profil évolutif de la courbe est globalement croissante, à l'analyse, cette évolution peut être segmentée en deux phases. La première phase se situe entre 1961 et 1987 où l'on constate une baisse de la production qui atteint son plancher sur les années1985 et 1987. Cette diminution est due à la chute de production de la pêche industrielle ; laquelle aura été causée par la baisse des débarquements des bateaux de pêche (MINEPIA, 2011). La seconde phase, elle, s'étend de 1988 à 2015. Durant celle-ci, intervient une hausse remarquable de la production de poisson, qui passe de 12 833 tonnes en 1988, à 87 212 en 2015. Ce gain de production de 74 379 tonnes (équivalant à une moyenne d'environ 2 755 tonnes de poisson additionnel produit par an), est le fruit du développement de l'aquaculture et de la pêche continentale sur l'étendue du territoire camerounais.

**Graphique 4.** *Evolution de la production de poisson (en tonnes)*

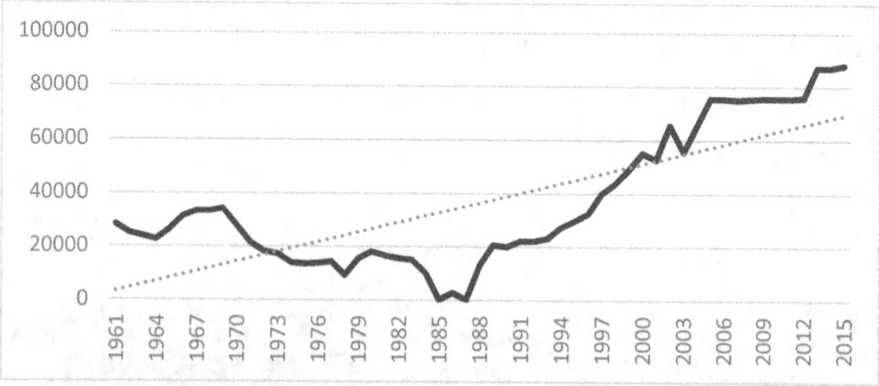


*Source : auteurs à partir des données de la FAOSAT (2020).*

## 2. Impact du changement climatique sur le secteur agricole : synthèse de quelques travaux empiriques

L'analyse de la littérature montre que les études consacrées à l'impact des changements climatiques sur les cultures agricoles sont relativement plus nombreuses que celles traitant de l'impact des changements climatiques sur l'élevage et la pêche. Une revue de ces études est présentée dans les développements qui suivent.

### *2.1. Impact des changements climatiques sur les cultures agricoles*

Les études empiriques qui analysent l'impact des changements climatiques sur l'agriculture sont nombreuses. Des typologies variées ont été proposées pour les regrouper – voir à ce sujet, le dossier publié dans la *Review of Environmental Economics and Policy* (Blanc et Reilly, 2017). Un des premiers éléments qui permet de les distinguer est le choix des variables agricoles, c'est-à-dire celles sur lesquelles on cherche à quantifier l'impact des changements climatiques. Certains travaux, menés pour la plupart par les agronomes, les chercheurs en science de l'environnement, et parfois les économistes, portent sur les variables biophysiques telles que la production, le rendement, et la biomasse totale (Tigchelaar et *al.*, 2018). D'autres recherches, faites principalement par les économistes, traitent des variables exprimées en grandeurs monétaires : valeur de la production agricole, revenu agricole ou valeur des terres (Ochou et Quirion, 2022). Trois principales approches peuvent découler de ces travaux (Blanc et Reilly, 2017 ; Ochou et Quirion, 2022).

La première approche appelée fonction de production (Adams, 1989), est une démarche expérimentale qui, faisant usage de modèles de simulation biophysique des plantes du type CERES (Jones et *al.*, 1986) ou SOYGRO (Jones et *al.*, 1989), tente de mesurer les effets directs d'une modification du climat sur les différentes cultures et sur les besoins en intrants (luminosité, pesticides, herbicides, engrais, etc.). L'avantage de ces expérimentations réside dans le fait qu'elles permettent de mesurer très précisément le mécanisme de réponse des cultures face au climat ; ceci, en observant individuellement leur comportement, et en contrôlant toutes les autres variables susceptibles d'influencer la croissance des plantes. Bien plus, ces pratiques expérimentales permettent de simuler des conditions qui ne sont pas encore produites dans la nature, telle qu'une fertilisation au $CO_2$. Par contre, ces procédés empiriques ne sont pas en mesure de prendre en considération les effets des modifications indirectes de l'environnement où poussent les cultures.

La seconde approche appelée modèle Ricardien ou Hedonique, a été développée par Mendelsohn et *al.* (1994). Elle tente de mesurer directement l'effet du climat sur la valeur des terres et le rendement agricole, en utilisant une étude en coupe transversale. Le modèle Ricardien repose sur l'hypothèse d'une efficacité des marchés et, par conséquent, sur le fait que la valeur des terres agricoles reflète la valeur actualisée des revenus futurs issus de l'exploitation la plus productive de la terre. En s'intéressant au prix des terres agricoles dans différents environnements, cette approche étudie implicitement la gamme complète des stratégies d'adaptation possibles des agriculteurs. Elle essaye de capturer l'influence de facteurs économiques, climatiques et environnementaux, sur la valeur de la superficie agricole. Le modèle se base sur le revenu net des exploitations agricoles, en lieu et place des rendements agricoles. Autrement dit, compte étant pris des adaptations potentielles aux changements climatiques (substitutions indirectes des intrants, introduction de nouvelles activités, etc.), est évalué ici l'impact du climat sur la valeur des terres et le rendement agricole (Ouedraogo, 2012). Ce modèle a été appliqué avec succès dans les pays développés, à l'instar des Etats-Unis d'Amérique (Mendelsohn et *al.*, 1994 ; Mendelsohn, 2009) et de l'Angleterre (Maddison, 2000) ; dans les pays émergents tels que le Vietnam (Nguyen et *al.*, 2011), l'Afrique du Sud (Gbetibouo et Hassan, 2005), l'Inde et le Brésil (Seo et *al.*, 2005) ; dans les pays en développement aussi, notamment au Niger (Bello et Maman, 2015), au Burkina Faso (Ouedraogo, 2012) et au Cameroun (Molua, 2008 ; Mpabe, 2022).

La troisième et dernière approche développée par Deschênes et Greenstone (2007) modélise l'agriculteur rationnel, d'une part ; et d'autre part, une réponse biophysique des plantes au climat plus réaliste que ce que l'approche Ricardienne fournit. Basée sur une méthodologie en données de panel, cette démarche permet d'introduire des effets spécifiques d'espace et de temps. Ensuite, en incorporant l'utilisation des variables climatiques, elle aide à répondre à des recommandations de plus en plus insistantes de la littérature économique (Kurukulasuriya et Mendelsohn, 2007a et 2007b).

Chacune de ces trois approches comporte des limites. Le modèle fonction de production n'est pas en mesure de prendre en considération certains effets tels qu'une modification indirecte de l'environnement dans lequel les cultures se développent (détérioration de la qualité des terres, augmentation des insectes due à la chaleur, etc.). Par ailleurs, cette approche a tendance à surestimer les dommages des changements climatiques sur la production, en omettant les diverses possibilités d'adaptation aux conditions climatiques dont peuvent faire preuve les agriculteurs (Mendelsohn et *al.*, 1994). Le modèle ricardien, lui, a comme limite la tendance à sous-estimer les dommages causés par les changements climatiques sur l'agriculture (Weber et Hauer, 2003), d'une part ; et d'autre part, le fait de surestimer les bénéfices de l'adaptation (McLeman et Smit, 2006 ; Smit et *al.*, 1996), c'est-à-dire de considérer une adaptation totale des agriculteurs, sans que soient réellement pris en compte les coûts de transition. Pour ce qui est du modèle de Deschênes et Greenstone, il tente de résoudre les limites des deux approches précédentes, tout en posant un problème de calibrage et de validation d'un modèle statistique robuste. Aussi, au regard des avantages et des limites de chacune de ces approches, et compte tenu du type de données à notre disposition, cette étude adoptera-t-elle le modèle fonction de production, avec pour objectif, d'évaluer les effets des changements climatiques sur la production agricole camerounaise.

### *2.2. Impact des changements climatiques sur l'élevage*

Les études traitant des relations entre les changements climatiques et l'élevage ont montré que les variations du climat impactent l'élevage directement et indirectement (Babinszky et *al.*, 2011 ; Feng et *al.*, 2021 ; Kabubo-Mariara, 2008 ; Lòpez-i-Gelats, 2014 ; Rivera-Ferre et *al.*, 2016 ; Wreford et Topp, 2020). L'impact direct renvoie à l'influence du changement climatique sur deux faits : la recrudescence des maladies spécifiques au bétail ; et la prolifération des bactéries qui affectent la production de lait ou des œufs (Gashaw et *al.*, 2014 ; Nardone et *al.*, 2010 ; Rojas-Downing et *al.*, 2017 ; Wreford et Topp, 2020). L'augmentation des températures pourrait donc, par exemple, accélérer le développement des parasites et des pathogènes sauvages ; ceux-ci se chargeant alors d'accroître le taux de morbidité des animaux (Karl et *al.*, 2009 ; Rojas-Downing et *al.*, 2017). Par ailleurs, le réchauffement climatique réduit fortement la capacité reproductive des animaux (Nardone et *al.*, 2010 ; Rojas-Downing et *al.*, 2017), tout en affectant le taux de survie des petits ruminants (Howden et *al.*, 2008).

L'impact indirect, quant à lui, fait référence tout d'abord à l'influence des changements climatiques sur la quantité et la qualité du pâturage. Cette influence s'opère par le biais de la variation des précipitations et des températures, laquelle impacte et sa croissance, et sa diversité (Gashaw et *al.*, 2014 ; He et *al.*, 2015 ; Liu et *al.*, 2019 ; Zhang et *al.*, 2020). L'impact indirect renvoie ensuite à l'influence des changements climatiques sur la quantité et la qualité de l'eau (Babinszky et *al.*, 2011 ; Kabubo-Mariara, 2008 ; Liu et *al.*, 2019 ; Wreford et Topp, 2020). De fait, les changements climatiques accroissent le taux de mortalité du bétail au travers de l'augmentation du nombre d'occurrences des sécheresses et de l'intensité de celles-ci ; ce qui cause, naturellement, une diminution des réserves d'eau disponible (Wang et *al.*, 2019 ; Zhou et *al.*, 2017).

### *2.3. Impact des changements climatiques sur la pêche*

Les conséquences des changements climatiques sur la pêche se manifestent sous diverses formes (Barange et Perry, 2009 ; Beveridge et *al.*, 2018). Elles peuvent être directes ou indirectes ; et certains d'entre elles sont susceptibles d'agir en synergie, voire l'une après l'autre (par exemple la salinisation des deltas suite à l'augmentation du niveau des océans) (Lazard, 2017).

Les changements climatiques impactent directement la production de poisson à travers la modification de la température, l'augmentation du niveau de la mer, la variation des précipitations, la désoxygénation et l'acidification des océans. En ce qui concerne la modification de la température, il est à noter que la majeure partie des animaux aquatiques sont poïkilothermes (en ce sens que leur température corporelle varie avec celle de leur biotope ou milieu de vie). Les températures létales, haute et basse, et la température optimale, varient considérablement en fonction des espèces (FAO, 2016). Par conséquent, toute modification de température a un impact sur le métabolisme global, et partant, sur la vitesse de croissance, le rendement final de la saisonnalité de reproduction, ainsi que sur le rythme des pontes et la fécondité (Lazard, 2017). S'agissant du niveau de la mer, on observe que la montée du niveau des eaux se traduit par la salinisation et les inondations, notamment dans les régions côtières et deltaïques (Grinsted et *al.*, 2010). La hausse de la salinité des océans réduit la croissance et le développement de certaines espèces de poisson (Castaneda et *al.*, 2009 ; Do et Tran, 2012 ; Nguyen et *al.*, 2011). Pour ce qui est de la variation des précipitations, les travaux montrent que l'eau douce est généralement considérée comme la ressource naturelle la plus en danger, dans la mesure où une bonne partie de la production de poisson provient des eaux continentales. En conséquence de quoi, les changements de régime des saisons des pluies, et particulièrement leur raréfaction, affectent négativement la production de poisson (Thackeray et *al.*, 2010). De l'impact de la désoxygénation et de l'acidification, il y a lieu de dire que la synthèse des travaux de Gros (2014) a souligné, depuis les années 1950, le fait du stockage par les océans, de plus de 90% de la quantité de chaleur reçue par la planète ; soit une contribution de loin supérieure à celle des continents et de l'atmosphère. Cette concentration de chaleur est l'une des causes de la désoxygénation des océans, auxquelles s'ajoutent les méfaits de l'eutrophisation et de l'acidification des eaux côtières, tous phénomènes dus aux apports de sels nutritifs en provenance des bassins versants et de l'atmosphère (Keeling et *al.*, 2010 ; Seibel, 2011).

Des effets indirects des changements climatiques sur la pêche, on peut noter qu'ils ne concernent pas que l'aquaculture ; puisque les mutations du climat peuvent aussi affecter la disponibilité de certains intrants comme les farines et les huiles utilisées pour l'alimentation du poisson (Lazard, 2017).

# DONNÉES ET MÉTHODOLOGIE

### 1. Les données de l'étude et leurs sources

Dans l'optique de conduire les analyses empiriques, cette étude a utilisé des données en série temporelle sur la période 1960-2015. Le choix de la période et des variables d'étude s'est fondé sur la disponibilité des données et les études antérieures. Les données qui ont été exploitées sont principalement les données secondaires issues de la Banque Mondiale (WDI, 2020), les statistiques FAOSTAT de la FAO (FAO, 2020), et celles de l'Observatoire National des Changements Climatiques du Cameroun (ONACC).

Les variables dépendantes les plus utilisées pour analyser l'impact des changements climatiques sur l'agriculture sont : la production totale (Julie et *al.*, 2014 ; Feng et *al.*, 2021), le rendement (Ajetomobi et *al.*, 2015 ; Zouabi, 2012), la valeur de la terre (Féres et *al.*, 2008), le revenu net agricole (Jawid, 2020 ; Huong et *al.*, 2019 ; Ochou et Quirion, 2022), et le profit par unité de terre (Deschênes et Greenstone, 2007). Compte tenu du fait que l'objet de notre recherche est d'analyser l'impact des changements climatiques sur le secteur agricole au sens large, les variables dépendantes retenues sont : (i) la production agricole, (ii) la production de poisson, et (iii) la production animale.

Les variables indépendantes de cette étude sont subdivisées en deux groupes. Premièrement, les variables indépendantes d'intérêt, qui permettent de capter le phénomène des changements climatiques. Parmi celles-ci, figurent les températures (mesurées en °C) et les précipitations (mesurées en millimètres). Ces variables ont été utilisées comme proxy des changements climatiques dans plusieurs études, à l'instar de celles menées par Jawid (2020), Feng et *al.* (2021), Mendelsohn et *al.* (1994), Mpabe (2022), Ochou et Quirion (2022), etc. Deuxièmement, les variables de contrôle, à savoir : **(i)** le revenu (mesuré par le PIB par habitant). Selon Yasmeen et *al.* (2022), ce dernier affecte positivement la production agricole ; **(ii)** l'aide publique au développement reçue, et qui est utilisée comme indicateur de l'innovation (Investissement en recherche et développement). Les travaux d'Adams et Bumb (1979), tout comme ceux de Yasmeen et *al.* (2022) montrent en effet que l'innovation favorise la production agricole à travers l'introduction de nouvelles technologies plus productives ; **(iii)** la population agricole (mesurée par la population rurale) est le proxy de main-d'œuvre agricole. D'après Molua (2008), elle est l'un des principaux facteurs de la production agricole ; **(iv)** la superficie des terres arables, laquelle constitue un facteur très important de la production agricole (Ahmad et Heng, 2012 ; Feng et *al.*, 2021 ; Molua, 2008 ; Huong et *al.*, 2019). La description de l'ensemble des variables de l'étude est contenue dans le tableau 1 ci-dessous.

**Tableau 1 :** *Présentation des variables de l'étude*

| Variables | Libellés | Description | Sources |
|---|---|---|---|
| | | **- Les variables dépendantes -** | |
| Production animale | elevage | Production de viande totale (en tonnes) | FAO |
| Production de poisson | peche | Disponibilité alimentaire du poisson d'eau douce (en tonnes) | FAO |
| Production agricole | Prod_agri | Production totale de céréale (en tonnes) | WDI |
| | | **- Les variables indépendantes -** | |
| Précipitation | precip | Précipitation moyenne annuelle (en mm) | Banque mondiale / ONACC |
| Température | temp | Température moyenne annuelle (en °C) | Banque mondiale / ONACC |
| Revenu | Rev | PIB par habitant (en dollars US) | WDI |
| Aide publique | APD | Aide publique au développement reçue (constant $), proxy de l'innovation (investissement en recherche et développement. | WDI |
| Population rurale | Pop | Population rural, proxy de la main d'œuvre agricole (en nombre de personnes) | WDI |
| Terre arable | arable | Terre arable (en hectares) | WDI |

*Source : Auteur.*

## 2. Méthodologie

Afin d'analyser l'impact des changements climatiques sur l'agriculture camerounaise, nous avons adopté un modèle fonction de production stochastique développé par Just et Pope (1978,1979). Ce modèle a été appliqué dans plusieurs études similaires, dont celles de Guntukula et Goyari (2020), Saei et *al.* (2019), Ajetomobi et *al.* (2015) et Boubacar (2012). Le choix de ce modèle se justifie d'abord par la quasi inexistence d'un marché de la terre agricole et la difficulté d'établir une méthode de calcul des profits agricoles ; ensuite, par les limites des méthodes

Ricardienne et de Deschênes et Greenstone, lesquelles ont respectivement tendance à sous-estimer l'impact des changements climatiques, et à avoir des problèmes de calibrage et de validation d'un modèle statistique robuste.

*2.1. Le modèle*

Dans le but de mesurer les effets des variables climatiques (températures et précipitations) sur la moyenne et la variance de la production agricole, des pêches et de l'élevage, nous allons utiliser une fonction de production stochastique suggérée par Just et Pope (1978, 1979). A ce sujet, l'idée la plus simple implique de décomposer la production en une fonction déterministe qui la lie premièrement aux outputs ; et deuxièmement, à la variabilité de ces mêmes outputs. En général, le modèle se présente comme suit :

$$\boldsymbol{Y = f(X, \beta) + h(\sqrt{X, \alpha})\varepsilon} \tag{1}$$

Où $Y$ est la production d'un sous-secteur spécifique (agriculture, pêche ou élevage) et $f(X, \beta)$ est la fonction de production moyenne (composante déterministe de la production) qui lie $X$ (ensemble des variables explicatives indépendantes tels que le climat, les intrants, et le temps) à la production moyenne ; avec $\beta$, le vecteur des paramètres à estimer. Le terme d'erreur $\varepsilon$ est hétéroscédastique, et a une moyenne nulle. $h(\sqrt{X, \alpha})$ est la fonction de la variance (composante stochastique de l'output) qui lie $X$ à l'écart-type du rendement ; avec $\alpha$, le vecteur des paramètres à estimer ; et $\varepsilon$, le terme d'erreur aléatoire qui suit une loi normale de moyenne nulle et de variance $\sigma^2$. L'estimation des paramètres de la fonction $f(X, \beta)$ donne l'effet moyen des variables indépendantes sur le rendement, tandis que celui de la fonction $h(\sqrt{X, \alpha})$ donne l'effet des variables indépendantes sur l'écart-type de la production.

$$\boldsymbol{Y = (X, \beta)} \tag{2}$$

Et

$$\boldsymbol{Y = (X, \alpha)} \tag{3}$$

L'interprétation des signes des paramètres de la fonction $h(\sqrt{X, \alpha})$ est simple. Si l'effet marginal sur l'écart-type de la production de n'importe quelle variable indépendante est positif, alors l'augmentation de cette variable accroît le risque de production. Tandis qu'un signe négatif implique que l'augmentation de la valeur de cette variable réduit le risque de production. Avec une telle formulation, les variables climatiques et les autres variables indépendantes peuvent séparemment influencer la moyenne et la variance de la production agricole.

*2.2. Spécification du modèle*

La fonction de production de Cobb Douglas et la forme linéaire de la fonction de production sont choisies pour la fonction de production moyenne (*X*). Les formes fonctionnelles sont compatibles avec le postulat de Just et Pope qui constitue une interaction additive entre les fonctions de moyenne et de variance. Le modèle de base se présente sous une forme linéaire et il est spécifié comme suit :

$$\boldsymbol{Y_t = exp\ exp\left(\alpha_0 + \sum_{k=1}^{k} \alpha_k X_{kt}\right) + \alpha_t Trend + \varepsilon_t \sqrt{\beta_0 + \sum_{m=1}^{m} \beta_m X_{mt}}} \qquad \textbf{(4)}$$

Où $Y_t$ est la valeur de la production (agricole, de pêche ou d'élevage) de l'année $t$ ; $X_{kt}$ représente la quantité d'intrants du facteur $k$ sur l'année $t$ ; et $\alpha j$, où $j = 0,1, \ldots k$, sont les paramètres à estimer. $X_{mt}$ indique les facteurs susceptibles d'influencer le niveau de risque, et les $\beta_m$ sont les coefficients correspondants. Le terme $\varepsilon$ est la perturbation stochastique qui suit une loi normale (0, $\sigma$). La production espérée (fréquemment appelée production moyenne) et la variance de la production sont, pour ainsi dire, déterminées par des fonctions séparées ; lesquelles, algébriquement, sont décrites comme suit :

$$\boldsymbol{E(Y_t) = exp\ (\alpha_0 + \alpha_t Trend + \sum_{k=1}^{k} \alpha_k X_{kt})}$$

Et **(5)**

$$\boldsymbol{V(Y_t) = \beta_0 + \beta_t Trend + \sum_{m=1}^{m} \beta_m X_{mt}}$$

Un tel cadrage méthodologique nécessite que soit émise l'hypothèse que dans la fonction de production, le risque de production prend une forme hétéroscédastique. Le second terme de la somme située à droite de l'équation (4) peut, au regard de l'objectif de l'estimation, être interprété comme un terme d'erreur hétéroscédastique. La différence entre la forme linéaire et la forme Cobb Douglas tient du fait que les variables sont, pour ce qui est de la dernière des formes citées, mises en écriture logarithmique. La meilleure forme fonctionnelle pour chaque culture considérée dépend des résultats des tests de diagnostic, dont ceux de Wald, khi-deux, log-likelihood, Akaike Information Criteria (AIC) et Bayesian Information Criteria (BIC).

Les deux grandes méthodes souvent utilisées pour l'estimation de l'équation (5) sont : primo, la méthode des Moindres Carrées Généralisés (MCG), qui implique de suivre les trois étapes suggérées par Just et Pope (1979) ; et deuxio, la méthode du Maximum de Vraisemblance (MV). Dans le cadre de cette étude, nous allons utiliser la méthode des MCG, en raison de l'avantage qu'elle présente de corriger les problèmes de corrélation nulle, qui ne sont pris en compte ni par la méthode des moindres carrés ordinaires (ou méthode OLS, pour Ordinary Least Squares method dans la langue de Shakespeare) ni par celle du Maximum de Vraisemblance (Wooldridge, 2013 et 2009). Le modèle des MCG sera estimé à l'aide du logiciel *STATA 15.0*.

# RÉSULTATS ET DISCUSSION

## 1. Résultats de statistiques descriptives

Les statistiques descriptives des variables de l'étude sont contenues dans le tableau 2 ci-dessous. A l'analyse, les moyennes de production agricole céréalière et de production animale sur la période étudiée, sont respectivement estimées à 13,97 et 11,92. Elles enregistrent une faible dispersion autour de la valeur moyenne des observations (écart réduit entre le minimum et le maximum). Cependant, la production moyenne de poisson d'eau douce (estimée à environ 10,06) présente une forte dispersion (grand écart entre la production minimale et la production maximale). Sur la période étudiée, les précipitations moyennes annuelles représentent 4,88 au Cameroun. Le faible écart-type de cette variable traduit une dispersion tout aussi faible des observations autour de la valeur moyenne (faible écart entre le minimum et le maximum). Il en est de même pour les variables température moyenne annuelle et terre arable, dont les moyennes respectives sont de 3,21 et 15,57. L'aide publique au développement reçue, quant à elle, se situe en moyenne à 19,97% du PIB avec, sur la période étudiée, une faible disparité des observations autour de la moyenne.

**Tableau 2 :** *Présentation des statistiques descriptives*

| Variables | Obs | Moy | Std.dev | Min | Max |
|---|---|---|---|---|---|
| **- Variables dépendantes -** | | | | | |
| Lnprod_agri | 56 | 13,974 | 0,532 | 13,355 | 15,19 |
| Lnelevage | 56 | 11,924 | 0,509 | 11,044 | 12,639 |
| Lnpeche | 53 | 10,058 | 1,243 | 4,868 | 11,376 |
| **- Variables indépendantes -** | | | | | |
| Lnprecip | 55 | 4,88 | 0,07 | 4,7 | 5,026 |
| Lntemp | 55 | 3,208 | 0,014 | 3,177 | 3,237 |
| Lnrev | 56 | 7,094 | 0,191 | 6,771 | 7,513 |
| Lnapd | 56 | 19,967 | 0,642 | 17,925 | 21,324 |
| Lnpop_agri | 56 | 15,75 | 0,266 | 15,324 | 16,188 |
| Lnterre | 56 | 15,57 | 0,058 | 15,425 | 15,64 |

*Source : Auteur à partir des variables de WDI (2020) et FAOSTAT (2020).*

## 2. Résultats de l'analyse économétrique

En vue d'analyser la stationnarité des variables, nous avons utilisé les tests de Dickey-Fuller Augmenté (ADF) et de Philips-Perron (PP). Ceux-ci ont permis de vérifier la stationnarité des séries. Les résultats des calculs statistiques (test à niveau et test en différence première) sont présentés au tableau 3 ci-dessous.

**Tableau 3 :** *Analyse de la stationnarité des variables de l'étude*

| Variables | Test de Dickey Fuller | | Test de Philip-Peron | | conclusion |
|---|---|---|---|---|---|
| | A niveau | 1ère diff | A niveau | 1ère diff | |
| Lnprod_agri | -1.956 (0.6251) | -10.283 (0.000) | 1.417 (0.9972) | -11.168 (0.0000) | I(1) |
| Lnelevage | -1.755 (0.7261) | -7.480 (0.0000) | -1.338 (0.6116) | -7.492 (0.0000) | I(1) |
| Lnpeche | -3.627 (0.0277) | - | -3.647 (0.0261) | - | I(0) |
| Lnprecip | -7.223 (0.0000) | - | -7.281 (0.0000) | - | I(0) |
| Lntemp | -5.652 (0.0000) | - | -5.631 (0.0000) | - | I(0) |
| Lnrev | -1.220 | -5.357 | -1.483 | -5.410 | I(1) |

| | | | | | |
|---|---|---|---|---|---|
| | (0.9064) | (0.0000) | (0.5418) | (0.0000) | |
| lnapd | -3.667<br>(0.0046) | - | -3.702<br>(0.0041) | - | I(0) |
| Lnpop_agri | -1.273<br>(0.8945) | -5.906<br>(0.0000) | 0.357<br>(0.9798) | -2.163<br>(0.0021) | I(1) |
| lnterre | -2.977<br>(0.0371) | - | -3.105<br>(0.0262) | - | I(0) |

*Note : Les valeurs entre parenthèses sont les P-value et * (**) (***) indiquent que le coefficient évalué est significatif à 10%, 5% et 1% respectivement.*

De façon globale, les résultats font état de ce que, au seuil de 1%, toutes les variables sont stationnaires et à niveau ; exception faite des variables Lnprod_agri, Lnelevage, Lnrev et Lnpop_agri qui, au même seuil de 1%, sont stationnaires et en différence première. Autrement dit, tandis que les coefficients de certaines variables sont significatifs dans le test à niveau, traduisant par là leur intégration à l'ordre 0 [I(0)], d'autres, au contraire, ne le sont pas. Ce qui nous amène à procéder, pour chacune de ces variables non stationnaires à niveau, à un test de stationnarité en différence première. Les tests d'ADF et de PP à niveau et en différence première conduisent à la même conclusion. Les coefficients de ces variables étant significatifs, et les variables en question, intégrées à l'ordre 1 [I(1)], nous suspectons une relation de cointégration entre les différentes variables.

*2.1 Analyse de la régression sur la fonction de production moyenne*

Le tableau 4 infra montre les coefficients obtenus après estimation de la fonction de production moyenne des produits agricoles, de pêche et d'élevage, à la troisième étape du processus d'estimation de la fonction de production stochastique de Just et Pope (1978, 1979). Pour y parvenir, une transformation logarithmique préalable a été opérée sur les différentes fonctions de production.

L'analyse de la fonction de production des cultures agricoles camerounaises montre qu'elle est influencée positivement par les précipitations, le revenu par tête, et la main-d'œuvre agricole. L'interprétation des coefficients révèle qu'une augmentation de 1% de chacune des variables entraînera, toutes choses restant égales par ailleurs, un accroissement de la production agricole de 0,0219% ; 0,0739% ; et 0,0324%, respectivement. L'impact positif des précipitations peut s'expliquer par le fait qu'une bonne pluviométrie garantit les besoins en eau nécessaires à la croissance de la plante (Adams, 1989 ; Jones et *al.*, 1986). Ce résultat est conforme à celui de Guntukula et Goyari (2020) qui, sur la période 1956-2015, ont établi que les précipitations exercent un impact positif sur la fonction de production moyenne du riz, du coton, et de l'arachide dans la région du Telangana en Inde. La relation positive entre le revenu et la production agricole pourrait signifier qu'une augmentation du revenu accroît la capacité de financement dans l'agriculture ; ce qui serait, tres probablement, le moteur d'une hausse de la production (Yasmeen et *al.*, 2022). Pour ce qui est de l'impact positif de la main-d'œuvre sur la production agricole, ce résultat est conforme à celui de Molua (2008), qui trouve que l'augmentation de la main-d'œuvre accroît le rendement et le revenu net agricoles au Cameroun.

On observe, en outre, qu'en ce qui concerne les températures, elles ont un impact négatif sur la production agricole. En effet, une augmentation de 1% des températures entraîne, toutes choses restant égales par ailleurs, une réduction de la production agricole de 0,1103%. Et pour cause, de fortes températures engendrent les sécheresses et le développement d'épizooties, qui réduisent la production des cultures agricoles. Ce résultat est cohérent avec ceux obtenus par Julie et *al.* (2014), lesquels attestent que les températures ont une incidence négative sur la production agricole dans le département de Muyuka au Cameroun.

L'analyse de la fonction de production des poissons montre que les températures et l'aide publique au développement affectent négativement la production, tandis que le revenu par tête a un impact positif. En effet, de l'analyse des coefficients, il ressort qu'une augmentation de 1% des températures et de l'aide publique au développement conduit, toutes choses restant égales par ailleurs, à un accroissement de la production de poisson de 0,167% et 0,265%, respectivement. L'impact négatif des températures sur la pêche peut s'expliquer par le fait que l'augmentation des températures favorise la désoxygénation et l'acidification des eaux ; tous phénomènes qui ralentissent la croissance et la reproduction des poissons (Castaneda et *al.*, 2009 ; Do et Tran, 2012 ; Nguyen et *al.*, 2011). Ce résultat est conforme à celui trouvé par Barange et Perry (2009) et Beveridge et *al.* (2018), qui ont établi que la température affecte négativement la production mondiale de poisson. S'agissant du revenu, on observe qu'une augmentation de1% de cette variable entraîne un accroissement de 0,117% de la production de poisson.

L'analyse de la fonction de production animale révèle également que la production animale est influencée positivement par les précipitations et le revenu. Ce fait pourrait signifier qu'une augmentation des précipitations et des revenus de 1% appliquée à chacune de ces variables entraîne, toutes choses restant égales par ailleurs, une hausse de 0,1710 % et 0,2780% de la production animale, respectivement. On observe, en revanche, qu'une augmentation des températures engendrerait une réduction de la production animale. Cela peut tenir du fait que la hausse des températures est susceptible de provoquer des sécheresses, lesquelles vont réduire les pâturages, rendre difficile l'accès à l'eau, et finalement, causer le décès du bétail (Gashaw et *al.*, 2014 ; He et *al.*, 2015 ; Liu et *al.*, 2019 ; Zhang et *al.*, 2020). Ce résultat est conforme aux conclusions de Nardone et *al.* (2010) et Feng et *al.* (2021), qui laissent entendre que les changements climatiques impactent négativement, pour les premiers auteurs, la production animale mondiale ; et pour les seconds, la production animale chinoise.

**Tableau 4** : *Résultats de l'estimation de la production moyenne*

| | **Production agricole** | **Production poisson** | **Production animale** |
|---|---|---|---|
| Lnprecip | 0,0219*** | 0,0038 | 0,1710*** |
| | (0,0462) | (0,0267) | (0,0765) |
| Lntemp | -0,1103*** | -0,167*** | -0,432*** |
| | (0,0158) | (0,0254) | (0,084) |
| Lnrev | 0,0738*** | 0,117** | 0,2780*** |
| | (0,0111) | (0,020) | (0,0207) |
| Lnapd | 0,0141 | -0,265* | -0,0030 |
| | (0,0674) | (0,0022) | (0,0781) |
| Lnpop_agri | 0,0324** | -0,0436 | -0,0044 |
| | (0,0015) | (0,016) | (0,0691) |
| Lnterre | -0,0200 | -0,0750 | 0,0632 |
| | (0,000) | (0,081) | (0,0064) |
| Constante | 0,752*** | 0,057*** | 0,0051*** |
| | (0,010) | (0,0061) | (0,0030) |
| Observation | 55 | 53 | 55 |

*Note : Les valeurs entre parenthèses sont les erreurs robustes. * (**) (***) indiquent que le coefficient évalué est significatif à 10%, 5% et 1%, respectivement.*

*2.2. Analyse de la régression sur la variabilité des rendements*

Le tableau 5 présente les résultats de régression de la fonction de variance de la production, obtenus à partir de la deuxième étape du processus d'estimation de la fonction de production stochastique de Just et Pope (1978, 1979). Comme pour la fonction de rendement moyen, une transformation logarithmique préalable a été effectuée.

Trois principales conclusions peuvent être tirées de l'analyse des fonctions de variance. Premièrement, les températures et le revenu sont les deux principaux facteurs qui aggravent le risque de production dans les activités relatives à la culture des plantes, à la pêche et à l'élevage. Ceci signifie qu'une augmentation des variables y relatives peut conduire à accroître la variabilité des différentes productions. Deuxièmement, l'aide publique au développement, la main-d'œuvre agricole et la superficie des terres arables, réduisent les risques de production. Troisièmement, enfin, les précipitations affectent différemment les fonctions de variance de la production agricole et animale : en réduisant les risques pour ce qui est de l'activité agricole, et en les augmentant dans le cas de l'élevage des animaux.

**Tableau 5** : *Résultats de l'estimation de la fonction de variance*

| | **Production agricole** | **Production poisson** | **Production animale** |
|---|---|---|---|
| Lnprecip | -0,00204*** | -0,000148 | 0,00119*** |
| | (0,000416) | (0,000123) | (0,000154) |
| Lntemp | 0,0920*** | 0,126*** | 0,167*** |
| | (0,0142) | (0,00415) | (0,00280) |
| Lnrev | 0,0752*** | 0,0876*** | 0,125*** |
| | (0,0100) | (0,00311) | (0,00196) |
| Lnapd | -0,000131** | -0,000262*** | -0,000214*** |
| | (6,00e-05) | (4,67e-06) | (2,44e-06) |
| Lnpop_agri | -0,00354** | -0,00303*** | -0,00223*** |
| | (0,00140) | (0,000841) | (0,000376) |
| Lnterre | -0,00203*** | -0,00282*** | -0,00234*** |
| | (0,000398) | (0,000514) | (7,55e-05) |
| Constante | 0,0775*** | 0,0293*** | 0,0164*** |
| | (0,00376) | (0,00143) | (0,0218) |
| Observation | 55 | 53 | 55 |

*Note : Les valeurs entre parenthèses sont les erreurs robustes. * (**) (***) indiquent que le coefficient évalué est significatif à 10%, 5% et 1%, respectivement.*

*2.3. Analyse de la robustesse*

Afin d'analyser la robustesse des résultats de notre étude, nous avons utilisé l'indice d'anomalie standardisé des précipitations et des températures tel que construit par Ali et *al.* (2008). Traditionnellement, l'indice est calculé de la manière suivante :

$$AN_i = \frac{1}{N}\sum_{i=1}^{N}\frac{C_i-\underline{C_i}}{\sigma_i} \qquad (6)$$

Où $C_i$ représente la pluviométrie ou les températures de l'année i ; $\underline{C_i}$ la pluviométrie ou les températures moyennes interannuelles ; $\sigma_i$ l'écart-type de la série des cumuls saisonniers ; et N le nombre de stations. Cette méthode ne fait aucun cas des disparités d'échantillonnage spatial résultant de la distribution irrégulière des stations. Afin de minimiser l'effet de ces disparités, nous proposons ici une nouvelle manière de calculer l'indice :

$$AN_i = \frac{C_i-\underline{C_i}}{\sigma_i} \qquad (7)$$

L'équation (7) ci-dessus a été utilisée pour effectuer la transformation des séries précipitation et température, en indices d'anomalie des précipitations et des températures. Le profil d'évolution de ces indices d'anomalie des précipitations et des températures, sont présentés dans les graphiques 1 et 2 ci-dessous illustrés.

**Graphique 1 :** *Indice d'anomalie pluviométrique sur la période 1961-2015*

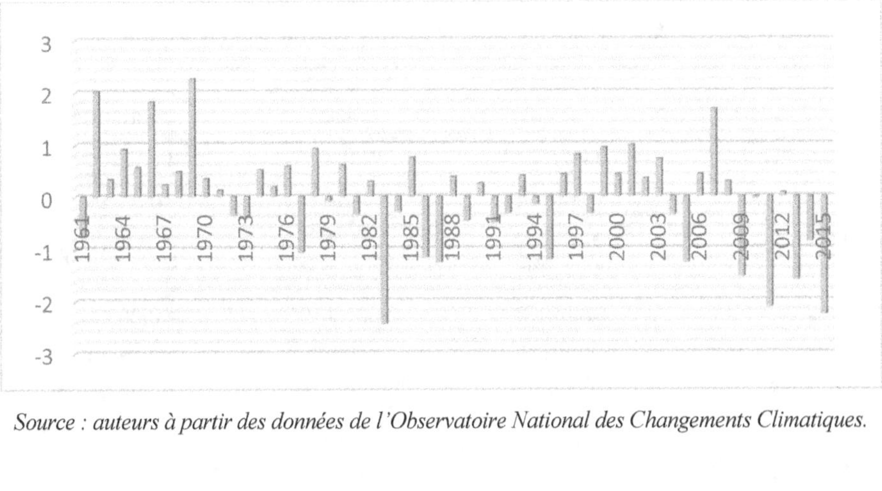


*Source : auteurs à partir des données de l'Observatoire National des Changements Climatiques.*

**Graphique 2 :** *Indice d'anomalie des températures sur la période 1961-2015*

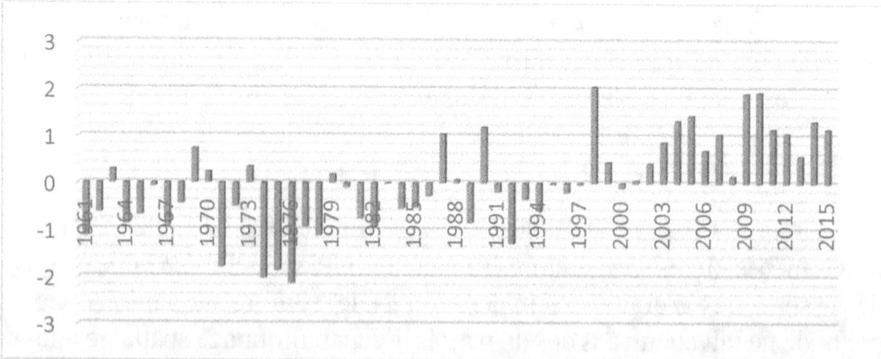


*Source : auteurs à partir des données de l'Observatoire National des Changements Climatiques.*

Les résultats de l'estimation de la fonction de production moyenne, obtenus après modification des variables précipitation (lnprecip) et température (lntemp) par les indices d'anomalie (LnANprecip et LnANtemp), sont présentés au tableau 6 ci-dessous.

L'interprétation des résultats conduit à faire le constat que l'indice d'anomalie des précipitations impacte positivement l'activité agricole et la production animale. L'analyse de l'indice d'anomalie des températures révèle, quant a elle, que celui-ci impacte négativement la culture des plantes et l'élevage. Ces résultats sont similaires à ceux relevés au tableau 4. Ce qui laisse sous-entendre que nos résultats sont robustes.

**Tableau 6 :** *Résultats de l'estimation de la production moyenne*

| | **Production agricole** | **Production poisson** | **Production animale** |
|---|---|---|---|
| LnAnprecip | 0,00253** | 0,00561 | 0,00301*** |
| | (0,00154) | (0,00267) | (0,00111) |
| LnAntemp | -0,128** | -0,580* | -0,217* |
| | (0,277) | (0,323) | (0,259) |
| Lnrev | -0,00155 | 0,0115** | 0,000202 |
| | (0,00158) | (0,00484) | (0,00539) |
| Lnapd | 0,00214* | 0,00837*** | 0,00912*** |
| | (0,00114) | (0,00312) | (0,00317) |
| Lnpop_agri | -0,678** | -0,744 | -1,140 |
| | (0,313) | (0,695) | (0,700) |
| Lnterre | 0,00645*** | 0,00766 | 0,0110 |

| | | | |
|---|---|---|---|
| | (0,00246) | (0,00882) | (0,00890) |
| constante | -0,00784** | -0,0239 | -0,00649** |
| | (0,00316) | (0,0148) | (0,00284) |
| Observation | 55 | 53 | 55 |

*Note : Les valeurs entre parenthèses sont les erreurs types robustes. * (**) (***) indiquent que le coefficient évalué est significatif à 10%, 5% et 1%, respectivement.*

*

* *

Cette étude a eu pour objet de mesurer les effets potentiels des changements climatiques sur, d'une part, la production des cultures agricoles, de pêche et d'élevage ; et d'autre part, la variabilité de cette production. Pour y parvenir, il a fallu exploiter le modèle de la fonction de production stochastique développée par Just et Pope (1978,1979). Nous avons pu ainsi déterminer l'impact des variabilités climatiques (températures et précipitations) sur la production moyenne annuelle agricole, piscicole et pastorale, pour la période allant de 1961 à 2015. Les résultats issus de l'estimation de la fonction de production moyenne montrent que les précipitations impactent positivement la production des cultures agricoles et animales. Mais, qu'en revanche, l'accroissement des températures influe négativement sur la production des cultures agricoles, la production de pêche, et celle d'élevage. Quand on s'intéresse maintenant aux résultats de la fonction de variance, ceux-ci établissent que les précipitations réduisent le risque de production pour les cultures agricoles et de pêche, tandis qu'elles abaissent ce risque pour l'élevage. Et qu'en parallèle, les températures augmentent le risque de production pour toutes les cultures (agricole, piscicole et pastorale).

Forts de tous ces résultats, nous sommes en mesure de formuler quelques orientations en matière de politique agricole. Grosso modo, nous recommandons aux décideurs de promouvoir la vulgarisation des informations climatiques auprès des agriculteurs, des pêcheurs et des éleveurs, afin que ces derniers puissent les intégrer dans leur prise de décision. De manière spécifique, concernant la vulnérabilité de la production des cultures agricoles, la solution préconisée consiste à améliorer les systèmes d'irrigation pour pallier au déficit hydrique des zones géographiques qui subissent les sécheresses. Il convient aussi de penser à mettre à la disposition des producteurs, des semences améliorées adaptées aux conditions climatiques des différentes régions. Pour ce qui est de la pêche, nous suggérons d'amplifier l'aquaculture, à travers la sélection et le développement d'espèces et souches tolérantes à des facteurs nocifs du milieu tels que la salinité, la température, la désoxygénation et l'acidité ; lesquels sont susceptibles de varier avec les changements climatiques. S'agissant de l'élevage, nous prônons la consolidation des structures d'élevage ; avec, en premier lieu, le renforcement de la lutte contre la prolifération des parasites et autres pathogènes sauvages, une des conséquences tangibles des changements climatiques ; et, en second lieu, la mise à disposition d'espèces plus résistantes aux conditions climatiques. ■

# RÉFÉRENCES


Adams J., and Bumb B. (1979), "Determinants of agricultural productivity in Rajasthan, India: The impact of inputs, technology, and context on land productivity." *Economic Development and Cultural Change*, vol. 27, n° 4, pp. 705-722.

Adams R.M. (1989), "Global climate change and agriculture: An economic perspective." *American Journal of Agricultural Economics*, vol. 71, n° 5, pp. 1272-1279.

Ahmad K., and Heng A.C.T. (2012), "Determinants of agriculture productivity growth in Pakistan." *International Research Journal of Finance and Economics*, vol. 95, n° 2, pp. 165-172.

Ajetomobi J., Ajakaiye O., and Gbadegesin A. (2015), "The potential impact of climate change on Nigerian agriculture." *AGRODEP working papers N°16*, International Food Policy Research Institute (IFPRI).

Ali A., T. Lebel et Amani A. (2008), « Signification et usage de l'indice pluviométrique au Sahel. » *Sécheresse*, vol. 19, n° 4, pp. 227-235.

Amougou J.A. (2018), « Situation des changements climatiques au Cameroun - Les éléments scientifiques, incidences, adaptation et vulnérabilité. » *Environmental law and policy in Cameroon - Towards Making Africa the Tree of Life*, 1st edition, Baden-Baden, Germany, Nomos Publishing House, pp. 687-712.

Awazi N.P., M.N. Tchamba, and Temgoua L.F. (2021), "Climate-Smart Practices of Smallholder Farmers in Cameroon Confronted with Climate Variability and Change: The Example of Agroforestry." *Agricultural Research*, vol. 10, pp. 83-96.

Babinszky L., V. Halas, and Verstegen M.W. (2011), "Impacts of climate change on animal production and quality of animal food products."

Chapters, In H. Kheradmand & J.A. Blanco (eds.), *Climate Change - Socioeconomic Effects*, Rijeka: InTech, pp. 165-190.

Banque Mondiale. (2007), *Rapport sur le développement dans le monde 2008 : L'agriculture au service du développement*, Washington D.C., USA, Banque Mondiale, ISBN: 978-0-8213-7299-9, 394p. [En ligne] researchgate.net, site internet consulté le 15 juin 2024.

Barange M., and Perry R.I. (2009), "Physical and ecological impacts of climate change relevant to marine and inland capture fisheries and aquaculture." In K. Cochrane, C. De Young, D. Soto, and T. Bahri (eds.), Climate change implications for fisheries and aquaculture: overview of current scientific knowledge, *FAO Fisheries and Aquaculture Technical Paper N° 530*, Rome, Italy, FAO, pp. 7-106.

Bele M.Y., A.M. Tiani, O.A. Somorin, and Sonwa D.J. (2013), "Exploring vulnerability and adaptation to climate change of communities in the forest zone of Cameroon." *Climatic Change*, vol. 119, n° 3, pp. 875-889.

Bello G.H.M., and Maman M.N.M. (2015), "A Ricardian analysis of the impact of temperature and rainfall variability on agriculture in Dosso and Maradi Regions of Niger Republic." *Agricultural Sciences*, vol. 6, n° 7, pp. 724-733.

Beveridge M.C.M., D. Soto, L.G. Ross, N. Handisyde, P.B. Bueno, L. Dabbadie, J. Aguilar-Manjarrez, J. Cai, and Pongthanapanich T. (2018), "Climate change and aquaculture: vulnerability and adaptation options." In M. Barange, T. Bahri, M.C.M Beveridge, K. L. Cochrane, S. Funge-Smith, F. Poulain (eds), *Impacts of climate change on fisheries and aquaculture: Synthesis of current knowledge, adaptation and mitigation options.* Rome, FAO, (FAO Fisheries and Aquaculture Technical Paper, 627), pp. 465-490.

Blanc E., and Reilly J. (2017), "Approaches to Assessing Climate Change Impacts on Agriculture: An Overview of the Debate." *Review of Environmental Economics and Policy*, vol. 11, n° 2, pp. 247-257.

Bodiguel L. (2005), « Evolution de la définition de l'agriculture pour une agriculture évoluée. » *Revue de l'Union européenne*, n° 490, pp. 456-466.

Boubacar I. (2012), "The effects of drought on crop yields and yield variability: An economic assessment." *International Journal of Economics and Finance*, vol. 4, n° 12, pp. 51-60.

Castaneda R., M. McGee, and Velasco M. (2009), "*Pangasius juveniles* tolerate moderate salinity in test." *Global Aquaculture Advocate*, vol. 3, pp. 27-28.

CSC (2013), *Climate change scenarios for the Congo basin. Final Report* [Haensler A., Jacob D., Kabat P., and Ludwig F. (Eds.)]. CSC Report N° 11, Hamburg, Germany, Climate Service Center. ISSN : 2192-4058. [Online] From csc-report11_optimized.pdf (climate-service-center.de), accessed May 3, 2024 at 7:09 p.m.

CSC et WUR (2013), « Rapport final de la Fiche d'information – hydrologie et Energie – Cameroun – Zones 1 (Extrême-Nord) et 2 (Nord, Sud, Est et Ouest). » *Scénarios des changements climatiques dans le bassin du Congo. Fiches d'information des pays*, 69p. [En ligne] sur le site internet fiches-dinformation_pdf_interactive.pdf (gerics.de), consulté le 3 mai 2024.

Deschênes O., and Greenstone M. (2007), "The Economic Impacts of Climate Change: Evidence from Agricultural Output and Random Fluctuations in Weather." *American Economic Review*, vol. 97, n° 1, pp. 354-385.

Do T.T.H., and Tran N.T.Q. (2012), "The effect of salinity on the embryonic development and osmoregulatory of the striped catfish (*Pangasianodon hypophthalmus*) larvae and fingerling stages." *Journal of Science*, vol. 21, pp. 29-37.

FAO (2016), *The state of world fisheries and aquaculture 2016. Contributing to food security and nutrition for all*. Rome, Italy, Food and Agriculture Organization of the United Nations (FAO), 200p. [Online] From The State of Food Security and Nutrition in the World 2020 (fao.org), accessed May 14, 2024 at 8:02 a.m.

FAO (2020), *World Food and Agriculture - Statistical Yearbook 2020*. Rome, Italy, Food and Agriculture Organization of the United Nations (FAO), 366p. [Online] From World Food and Agriculture - Statistical Yearbook 2020 (fao.org), accessed March 9, 2024 at 7:11 p.m.

FAO, IFAD, UNICEF, WFP, and WHO (2020), *The state of food security and nutrition in the world 2020. Transforming food systems for affordable healthy diets*. Rome, Italy, Food and Agriculture Organization of the United Nations (FAO), 320p. [Online] From The State of Food Security and Nutrition in the World 2020 (fao.org), accessed May 8, 2024 at 6:52 p.m.

Feng X., H. Qiu, J. Pan, and Tang J. (2021), "The impact of climate change on livestock production in pastoral areas of China." *Science of The Total Environment*, vol. 770. [Online] From https://doi.org/10.1016/j.scitotenv.2020.144838, accessed April 23, 2024 at 5:09 p.m.

Féres J.G., E.J. Reis, and Speranza J.S. (2008), "Assessing the impact of climate change on the brazilian agricultural sector." *Proceedings of the 16th Annual Conference*, Gothenburg, Sweden, European Association of Environmental and Resource Economists.

Gashaw T., A. Asresie, and Haylom M. (2014), "Climate change and livestock production in Ethiopia." *Advances in Life Science and Technology*, vol. 22, pp. 39-42.

Gaymard S., N. Kay, and Etoundi J.-C. (2015), "Climate change and beliefs in Cameroon: A qualitative study among farmers in the Equatorial and Sudano-sahelian zones." *Canadian Social Science*, vol. 11, n° 7, pp. 53-64.

Gbetibouo G.A., and Hassan R.M. (2005) "Measuring the Economic Impact of Climate Change on Major South African Field Crops: A Ricardian Approach." *Global and Planetary Change*, vol. 47, n° 2-4, pp. 143-152.

Grinsted A., J.C. Moore, and Jevrejeva S. (2010), "Reconstructing Sea level from paleo and projected températures 200 to 2100 AD." *Climate Dynamics*, vol. 34, pp. 461-472.

Gros P. (2014), « La pêche, une activité ancestrale en mutation. » *Cahiers Agricultures*, vol. 23, n° 1, pp. 4-17. [En ligne] https://doi.org/10.1684/agr.2014.0678, site internet consulté le 17 mai 2024.

Guntukula R., and Goyari P. (2020), "Climate change effects on the crop yield and its variability in Telangana, India.". *Studies in Microeconomics*, vol. 8, n° 1, pp. 119-148.

He C., J. Tian, B. Gao, and Zhao Y. (2015), "Differentiating climate and human-induced drivers of grassland degradation in the Liao River Basin, China." *Environmental Monitoring and Assessment*, vol. 187, pp. 1-14.

Howden S.M., S.J. Crimp, and Stokes C.J. (2008), "Climate change and Australian livestock systems: Impacts, research and policy issues." *Australian Journal of Experimental Agriculture*, vol. 48, n° 7, pp. 780-788.

Huong N.T.L., Y.S. Bo, and Fahad S. (2019), "Economic impact of climate change on agriculture using Ricardian approach: A case of Northwest Vietnam." *Journal of the Saudi Society of Agricultural Sciences*, vol. 18, n° 4, pp. 449-457.

INS (2015), *Quatrième enquête camerounaise auprès des ménages (ECAM 4) : Tendances, profil et déterminants de la pauvreté au Cameroun entre 2001-2014*, Yaoundé, Cameroun, Institut national de la statistique, 72p. [En ligne] Rapport _tendances-profil et détermiants pauvreté entre 2001 et 2014_Ecam4_version_du_25_janv_2016 DG (minsante.cm), site internet consulté le 26 mai 2024.

IPCC (2021), "Summary for Policymakers." In *Climate Change 2021: The Physical Science Basis. Contribution of Working Group I to the Sixth Assessment Report of the Intergovernmental Panel on Climate Change* [Masson-Delmotte V., P. Zhai, A. Pirani, S.L. Connors, C. Péan, S. Berger, N. Caud, Y. Chen, L. Goldfarb, M.I. Gomis, M. Huang, K. Leitzell, E. Lonnoy, J.B.R. Matthews, T.K. Maycock, T. Waterfield, O. Yelekçi, R. Yu, and B. Zhou (eds.)]. In Press.

IPCC (2014), *Climate Change 2014: Synthesis Report. Contribution of Working Groups I, II and III to the Fifth Assessment Report of the Intergovernmental Panel on Climate Change* [Core Writing Team, R.K. Pachauri, and L.A. Meyer (eds.)], Geneva, Switzerland, IPCC, 151p.

IPCC (2007), *Climate Change 2007 : Impacts, Adaptation and Vulnerability. Contribution of Working Group II to the Fourth Assessment Report of the Intergovernmental Panel on Climate Change* [Parry M.L., O.F. Canziani, J.P. Palutikof, P.J. van der

Linden, and C.E. Hanson, (eds.)], Cambridge, UK, Cambridge University Press, 976p.

Jawid A. (2020), "A Ricardian analysis of the economic impact of climate change on agriculture: Evidence from the farms in the central highlands of Afghanistan." *Journal of Asian Economics*, vol. 67. [Online] From https://doi.org/10.1016/j.asieco.2020.101177, accessed March 14, 2024 at 9:26 a.m.

Jones J.W., K.J. Boote, G. Hoogenboom, S.S. Jagtap, and Wilkerson G.G. (1989), "SOYGRO V5.42 : Soybean Crop Growth Simulation Model. User's Guide." *Florida Agricultural Experiment Station Journal*, n° 8304, 84p. [Online] From PNABU265.pdf (usaid.gov), accessed April 13, 2024 at 2:57 p.m.

Jones C.A., J.R. Kiniry, et al. (1986), *CERES-Maize: A Simulation Model of Maize Growth and Development*, College Station, Texas, USA, Texas A & M University Press, 198p. ISBN: 0-89096-269-3. Available [Online] From ars.usda.gov/ARSUserFiles/30980500/CERES-Maize_Book.pdf, accessed April 13, 2024 at 2:15 p.m.

Julie D.N., I. Manu, M.J. Bime, O.F. Tabi, and Defang, H.F. (2014), "Impact of climate change on crop production and development of Muyuka subdivision – Cameroon." *International Journal of Agriculture, Forestery and Fisheries*, vol. 2, n° 2, pp. 40-45.

Just R.E., and Pope R.D. (1979), "Production function estimation and related risk considerations." *American Journal of Agricultural Economics*, vol. 61, n° 2, pp. 276-284.

Just R.E., and Pope R.D. (1978), "Stochastic specification of production functions and economic implications." *Journal of Econometrics*, vol. 7, n° 1, pp. 67-86.

Kabubo-Mariara J. (2008), "Climate change adaptation and livestock activity choices in Kenya: An economic analysis." *Natural Resources Forum*, vol. 32, n° 2, pp. 131-141.

Karl T.R., J.M. Melillo, and Peterson T.C. (2009), *Global climate change impacts in the United States*, New York, USA, Cambridge University Press, 196p. ISBN: 978-0-521-14407-0. [Online] From Global Climate Change Impacts in the United States. (nrc.gov), accessed July 8, 2024 at 7:08 p.m.

Keeling R.F., A. Körtzinger, and Gruber N. (2010), "Ocean deoxygenation in a warming world." *Annual Review of Marine Science*, vol. 2, n° 1, pp. 199-229.

Koirala A., and Bhandari P. (2019), "Impact of climate change on livestock production." *Nepalese Veterianary journal*, vol. 36, pp. 178-183.

Kurukulasuriya P., and Mendelshon R. (2007a), "A Ricardian Analysis of the Impact of Climate Change on African Cropland." *World Bank Policy Research Working Paper N°WPS 4305*, Washington D.C., USA, The World Bank, 62p. [Online] From the web site A Ricardian Analysis of the Impact of Climate Change on African Cropland by Pradeep Kurukulasuriya, Robert O. Mendelsohn :: SSRN, accessed April 17, 2024 at 6:55 p.m.

Kurukulasuriya P., and Mendelsohn R. (2007b), "Endogenous irrigation: The impact of climate change on farmers in Africa." *World Bank Policy Research Working Paper N°WPS 4278*, Washington D.C., USA, The World Bank, 25p. [Online] From the web site World Bank Document, accessed April 7, 2024 at 3:47 p.m.

Lazard J. (2017), « Les systèmes aquacoles face au changement climatique. » *Cahiers Agricultures*, vol. 26, n° 3, article 34001. [En ligne] https://doi.org/10.1051/cagri/2017018, site internet consulté le 25 mars 2024.

Liu Y., Q. Wang, Z. Zhang, L. Tong, Z. Wang, and Li J. (2019), "Grassland dynamics in responses to climate variation and human activities in china from 2000 to 2013." *Science of the total Environment*, vol. 690, pp. 27-39.

Lòpez-i-Gelats F. (2014), "Impact of climate change on food availability: Livestock." In Freedman B. (ed.), *Global Environmental Change. Handbook of Global Environmental Pollution*, vol. 1, Springer, Dordrecht. [Online] From https://doi.org/10.1007/978-94-007-5784-4_118, accessed May 30, 2024 at 6:43 p.m.

Maddison D. (2000), "A hedonic analysis of agriculture land prices in England and Wales." *European Review of Agricultural Economics*, vol. 27, n° 4, pp. 519-532.

Masson T., and Fritsche I. (2021), "We need climate change mitigation and climate change mitigation needs the 'we': A state-of-the-art review of social identity effects motivating climate change action." *Current Opinion in Behavioral Sciences*, vol. 42, pp. 89-96.

McLeman R., and Smit B. (2006), « Changement climatique, migrations et sécurité. » *Les cahiers de la sécurité*, vol. 63, n° 4, pp. 95-120.

Mendelsohn R. (2009), "The impact of climate change on agriculture in Developing countries." *Journal of Natural Resources Policy Research*, vol. 1, n° 1, pp. 5-19. [Online] From the web site https://doi.org/10.1080/19390450802495882, accessed March 19, 2024 at 6:35 p.m.

Mendelsohn R., W.D. Nordhaus, and Shaw D. (1994), "The Impact of Global Warming on Agriculture: A Ricardian Analysis." *The American Economic Review*, vol. 4, n° 84, pp. 753-771.

MINEPIA (2011), Document *de stratégie du sous-secteur de l'élevage, des pêches et des industries animales*, Yaoundé, Cameroun, Ministère de l'Elevage, des Pêches et des Industries Animales, 125 p. [En ligne] sur le site internet stratégie (fao.org), consulté le 16 mai 2024.

Mohammed E.Y., and Uraguchi Z.B. (2013), "Impact of climate change on fisheries: Implications for food security in sub-saharan Africa." In : Munir A. Hanjra (ed.), *Global Food Security*, Nova Science Publishers, Inc., ISBN: 978-1-62618-192-2, pp. 113-135. [Online] From the web site G03625.pdf (iied.org), accessed April 23, 2024 at 9:15 a.m.

Molua E.L. (2008), "Turning up the heat on African agriculture: The impact of climate change on Cameroon's agriculture." *African Journal of Agricultural and Resource Economics,* vol. 2, n° 1, pp. 45-64.

Molua E.L. (2002), "Climate variability, vulnerability and effectiveness of farm-level adaptation options: The challenges and implications for food security in Southwestern Cameroon." *Environment and Development Economics*, vol. 7, n° 3, pp. 529-545. [Online] From the web site https://doi.org/10.1017/S1355770X02000311, accessed June 29, 2024 at 7:32 p.m.

Mpabe B.M.J. (2022), "Climate change, cotton prices and production in Cameroon." *The European Journal of Development Research*, vol. 34, n° 1, pp. 22-50.

Nardone A., B. Ronchi, N. Lacetera, M.S. Ranieri, and Bernabucci U. (2010), "Effects of climate changes on animal production and sustainability of livestock systems." *Livestock Sciences*, vol. 130, n° 1-3, pp. 57-69.

Nguyen C.L., T.T.H. Do, V.N.S. Huong, and Nguyen T.P. (2011), "Physiological Changes and Growth of the Striped Catfish (*Pangasianodon hypophthalmus*) Exposed to Different Salinities." *Journal of Science*, vol. 17, pp. 60-69.

Ochou F. et Quirion P. (2022), « Impact du changement climatique sur l'agriculture : une quantification du biais de prix dans les approches économétriques. » *Revue économique*, vol. 72, n° 1, pp. 43-67.

ONACC (2019a), *Pluviométrie et température dans la région de l'Est Cameroun : une analyse de l'évolution de 1950 à 2015 et projections jusqu'à l'horizon 2090*. Observatoire National sur les Changements Climatiques, 128p. [En ligne] sur le site internet Profil_clim_Est.pdf (who.int), consulté le 18 avril 2024.

ONACC (2019b), *Pluviométrie et température dans la région du Centre Cameroun : une analyse de l'évolution de 1950 à 2015 et projections jusqu'à l'horizon 2090*, Observatoire National sur les Changements Climatiques, 132p. Disponible [En ligne] sur le site internet Profil_climatique_R_Centre.pdf (who.int), consulté le 18 avril 2024.

ONACC (2019c), *Pluviométrie et température dans la région du Sud Cameroun : une analyse de l'évolution de 1950 à 2015 et projections jusqu'à l'horizon 2090*, Observatoire National sur les Changements Climatiques, 161p. Disponible [En ligne] sur le site internet Profil_climatique_Région_du_Sud_cor.pdf (who.int), consulté le 18 avril 2024.

ONACC (2019d), *Pluviométrie et température dans la région de l'Ouest Cameroun : une analyse de l'évolution de 1950 à 2015 et projections jusqu'à l'horizon 2090*, Observatoire National sur les Changements Climatiques, 148p. Disponible [En ligne] sur le site internet Profil_Pluviométrie_et_Température_Ouest.pdf (who.int), consulté le 18 avril 2024.

ONACC (2018), *Pluviométrie et température dans la région de l'Extrême-Nord Cameroun : une analyse de l'évolution de 1950 à 2015 et projections jusqu'à l'horizon 2090*, Observatoire National sur les Changements Climatiques, 130p. Disponible [En ligne] sur le site internet Microsoft Word - Rapport_ONACC -07-11-2018 (who.int), consulté le 18 avril 2024.

Ouedraogo M. (2012), « Impact des changements climatiques sur les revenus agricoles au Burkina Faso. » *Journal of Agriculture and Environnment for International Development (JAEID)*, vol. 106, n° 1, pp. 3-21.

PARM (2017), *Cameroun. Evaluation des risques agricoles. Rapport Final – avril 2017*, Platform for Agricultural Risk Management, 138 p. [En ligne] PARM_Cameroon_Risk-Assessment-Study_web_FR.pdf (p4arm.org), site web consulté le 27 mai 2024.

PNACC (2015), *Plan National d'Adaptation aux Changements Climatiques du Cameroun*, Yaoundé, Cameroun, Ministère de l'Environnement, de la Protection de la Nature et du Développement Durable (MINEPDED), 154p. [En ligne] sur le site web Cmr192040.pdf (fao.org), consulté le 2 avril 2024.

Rivera-Ferre M.G., F. Lòpez-i-Gelats, M. Howden, P. Smith, J.F. Morton, and Herrero M. (2016), "Re-framing the climate change debate in the livestock sector: Mitigation and adaptation options." *Wiley Interdisciplinary Reviews: Climate Change*, vol. 7, n° 6, pp. 869-892.

Rojas-Downing M.M., A.P. Nejadhashemi, T. Harrigan, and Woznicki S.A. (2017), "Climate change and livestock: Impacts, adaptation, and mitigation." *Ckimate Risk Management*, vol. 16, pp. 145-163.

Saei M., H. Mohammadi, S. Ziaee, and Barkhordari S. (2019), "The Impact of Climate Change on Grain Yield and Yield Variability in Iran." *Iran Economic Review*, vol. 23, n° 2, pp. 509-531.

Seibel B.A. (2011), "Critical oxygen levels and metabolic suppression in oceanic oxygen minimum zones." *Journal of Experimental Biology*, vol. 214, n° 2, pp. 326-336.

Seo S.N.N., R. Mendelsohn, and Munasinghe M. (2005), "Climate Change and Agriculture in Sri Lanka : A Ricardian Valuation." *Environment and development Economics*, vol. 10, n° 5, 581-596.

Smit B., D. McNabb, and Smithers J. (1996), "Agricultural Adaptation to Climatic Variation." *Climatic Change*, vol. 33, n° 1, pp. 7-29.

Thackeray S.J., T.H. Sparks, M. Frederiksen, S. Burthe, P.J. Bacon, and Bell J.R. (2010), "Trophic level asynchrony in rates of phenological change for marine, freshwater and terrestrial environments." *Global Change Biology*, vol. 16, n° 12, pp. 3304-3313.

Tigchelaar M., D.S. Battisti, R.L. Naylor, and Ray D.K. (2018), "Future Warming Increases Probability of Globaly Synchronised Maize Production Shocks." *Proceedings of the National Academy of Sciences*, vol. 115, n° 26, pp. 6644-6649.

Tingem M., M. Rivington, G. Bellocchi, S. Azam-Ali, and Colls J. (2008), "Effects of climate change on crop production in Cameroon." *Climatic Research*, vol. 36, n° 1, pp. 65-77.

Wang Z., J. Chang, S. Peng, S. Piao, P. Ciais, and Betts R. (2019), "Changes in productivity and Carbon storage of grasslands in China under future global warming scenarios of 1,5°C and 2°C." *Journal of Plant Ecology*, vol. 12, n° 5, pp. 804-814.

WDI (2020), *World Development Indicators / DataBank*, World Bank Group. [Online] From the web site World Development Indicators | DataBank (worldbank.org), accessed May 16, 2024 at 2:54 p.m.

Weber M., and Hauer G. (2003), "A regional analysis of climate change impacts on Canadian agriculture." *Canadian Public Policy - Analyse de politiques*, vol. 29, n° 2, pp. 163-180.

Witt R., and Waibel H. (2009), "Climate risk and farming system in rural Cameroon." *Discussion Contribution* N° 423, School of Economics and Management, Hannover, Germany, Leibniz University of Hannover. [Online] From the web site https://hdl.handle.net/10419/37117, accessed March 5, 2024 at 8:49 a.m.

Wooldridge J.M. (2013 & 2009), *Introductory Econometrics: A Modern Approach*, 5th edition, Mason, OHIO (OH), USA, South-Western, Cengage Learning, 910p. [Online] From the web site Introductory Econometrics: A Modern Approach (cbpbu.ac.in), accessed March 30, 2024 at 12:45 a.m.

World Bank Group (2021), *World Bank Group climate change action plan 2021-2025: Supporting Green, Resilient, and inclusive Development.* Washington D.C., USA, The World Bank Group, 61p. [Online] From World Bank Group Climate Change Action Plan 2021–2025: Supporting Green, Resilient, and Inclusive Development - World | ReliefWeb, accessed July 24, 2024 at 11:26 a.m.

Wreford A., and Topp C.F. (2020), "Impacts of climate change on livestock and possible adaptations: A case study of the United Kingdom." *Agricultural Systems*, vol. 178. [Online] From https://doi.org/10.1016/j.agsy.2019.102737, accessed June 7, 2024 at 6:14 p.m.

Yasmeen R., R. Tao, W.U.H. Shah, I.U.H. Padda, and Tang C. (2022), "The nexuses between carbon emissions, agriculture production efficiency, research and development, and goverment effectiveness: Evidences from major agriculture-producing countries." *Environmental Science and Pollution Research*, vol. 29, n° 34, pp. 52133-52146.

Zhang Y., H. Meng, and Ta N. (2020), "The transfer of the right to grassland contractual management in pastoral areas and its impact on pastoralists' livelihoods: Take the pastoral areas in Inner Mongolia for example." *Prataculturral Science*, vol. 27, pp. 130-135.

Zhou W., H. Yang, L. Huang, C. Chen, X. Lin, Z. Hu, and Li J. (2017), "Grassland degradation remote sensing monitoring and driving factors quantitative assessment in China from 1982 to 2010." *Ecological Indicators*, vol. 83, pp. 303-313.

Zouabi O. (2012), « Changement climatique, agriculture et croissance économique : une modélisation VAR. » *MPRA Paper N° 61072*, Munich, Germany, University Library of Munich, 19p. [Online] From MPRA_paper_61072.pdf (uni-muenchen.de), accessed March 25, 2024 at 9:37 a.m.

# DEUXIÈME PARTIE

# OUVERTURE COMMERCIALE, CROISSANCE ÉCONOMIQUE ET ENVIRONNEMENT

## *Politique environnementale et croissance économique en Afrique Sub-saharienne.*

Par

***MONDJELI MWA NDJOKOU ITCHOKO MOTANDE*** • *Faculté des Sciences Economiques et de Gestion, Université de Yaoundé 2*

motande@yahoo.fr

***Suzanne Clarisse Edwige HYOBA*** • *Faculté des Sciences Economiques et de Gestion, Université de Yaoundé 2*

hyobasuzanne@yahoo.fr

**RÉSUMÉ :**

Les études empiriques qui ont traité de l'incidence, dans le temps, des politiques environnementales sur la croissance économique, sont très rares. L'objectif de cet article est de déterminer l'impact des politiques environnementales sur la croissance économique de 26 pays d'Afrique Sub-saharienne (ASS), sur la période 1980-2018. En utilisant les méthodes Pool Mean Group (PMG), Mean Group (MG) et Dynamic Fixed Effect (DFE) proposées par Pesaran et *al.* (1999), nous constatons que, en ASS, l'impact des politiques environnementales (notamment la taxe relative aux ressources naturelles non renouvelables) sur la croissance économique est significatif et positif, aussi bien à court qu'à long terme. En fait, plutôt que de la contraindre, les politiques environnementales contribuent à la croissance économique en ASS.

**MOTS CLÉS :** politiques environnementales, croissance économique, taxe environnementale.

**CODE JEL :** H23, O44, Q50.

## *Environmental policy and economic growth in Sub-Saharan Africa.*

***ABSTRACT :***

*Empirical studies that have dealt with the impact of environmental policies on economic growth over time are very rare. The objective of this paper is to determine the effect of environmental policies on the economic growth of 26 Sub-Saharan African countries over the period 1980-2018. Using the Pool Mean Group (PMG), Mean Group (MG) and Dynamic Fixed Effect (DFE) methods proposed by Pesaran et al. (1999), we find that in SSA, the impact of environmental policies (including the tax on non-renewable natural resources) on economic growth is significant and positive, both in the short and long term.*

*In fact, rather than constraining it, environmental policies contribute to economic growth in SSA.*

***KEYWORDS:*** *Environmental policies, economic growth, environmental tax.*

***JEL CODE:*** *H23, O44, Q50.*

En Afrique Sub-saharienne (ASS), le taux de croissance annuel du PIB a diminué durant les deux dernières décennies. Etant en moyenne de 6% entre 2002 et 2007, il a connu une baisse au lendemain de la crise de 2007-2008. Et malgré l'euphorie observée entre 2010 et 2013 (5% du PIB), le taux de croissance économique de l'ASS a considérablement faibli après 2014 ; passant à 2% en moyenne, c'est-à-dire bien en dessous de l'objectif de croissance économique de 5% fixé par les pays de la région. Ce ralentissement de la croissance économique coïncide avec l'engagement des pays d'ASS à allier croissance économique et exigences de protection de l'environnement ; une posture toute nouvelle qui, comme pour de nombreux autres pays dans le monde, est initiée par leur adhésion aux Objectifs de Développement Durable (ODD). Lors de la Conférence des Partis tenue à Paris en 2015 (COP21), l'ASS s'est aussi engagée à réduire ses émissions de gaz à effet de serre (GES) dues, entre autres, à la déforestation et à la dégradation des forêts. Ces accords internationaux en faveur de l'environnement ont motivé l'adoption par ces pays, de politiques environnementales volontaristes.

Selon Stavropoulos et *al*. (2018), les politiques environnementales sont, en référence à l'économie réglementaire, définies comme étant un ensemble de règles générales et d'actions spécifiques appliquées par les agences administratives, pour contrôler la pollution et gérer les ressources naturelles. Elles sont élaborées dans le but de protéger l'environnement et d'internaliser les externalités, notamment par des interventions directes et indirectes. Les politiques environnementales sont évaluées au travers de trois catégories d'instruments. Les premiers sont des instruments économiques ou de prix, dont *la taxe sur l'exhaustion des ressources naturelles et les subventions* (Costanza, 1991). Les seconds sont des instruments de commande et de contrôle, encore appelés instruments non-économiques (Cropper et Oates, 1992) ; ils comprennent *les normes, les autorisations, les interdictions et les législations environnementales*. Enfin, la troisième catégorie d'instruments est celle dite des instruments de quantité, lesquels intègrent *les permis d'émissions négociables, les systèmes de remboursement des consignes et les accords environnementaux volontaires* (Wiener, 1999). L'appel à cette dernière catégorie d'instruments se justifie par la présence de coûts (ou d'économies) externes[22] qui ne débouchent pas sur un emploi optimal des ressources.

Les politiques environnementales sont présentées dans certains travaux (Yuan et *al.*, 2017 ; Stavropoulos et *al.*, 2018) comme le moyen de préserver l'environnement ; mais aussi, de garantir la croissance économique sur le long terme. Elles viennent ainsi sauvegarder le facteur capital naturel pour, in fine, pérenniser la production.[23] Toutefois, le recul du taux de croissance économique observé en ASS depuis l'année 2015, ne semble pas corroborer les conclusions de ces travaux. En effet, compte tenu de leur niveau technologique, de leur force capitalistique et de leur capital humain assez limités, les pays d'ASS disposent comme option première, d'implanter des industries fortement polluantes ; avec comme conséquences, d'énormes coûts environnementaux (Stavropoulos et *al.*, 2018). Le contrôle de la pollution étant une activité très onéreuse en termes de capital financier investi,[24] dans un tel contexte, les politiques environnementales agiraient comme de véritables goulots d'étranglement financier. Elles imposeraient alors des coûts supplémentaires de production, sur des éléments qui, autrement, auraient été gratuits (Palmer et *al.*, 1995 ; Ambec et *al.*, 2013). Il s'ensuivrait, inévitablement, un ralentissement de la croissance économique tel qu'observé en ASS.

A partir des données statistiques sur l'évolution de la croissance économique en ASS, on peut vérifier les conclusions de Resnick et *al.* (2012) selon lesquelles, les politiques environnementales réduisent la croissance économique. Certains auteurs (Annicchiarico et Di Dio, 2015 ; Schubert, 2017) notent toutefois que cet effet, pour négatif qu'il soit, est uniquement observé à court terme. Puisqu'à long terme, le renouvellement

[22] Selon Michaud (1983 : 8) : « il y a économies (ou coûts) externes chaque fois que la production ou la consommation de biens ou de services a une influence sur la situation d'autres personnes sans que ceci soit reflété par la structure de prix. Ainsi la décision d'un individu peut affecter le bien-être d'un autre individu n'ayant pas pris part à cette décision. »

[23] Selon l'approche « par capitaux légués » choisie par le Québec pour mesurer le caractère durable de son développement, toute société possède des richesses qui, une fois transformées en biens et services, permettent de répondre aux besoins de ses membres. Ces richesses sont composées des stocks d'actifs de cinq grands types de capitaux : humain, social, produit, financier et naturel. Le capital naturel, lui, est constitué des ressources naturelles (stocks de matières premières), des terres (espaces multifonctionnels) et des écosystèmes (ISQ, 2021).

[24] Dont le coût est élevé en ASS et bon marché dans les pays développés, du fait de son abondance (Walter et Ugelow, 1979).

du stock de capital consécutif à la politique environnementale, améliore plutôt la productivité des facteurs tels que le capital naturel et le capital humain[25] (Wang et *al.* 2016 ; Xie et *al.* 2018). La production croît et, par conséquent, la croissance économique aussi. Le potentiel de production d'une situation *win-win* (gagnant-gagnant)[26] compense ainsi la perte de production consécutive à la politique environnementale observée à court terme (Boyd et *al.*, 2002).[27] L'effet négatif que semble avoir les politiques environnementales sur la croissance économique en ASS, peut donc être considéré de court terme. Et c'est de là qu'a émergé l'idée d'une relation en forme de « U » entre politique environnementale et croissance économique (Stavropoulos et *al.*, 2018). Plusieurs travaux (Jaffe et *al.*, 1995 ; Zivin et Neidell, 2012 ; Banque Mondiale, 2012) remettent cependant en cause l'existence d'une telle relation.

Selon une certaine littérature, le rapport entre politiques environnementales et croissance économique ne change pas, aussi bien à court qu'à long terme. En effet, en contribuant à la réduction des conséquences néfastes tenant de la pollution de l'air et de l'eau sur la santé, les politiques environnementales améliorent à court terme la productivité du facteur travail (Zivin et Neidell, 2012), et réduit les coûts d'investissements liés à la purification de l'eau (Jaffe et *al.*, 1995). Ces améliorations, qui découlent de la mise en oeuvre de pratiques plus vertueuses sur le plan environnemental, dopent mécaniquement la croissance économique à court terme. Pour Fankhauser et Tol (2005), en revanche, les politiques environnementales ont davantage une incidence négative sur la croissance économique qui n'est pas compensée. Picazo-Tadeo et *al.* (2005) montrent par exemple que, s'agissant de l'Espagne, lorsque l'élimination des eaux industrielles est gratuite, la production augmente de 7%, tout comme la croissance économique. Mais lorsqu'elle est facturée, la production diminue de 2,2%. Ce qui se traduit aussi par une réduction de la croissance économique. Le recul du taux de croissance en ASS peut donc persister sur le long terme. A notre connaissance, aucune étude n'a encore été menée dans le but de déterminer l'impact que peuvent

[25] Il s'agit d'éviter les pertes en vies humaines ou les maladies dues à la pollution de l'air et de l'eau (avantage pour le capital humain) ; et d'empêcher la dégradation de la qualité des sols et des eaux qui, elle, naîtrait du lessivage de l'azote que ceux-ci renferment (avantage pour le capital naturel).

[26] Le changement de technologie conduit à la hausse de la productivité et à la protection de l'environnement.

[27] Stern (2008) relève l'importance des politiques environnementales en étalissant que les pertes annuelles dues à l'absence de celles-ci peuvent aller jusqu'à atteindre 7% du PIB total.

avoir dans le temps, des pratiques environnementales vertueuses sur la croissance économique en ASS.

L'objectif de cet article est de mesurer l'incidence, dans le temps, des politiques environnementales sur la croissance économique en ASS. En effet, lier la question du développement économique à celle de la protection de l'environnement dans les pays d'ASS reste un défi crucial tant pour les gouvernements, que pour les organismes internationaux. Car, s'il est établi que les pays d'ASS doivent respecter leurs engagements en matière de sauvegarde de l'environnement, ils ont impérieusement besoin d'une croissance économique forte et soutenue dans le temps, pour atteindre le développement. Et, étant donné que la croissance économique est essentielle pour le développement, il s'avère important d'analyser la possibilité de mettre en corrélation les impératifs de croissance économique et les préoccupations environnementales en ASS. Aussi, nous situant dans le prolongement des travaux dédiés à la croissance verte (Pearce, 1994 ; Zao et Yang, 2017 ; Hille et *al*., 2019), et utilisant comme estimateurs empiriques les Pool Mean Group (PMG) de Pesaran et *al*. (1999) et les Dynamic fixed effect (DFE), analysons-nous l'effet des politiques environnementales sur la croissance économique. Les estimateurs choisis devraient pouvoir nous donner la mesure de l'effet, à court et à long terme, des politiques environnementales sur la croissance économique en ASS. Ils permettront ainsi d'affermir l'idée selon laquelle la protection de l'environnement est génératrice de bénéfices que mentionnent largement les travaux de Kim et *al*. (2020) et Wang et *al*. (2016).

Cet article obéit, dès à présent, à la structuration suivante : la première partie revient sur la littérature traitant du lien entre politiques environnementales et croissance économique. La deuxième et la troisième partie sont consacrées au cadre méthodologique de l'estimation et aux résultats empiriques. Quant à la quatrième et dernière partie, elle décline les conclusions et discussions relatives aux résultats de l'étude.

# REVUE DE LA LITTÉRATURE

Le débat sur la pertinence des politiques environnementales dans l'accroissement de la productivité porte principalement sur l'harmonie ou l'antagonisme qui existe entre les objectifs de préservation des ressources naturelles et des services environnementaux, et ceux de croissance économique (Annicchiarico et Di Dio, 2015). La littérature appréhende ainsi l'intérêt des politiques vertes pour la croissance économique ; intérêt évalué en termes de coûts et de bénéfices. En effet, dans de nombreux travaux (Christainsen et Haveman 1981, ; Gollop et Roberts, 1983) les politiques environnementales sont souvent considérées comme l'une des principales sources de ralentissement de la productivité. Et pour cause, elles génèreraient des coûts qui sont loin d'être compensés par les bénéfices engendrés.

Les méthodes d'internalisation des effets externes négatifs dus aux activités humaines, donnent lieu à des coûts additionnels imposés aux firmes ; lesquels sont traditionnellement considérés comme étant susceptibles d'altérer la productivité et la compétitivité de celles-ci (performance économique). Pour sûr, la compétitivité des firmes est affectée ; car, l'action anthropique aidant, leurs décisions d'investissement deviennent frileuses ; ce qui provoque une réduction des quantités d'inputs, voire de l'ensemble technologique nécessaires à la production. Résultat, des coûts additionnels s'imposent aux producteurs (Ambec et *al.* 2013, Dechezleprêtre et Sato 2017), qui assistent à l'étiolement, au moins à court terme, de leurs profits et rendements productifs. Les politiques environnementales sont donc vues comme autant de nuisances pour la rentabilité des entreprises, l'extension de la productivité, et le PIB (Koźluk et Zipperer, 2015). Cette vision est cependant relativisée depuis les travaux de Porter (1991), d'où il ressort que les mêmes politiques garantissent une croissance économique de long terme ; puisqu'elles conduisent les entreprises à innover et à améliorer leur productivité.

Porter (1991) démontre en effet que si la dégradation de l'environnement conduit à une perte de ressources et, par conséquent, à la diminution des rendements, une réduction de cette perte améliore la productivité. Bien plus, les instruments de régulation environnementale adaptés (c'est- à-dire bien conçus) vont amener les entreprises à innover ; ce qui augmente la productivité, et par ricochet, la rentabilité économique. Les bénéfices engrangés compensent les coûts générés par la mise en œuvre de telles politiques. Ce raisonnement rejoint l'idée développée par Hicks (1963) selon laquelle lorsque le prix relatif d'un facteur de production augmente, l'innovation est stimulée, et les dépenses liées à l'utilisation dudit facteur sont réduites.

L'analyse de Porter a cependant fait l'objet de critiques portant, en général, sur son caractère « *free-lunch* ». Pour de nombreux auteurs, à l'instar de Palmer et *al.* (1995), s'il existait des opportunités en termes de productivité, elles auraient déjà été exploitées par les entreprises. En outre, rien ne justifie, selon eux, que le politique soit plus averti que les entreprises sur l'existence de cette stratégie *win-win* (gagnant-gagnant)[28]. Porter et Van der Linde (1995) apportent des explications en évoquant les défaillances du marché (asymétries d'information) et l'inertie des organisations qui, toutes, empêchent les entreprises de prendre certains risques ou de poser certaines actions aux gains non prévisibles. Les politiques environnementales ont donc pour finalité de contraindre les entreprises à surmonter les défaillances du marché et à réaliser des investissements jadis négligés.

Tanaka et *al.* (2014) trouvent que les politiques environnementales améliorent les performances des industries. Elles créent des contraintes qui induisent un changement de technologie ou induisent des innovations au sein des firmes existantes ; ce qui booste la productivité des firmes. Ils notent par ailleurs que dans les pays en développement (PED), les industries ont tendance à utiliser des technologies basses pour la production. Or, ces dernières sont souvent très polluantes et peu productives. Dans un tel contexte, un changement de technologie peut permettre de moderniser les industries et d'augmenter leur efficience. Les politiques environnementales créent, de surcroît, une dynamique de sélection avec, à l'entrée, des industries productives (compétitives) ; et à la sortie, des industries qui le sont moins. Ces conclusions sont quelque peu minimisées par Abdullah et Morley (2014). Et pour cause, selon ces auteurs, il n'y a aucune certitude quant aux effets des politiques environnementales sur la croissance économique, dans la mesure où certains pays sont mieux outillés (ou plus aptes) que d'autres à combler les coûts générés par celles-ci.

De Santis et *al.* (2021), quant à eux, arrivent à la conclusion que les politiques environnementales, en augmentant la productivité des entreprises des pays de l'OCDE, contribuent favorablement à la croissance économique. Ce résultat est remis en cause par Kamana (2021), qui établit que la productivité des entreprises est négativement affectée par les politiques environnementales ; autrement dit, que ces dernières oeuvrent à la décroissance économique.

# CADRE MÉTHODOLOGIQUE

Cette section est dévolue, d'une part, à la présentation du modèle économique utilisé pour déterminer l'effet des politiques

[28] Elle est ainsi désignée parce qu'elle contribue à améliorer la qualité de l'environnement et à augmenter la productivité des entreprises.

environnementales sur la croissance économique en ASS ; et d'autre part, aux données et à l'analyse statistique des variables.

**1. Modèle économique**

Suivant Mankiw et *al.* (1992), Islam (1995) et Bassanini et Scarpetta (2002) nous retenons l'équation de croissance augmentée dérivée de la fonction de production à rendement d'échelle constant de Cobb-Douglas donnée par la relation :

$$\Delta \ln y(t) = a_0 - \phi \ln y_{t-1} + a_1 \ln sk_t + a_2 \ln h_t + a_3 t + \sum_j a_{j+3} \ln X_j + b_1 \Delta \ln sk_t + b_2 \Delta \ln h_t + \sum_j b_{j+2} \Delta \ln X_j \quad \textbf{(1)}$$

Où ***y(t)*** est le niveau de production par tête à la période (***gdpperca***) ***t*** ; $\phi$ le paramètre de convergence ; $sk_t$ le taux d'investissement physique ; $h_t$ le capital humain ; et $X_j$ le vecteur des variables qui affectent l'efficience économique ; cette dernière dépendant des politiques économiques et des institutions. Les données utilisées pour l'estimation de cette équation étant annuelles, les variations de la production contiennent des composantes cycliques dont nous contrôlons les fluctuations annuelles à travers la spécification d'une dynamique de court terme. Celle-ci inclut des différences premières sur les facteurs de croissance. L'équation de croissance augmentée peut ainsi être réécrite comme le modèle à correction d'erreur (MCE) suivant :

$$\Delta \ln y_{i,t} = -\phi_i \left[ \ln y_{i,t-1} - \theta_1 \ln sk_{i,t} - \theta_2 \ln h_{i,t} - \theta_3 t - \theta_{0,i} - \theta_4 \ln taxrn_{i,t} - \sum_{j=5}^{m} \theta_j \ln X_{i,t}^j \right] + b_{1,i} \Delta \ln sk_{i,t} + b_{2,i} \Delta \ln h_{i,t} + b_{3,i} \Delta \ln taxrn_{i,t} + \sum_{j=4}^{m} b_{j,i} \Delta \ln X_{i,t}^j + \varepsilon_{i,t} \quad \textbf{(2)}$$

Où $\varepsilon_{i,t}$ représente le terme d'erreur ; $\theta_j$ les coefficients de l'évolution à long terme ; $b_{j,i}$ les coefficients de l'évolution à court terme relatif à chaque pays ; $\theta_{0,i}$ le paramètre qui capte la spécificité pays ; et *taxrn* la variable de politique environnementale. Selon Mankiw et *al.* (1992) et Cellini (1997), les coefficients de long terme sont donnés par $\theta_s = a_s / \phi_i$.

Lorsque $\phi_i$ est négatif et significatif, cela traduit l'existence d'une relation de long terme entre les variables explicatives et la variable dépendante. A cause des différences numériques énormes qu'il y a entre certaines variables indépendantes, nous prenons les logarithmes de *taxrn*, sk, *x_m* et *fdi*. A la suite de Ndambendia et Njoupouognigni (2010) et Stavropoulos et *al.* (2018), nous évaluons l'équation **(2)** au moyen des estimateurs Pool Mean Group (PMG), Mean Group (MG) et Dynamic Fixed Effects de Pesaran et *al.* (1999). Ce choix méthodologique tient de l'hypothèse de Porter (1991), ainsi que de celle de Porter et Van der Linde (1995). Pour ces auteurs, la conformité à la politique environnementale génère des coûts à court terme, que l'apprentissage de la nouvelle technologie et sa diffusion permettent de compenser à long terme ; véhiculant ainsi l'idée de l'existence d'une relation en forme de « U » entre les politiques environnementales et la croissance économique.

L'estimateur PMG oblige que les coefficients de long terme soient identiques à ceux du MCE. Il permet, par ailleurs, d'introduire des sous-groupes de restriction d'homogénéité à long terme ; et d'éviter d'imposer dans le modèle dynamique, une homogénéité non valide aux paramètres, celle-ci étant susceptible de conduire à sous-estimer la vitesse d'ajustement. La particularité de l'estimateur DFE est qu'à l'instar du PMG, il contraint aussi les coefficients de long terme à être identiques à ceux du MCE. L'estimateur en question autorise, cependant, des particularités d'effets individuels entre les pays. Tout comme Castro (2011) l'aura fait en son temps, les variables de politiques économiques sont retardées lors de l'estimation, ceci pour mieux appréhender leur effet à long terme sur la croissance économique ; et expliquer les délais dans le report des données économiques. Dans cette régression, les tests de dépendance en coupe transversale, CD de Pesaran (2007) et CIPS de Chudik et Pesaran (2015), sont réalisés.

**2. Les données**

Les données annuelles utilisées pour l'estimation de l'équation **(2)** couvrent la période 1980-2018, et portent sur un échantillon de 26 pays d'ASS dans lesquels la taxe environnementale est appliquée. Ces chiffres sont extraits de la base de données du *World Development Indicator* (WDI, 2020), du Penn World Table 9.1 (PWT 9.1), et du Variety Democracy 9 (V.dem). La variable dépendante ($\Delta \ln y$) figure le taux d'accroissement du PIB réel par tête. La littérature[29] économique sur la croissance considère le taux d'accumulation du capital physique et du capital humain, comme les principaux déterminants du niveau de l'output réel par tête. Outre ces déterminants, Bassanini et Scarpetta (2001) considèrent que les facteurs macroéconomiques tels que les politiques économiques et les institutions ($X^j$ : efficience économique) sont d'une grande importance dans l'analyse de la croissance. Il s'agit, notamment, des investissements, de l'ouverture commerciale, et de la qualité des institutions.

Selon Bassanini et Scarpetta (2002), le niveau d'investissement affecte l'output et la croissance à moyen terme, et ce, durant le cycle économique. Ses effets émanent de la constitution des dépenses publiques et privées, et de leurs sources de financement. Le logarithme du ratio de la formation brute de capital fixe par rapport au PIB (sk) est ainsi utilisé comme indicateur des dépenses d'investissement. Cette variable agit positivement sur la croissance économique si les dépenses publiques d'investissement sont orientées vers les secteurs productifs ; et négativement, dans le cas contraire. L'indice du capital humain (*hci*) est utilisé comme proxy d'accumulation du capital humain.

En accord avec Lanoie et *al*. (2008) et Albrizio et *al*. (2017), les gains issus de l'échange et l'exposition à la compétition internationale sont également intégrés au modèle. Ces auteurs considèrent les facteurs évoqués, comme ayant des effets non négligeables sur la croissance économique. Ainsi, la variable gains issus de l'échange que capte l'ouverture commerciale (x_m) est, à prix constant, le logarithme du ratio des exportations sur les importations. Plus la part des exportations sur les importations croît (signe positif), plus le PIB réel par tête augmente. A la suite de Ndambendia et Njoupouognigni (2010), nous ajoutons comme autre facteur déterminant de la croissance économique, les investissements directs étrangers (*fdi*). Selon ces chercheurs, l'effet de cette variable sur la croissance économique est, en ASS, fonction de la spécification du modèle.

Un autre facteur macroéconomique influenceur de la croissance économique est introduit dans le modèle : il s'agit de la politique environnementale. En effet, il est clair que les réformes liées à la protection de l'environnement impactent les décisions d'investissement[30] ; ce qui a des répercussions sur la croissance économique. Dans cet article, la

[29] Barro et Sala-i-Martin (1992), Mankiw *et al.* (1992) et Islam (1995).

[30] Pollin et *al.* (2008) et Hallegatte et *al.* (2012).

variable retenue pour la mesure de la politique environnementale, est la taxe sur les ressources naturelles non renouvelables ( $taxrnr$ ) extraite de la base de données de Mansour (2014). Le choix porté sur cet instrument de politique environnementale tient du fait que non seulement l'extraction des ressources naturelles non renouvelables est l'une des activités les plus polluantes en ASS (Sissoko et *al.*, 2011), mais les ressources issues de cette activité représentent aussi une part importante du PIB réel par tête de la région. Ainsi, une taxe imposée sur les ressources naturelles non renouvelables, bien que susceptible d'améliorer la qualité de l'environnement (réduire la déforestation et la dégradation des sols, par exemple), génère des coûts qui sont répercutés sur l'ensemble de l'économie.

En nous inspirant des travaux de Bratton et Van de Walle (1994), nous appréhendons la qualité des institutions par le régime *néo-patrimonial* (*v2x_neopat*). Comprise entre 0 et 1, lorsque la valeur de la variable est très proche de 1 cela traduit une mauvaise qualité des institutions. Le concept néo-patrimonial fait référence à des systèmes politiques où, en lieu et place des « bureaucraties juridiques rationnelles », ou des institutions étatiques formelles aveugles aux liens sociaux traditionnels, les relations politiques informelles telles que le favoritisme, le clientélisme et les réseaux sociaux fondés sur l'identité, façonnent l'allocation des ressources par l'Etat. Il définit donc l'orientation des investissements (privés et publics) dans les secteurs productifs de l'économie, mais aussi dans la recherche et le développement.

### 3. Analyse statistique

Dans cette sous-section, nous analysons ce que les données révèlent, d'un point de vue statistique, sur la relation entre la croissance économique et les politiques environnementales en ASS. Le tableau 1 présente les statistiques descriptives relatives aux différentes variables utilisées dans le modèle. Il montre que le régime néo-patrimonial est dominant en ASS. Par conséquent, dans cette sous-région de l'Afrique, ce sont davantage les politiques informelles qui stucturent et orientent l'allocation des ressources. Ceci peut expliquer le niveau peu élevé de la moyenne du capital humain tel qu'observé dans les pays d'ASS.

**Tableau 1.** *Description statistique des variables*

| Variables | Moyenne | Maximum | Minimum | Ecart-Type | Observations |
|---|---|---|---|---|---|
| *gdpperca* | 1,935 | 2,246 | 1,677 | 0,135 | 1014 |
| *taxrnr* | 3,912 | 9,375 | -8,121 | 3,067 | 1014 |
| *sk* | 2,857 | 4,532 | -1,228 | 0,502 | 1014 |
| *fdi* | 1,9 | 49,997 | -28,624 | 3,864 | 1014 |
| *hci* | -1,019 | 0,066 | -4,26 | 0,764 | 1014 |
| *v2x_neopat* | 0,596 | 0,979 | 0,12 | 0,218 | 1014 |
| *x_m* | 4,338 | 5,644 | 2,274 | 0,433 | 1014 |

Le tableau 2 affiche la corrélation entre les variables retenues pour l'estimation. A l'exception de la variable de mesure de la politique environnementale qui semble ne pas être corrélée avec le taux d'accroissement de la production par tête, toutes les autres variables sont corrélées. Les investissements en capital physique et en capital humain, les investissements directs étrangers et l'ouverture commerciale expliquent, respectivement, le taux de croissance de 41,3%, 11,3%, 55,9% et 69,4%. Ces quatre facteurs semblent contribuer positivement à la croissance économique en ASS. A contrario, le régime néo-patrimonial est un facteur qui, lui, favorise la réduction de la croissance économique en ASS.

**Tableau 2.** *Corrélation des variables*

| | *gdpperca* | *taxrnr* | *sk* | *fdi* | *hci* | *v2x_neopat* | *x_m* |
|---|---|---|---|---|---|---|---|
| *gdpperca* | 1 | | | | | | |
| *taxrnr* | -0,014 | 1 | | | | | |
| *sk* | 0,413* | 0,175* | 1 | | | | |
| *fdi* | 0,113* | 0,154* | 0,166* | 1 | | | |
| *hci* | 0,559* | 0,002 | 0,18* | 0,202* | 1 | | |
| *v2x_neopat* | -0,238* | 0,107* | -0,124* | 0,017 | -0,104* | 1 | |
| *x_m* | 0,694* | -0,035 | 0,225* | 0,068* | 0,415* | 0,055 | 1 |

*Note: * désigne la significativité au seuil de 5%.*

# RÉSULTATS ET DISCUSSION

Dans cette section, nous présentons en premier lieu l'analyse des propriétés des données ; et en second, celle qui se rapporte à l'effet des politiques environnementales sur la croissance économique en ASS.

## 1. Résultat de l'analyse des propriétés des données

Afin d'éviter toute régression fallacieuse, nous procédons à l'analyse des propriétés des données. C'est ainsi que les tests CD de Pesaran (2021) et CIPS de Chudik et Pesaran (2015) sont réalisés, pour déterminer la présence de dépendance en coupe transversale pour les pays de l'échantillon. En effet, du fait de la nature des variables macroéconomiques et des données de panel (valeurs relativement faibles de N et de T), il y a de plus en plus de chance que la dépendance transversale prévale. Par conséquent, les tests de racine unitaire de deuxième génération (Pesaran, 2007) sont plus appropriés que ceux de première génération (Im et *al.*, 2003). Toutefois, pour prévenir l'apparition de résultats trompeurs dans cette étude, nous effectuons les deux générations de test.

**Tableau 3.** *Tests de dépendance transversale de Pesaran (2004) et Chudik et Pesaran (2015)*

| Variables | CD-TEST | CIPS-TEST |
|---|---|---|
| gdpperca | 16,78* (0,000) | 111,109* (0,000) |
| x_m | 7,15* (0,000) | 107,835* (0,000) |
| hci | 102,53* (0,000) | 107,188* (0,000) |
| taxrnr | 103,61* (0,000) | 79,257* (0,000) |
| sk | 6,81* (0,000) | 108,972* (0,000) |
| v2x_neopat | 11,08* (0,000) | 107,251* (0,000) |
| fdi | 27,89* (0,000) | 59,935* (0,000) |

*, **, *** *représentent la significativité à 1%, 5% et 10%. Les valeurs entre parenthèse les p_value.*

Les résultats du CD-test et du CIPS-test présentés au tableau 3 révèlent l'existence d'une forte dépendance en coupe transversale entre les pays de l'échantillon. Ce qui nous conduit au choix d'un test de racine unitaire de seconde génération. Cependant, dans l'optique d'éviter des résultats trompeurs, sont réalisées dans la présente étude, les deux générations de test.

A cet effet, le test de stationnarité de première génération IPS de Im et *al.* (2003) dont l'hypothèse nulle porte sur la non-stationnarité des variables, est effectué sur l'ensemble des variables du modèle. Du fait des valeurs relativement faibles de N et de T, nous privilégions le test de racine unitaire de deuxième génération de Pesaran (2007). Les tableaux 4 et 5 donnent les résultats de ces deux tests de stationnarité. La plupart de nos variables sont stationnaires à niveau (I(0)). Seules les variables taux d'accroissement du PIB réel par tête (gdpperca) et taxe environnementale (taxrnr) sont intégrées d'ordre 1 (I(1)). Suivant le test IPS de Im et *al.* (2003), la variable de mesure de la qualité des institutions est rendue stationnaire après différentiation de premier ordre. Ce qui révèle la sensibilité de nos variables.

**Tableau 4.** *Résultats du test de stationnarité IPS*

| | ***gdpperca*** | ***sk*** | ***fdi*** | ***hci*** | ***v2x_neopat*** | ***x_m*** | ***taxrnr*** |
|---|---|---|---|---|---|---|---|
| **P-value** | 0,999 | 0,000 | 0,000 | 0,000 | 0,79 | 0,000 | 1,000 |
| *En différence première* | | | | | | | |
| **P-value** | 0,000 | - | - | - | 0,000 | - | 0,000 |

**Tableau 5.** *Test de racine unitaire de Pesaran (2007) - CIPS*

| **Variables** | En niveau | | | | En différence première | | | |
|---|---|---|---|---|---|---|---|---|
| | **1** | **2** | **3** | **I (0)** | **1** | **2** | **3** | **I (1)** |
| **gdpperca** | -1,543* | -1,683* | -2,572* | non | -4,771* | -5,061* | -5,251* | **oui** |
| **x_m** | -2,214 * | -2,415* | -3,058* | **oui** | | | | |
| **hci** | -2,333* | -2,096*** | -1,879 | **oui** | | | | |
| **taxrnr** | -1,398* | -1,411* | -1,581 | non | -4,734* | -4,800 * | -5,284 | **oui** |
| **sk** | -2,564* | -2,857* | -3,161* | **oui** | | | | |
| **fdi** | -3,776* | -4,116 * | -4,114* | **oui** | | | | |
| ***v2x_neopat*** | -1,553* | -2,139* | -2,448* | **oui** | | | | |

*, **, *** *désignent, respectivement, la significativité à 1%, 5% et 10%.* ***1*, *2* et *3*** *dénotent respectivement l'hypothèse nulle de racine unitaire sans trend ni constante, avec constante sans trend, et avec constante et trend.*

## 2. Résultats des effets des politiques environnementales sur la croissance en ASS

En tenant compte de la littérature, nous procédons à l'estimation de l'effet des politiques environnementales sur la croissance économique des pays d'ASS. Les résultats du PMG, du MG et du DFE sont présentés au tableau 6 ci-dessous. La différence entre les modèles PMG et MG est acceptée par le test de Hausman. Ce dernier rejette les estimateurs PMG et conduit ainsi à déterminer la différence entre les modèles MG et DFE. Le test de Hausman conduit également au rejet des estimateurs MG. Les estimateurs DFE sont donc les plus consistants. Aussi, analysons-nous uniquement les résultats de l'estimation DFE.

Les résultats concernant les déterminants traditionnels de la croissance économique sont également présentés au tableau 6. Le coefficient de convergence ($\phi$) est statistiquement significatif et négatif. La convergence de la production par habitant dans les pays d'ASS se fait à un rythme annuel d'environ 6,7%. Ce qui signifie que chaque année, le taux d'accroissement du PIB par tête d'une économie couvre environ 6,7% de sa distance par rapport au régime permanent.

**Tableau 6.** *Résultats des Pool Mean Group, Mean Group et dynamic fixed effects panel data estimation*

| **D.gdpperca** | **PMG** | **MG** | **DFE** |
|---|---|---|---|
| *Coefficients de long terme* | | | |
| | -0,031** | -0,322*** | -0,067*** |
| $\phi$ | (0,014) | (0,035) | (0,001) |
| | 0,019*** | 0,012* | 0,011*** |
| ***taxrnr*** | (0,003) | (0,006) | (0,002) |
| | 0,061*** | 0,018** | 0,051*** |
| ***sk*** | (0,014) | (0,009) | (0,011) |
| | 0,004** | 0,002 | 0,000 |
| ***fdi*** | (0,002) | (0,001) | (0,001) |
| | -0,143*** | 0,032 | 0,028* |
| ***hci*** | (0,024) | (0,042) | (0,015) |
| | -0,598*** | -0,049 | -0,13*** |
| ***v2x_neopat*** | (0,09) | (0,046) | (0,039) |

| | | | |
|---|---|---|---|
| *x_m* | -0,029*<br>(0,017) | 0,005<br>(0,008) | 0,033*<br>(0,017) |
| *Coefficient de court terme* | | | |
| ***taxrnr*** | 0,009***<br>(0,002) | 0,005**<br>(0,002) | 0,008***<br>(0,001) |
| ***sk*** | 0,001<br>(0,002) | -0,000<br>(0,002) | 0,001<br>(0,001) |
| ***fdi*** | -0,000<br>(0,000) | -0,000*<br>(0,001) | -0,000<br>(0,000) |
| ***hci*** | -0,042<br>(0,003) | 0,078<br>(0,007) | 0,039**<br>(0,015) |
| ***v2x_neopat*** | -0,005<br>(0,007) | -0,001<br>(0,007) | -0,008<br>(0,005) |
| ***x_m*** | -0,002<br>(0,001) | -0,003**<br>(0,001) | 0,004***<br>(0,001) |
| **Nombre d'observations** | | **988** | |
| **Nombre de groupe** | | **26** | |
| **Log Likelihood** | | **3946,819** | |

*Note: ***, **, * représentent la significativité à 1 %, 5 % et 10 %, respectivement.*

Les résultats révèlent, en outre, des gains liés à la taxe sur les ressources naturelles non renouvelables à long et à court termes. En effet, cette taxe contribue à la croissance économique en ASS en augmentant la production par habitant de 1,1% à long terme ; et de 0,8% à court terme. Ce résultat étant contraire à celui que nous renvoie les statistiques, il permet de réfuter l'hypothèse d'une relation en U entre la taxe environnementale et la croissance économique en ASS. Il s'oppose de même aux conclusions de Stavropoulos et *al.* (2018), mais est en phase avec les études menées par Tanaka et *al.* (2014) et Zivin et Neidell (2012). Une explication à cet impact positif observé autant à court qu'à long terme (lequel s'avère somme toute bénéfique pour la croissance), réside dans les avantages/co-avantages qu'offre la politique environnementale (Wang et *al.*, 2016 ; Xie et *al.*, 2018 ; Kim et *al.*, 2020).

La taxe sur les ressources non renouvelables conduit aussi à la réduction de la pollution atmosphérique. L'amélioration de la qualité de l'air qui en découle, et partant, de la santé humaine, présente des avantages (bénéfices) en termes d'accroissement de la qualité du capital humain. C'est donc la preuve que les économies de coûts[31] réalisées suite à l'adoption des politiques environnementales (Kim et *al.*, 2020 ; Xie et *al.*, 2018) augmentent la productivité du facteur travail. Ce qui a pour conséquence de booster la croissance économique en ASS.

Le résultat de l'estimation s'explique tout autant par l'aspect modernisation qui accompagne la taxe environnementale. Dans les PED, force est néanmoins de constater que les industries ont tendance à utiliser des technologies basses pour la production ; lesquelles sont le plus souvent très polluantes et peu productives (Tanaka et *al.*, 2014). Or, les politiques environnementales créent des contraintes censées initier un changement de technologie ou l'innovation au sein des firmes existantes. Deux résultats sont alors susceptibles d'apparaître : un résultat de « réduction » (downsizing effect) de l'appareil productivé, et un de « modernisation » (modernization effect) dudit appareil (Xepapadeas et De Zeeuw, 1999).[32] La modernisation augmente la productivité du stock de capital et compense les pertes subies.[33]

Les coefficients relatifs au capital physique et humain présentent les signes attendus (positifs) et sont significatifs. Ces résultats montrent qu'en ASS, il faut plus de temps aux investissements en capital physique, qu'il n'en faut aux investissements en capital humain, pour agir réellement sur la croissance économique. Une augmentation des investissements physiques a un effet positif sur la production par habitant, uniquement à long terme (0,5%). Le capital humain augmente la production par habitant de 3,9% à court terme ; et de 2,8% à long terme. Les résultats mettent également en exergue des gains liés à l'échange et à l'ouverture commerciale, tant à long qu'à court terme. En effet, le signe du coefficient de l'ouverture commerciale ($x\_m$) est positif et significatif à court et à long termes. Ce qui indique que plus la proportion des exportations sur les importations croît, plus le PIB réel par tête augmente. Le régime néo-

---

[31] Baisse des dépenses de santé et hausse du temps de travail.

[32] L'expression « *Downsizing effect* » se rapporte à la réduction du stock total de capital ; et celle « *modernization effect* », à la réduction de l'âge moyen du stock de capital.

[33] L'ajout d'un nouveau capital au capital déjà existant, sans toutefois le réduire, diminue les coûts de renouvellement du stock de capital, tout en augmentant la taille de l'industrie. Ce qui a pour effet non seulement d'accroître la productivité et de baisser les émissions polluantes, mais aussi de minimiser les pertes de profits liées à l'acquisition de nouvelles machines (Xepapadeas et De Zeeuw, 1999).

patrimonial (*v2x_neopat*) n'a d'effet qu'à long terme sur le taux d'accroissement de la production par tête. Il le réduit de 13%, confirmant ainsi les analyses statistiques. La prééminence en ASS d'un régime politique qui favorise les relations politiques informelles telles que le favoritisme, le clientélisme et les réseaux sociaux fondés sur l'identité, constitue donc une source de réduction de la croissance économique.

*

* *

L'objectif de cet article était d'évaluer l'effet, dans le temps, des politiques environnementales (l'imposition d'une taxe sur les ressources naturelles non renouvelables, par exemple) sur la croissance économique ; la finalité étant de déterminer la nature de la relation qui existe entre les politiques environnementales (à l'instar de la taxe mentionnée) et la croissance. Les résultats des estimations montrent que la taxe sur les ressources naturelles non renouvelables a une incidence positive à court et à long terme sur la croissance économique des pays d'ASS. Elle contribue de ce fait à la croissance économique de la région.

La principale conclusion qui découle de ce résultat est que cet instrument de politique environnementale contraint les entreprises à surmonter l'inertie organisationnelle et à innover. La mise en œuvre d'une telle politique de sauvegarde de l'environnement crée donc des opportunités en termes de productivité. Les entreprises adoptent, pour les besoins de la cause, des technologies de production moins polluantes, mais aussi plus productives. Ce qui accroît la productivité du stock de capital physique. La politique environnementale agit également sur le capital humain, en réduisant les risques de maladie dus, notamment, à la pollution environnementale. Ces avantages au profit du capital physique et/ou humain, sont autant de gains de productivité qui favorisent la croissance économique en ASS. ■

# RÉFÉRENCES


Abdullah S., and Morley B. (2014), "Environmental taxes and economic growth: Evidence from panel causality tests." *Energy Economics*, vol. 42, pp. 27-33.

Albrizio S., T. Kozluk, and Zipperer V. (2017), "Environmental policies and productivity growth: Evidence across industries and firms." *Journal of Environmental Economics and Management*, vol. 81, pp. 209-226.

Ambec S., M.A Cohen, S. Elgie, and Lanoie P. (2013), "The porter hypothesis at 20: Can environmental regulation enhance innovation and competitiveness?" *Review of Environmental Economics and Policy*, vol. 7, n° 1, pp. 2-22.

Annicchiarico B., and Di Dio F. (2015), "Environmental policy and macroeconomic dynamics in a new Keynesian model." *Journal of Environmental Economics and Management*, vol. 69, pp. 1-21.

Banque Mondiale (2012), *Inclusive Green Growth: The Pathway to Sustainable Development,* Work paper N° 69125, Washington D.C., USA, The World Bank, 192p. ISBN: 978-0-8213-9551-6.

Bassanini A., and Scarpetta S. (2002), "The driving forces of economic growth: panel data evidence for the OECD countries." *OECD Economic Studies*, vol. 2001, n° 2, pp. 9-56.

Barro R.J., and Sala-i-Martin X. (1992), "Convergence." *Journal of Political Economy*, vol. 100, n° 2, pp. 223-251.

Boyd G.A., G. Tolley, and Pang J. (2002), "Plant level productivity, efficiency, and environmental performance of the container glass industry." *Environmental and Resource Economics*, vol. 23, pp. 29-43.

Bratton M., and Van de Walle N. (1994), "Neopatrimonial regimes and political transitions in Africa." *World Politics*, vol. 46, n° 4, pp. 453-489.

Castro V. (2011), "The impact of the European Union fiscal rules on economic growth." *Journal of Macroeconomics*, vol. 33, n° 2, pp. 313-326.

Cellini R. (1997), "Implications of Solow's growth model in the presence of a stochastic steady state." Journal of Macroeconomics, vol. 19, n° 1, pp. 135-153.

Christainsen G.B., and Haveman R.H. (1981), "Public Regulations and the Slowdown in Productivity Growth." *The American Economic Review*, vol. 71, n° 2, pp. 320-325.

Chudik A., and Pesaran M.H. (2015), "Common Correlated Effects Estimation of Heterogeneous Dynamic Panel Data Models with Weakly Exogenous Regressors." *Journal of Econometrics*, vol. 188, n° 2, pp. 393-420.

Coase R.H. (1960), "The Problem of Social Cost." *The Journal of Law and Economics*, vol. 3, pp. 1-44.

Costanza R. (1991), "Ecological Economics: A Research Agenda." *Structural Change and Economic Dynamics*, vol. 2, no 2, pp. 335-357.

Cropper M.-L., and Oates W.E. (1992), "Environmental Economics: A Survey." *Journal of Economic Literature*, vol. 30, no 2, p. 675-740.

Dales J.H. (1968), *Pollution, Property and Prices: An Essay in Policy-making and Economics*. Toronto, Canada, University of Toronto Press, 111p.

De Santis R., P. Esposito, and Lasinio C.J. (2021), "Environmental regulation and productivity growth: Main policy challenges." *International Economics*, vol. 165, pp. 264-277.

Dechezleprêtre A., and Sato M. (2017), "The impacts of environmental regulations on competitiveness." *Review of Environmental Economics and Policy*, vol. 11, n° 2, pp. 183-206.

Fankhauser S., and Tol R.S.J. (2005), "On climate change and economic growth." *Resource and Energy Economics*, vol. 27, n° 1, pp. 1-17.

Gollop F.M., and Roberts M.J. (1983), "Environmental Regulations and Productivity Growth: The Case of Fossil-fueled Electric Power Generation." *Journal of Political Economy*, vol. 91, n° 4, pp. 654-674.

Hallegatte S., G. Heal, M. Fay, and Treguer D. (2012), "From growth to green growth - A frame work." *NBER Working Paper Series, N° WP17841*, Cambridge, Massachusetts (MA), USA, National Bureau of Economic Research, 39p.

Hicks J.R. (1963 [1932, 1st ed.]), *The Theory of Wages*. London, U.K. / Toronto, Canada, Palgrave Macmillan, 399p., ISBN: 978-0-333-02764-6.

Hille E., M. Shahbaz, and Moosa I. (2019), "The impact of FDI on regional air pollution in the Republic of Korea: A way ahead to achieve the green growth strategy?" *Energy Economics*, vol. 81, pp. 308-326.

Im K.S., M.H. Pesaran, and Shin Y. (2003), "Testing for unit roots in heterogeneous panels". *Journal of Econometrics*, vol. 115, n° 1, pp. 53-74.

ISQ (2021), *Définitions et méthodologie relatives aux indicateurs de développement durable*, Institut de la statistique du Québec. [En ligne] Définitions et méthodologie relatives aux indicateurs de développement durable (quebec.ca), site internet consulté le 9 avril 2024.

Islam N. (1995), "Growth Empirics: A Panel Data Approach." *The Quarterly Journal of Economics*, vol. 110, n° 4, pp. 1127-1170.

Jaffe A.B., S.R. Peterson, P.R. Portney, and Stavins R.N. (1995), "Environmental Regulation and the Competitiveness of US Manufacturing: What Does the Evidence Tell Us?" *Journal of Economic Literature*, vol. 33, n° 1, pp. 132-163.

Kamana P. (2021), *Environmental regulation and productivity: Empirical evidence on the Porter hypothesis from the Swedish energy-intensive industry*. Master thesis II in Economics, Umea, Sweden, Umea University.

Kim S.E., Y. Xie, H. Dai, S. Fujimori, Y. Hijioka, Y. Honda, M. Hashizume, T. Masui, T. Hasegawa, X. Xu, Yi K., and Kim H. (2020), "Air quality co-benefits from climate mitigation for human health in South Korea." *Environment International*, vol. 136. [Online] From the web site https://doi.org/10.1016/j.envint.2020.105507, accessed February 6, 2024 at 11:27 a.m.

Koźluk T., and Zipperer V. (2015), "Environmental policies and productivity growth: a critical review of empirical findings." *OECD Journal: Economic Studies*, vol. 2014, n° 1, pp. 155-185.

Lanoie P., M. Patry, and Lajeunesse, R. (2008), "Environmental Regulation and Productivity: Testing the Porter Hypothesis". *Journal of Productivity Analysis*, vol. 30, pp. 121-128.

Mankiw N.G., D. Romer, and Weil D.N. (1992), "A Contribution to the Empirics of Economic Growth." *The quarterly Journal of Economics*, vol. 107, n° 2, pp. 407-437.

Mansour M. (2014), « Une base de données sur les recettes fiscales en Afrique sub-saharienne, 1980-2010. » *Revue d'économie du développement*, vol. 22, n° 3, pp. 99-128.

Michaud C. (1983), « Théorie et pratique de la réglementation : l'exemple des Etats-Unis. » *Politiques et management public*, vol. 1, n° 2, pp. 3-

25.

Ndambendia H., and Njoupouognigni M. (2010), "Foreign aid, foreign direct investment and economic growth in Sub-Saharan Africa: evidence from pooled mean group estimator (PMG)." *International Journal of Economics and Finance*, vol. 2 n° 3, pp. 39-45.

Palmer K., W.E. Oates, and Portney P.R. (1995), "Tightening Environmental Standards: The Benefit-Cost or the No-Cost Paradigm?" *Journal of Economic Perspectives*, vol. 9, n° 4, pp. 119-132.

Pearce D. (1994), Chapter 7: "The precautionary Principle and Economic Analysis." In O'Riordan T., and Cameron J. (eds.), *Interpreting the Precautionary Principle*, 1st edition, London, U.K, Routledge, 316p. (pp. 132-151).

Pedroni P. (1999), "Critical values for cointegration tests in heterogeneous panels with multiple regressors". *Oxford Bulletin of Economics and Statistics*, vol. 61, n° S1, pp. 653-670.

Pesaran M.H. (2021), "General diagnostic tests for cross-sectional dependence in panels." *Empirical economics*, vol. 60, n° 1, p. 13-50.

Pesaran M.H. (2007), "A simple panel unit root test in the presence of cross-section dependence." *Journal of Applied Econometrics*, vol. 22, n° 2, pp. 265-312.

Pesaran M.H., Y. Shin, and Smith R.P. (1999), "Pooled mean group estimation of dynamic heterogeneous panels". *Journal of the American Statistical Association*, vol. 94, n° 446, pp. 621-634.

Picazo-Tadeo A.J., E. Reig-Martínez, and Hernández-Sancho F. (2005), "Directional distance functions and environmental regulation." *Resource and Energy Economics*, vol. 27, n° 2, pp. 131-142.

Pigou A.C. (1932 [1920, 1st ed.]), *The Economics of Welfare*, 4th edition, London, U.K, Macmillan, 983p.

Pollin R., H. Garrett-Peltier, J. Heintz, and Scharber H. (2008), "Green Recovery: A program to create good jobs and start building a low-carbon economy." *Peri - Report*, vol. 1, pp. 1-36, Amherst, Massachusetts (MA), USA, Political Economy Research Institute (PERI), University of Massachusetts / Washington D.C., USA, Center for American Progress.

Porter M.E. (1991), “America’s green strategy”. *Scientific American Magazine*, vol. 264, n° 4, 168p.

Porter M.E., and Van der Linde C. (1995), “Toward a New Concept of the Environment-Competitiveness Relationship”. *Journal of Economic Perspectives*, vol. 9, n° 4, pp. 97-118.

Resnick D., F. Tarp, and Thurlow J. (2012), “The Political Economy of Green Growth: Cases from Southern Africa.” *Public Administration and Development*, vol. 32, n° 3, pp. 215-228.

Schubert K. (2017), « Macroéconomie et Environnement. » *Revue de l’OFCE (Observatoire Français des Conjonctures Economiques)*, vol. 153, n° 4, pp.133-150.

Sissoko K., H. Van Keulen, J. Verhagen, V. Tekken, and Battaglini A. (2011), “Agriculture, livelihoods and climate change in the West African Sahel.” *Regional Environmental Change*, vol. 11, pp. 119-125.

Stavropoulos S., R. Wall, and Xu Y. (2018), “Environmental regulations and industrial competitiveness: evidence from China.” *Applied Economics*, vol. 50, n° 12, pp. 1378-1394.

Stern N. (2008), “The economics of climate change.” *American Economic Review,* vol. 98, n° 2, p. 1-37.

Tanaka S., W. Yin, and Jefferson G.H. (2014), *Environmental Regulation and Industrial Performance: Evidence from China. Working Paper*, Tufts University, Medford, Massachusetts (MA), USA, 49p.

Walter I., and Ugelow J.L. (1979), “Environmental Policies in Developing Countries.” *Technology, Development and Environmental Impact*, vol. 8, n° 2-3, pp. 102-109.

Wang Q., K. Hubacek, K. Feng, Y.-M. Wei, and Liang Q.-M. (2016), “Distributional effects of carbon taxation.” *Applied Energy*, vol. 184, pp. 1123-1131.

Wiener J. B. (1999), “Global Environmental Regulation: Instrument Choice in Legal Context.” *The Yale Law Journal*, vol. 108, pp. 677-800.

Xepapadeas A., and De Zeeuw A. (1999), “Environmental Policy and Competitiveness: The Porter Hypothesis and the Composition of Capital.” *Journal of Environmental Economics and Management*, vol. 37, nº 2, pp. 165-182.

Xie Y., H. Dai, X. Xu, S. Fujimori, T. Hasegawa, K. Yi, T. Masui, and Kurata G. (2018), "Co-benefits of climate mitigation on air quality and human health in Asian countries." *Environment International*, vol. 119, pp. 309-318.

Yuan B., S. Ren, and Chen X. (2017), "Can environmental regulation promote the coordinated development of economy and environment in China's manufacturing industry? A panel data analysis of 28 sub-sectors." *Journal of Cleaner Production*, vol. 149, pp. 11-24.

Zhao T., and Yang Z. (2017), "Towards green growth and management: Relative efficiency and gaps of Chinese cities." *Renewable and Sustainable Energy Reviews*, vol. 80, pp. 481-494.

Zivin J.G., and Neidell M. (2012), "The Impact of Pollution on Worker Productivity." *American Economic Review*, vol. 102, nº 7, pp. 3652-3673.

## *Croissance économique, dépenses militaires et dégradation de l'environnement en Afrique.*

Par

***Edmon NOUBISSI DOMGUIA*** • *Faculté des Sciences Economiques et de Gestion, Université de Dschang*

enoubissidomguia@yahoo.fr

***Thierry MESSIE PONDIE*** • *Faculté des Sciences Economiques et de Gestion, Université de Dschang*

pondiethierry24@gmail.com

***Borice Augustin NGOUNOU*** • *Faculté des Sciences Economiques et de Gestion, Université de Dschang*

boricengounou@gmail.com

**RÉSUMÉ :**

Cette étude vise à montrer l'impact des dépenses militaires sur la dégradation de l'environnement ; et à tester si la croissance économique en constitue un canal de transmission. Pour ce faire, nous avons eu recours aux méthodes d'estimation des effets fixes, de Driscoll-Kraay, de Lewbel (2SLS), d'Oster, de la VAR structurelle et des quantiles. L'étude a révélé l'existence d'un impact positif et significatif des dépenses militaires sur les indicateurs de l'environnement retenus (le dioxyde de carbone, l'oxyde nitreux et le méthane). De fait, malgré qu'aucun pays africain ne soit producteur d'armes, les dépenses militaires contribuent à la dégradation de l'environnement du continent. La maîtrise des dépenses militaires représente donc un enjeu majeur de protection de l'environnement en Afrique.

**MOTS CLÉS :** Afrique, dégradation de l'environnement, croissance économique, dépenses militaires, Lewbel 2SLS.

**CODE JEL :** N47, Q53, Q56.

## *Economic growth, military spending and environmental degradation in Africa.*

***ABSTRACT:***

*This study aims to show the impact of military expenditure on environmental degradation; and to test whether economic growth is a channel of transmission. To do this, we used fixed-effects, Driscoll-Kraay, Lewbel (2SLS), Oster, structural VAR and quantile estimation methods. The study revealed the existence of a positive and significant impact of military spending on the selected environmental indicators (carbon dioxide, nitrous oxide and methane). In fact, despite the fact that no African country is an arms producer, military spending contributes to the degradation of the continent's environment. Controlling military expenditure is therefore a major challenge for environmental protection in Africa.*

***KEYWORDS:*** *Africa, environmental degradation, economic growth, military spending, Lewbel 2SLS.*

***JEL CODE:*** *N47, Q53, Q56.*

La guerre a toujours occupé une place importante dans l'histoire de la civilisation humaine. Elle a ainsi justifié le développement de l'industrie de l'armement et l'accroissement de la part des dépenses militaires dans le budget des Etats. La guerre permet par ailleurs d'expliquer, en partie, le retard de développement que connaissent, jusqu'ici, la plupart des pays africains. C'est sans doute pour cette raison que les modèles de programmation et de planification en faveur du développement en Afrique, ont toujours tenu compte des dynamiques sous-régionales en la matière. Ce d'autant que les gouvernements et les partenaires internationaux sont dans l'impossibilité, et ce de manière systématique, de prévenir les activités des groupes armés disposés de part et d'autre des frontières, voire de les contrôler (Njoku, 2021).

Cette incapacité à instaurer une paix durable condamne le continent à d'incessants épisodes de violence (Khazri, 2011). Parmi les vecteurs contemporains de violence armée sur le continent, figurent, entre autres, la fragilité chronique de la situation de paix établie en République centrafricaine au lendemain de la crise de 2012 ; la propagation du conflit avec Boko Haram, nébuleuse terroriste partie du Nigéria et qui, depuis, se déploie vers le Tchad, le Cameroun et le Niger ; l'insécurité persistante dans la région des Grands Lacs ; les exactions de groupes armés rebelles tels que l'Armée de résistance du Seigneur (LRA) en République Démocratique du Congo, en République Centrafricaine, au Soudan et au Soudan du Sud, qui vivent et perdurent du fait de l'exploitation illégale des ressources naturelles ; les tensions nées des conflits post-électoraux sur le continent ; et l'insécurité maritime dans le golfe de Guinée (piraterie, vol à main armée, pêche illégale, non déclarée et non réglementée, trafic d'armes, de drogues et d'êtres humains, contrebande, etc.).

En outre, le continent africain a connu entre le 1er janvier et le 30 septembre 2016, pas moins de 1 426 incidents de violence liés, d'une manière ou d'une autre, à des activités terroristes (Cummings, 2017). Durant cette même période, seize pays africains différents ont été affectés par des activités analogues, qui ont causé un cumul d'environ 8 120 morts. Les organisations terroristes à l'œuvre sur le continent intègrent Boko Haram, Al-Shabaab, Al-Qaeda in the Islamic Maghreb (AQIM) et ISIS (Cummings, 2017).

Face à autant de tensions et de conflits, les dépenses militaires des pays africains sont globalement en hausse. Mais cette dynamique d'ensemble peut faire perdre de vue qu'il y a des disparités entre les différentes régions du continent ; comme nous le montre précisément la figure 1 illustrée ci-après.

Avant la guerre du Vietnam, qui a été caractérisée par l'utilisation d'herbicides aussi nombreux que divers, accompagnée d'intenses bombardements (bombes gravitationnelles de type BLU 82), tous destinés à détruire les forêts refuges des combattants vietnamiens, les conséquences de la guerre sur l'environnement n'étaient pas prises en compte. En effet, jusqu'au début du 20e siècle, les combats, les techniques de combat et les armements n'ont pas porté atteinte à la cohérence de la nature ; du moins, de façon notable (Guillard, 2006). En matière de défense, la prise en considération de l'environnement émerge véritablement lorsque les atteintes au milieu naturel consécutives à des opérations de guerre et militaires, deviennent flagrantes, durables, voire irréversibles. C'est dans ce sens que la Première Guerre mondiale apparaît comme le premier conflit à avoir produit « des dommages durables et étendus à l'environnement » (Guillard, 2006). Dans son sillage, la Seconde Guerre mondiale fera pareil, mais en plus violent ; puisqu'elle apportera de nouveaux types de dommages et d'atteintes à l'environnement, encore plus destructeurs.

**Figure 1 :** *Evolution des dépenses militaires en Afrique*

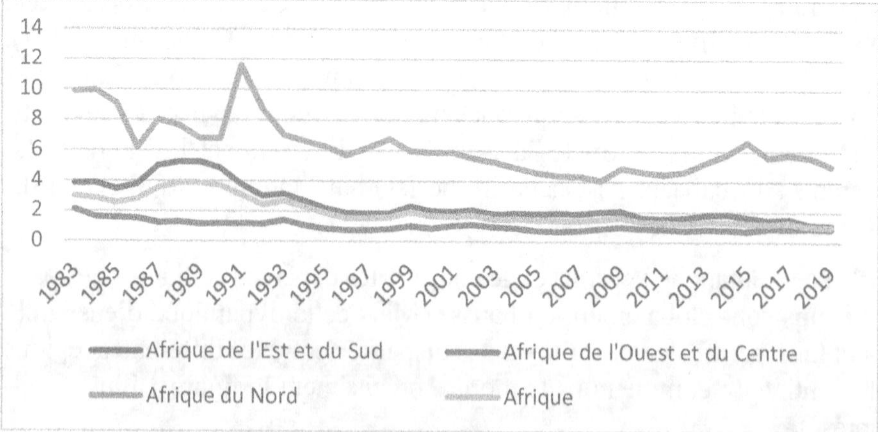


*Source : Auteurs.*

Par ailleurs, apparaissent plus tard dans les programmes d'armement, l'évaluation et l'intégration économique des dommages des armes sur l'environnement. Cette initiative se justifie tant par la nécessité de maîtriser les coûts et la dérive des prix à l'œuvre dans le marché de l'armement, que par le fait qu'elle s'avère, en réalité, un des moyens crédibles d'y parvenir (Vadrot, 2005).

Cela étant dit, il devient naturel de concevoir que les questions de désarmement, de développement et de protection de l'environnement sont étroitement liées ; et qu'elles constituent l'une des problématiques principales sur laquelle la communauté internationale se doit de résolument se pencher aujourd'hui. Il convient, en outre, de noter que les efforts déployés dans les domaines du développement et de l'environnement sont compromis par l'incessant accroissement des dépenses militaires (Guillard, 2006).

Dans un contexte de développement durable, cette étude a pour objectif de vérifier empiriquement, d'une part, l'effet des dépenses militaires sur l'environnement ; et, d'autre part, le rôle que peut avoir la croissance économique sur cet environnement. Le reste de l'étude est organisée ainsi qu'il suit : la section 2 présente une revue de la littérature consacrée au rapport entre l'environnement et les dépenses militaires. La section 3 est dédiée à la méthodologie et aux données. Quant à la section 4, y sont dévoilés les résultats et leur interprétation. La section 5, enfin, conclut l'étude et suggère quelques recommandations de politiques économiques.

# RELATION ENTRE LES DÉPENSES MILITAIRES ET L'ENVIRONNEMENT : UNE REVUE DE LA LITTÉRATURE

Cette revue de littérature présente succinctement les théories explicatives et les évidences empiriques des effets que les dépenses militaires sont susceptibles de produire sur l'environnement.

## 1. Ancrage théorique

L'ampleur des débats qui ont court ces dernières décennies sur la thématique de la durabilité du développement, marque sans aucun doute un tournant quant à la prise en compte des problèmes environnementaux dans le processus de développement. Une des questions centrales soulevées par ces discussions théoriques est celle de la possibilité d'une croissance économique davantage respectueuse de l'environnement ; d'un développement durable qui, en aucun cas, ne serait producteur de dommages pour les générations futures.

On comprend mieux pourquoi l'analyse des déterminants de la dégradation environnementale est devenue un sujet très passionnant dans la littérature économique. De sorte que pour parvenir à une croissance vertueuse, la voie considérée comme royale, puisque suivie jusqu'ici par la plupart des économistes, est la vérification de la courbe environnementale de Kuznets (CEK) qui met en relation la croissance économique avec les indicateurs de dégradation de la nature, notre milieu de vie à tous (Grossman et Krueger, 1995 ; Panayotou, 1993 et 1995 ; Shafik et Bandyopadhyay, 1992).

L'intérêt que revêt la CEK réside dans ce qu'elle laisse entrevoir ; à savoir, la possibilité pour les pays pauvres, d'améliorer la qualité de l'environnement au fur et à mesure qu'ils se développent ; autrement dit, à mesure que le niveau de vie des individus s'améliore et favorise l'éclosion d'une conscience environnementale communément partagée.

Dans un article de 1955 devenu célèbre, Kuznets a proposé une voie moyenne de conciliation entre la croissance et l'inégalité. Pour lui, l'industrialisation engendrerait un cycle au cours duquel les inégalités commenceraient d'abord par croître, pour ensuite décliner progressivement avec le temps. Depuis, les recherches sur ces questions se sont multipliées, sans qu'aucun consensus ne se dessine, ni sur l'évolution diagnostiquée ni sur les mécanismes qui l'expliqueraient.

L'hypothèse de la courbe environnementale de Kuznets (CEK) est tirée d'un modèle économique dans lequel il n'existe pas de rétroaction de la qualité de l'environnement sur la croissance économique. La dégradation de la qualité de l'environnement est reconnue pour avoir des effets pervers sur la qualité de la vie, certes, mais pas directement sur les possibilités de production (Stern et *al.*, 1996). Aussi, en l'absence de cette rétroaction, et à condition que l'hypothèse de la CEK soit vérifiée, la croissance économique peut-elle être une solution pour accéder à une meilleure qualité de vie dans les pays en développement (PED).

Le débat relatif à l'hypothèse de la CEK a pour origine la controverse sur la croissance et les politiques correspondantes (Dinda, 2004). Les chercheurs avaient au départ émis le postulat suivant : un niveau élevé de revenu par tête accentuerait la dégradation de la qualité de l'environnement. Puis, une autre hypothèse est née, en rapport avec l'idée que des niveaux élevés de revenus peuvent réduire la dégradation de l'environnement (Beckerman, 1992). Ceci fera dire à Bhagawati (1993) que la croissance économique est une condition préalable à une amélioration de la qualité de l'environnement. Et Panayotou (1993) d'abonder dans son sens, quand il affirme que la croissance économique peut être un puissant canal pour l'amélioration de la qualité du milieu naturel dans les PED. Cette dernière hypothèse fait toutefois l'objet de nombreuses polémiques.

C'est dans cette logique que ce travail s'inscrit, en se donnant comme objectif de déterminer l'incidence des conflits armés dans la dégradation de la qualité de l'environnement en Afrique.

## 2. Synthèse des travaux empiriques

Les études empiriques traitant du rapport entre les dépenses militaires et la croissance économique sont examinées en détail dans deux enquêtes récentes. Des enquêtes antérieures menées par Dunne et *al.* (2005) avaient déjà suggéré peu de régularité empirique. Ces auteurs étaient en effet parvenus à la conclusion qu'il n'existe aucune preuve d'un effet positif, et qui soit statistiquement significatif, des dépenses militaires sur la croissance. La plupart des études ont, de fait, rapporté des coefficients négatifs qui, bien souvent, sont greffés à une valeur statistiquement non significative. Il n'y avait certainement pas de consensus théorique susceptible, alors, de guider la recherche empirique dans ses analyses. Les arguments keynésiens de la demande globale avaient, à l'époque, simplement suggéré que l'expansion des dépenses publiques dans le cadre d'un environnement de plein emploi, augmente l'investissement, le revenu, l'emploi ; ce qui, en conséquence, conduit à des taux plus élevés de croissance économique. Il a également été entendu que, grâce à des effets d'entraînement, les dépenses militaires peuvent mener à une croissance économique plus forte.

Les conséquences des conflits armés sur l'environnement, souvent secondaires par rapport à l'urgence de la paix et de la sauvegarde des vies humaines, n'en demeurent pas moins systématiques, néfastes et parfois irréversibles. En effet, « les dégradations environnementales sont encore bien plus meurtrières que les conflits armés, et chacun de ces phénomènes constituent tant la cause que l'effet des conflits violents. » (PNUD, 2005)

Pour Guillard (2006), il existe d'importants dégâts des guerres sur l'environnement. L'exemple spectaculaire que nous fournit l'histoire du 20e siècle est probablement celui des bombardements nucléaires américains d'Hiroshima et de Nagasaki en 1945. Il existe également des bombardements non nucléaires, plus « classiques » et moins impressionnants a priori, qui cependant détruisent suffisamment l'environnement pour qu'ils soient également pris en compte. Outre la puissance des bombes qui demeure importante, l'effet répété d'autres armes vient faire peser de très lourdes dégradations sur le milieu naturel. A ce propos, en Afrique, les terres arables et les forêts souffrent des conflits armés, certes de moindre envergure que ceux de portée mondiale, mais non moins savamment planifiés. Ainsi, il n'est pas rare que des ethnies aient recours à « une politique moderne de la terre brûlée » en vue d'exercer une pression sur des populations ennemies. Les récoltes se retrouvent alors détruites, brûlées ; et les climats, enclins à la sècheresse, ne permettent pas à la nature de se regénérer rapidement, entraînant ainsi des famines (Vadrot, 2005). Pour se prémunir d'un tel phénomène, les Etats dit faibles sont parfois obligés de s'équiper en armement. Aussi, consacrent-ils une part importante de leurs ressources financières aux dépenses militaires.

La guerre ne saurait être aussi meurtrière si les prouesses de la chimie contemporaine n'offraient pas l'opportunité de stériliser des biotopes entiers, voire d'empoisonner des réserves naturelles d'eau douce. Les forêts du Vietnam sont encore marquées par les séquelles dues à l'agent orange, cet herbicide dont quelques 72 millions de litres (PNUE, 2009) ont dévasté plus de trois millions d'hectares de forêts en moins de dix ans. Il est important de préciser que la pollution chimique touche l'ensemble du milieu naturel, dont l'eau, l'air, le sol, la faune et la flore. En effet, la destruction d'usines potentiellement sources de pollution, via le déversement des contaminants par exemple, altère considérablement la qualité du sol et de l'air à l'échelle locale (PNUD, 2005). Il convient aussi de rappeler que les conséquences chimiques des conflits sur l'environnement dépassent souvent les frontières, notamment du fait des courants atmosphériques et des écoulements d'eau, qui favorisent leur propagation. Les incendies des puits de pétrole et les émissions de gaz polluants tel le dioxyde de soufre lors de la guerre du Golfe, ont causé une pollution biosphérique et atmosphérique d'envergure extraordinaire.

Les théories élaborées sur les effets économiques des dépenses militaires ont suggéré différents canaux par lesquels celles-ci peuvent impacter les économies. Smith (2000) et Dunne (1996) en fournissent des preuves dans leurs études. Et puisqu'il n'y a pas de théorie spécifique sur laquelle les économistes ont pu s'accorder pour intégrer et évaluer correctement les canaux par lesquels les dépenses militaires influent sur les économies, diverses écoles de pensée ont émergé (Dunne et Coulomb, 2008). Cette controverse entre les classiques et les keynésiens quant au rôle à jouer par l'Etat en ce domaine, a laissé la place à des vérifications empiriques.

Considérant la période de référence 1967-1976, Nabe (1983) examine l'impact des dépenses militaires sur l'industrialisation dans un échantillon de 29 pays africains. L'étude a utilisé une méthode de régression par équations simultanées. Les résultats indiquent une relation positive entre le PIB du secteur manufacturier et le développement économique et social ; mais aucune relation directe entre les dépenses militaires et les mesures d'industrialisation. De plus, ces dépenses militaires, qui s'inscrivent dans les missions régaliennes de l'Etat, constituent une responsabilité primordiale dévolue à ce dernier, si l'on s'en tient à la thèse des classiques. Selon Anderson et *al.* (2006), les dépenses militaires contribuent à relancer la demande. Ce qui va en droite ligne de la pensée de Keynes sur l'investissement.

De fait, cette étude vient vérifier empiriquement l'incidence que peuvent avoir la croissance économique et les dépenses militaires sur l'environnement en Afrique ; d'autant plus que durant ces dernières décennies, le continent a été marqué par de nombreux conflits armés.

## MÉTHODOLOGIE ET DONNÉES

L'approche empirique vise à déterminer l'effet, tant de la croissance économique que des dépenses militaires, sur l'environnement du continent africain. Dans cette section, nous présentons d'abord la technique d'estimation utilisée (1). Ensuite, nous expliquons le mécanisme de transmission du choc des dépenses militaires à l'environnement (2). En dernier ressort, nous examinons les données (3).

## 1. Méthode d'estimation de l'impact des dépenses militaires sur l'environnement

Cette étude entend examiner le rôle de la croissance économique et des dépenses militaires sur le profil évolutif des émissions de gaz carbonique ($CO_2$), d'oxyde nitreux ($N_2O$) et de méthane ($CH_4$). Pour ce faire, nous avons considéré les pays africains.

Concrètement, il s'agit dans un premier temps, de tester l'existence d'une CEK pour l'Afrique, en utilisant la spécification économétrique du modèle log-linéaire. Il sera ensuite question d'ajouter au modèle de nouvelles variables ; à savoir, les dépenses militaires (variable d'intérêt), l'ouverture commerciale et la densité de la population (variables de contrôle), pour détecter les effets de ces dernières sur la qualité de l'environnement.

Le but recherché est d'améliorer la spécification de base du modèle, en y incluant des variables de contrôle susceptibles d'influencer directement, ou indirectement, les émissions de $CO_2$ (tonnes métriques par habitant), d'oxyde nitreux ($N_2O$ en $CO_2$ équivalent), et de méthane ($CH_4$ en $CO_2$ équivalent) d'une économie. Aussi, en nous inspirant des études de Shaaba et Ngepah (2019), avons-nous le modèle empirique suivant :

$$\ln(CO2)_{i,t} = \alpha_0 + \alpha_1 \ln(PIB)_{i,t} + \alpha_2 \ln(PIB)^2_{i,t} + \alpha_3 \ln(DEPM)_{i,t} + \alpha_4 \ln(X)_{i,t} + \alpha_{i,t} + \varepsilon_{i,t} [1]$$

$$\ln(CH_4)_{i,t} = \alpha_0 + \alpha_1 \ln(PIB)_{i,t} + \alpha_2 \ln(PIB)^2_{i,t} + \alpha_3 \ln(DEPM)_{i,t} + \alpha_4 \ln(X)_{i,t} + \alpha_{i,t} + \varepsilon_{i,t} [2]$$

$$\ln(NO_2)_{i,t} = \alpha_0 + \alpha_1 \ln(PIB)_{i,t} + \alpha_2 \ln(PIB)^2_{i,t} + \alpha_3 \ln(DEPM)_{i,t} + \alpha_4 \ln(X)_{i,t} + \alpha_{i,t} + \varepsilon_{i,t} [3]$$

Où la variable PIB est le revenu. Elle capture l'impact du niveau de développement sur l'environnement. DEPM est la dépense militaire en unité monétaire locale (% du PIB) ; $X_{it}$ le vecteur des variables de contrôle. Le terme $\alpha_0$ représente l'effet spécifique inobservé ; $\varepsilon_t$ le terme d'erreur ; $\alpha_1$, $\alpha_2$, $\alpha_3$, $\alpha_4$ et $\alpha_5$ les coefficients à estimer ; t = 1983, …, 2019 désigne les périodes et i = 1, …, 54 les pays d'Afrique.

Pour vérifier empiriquement notre étude, nous avons mobilisé plusieurs techniques d'estimation ; précisément quatre (les effets fixes, Driscoll et

Kraay, Lewbel 2SLS, et les Quantiles), empruntées à la littérature pour résoudre différents problèmes économétriques pouvant subsister dans notre modèle. **[i] :** Des effets fixes. Ils supposent une hétérogénéité entre les pays (celle-ci est due aux caractéristiques propres à chaque pays de notre panel), qui permet de tous les prendre en compte lors de l'estimation ; **[ii] :** considérant que nous travaillons en panel, il peut advenir qu'un problème de dépendance transversale subsiste. Dans ce cas, la technique d'estimation de Driscoll et Kraay nous aide à le corriger ; **[iii] :** étant donné que l'estimation par effets fixes et la technique de Driscoll et Kraay n'intègrent pas toujours l'hétérogénéité non observée de certaines variables, et même, ne corrigent pas l'endogénéité, nous avons testé le problème inhérent à cette dernière en usant du test d'Oster. Notons que pour remédier à ces obstacles potentiels d'endogénéité et d'hétérogénéité, nous avons adopté la méthode Lewbel 2SLS. Enfin, **[iv] :** dans l'optique de vérifier l'asymétrie entre les variables, nous avons opté pour la technique d'estimation des quantiles.

## 2. Isolement des rôles de la croissance économique dans la transmission des chocs des dépenses militaires à l'environnement

Plusieurs approches sont souvent mises en œuvre pour analyser le canal de transmission et le rôle d'une variable dans la propagation d'un choc à l'intérieur d'un système VAR. Pour déterminer le rôle de la croissance économique (PIB) dans la propagation des chocs des dépenses militaires sur la qualité de l'environnement en Afrique, nous recourrons à la technique adoptée par Bachmann et Sims (2011). A cet effet, supposons un système de modèle VAR d'ordre trois comportant les variables suivantes : les dépenses militaires, la croissance économique et un gaz à effet de serre ($CO_2$, $N_2O$ ou $CH_4$). L'identification de l'hypothèse relative à la périodicité de la variable budgétaire peut être donnée par :

$$(1\ 0\ 0\ a_{2,1}\ 1\ a_{2,3}\ a_{3,1}\ a_{3,2}\ 1)[lnDEPM_t\ lnGDP_t\ lnGAZ_t] = \sum_{j=1}^{p} A_j[lnDEPM_{t-j}\ lnGDP_{t-j}\ lnGAZ_{t-j}] + [\varepsilon_{1,t}\ \varepsilon_{2,t}\ \varepsilon_{3,t}] \qquad (4)$$

Déterminons comment la croissance économique affecte la transmission des chocs des dépenses militaires à la variable GAZ (cette variable représente le gaz à effet de serre considéré dans cette étude). En effet, si la variable lnPIB réagit immédiatement à un choc sur la variable lnDEPM ($a_{2,1} \neq 0$), et le Gaz réagit pareillement à un choc sur la variable lnGDP ($a_{3,2} \neq 0$), alors, $a_{2,1} \times a_{3,2}$ mesure le canal de la variable lnGDP par lequel, l'impact des dépenses militaires (lnDEPM) est transmis au gaz à effet de serre. Il s'agit, bien entendu, d'un impact indirect de la part des dépenses militaires. A l'inverse, $a_{3,1}$ figure l'impact direct de l'effet des dépenses militaires sur les indicateurs (retenus) de la qualité de l'environnement.

Par ailleurs, la variable croissance économique peut fonctionner comme un mécanisme de propagation des chocs de la variable dépenses militaires, qu'elle ait un impact direct au choc ou pas. En effet, si la variable lnPIB réagit au choc de la variable lnDEPM à n'importe quel horizon, et si les coefficients des valeurs retardées de la variable lnPIB sont globalement significatifs dans l'équation du gaz concerné, alors, la réponse dynamique de la variable lnPIB à un choc de la variable dépenses militaires aura un effet sur la réponse dynamique du gaz à effet de serre à ce même choc de la variable dépenses militaires.

Notre objectif est d'isoler statistiquement l'effet direct (au sens dynamique du terme) des chocs des dépenses militaires sur l'environnement, de l'effet indirect desdits chocs transitant par la croissance économique. Ce qui, en d'autres termes, veut dire que nous construisons une fonction de réponse hypothétique du gaz à effet de serre aux chocs des dépenses militaires, en supposant que la variable croissance économique est fixe sur toutes les périodes. Ensuite, la comparaison de cette réponse hypothétique avec la réponse impulsionnelle réelle obtenue dans un contexte où il n'est imposé aucune contrainte sur la variable croissance économique, nous permet d'évaluer l'influence de cette dernière dans la transmission des chocs des dépenses militaires au gaz à effet de serre.

Afin de déterminer la fonction de réponse hypothétique, nous devons au préalable imposer plus de restrictions à la structure de la matrice des chocs contemporains, que nous appelons $A_0$. Etant donné que l'hypothèse des délais (selon laquelle, dans une période, les dépenses militaires ne réagissent pas à la variable lnPIB ni au GAZ) est suffisante pour identifier $a_{2,1}$ et $a_{3,1}$, une restriction supplémentaire est nécessaire pour l'identification de $a_{3,2}$ et $a_{2,3}$. Nous commençons, dans un premier temps, par poser que $a_{2,3} = 0$ ; ce qui revient à identifier le système via une décomposition de Choleski, avec la variable lnPIB placée en deuxième position, et le Gaz en troisième position. $\varepsilon_{2,t}$ et $\varepsilon_{3,t}$ étant, respectivement, le choc de la variable lnPIB et celui du Gaz, nous utilisons le choc de la variable lnGDP pour annuler la réponse de cette variable à un choc des dépenses militaires. Dans un deuxième temps, nous neutralisons l'effet de la croissance économique dans la transmission du choc des dépenses militaires en fixant $a_{2,1} = 0$. Autrement dit, nous répondons à la question suivante : alors que, d'une part, la réponse de l'environnement à un choc des dépenses militaires est, en moyenne, composée d'un effet direct et d'un effet indirect (au travers de la variable lnPIB) ; et que, d'autre part, les chocs des dépenses militaires et ceux de la variable lnPIB sont corrélés, comment l'environnement réagirait-il dans une situation hypothétique où les chocs de la variable lnPIB, dans la même économie structurelle, contrebalancent complètement les effets des chocs des dépenses militaires sur la variable lnPIB ? Il est à noter qu'une telle situation problème élimine de facto l'effet indirect, et isole l'effet direct de la variable lnDEPM sur l'environnement. Force est aussi de souligner que cette décomposition de la réponse impulsionnelle réelle est purement statistique. Toutefois, notre approche est similaire à la méthodologie utilisée aussi bien par Bernanke, Gertler et Watson (1997), que par Sims et Zha (2006).

**3. Données**

Nous analysons un panel de 54 pays africains sur la période allant de 1983 à 2019, avec les données issues de la World Development Indicators (WDI). Cette période d'étude a été choisie en raison de l'absence de données sur certains indicateurs ; pour la plupart, des pays africains. Les variables dépendantes sont le dioxyde de carbone (ou $CO_2$, défini en tonnes métriques par habitant), l'oxyde nitreux (ou $N_2O$, en tonnes métriques de $CO_2$ équivalent), et le méthane (ou $CH_4$, en tonnes métriques de $CO_2$ équivalent). Notre variable d'intérêt est la dépense militaire en unité monétaire locale (DEPM en % du PIB). Par la suite, nous incluons trois variables de contrôle à savoir : (i) la densité de la population (DPOP) ; (ii) l'aide publique au développement (APD, en % du PIB) ; et (iii) l'ouverture commerciale (OUV). Cette dernière variable permet de vérifier l'hypothèse du « havre de pollution » telle que développée par Birdsall et Wheeler (1992). En effet, les pays en développement attirent les activités dommageables à l'environnement grâce à une réglementation environnementale moins stricte ; ce qui réduit les coûts de production et peut donc favoriser les délocalisations (Low et Yeats, 1992).

Ces indicateurs sont extraits du World Development Indicators (WDI, 2022). Les statistiques descriptives relatives aux différentes variables quantitatives sont synthétisées au tableau 1 ci-après, tandis que le tableau 2 infra recense les différentes corrélations qui existent entre les variables.

Les matrices de corrélation des variables des deux modèles laissent entrevoir une forte corrélation entre certaines variables.

**Tableau 1.** *Statistiques descriptives des variables*

| | Variable | Obs | Mean | Std. Dev. | Min | Max |
|---|---|---|---|---|---|---|
| *Variables dépendantes* | *lnCO2* | *1820* | *-1.101562* | *1.453323* | *-4.534475* | *2.306951* |
| | *lnN2O* | *1749* | *7.697402* | *2.067654* | *1.504578* | *12.05945* |
| | *lnCH4* | *1749* | *8.475225* | *1.866043* | *2.598034* | *12.15308* |
| *Variables d'intérêt* | *lnPIB* | *1838* | *6.97788* | *1.024402* | *4.751814* | *9.920047* |
| | *lnPIB2* | *1838* | *49.73964* | *14.9894* | *22.57974* | *98.40733* |
| | *lnPIB3* | *1838* | *362.3744* | *168.1242* | *107.2947* | *976.2053* |
| *Variables de contrôle* | *lnDEPM* | *1553* | *-4.053706* | *.9994879* | *-15.19182* | *-.9261765* |
| | *lnDPOP* | *1962* | *-3.73831* | *.4926886* | *-7.28284* | *-2.536045* |
| | *lnOUV* | *1740* | *-.4378052* | *.5042448* | *-2.761397* | *1.67098* |
| | *lnAID* | *1787* | *1.793457* | *1.359896* | *-7.702086* | *5.257631* |

*Source : Auteurs.*

*Note : Le nombre d'observations n'est pas identique pour toutes les variables, notamment à cause des données manquantes.*

**Tableau 2.** *Matrice de corrélation entre les variables*

| | ***lnCO2*** | ***lnN2O*** | ***lnCH4*** | ***lnPIB*** | ***lnGDP2*** | ***lnGDP3*** | ***lnDEPM*** | ***lnDPOP*** | ***lnOUV*** | ***lnAID*** |
|---|---|---|---|---|---|---|---|---|---|---|
| ***lnCO2*** | *1.0000* | *-0.2311* | *-0.1266* | *0.8944* | *0.8911* | *0.8816* | *0.0858* | *-0.3309* | *0.4208* | *-0.6716* |
| ***lnN2O*** | | *1.0000* | *0.9503* | *-0.2259* | *-0.2388* | *-0.2513* | *0.0620* | *0.1668* | *-0.4694* | *-0.1714* |
| ***lnCH4*** | | | *1.0000* | *-0.1354* | *-0.1414* | *-0.1472* | *0.0808* | *0.2005* | *-0.4046* | *-0.2839* |
| ***lnPIB*** | | | | *1.0000* | *0.9968* | *0.9875* | *-0.0214* | *-0.3270* | *0.4575* | *-0.7075* |
| ***lnPIB2*** | | | | | *1.0000* | *0.9970* | *-0.0233* | *-0.3314* | *0.4515* | *-0.7111* |
| ***lnDEPM*** | | | | | | | *1.0000* | *0.0981* | *-0.0432* | *0.0045* |
| ***lnDPOP*** | | | | | | | | *1.0000* | *-0.1092* | *0.2457* |
| ***lnOUV*** | | | | | | | | | *1.0000* | *-0.1026* |
| ***lnAID*** | | | | | | | | | | *1.0000* |

On constate que le tableau 2 dévoile l'existence d'une relation positive entre les indicateurs de l'environnement (choisis) et les dépenses militaires. Ce constat est d'ailleurs confirmé par la figure 1 ci-dessous illustrée. En effet, les graphiques qu'on y voit laissent présager une forte augmentation des émissions de $CO_2$, $N_2O$ et $CH_4$ dans presque tous les pays africains, suite à un accroissement des dépenses militaires.

**Figure 1.** *Evolution des indicateurs environnementaux en fonction des dépenses militaires*

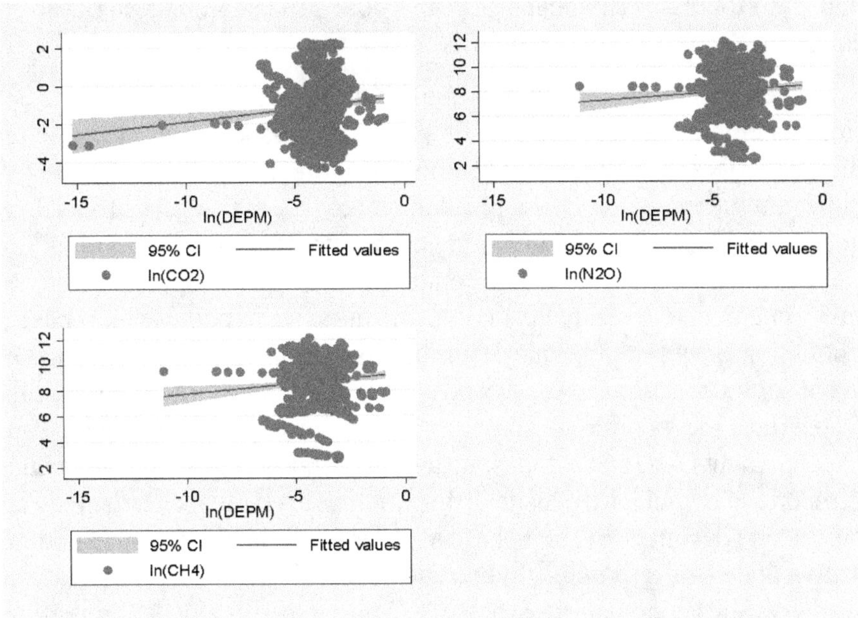


# RÉSULTATS ET DISCUSSION

Dans cette partie, nous présentons à la section (1), les résultats issus de l'estimation de l'impact des dépenses militaires sur l'environnement. Ensuite, le résultat du mécanisme de transmission de cet impact est discuté à la section (2).

## 1. Résultats de l'impact des dépenses militaires sur l'environnement : résultats de base

Le tableau 3 infra présente les résultats de l'estimation de l'impact des dépenses militaires sur l'environnement, suivant la méthode des effets fixes et celle de Driscoll et Kraay. Les résultats des paramètres estimés sont valides et conformes à l'intuition économique ; ainsi que le témoigne le test de Fisher. De plus, la plupart des variables explicatives sont statistiquement significatives, avec des effets positifs des dépenses militaires sur les indicateurs de l'environnement retenus.

De ce tableau 3, il ressort que la courbe environnementale revêt la forme d'un U inversé ; ce, qu'importe la variable retenue pour capter la dégradation de l'environnement. Ainsi, la relation entre le revenu (PIB) et les émissions de gaz carboniquue ($CO_2$), d'oxyde nitreux ($N_2O$) et de méthane ($CH_4$) a une forme en « U inversé ». De plus, les valeurs prises par ces paramètres sont significatives. Ce résultat est conforme à celui établi par Noubissi et Njangang (2017) pour le Cameroun ; et Başar et Temurlenk (2007) pour la Turquie.

L'ouverture commerciale provoque des effets néfastes sur la qualité de l'environnement. Le signe positif et significatif associé à son paramètre témoigne effectivement de ce qu'elle concourt à la dégradation de la qualité du milieu naturel. Ce résultat est en accord avec l'idée selon laquelle l'Afrique est, dans une certaine mesure, la poubelle du monde ; puisqu'elle attire des activités anthropiques peu respectueuses de l'environnement. Ce résultat est conforme aussi à l'hypothèse du « havre de pollution », qui stipule que les entreprises polluantes ont tendance à délocaliser leurs activités vers des pays peu regardants et moins coercitifs en matière de politique environnementale. Quant à l'aide au développement (AID), elle contribue à l'amélioration de l'environnement, qu'importe le modèle. La densité de la population, en revanche, dégrade la nature. Cette découverte est en phase avec les résultats auxquels ont abouti les travaux de Brajer et *al.* (2011) ; lesquels ont révélé que l'augmentation de la densité de la population est associée à un accroissement des émissions de dioxyde de soufre en Chine.

**Tableau 3.** *Conflits et environnement : une estimation par la méthode des effets fixes et Driscoll-Kraay*

| *VARIABLES* | *L'environnement* | | | | | | | | | | | |
|---|---|---|---|---|---|---|---|---|---|---|---|---|
| | *Effets fixe* | | | | | | *Dricoll-Kraay* | | | | | |
| | *lnCO2* | *lnCO2* | *lnN2O* | *lnN2O* | *lnCH4* | *lnCH4* | *lnCO2* | *lnCO2* | *lnN2O* | *lnN2O* | *lnCH4* | *lnCH4* |
| *lnDEPM* | 0.0793*** | 0.0290 | 0.0249 | 0.0517 | -0.0124 | 0.0198 | 0.109*** | 0.0884*** | 0.236*** | 0.0250 | 0.357*** | 0.166*** |
| | (0.0294) | (0.0233) | (0.0300) | (0.0318) | (0.0212) | (0.0210) | (0.0318) | (0.0243) | (0.0760) | (0.0569) | (0.0776) | (0.0414) |
| *lnPIB* | | 1.400*** | | -0.372 | | -0.375 | | 2.104*** | | 6.812*** | | 6.255*** |
| | | (0.323) | | (0.439) | | (0.291) | | (0.162) | | (0.669) | | (0.645) |
| *LnPIB 2* | | -0.0262 | | 0.0418 | | 0.0450** | | -0.0704*** | | -0.523*** | | -0.498*** |
| | | (0.0230) | | (0.0313) | | (0.0207) | | (0.0146) | | (0.0515) | | (0.0456) |
| *lnDPOP* | | -0.0364 | | 0.0310 | | 0.00885 | | 0.339*** | | 0.835*** | | 0.809*** |
| | | (0.0243) | | (0.0331) | | (0.0219) | | (0.0771) | | (0.0627) | | (0.0888) |
| *lnOUV* | | 0.0913** | | 0.188*** | | 0.228*** | | 0.132*** | | 1.054*** | | 0.888*** |
| | | (0.0365) | | (0.0497) | | (0.0329) | | (0.0379) | | (0.242) | | (0.134) |
| *lnAID* | | -0.0369** | | -0.00450 | | -0.0204 | | -0.146*** | | -0.828*** | | -1.014*** |
| | | (0.0144) | | (0.0197) | | (0.0130) | | (0.0159) | | (0.0300) | | (0.0331) |
| *Constant* | -1.441*** | -9.501*** | 8.189*** | 8.992*** | 8.701*** | 9.356*** | -0.665*** | -12.93*** | 9.058*** | -9.301*** | 10.22*** | -5.102** |
| | (0.122) | (1.158) | (0.124) | (1.578) | (0.0874) | (1.044) | (0.115) | (0.704) | (0.349) | (2.145) | (0.370) | (2.265) |
| *Observations* | 1820 | 1820 | 1749 | 1749 | 1749 | 1749 | 1820 | 1820 | 1749 | 1749 | 1749 | 1749 |
| *R- Carré* | 0.010 | 0.495 | 0.001 | 0.050 | 0.000 | 0.157 | 0.003 | 0.855 | 0.010 | 0.483 | 0.022 | 0.542 |
| *Nombre de pays* | 54 | 54 | 54 | 54 | 54 | 54 | 54 | 54 | 54 | 54 | 54 | 54 |
| *Fisher* | 7.270 | 116.3 | 0.689 | 6.265 | 0.344 | 22.14 | 11.79 | 24116 | 9.637 | 1291 | 21.15 | 340.6 |

*Erreurs Standards entre parenthèses *** $p < 0.01$ ; ** $p < 0.05$ ; * $p < 0.1$*

Notre variable d'intérêt (les dépenses militaires) contribue à la dégradation de l'environnement ; qu'importe l'indicateur retenu. Ce résultat est cohérent avec ceux des travaux de Dunne (1996), et Dunne et Coulomb (2008). En effet, la multiplicité des conflits et des groupes terroristes sur le continent justifie, sans aucun doute, la hausse des dépenses militaires dans le budget des Etats africains. Or, les conflits s'accompagnant toujours d'une dégradation du milieu naturel, il devient incontestable que les questions de désarmement, de développement et de protection de l'environnement, sont étroitement liées. Il s'agit, en réalité, des problèmes principaux auxquels les pays africains se doivent de faire face aujourd'hui. Le développement ne peut être assuré au rythme voulu par ces pays, puisque la protection de l'environnement en dépend. Ce alors même, qu'en parallèle, la course aux armements ne cesse de s'intensifier.

**2. Valeurs limites et biais de variables omises**

Bien que les modèles à effets fixes et de Driscoll-Kraay soient séduisants, puisqu'ils contrôlent les déterminants temporels des variables environnement et dépenses militaires, ils sont loin d'être suffisants comme déterminants desdites variables. Du reste, il n'est pas superflu d'identifier l'effet causal des dépenses militaires sur l'environnement.

L'argument intuitif souvent avancé dans la littérature est que le biais lié aux variables omises est limité si le coefficient reste stable après l'inclusion des variables de contrôle. Néanmoins, Oster (2019) souligne que la valeur de $R^2$ doit également être prise en compte ; car, le coefficient peut rester stable après l'ajout de variables de contrôle non informatives. L'approche d'Oster (2019) nous permet donc de limiter le biais relatif à l'omission de variables et, bien plus, d'identifier partiellement la causalité, en comparant les régressions « non contrôlées[34] » et « contrôlées[35] » sur la base d'un ensemble d'hypothèses émises au sujet de la relation entre la sélection observable et celle non observable.

En ce qui concerne les différents indicateurs de l'environnement utilisés dans cette étude, nous effectuons l'analyse des bornes séparément. Le tableau 4 rapporte les limites des valeurs de β à partir du modèle à effets fixe savec contrôles complets. Pour faciliter la comparaison, la colonne (1) reproduit les estimations de l'effet contrôlé dans le tableau 3. Les

[34] Une régression non contrôlée fait référence à l'équation de régression qui inclut la principale variable d'intérêt (les dépenses militaires dans notre cas), ainsi que toute covariable non informative observée.

[35] Une régression contrôlée correspond au modèle de référence, tel que l'équation (1) dans le texte principal, qui inclut la principale variable d'intérêt, ainsi que toutes les variables de contrôle dans X.

estimations de la limite sont présentées dans la colonne (2) du tableau 4. Nous pouvons ainsi constater que les limites identifiées pour nos variables dépendantes ne comprennent pas de zéro ; ce qui suggère que nos estimations d'effets fixes sont biaisées par les variables omises. En outre, nous sommes à même de considérer l'amplitude des estimations de la limite. En particulier, l'augmentation estimée de 0,029 unité de $CO_2$ causée par une augmentation de 1% de la dépense militaire est solide ; ce, bien que la limite la plus haute pointe à 0,16006 unité. L'analyse de délimitation d'Oster (2019) indique donc l'existence d'une causalité entre la dépense militaire et l'émission de $CO_2$ ; causalité d'une taille toutefois supérieure à celle présentée au tableau 3, après prise en compte du biais potentiel lié aux variables omises. Nous obtenons des conclusions similaires quant aux émissions d'oxyde nitreux ($N_2O$) et de méthane ($CH_4$).

**Tableau 4.** *Oster (2019) - Test de variables omises*

| | *(1) Effet contrôlé* | *(2) Ensemble identifié* |
|---|---|---|
| | $\hat{\beta}$ *(S.E)* | $[\hat{\beta}, \beta^*$ *(Min* $\{1,1.3\widehat{R^2}\}, \delta = 1)]$ |
| *Panel A: CO2* | | |
| *DEPM* | *0,0290 (0,0233)* | *[0,0290; 0,16006]* |
| *Obs* | *760* | |
| $R^2$ | *0,495* | |
| *Panel B: N2O* | | |
| *DEPM* | *0,0517 (0,0318)* | *[0,0517; 3,1708]* |
| *Obs* | *760* | |
| $R^2$ | *0,050* | |
| *Panel C: CH4* | | |
| *DEPM* | *0,0198 (0,0210)* | *[0,0198; 0.2554]* |
| *Obs* | *760* | |
| $R^2$ | *0,157* | |

Pour corriger ces problèmes d'endogénéité liés aux variables omises, nous allons utiliser la technique d'estimation proposée par Lewbel (2012).

### 3. Résolution de l'endogénéité

La méthode de Lewbel 2SLS nous semble utile pour résoudre les problèmes d'endogénéité et d'hétéroscédasticité. Les résultats de l'estimation par la méthode de Lewbel (voir tableau 5 infra) montrent globalement que la dépense militaire influence positivement et significativement les indicateurs de qualité de l'environnement retenus dans cette étude. Cette méthode a en outre amélioré nos résultats en termes de significativité des paramètres, et d'ampleur de ceux-ci.

### 4. Rôle de la croissance économique dans la transmission des dépenses militaires à la dégradation de l'environnement

Le tableau 6 ci-dessous donne les coefficients des réponses impulsionnelles des indicateurs de la qualité de l'environnement tels que retenus pour cette étude ($CO_2$, $N_2O$ et $CH_4$), à un choc des dépenses militaires ; avec appréhension du rôle de la croissance économique dans les 54 pays de l'Afrique. Ainsi, pour chaque choc émanant des dépenses militaires, la colonne « réelle » donne, en fonction du niveau de réaction de la croissance économique au choc, les réponses impulsionnelles à ce choc, de l'indicateur de l'environnement concerné. Par contre, la colonne estampillée « hypothétique » affiche les réponses de l'indicateur de la qualité de l'environnement au choc ; ce, compte tenu du niveau de réaction de la croissance économique au choc, lequel est fixé à zéro sur toute la période d'étude. L'appréciation du rôle de la croissance économique dans la transmission des chocs des dépenses militaires à l'environnement étant faite par le biais de la comparaison des réponses impulsionnelles, il ressort des résultats du tableau 6 que l'influence de la croissance économique dans la transmission des chocs des dépenses militaires en Afrique, peut être regroupée en deux catégories.

**Tableau 5.** *Effet des dépenses militaires sur l'environnement : estimation par la méthode de*

*Lewbel 2SLS*

| *VARIABLES* | *L'environnement* | | | | | |
|---|---|---|---|---|---|---|
| | *1* | *2* | *3* | *4* | *5* | *6* |
| | *lnCO2* | *lnCO2* | *lnN2O* | *lnN2O* | *lnCH4* | *lnCH4* |
| *lnDEPM* | *0.380**** | *0.249**** | *2.012**** | *0.421**** | *2.277**** | *0.693**** |
| | *(0.121)* | *(0.0599)* | *(0.413)* | *(0.137)* | *(0.425)* | *(0.132)* |
| *lnPIB* | *1.350**** | *1.925**** | *-0.459**** | *6.367**** | *-0.413**** | *5.664**** |
| | *(0.0228)* | *(0.325)* | *(0.0777)* | *(0.741)* | *(0.0799)* | *(0.717)* |
| *lnPIB2* | | *-0.0593**** | | *-0.496**** | | *-0.462**** |
| | | *(0.0222)* | | *(0.0508)* | | *(0.0492)* |
| *lnDPOP* | | *-0.359**** | | *0.786**** | | *0.744**** |
| | | *(0.0534)* | | *(0.122)* | | *(0.118)* |
| *lnOUV* | | *0.169**** | | *-0.963**** | | *-0.768**** |
| | | *(0.0606)* | | *(0.138)* | | *(0.134)* |
| *lnAID* | | *-0.147**** | | *-0.831**** | | *-1.018**** |
| | | *(0.0250)* | | *(0.0571)* | | *(0.0553)* |
| *Constant* | *-8.946**** | *-11.61**** | *19.57**** | *-6.052*** | *21.01**** | *-0.779* |
| | *(0.525)* | *(1.308)* | *(1.785)* | *(2.986)* | *(1.837)* | *(2.891)* |
| *Observations* | *1820* | *1820* | *1749* | *1749* | *1749* | *1749* |
| *R-Carré* | *0.811* | *0.849* | *-0.466* | *0.456* | *-0.561* | *0.495* |

*Erreurs Standards entre parenthèses *** p <0.01 ; **p <0.05 ; *p <0.1*

**Tableau 6.** *Réponses impulsionnelles réelle et hypothétique des indicateurs de l'environnement*

*aux chocs des dépenses militaires en Afrique*

| | Réponses lnCO2 | | Réponses lnCH4 | | Réponses lnN2O | |
|---|---|---|---|---|---|---|
| *Périodes* | *Hypothétique* | *Réelle* | *Hypothétique* | *Réelle* | *Hypothétique* | *Réelle* |
| *1* | -0.004367 | -0.002103 | -0.004436 | 0.114664 | -0.003529 | -0.003634 |
| *2* | -0.000256 | 0.003479 | -0.002560 | 0.074012 | -0.002071 | -0.001642 |
| *3* | -0.004351 | 0.000199 | -0.004050 | 0.088414 | -0.003690 | -0.002219 |
| *4* | -0.005116 | -0.000277 | -0.003739 | 0.083269 | -0.003678 | -0.002187 |
| *5* | -0.006351 | -0.001363 | -0.003861 | 0.084967 | -0.003875 | -0.002177 |
| *6* | -0.007310 | -0.002271 | -0.003752 | 0.084258 | -0.003915 | -0.002196 |
| *7* | -0.008217 | -0.003165 | -0.003679 | 0.084378 | -0.003938 | -0.002185 |
| *8* | -0.009064 | -0.004016 | -0.003579 | 0.084208 | -0.003941 | -0.002185 |
| *9* | -0.009865 | -0.004832 | -0.003484 | 0.084136 | -0.003937 | -0.002179 |
| *10* | -0.010628 | -0.005612 | -0.003387 | 0.084030 | -0.003929 | -0.002174 |

S'agissant de la première catégorie, constat est fait de ce que la croissance économique joue un rôle relativement faible dans la propagation des chocs des dépenses militaires à la dégradation de l'environnement. Et, au regard des résultats du tableau 4, il ressort que dans cette première catégorie, le choc des dépenses militaires se transmet aux émissions d'oxyde nitreux ($N_2O$). Pour ce choc précisément, on peut noter que si les réponses impulsionnelles et réelles sont effectives, elles présentent de faibles différences ; ce qui est une indication du rôle minime que joue la croissance économique dans la transmission du choc des dépenses militaires sur les émissions d'oxyde nitreux en Afrique.

C'est finalement dans la deuxième catégorie mentionnée plus haut que la croissance économique joue un rôle important dans la propagation des chocs des dépenses militaires sur le milieu naturel. De fait, les réponses impulsionnelles hypothétiques et réelles des émissions de dioxyde de carbone ($CO_2$) et de méthane ($CH_4$), affichent des différences relativement importantes ; ce qui constitue un signal clair de l'importance du rôle de la croissance économique dans la transmission du choc des dépenses militaires sur les émissions de $CO_2$ et de $CH_4$ en Afrique.

## 5. L'analyse asymétrique de l'impact des dépenses militaires sur la qualité de l'environnement

L'un des objectifs de notre étude est de procéder à l'estimation des équations 1, 2 et 3 décrites supra, pour analyser l'impact asymétrique des dépenses militaires sur la qualité de l'environnement en Afrique. En nous basant sur l'approche de régression quantile en deux étapes, développée par Koenker (2004) pour les 10$^e$, 25$^e$, 50$^e$, 75$^e$ et 90$^e$ percentiles de la qualité environnementale conditionnelle, les résultats de l'estimation sont présentés au tableau 7. La figure 3, elle, montre les différents modèles de changement des facteurs d'influence à différents niveaux de quantile.

Comme le révèlent le tableau 7 et la figure 2, il existe un effet asymétrique des dépenses militaires sur la dégradation de l'environnement. La cohérence qu'il y a entre le produit intérieur brut (PIB) et la dégradation de l'environnement tend, par ailleurs, à montrer le double rôle que joue le facteur dépenses militaires dans l'altération de la qualité du milieu naturel : bénéfique, en ce qui concerne la réduction des émissions de $N_2O$ et de $CH_4$ ; et néfaste, quant aux émissions de $CO_2$. Pour autant, les dépenses militaires et la dégradation de l'environnement restent asymétriques en ce qui concerne les émissions de $CO_2$, $N_2O$ et $CH_4$. S'agissant du cas spécifique du $CO_2$, les dépenses militaires ne commencent à avoir une influence positive et significative sur ses émissions, qu'à partir du 50$^e$ quantile. Ce résultat implique qu'un faible niveau de dépenses militaires n'influe pas sur les émissions de $CO_2$. En revanche, pour ce qui est du $N_2O$ et du $CH_4$, l'effet d'asymétrie apparaît dès que le 75$^e$ quantile est atteint.

Concernant les variables de contrôle, force est de constater qu'à différents niveaux de quantile, la densité de la population et l'aide au développement ont des impacts cohérents sur la dégradation de l'environnement. L'ouverture commerciale, par contre, agit de manière asymétrique sur la détérioration de la nature. Ainsi, au 10$^e$ quantile, elle a un effet non significatif sur les indicateurs retenus pour rendre compte de la qualité de l'environnement dans le cadre de cette étude. Mais, du 25$^e$ jusqu'au 90$^e$ quantile, cette variable de contrôle contribue à accroître les émissions de CO2 ; confirmant par là l'hypothèse du havre de pollution.

Pour ce qui est des cas particuliers du $N_2O$ et du $CH_4$, observation est faite de ce qu'à partir du 25e quantile, l'ouverture commerciale réduit l'ampleur de leur diffusion dans la nature. Ce résultat reste cohérent avec l'hypothèse du havre de pollution.

Au vu de tous ces résultats, l'on a confirmation que la densité de la population, l'ouverture commerciale et l'aide au développement sont des déterminants importants de la dégradation de l'environnement en Afrique.

**Tableau 7.** *Effet des dépenses militaires sur la dégradation de l'environnement : une analyse par les quantiles*

| | *lnCO2* | | | | | *lnN2O* | | | | | *lnCH4* | | | | |
|---|---|---|---|---|---|---|---|---|---|---|---|---|---|---|---|
| *VARIABLES* | *1* | *2* | *3* | *4* | *5* | *6* | *7* | *8* | *9* | *10* | *11* | *12* | *13* | *14* | *15* |
| | *0,10* | *0,25* | *0,50* | *0,75* | *0,90* | *0,10* | *0,25* | *0,50* | *0,75* | *0,90* | *0,10* | *0,25* | *0,50* | *0,75* | *0,90* |
| *lnPIB* | *1.140**** | *1.051**** | *1.022**** | *1.044**** | *0.962**** | *-1.428**** | *-0.929**** | *-0.473**** | *-0.417**** | *-0.258** | *-1.161**** | *-0.759**** | *-0.595**** | *-0.612**** | *-0.298**** |
| | *(0.0483)* | *(0.0401)* | *(0.0353)* | *(0.0396)* | *(0.0582)* | *(0.165)* | *(0.113)* | *(0.163)* | *(0.102)* | *(0.135)* | *(0.172)* | *(0.180)* | *(0.101)* | *(0.0847)* | *(0.111)* |
| *lnDEPM* | *0.0127* | *0.0256* | *0.139**** | *0.179**** | *0.261**** | *0.294**** | *0.365**** | *0.238**** | *0.103* | *-0.0149* | *0.443**** | *0.316**** | *0.258**** | *0.0163* | *-0.0799* |
| | *(0.0364)* | *(0.0239)* | *(0.0293)* | *(0.0389)* | *(0.0312)* | *(0.0693)* | *(0.0592)* | *(0.0784)* | *(0.0784)* | *(0.0824)* | *(0.0588)* | *(0.0745)* | *(0.0931)* | *(0.0692)* | *(0.0555)* |
| *lnDPOP* | *-0.257**** | *-0.154**** | *-0.118*** | *-0.0193* | *-0.143*** | *0.425*** | *0.717**** | *1.033**** | *0.770**** | *0.605**** | *1.197**** | *1.050**** | *0.929**** | *0.679**** | *0.521**** |
| | *(0.0544)* | *(0.0410)* | *(0.0563)* | *(0.0616)* | *(0.0699)* | *(0.179)* | *(0.127)* | *(0.108)* | *(0.135)* | *(0.160)* | *(0.203)* | *(0.162)* | *(0.125)* | *(0.117)* | *(0.112)* |
| *lnOUV* | *-0.0392* | *0.225**** | *0.330**** | *0.240**** | *0.312**** | *-0.00761* | *-0.678**** | *-0.926**** | *-0.971**** | *-1.362**** | *0.0413* | *-0.634**** | *-0.659**** | *-0.684**** | *-0.775**** |

| | | | | | | | | | | | | | | | |
|---|---|---|---|---|---|---|---|---|---|---|---|---|---|---|---|
| | (0.0543) | (0.0524) | (0.0811) | (0.0799) | (0.0763) | (0.190) | (0.176) | (0.108) | (0.112) | (0.200) | (0.200) | (0.211) | (0.114) | (0.0895) | (0.118) |
| lnAID | -0.153*** | -0.110*** | -0.164*** | -0.177*** | -0.238*** | -1.044*** | -0.802*** | -0.631*** | -0.549*** | -0.353*** | -1.120*** | -0.915*** | -0.776*** | -0.782*** | -0.545*** |
| | (0.0406) | (0.0227) | (0.0212) | (0.0258) | (0.0350) | (0.0651) | (0.0862) | (0.107) | (0.0579) | (0.101) | (0.0766) | (0.0895) | (0.0736) | (0.0468) | (0.0576) |
| Constant | -10.47*** | -8.988*** | -7.662*** | -6.938*** | -5.995*** | 20.62*** | 18.78*** | 16.96*** | 15.62*** | 13.58*** | 23.27*** | 19.75*** | 18.58*** | 17.44*** | 14.43*** |
| | (0.417) | (0.312) | (0.297) | (0.379) | (0.586) | (0.884) | (1.030) | (1.567) | (1.327) | (1.226) | (1.082) | (1.288) | (1.060) | (0.845) | (1.097) |
| Observations | 1,309 | 1,309 | 1,309 | 1,309 | 1,309 | 1,222 | 1,222 | 1,222 | 1,222 | 1,222 | 1,222 | 1,222 | 1,222 | 1,222 | 1,222 |
| q1 | 0.100 | 0.250 | 0.500 | 0.750 | 0.900 | 0.100 | 0.250 | 0.500 | 0.750 | 0.900 | 0.100 | 0.250 | 0.500 | 0.750 | 0.900 |
| r2_p_q1 | 0.495 | 0.565 | 0.604 | 0.619 | 0.617 | 0.301 | 0.238 | 0.166 | 0.161 | 0.133 | 0.355 | 0.250 | 0.204 | 0.221 | 0.207 |

*Erreurs Standards entre parenthèses *** $p < 0.01$ ; ** $p < 0.05$ ; * $p < 0.1$*

**Figure 3.** *Changement des coefficients de régression quantile en panel*

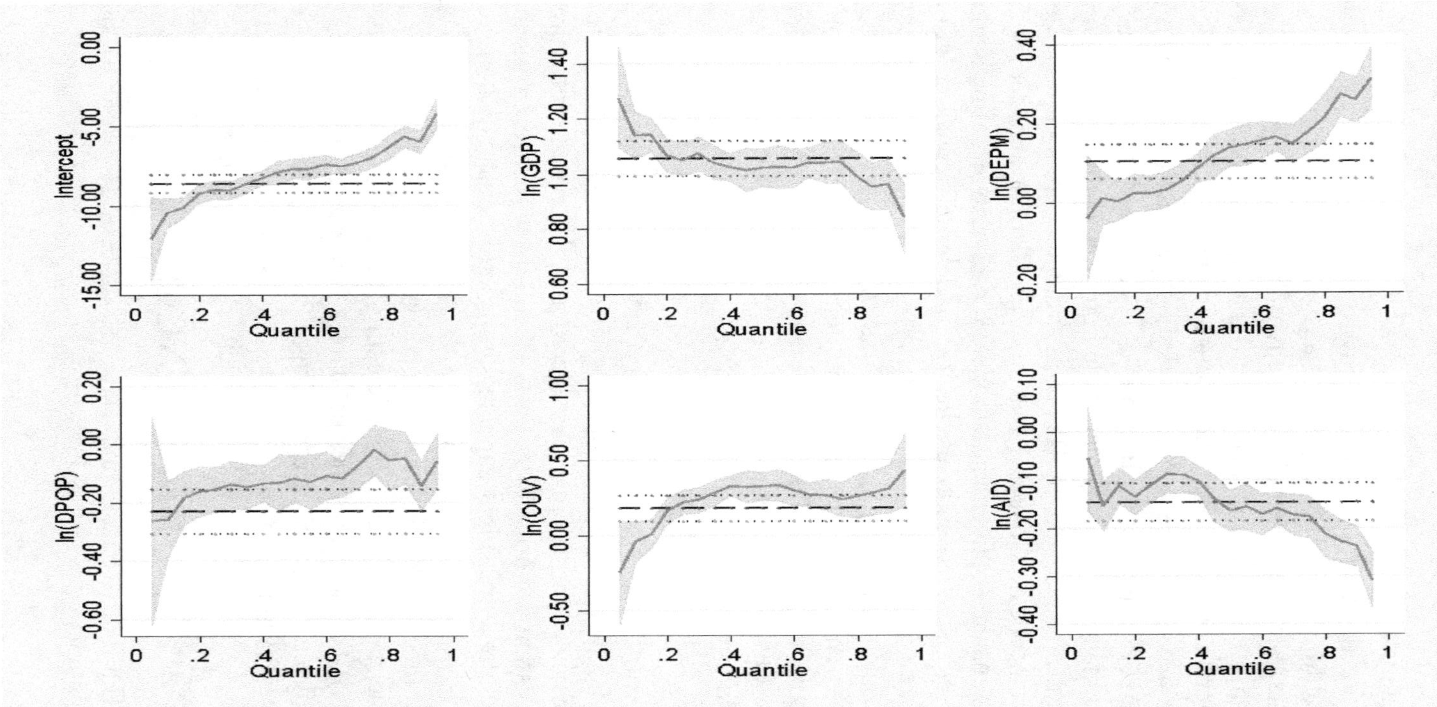


*Notes : L'axe des x représente les quantiles conditionnels de la sous-alimentation et l'axe des y indique les valeurs des coefficients de diverses variables. La ligne rouge, quant à elle, indique les valeurs descoefficients du modèle de données de panel avec un effet fixe.*

*

* *

La question de la préservation de l'environnement est devenue centrale pour les politiques de développement au sein des Etats. L'analyse des déterminants de la dégradation environnementale semble avoir l'assentiment de la communauté scientifique, pour le côté pratique des recherches en la matière ; lesquelles, pour le coup, constituent un vivier de solutions. C'est dans cette perspective que s'est inscrit cette étude dont l'objet a été d'examiner, pour un panel de 54 pays africains, l'impact des dépenses militaires sur la dégradation de l'environnement. En utilisant les données annuelles de 1983 à 2019, nous avons recouru à la méthode des effets fixes et, celle de Driscoll-Kraay, pour étudier notre modèle de base. Nous avons ensuite appliqué la méthode 2SLS de Lewbel, afin de prendre en compte les risques d'endogénéité. Le modèle de Lewbel a, en outre, permis de résoudre le problème d'hétéroscédasticité. Nous avons en définitive opté pour les quantiles, histoire de vérifier la relation asymétrique entre les dépenses militaires et la dégradation de l'environnement. Les résultats confirment que les dépenses militaires affectent négativement l'environnement en Afrique. Ces conclusions ont des implications politiques importantes pour la promotion et la préservation de l'environnement.

Les pouvoirs publics peuvent soutenir les actions en faveur de la paix en Afrique. Sachant que la majorité des guerres civiles sur le continent sont souvent liées aux conflits pré et post-électoraux, il apparaît nécessaire que les pays puissent assainir le système électoral, et mettre en place des institutions fortes, qui soient capables de prévenir tout risque de conflit. Bien plus, le système de gouvernance devrait être amélioré, en vue de réduire les inégalités qui subsistent encore dans de nombreux pays (inégalités de revenus, d'éducation, de genre, d'accès aux services sociaux de base, etc.). Tels sont quelques préalables pour que la plupart des pays africains jadis en conflit, ré-orientent la part des budgets autrefois affectés aux dépenses militaires, vers d'autres secteurs certes plus créateurs de richesse, mais aussi, et surtout, respectueux de l'environnement. ■

# RÉFÉRENCES

Anderson E., P.de Renzio, and Levy S. (2006), The role of public investment in poverty reduction:

Theories, evidence and methods, ODI Working Paper No 263, London, U.K., Overseas Development Institute, 40p., ISBN: 0-85003-796-4.

Bachmann R., and Sims E.R. (2011), Confidence and the transmission of government spending shocks, NBER Working Paper No 17063, Cambridge, Massachusetts (MA), USA, National Bureau of Economic Research, 46p. Available [Online] From the web site https://www.nber.org/system/files/working_papers/w17063/w17063.pdf, accessed July 18, 2024 at 7:36 p.m.

Başar S., and Temurlenk M.S. (2007), "Environmental Kuznets Curve: An Empirical Analysis for Turkey." *Journal of Economics and Administrative Sciences*, vol. 21, n° 1, pp. 1-12.

Beckerman W. (1992), Economic development and the environment: conflict of complementarity? Policy Research Working Paper Series 961, Washington D.C., USA, The World Bank.

Bernanke B.S., M. Gertler, M. Watson, C.A. Sims, and Friedman B.M. (1997), "Systematic Monetary Policy and the Effects of Oil Price Shocks." Brookings Papers on Economic Activity, vol. 1997, no 1, pp. 91-157.

Bhagwati J. (1993), "The case for free trade." Scientific American, vol. 269, no 5, pp. 42-49.

Birdsall N., and Wheeler D. (1993), "Trade Policy and Industrial Pollution in Latin America: Where are the Pollution Havens?" The Journal of Environment & Development, vol. 2, no 1, p. 137-149.

Brajer V., R.W. Mead, and Xiao F. (2011), "Searching for an Environmental Kuznets Curve in China's air pollution." China Economic Review, vol. 22, no 3, pp. 383-397.

Dinda S. (2004), "Environmental Kuznets Curve Hypothesis: A Survey." Ecological Economics, vol. 49, no 4, pp. 431-455.

Driscoll J.C., and Kraay A.C. (1998), "Consistent covariance matrix estimation with spatially dependent panel data." Review of economics and statistics, vol. 80, no 4, pp. 549-560.

Dunne J.P., and Coulomb F. (2008), "Peace, war and international security: economic theories." In: Fontanel J., and Chatterji M. (eds.), War, peace and security, Leeds, UK, Emerald Group Publishing Limited, pp. 13-36.

Dunne J.P., R.P. Smith, and Willenbockel D. (2005), "Models of military expenditure and growth: A critical review." Defence and Peace Economics, vol. 16, no 6, pp. 449-461.

Dunne J.P. (1996), "Economic effects of military expenditure in developing countries: a survey." Contributions to economic analysis, vol. 235, p. 439-464.

Grossman G.M., and Krueger A.B. (1995), "Economic Growth and the Environment." TheQuarterly Journal of Economics, vol. 110, no 2, pp. 353-377.

Guillard D. (2006), Les armes de guerre et l'environnement naturel : essai d'étude juridique. Paris, France, Editions L'Harmattan, 390p., ISBN 2-296-00401-6.

Khazri A. (2011), « Le développement durable et les conflits armés. » Télescope, vol. 17, n° 2, pp. 114-130.

Koenker R. (2004), "Quantile regression for longitudinal data." Journal of Multivariate Analysis, vol. 91, n° 1, pp. 74-89.

Kuznets S. (1955), "Economic Growth and Income Equality." The American Economic Review, vol. 45, n°1, pp. 1-28.

Lewbel A. (2012), "Using heteroscedasticity to identify and estimate mismeasured and endogenous regressor models." Journal of Business & Economic Statistics, vol. 30, n° 1, pp. 67-80.

Low P., and Yeats A. (1992), "Do "dirty" industries migrate?" In: International trade and the environment (pp. 89-103), World Bank Discussion Papers No 0159, Washington D.C., USA, The World Bank, 380p., ISBN: 0-8213-2115-3.

Nabe O. (1983), "Military expenditures and industrialization in Africa." Journal of Economic Issues, vol. 17, n° 2, pp. 575-587.

Noubissi D.E., and Njangang N.H. (2017), « Croissance économique et dégradation de l'environnement au Cameroun. » African Development Review, vol. 29, n°4, pp. 615-629.

Oster E. (2019), "Unobservable selection and coefficient stability: Theory and evidence." Journal of Business & Economic Statistics, vol. 37, n° 2, pp. 187-204.

Panayotou T. (1995), "Environmental Degradation at Different Stages of Economic Development." In: Ahmed I., and Doeleman J.A. (eds.),

Beyond Rio: The EnvironmentalCrises and Sustainable Livelihoods in the Third World, London, U.K., MacMillan.

Panayotou T. (1993), Empirical Tests and Policy Analysis of Environmental Degradation at Different Stages of Economic Development. ILO World Employment Programme Research Working Paper No 2-22, Geneva, Switzerland, Technology and Employment Programme, International Labour Organization (ILO), 45p., ISBN: 92-2-108796-4.

PNUD (2005), Rapport mondial sur le développement humain 2005 (Résumé) – La coopération internationale à la croisée des chemins. L'aide, le commerce et la sécurité dans un monde marqué par les inégalités. New York, Etats-Unis, Programme des Nations Unies pour le Développement, 44p. [En ligne] sur le site internet ci-contre consulté le 24 juin 2024. https://hdr.undp.org/system/files/documents/rapport-sur-le-developpement-humain-2005-resume-francais.

PNUE (2008), From Conflict to Peace Building: The Role of Natural Resources and the Environment. A PBSO Briefing Paper prepared in cooperation with UNEP, Executive Summary, 13p. [Online] From https://www.un.org/peacebuilding/sites, accessed June 13, 2024 at 5:54 p.m.

Shaaba Saba C., and Ngepah N. (2019), "Military expenditure and economic growth: evidence from a heterogeneous panel of African countries." Economic research-Ekonomska istraživanja, vol. 32, n° 1, pp. 3586-3606.

Shafik N., and Bandyopadhyay S. (1992), Economic growth and environmental quality: Time- series and cross-country evidence. Policy Research Working Paper Series No 904, Washington D.C, USA, The World Bank, 55p.

Sims C.A., and Zha, T. (2006), "Were there regime switches in US monetary policy?" American Economic Review, vol. 96, n° 1, pp. 54-81.

Smith R.P. (2000), "Defence Expenditure and Economic Growth." In: N.P. Gleditsch, G. Lindgren, N. Mouhleb, S. Smit, and I. de Soysa, (eds.), Making Peace Pay: A Bibliography on Disarmament and Conversion, Claremont, California (CA), USA, Regina Books, 270p. (pp. 15-24), ISBN: 1930053037.

Stern D.I., M.S. Common, and Barbier E.B. (1996), "Economic growth and environmental degradation: the environmental Kuznets curve and sustainable development." World development, vol. 24, n° 7, pp. 1151-1160.

Vadrot C.-M. (2005), Guerres et environnement - Panorama des paysages et des écosystèmes bouleversés. Paris, France, Delachaux et Niestlé, 252p., ISBN: 2-603-01339-4.

# *Émissions de $CO_2$ et croissance économique : rôle du secteur financier en Afrique Sub-Saharienne.*

Par

***Satiéba FAYAMA*** • *Université Thomas Sankara (UTS)*

*satiebafayama@gmail.com*

***Babacar SENE*** • *Université Cheikh Anta DIOP (UCAD)*

*babacar.sene@gmail.com*

***Boukary OUEDRAOGO*** • *Université Thomas SANKARA (UTS)*

*boukary_ouedraogo2003@yahoo.fr*

**RÉSUMÉ :**

Cet article analyse le rôle du secteur financier dans la relation entre les émissions de $CO_2$ et la croissance économique en Afrique Sub-Saharienne (ASS). L'estimation du modèle ARDL avec l'estimateur PMG a été utilisée sur un échantillon de 27 pays d'ASS, sur la période 2000-2019. Les résultats montrent un effet positif des émissions de $CO_2$ sur la croissance économique, à court et à long termes. En intégrant le secteur financier dans l'analyse, l'effet des émissions de $CO_2$ sur la croissance économique diminue. A long terme, le secteur financier affecte négativement la croissance économique. Ces résultats indiquent qu'une amélioration du secteur financier réduit les émissions de $CO_2$ ; ce qui a un effet positif à court et à long termes sur la croissance économique. D'où la suggestion faite aux gouvernants, qu'en termes de conception et de mise en œuvre de politiques économiques viables, il serait bon que le développement de l'ensemble du secteur financier soit au centre de l'attention.

**MOTS CLÉS :** émissions de $CO_2$, croissance économique, croissance verte, finance carbone, finance verte.

**CODE JEL :** O1, O4, G0, Q50.

# *$CO_2$ Emissions and Economic growth: The Role of the Financial sector in Sub-Saharan Africa.*

***ABSTRACT:***

*This paper analyzes the role of the financial sector in the relationship between $CO_2$ emissions and economic growth in Sub-Saharan Africa (SSA). The ARDL model estimation with PMG estimator was used on a sample of 27 SSA countries, over the period 2000-2019. The results show a positive effect of $CO_2$ emissions on economic growth, both in the short term and in the long term. By including the financial sector in the analysis, the effect of $CO_2$ emissions on economic growth* *decreases. In the long term, the financial sector has a negative impact on economic growth. These results indicate that an improvement in the financial sector reduces $CO_2$ emissions; which has a positive effect on economic growth in the short and long run. Hence, the suggestion made to governments that in terms of the design and implementation of viable economic policies, it would be good if the development of the entire financial sector were the focus of attention.*

***KEYWORDS:*** *$CO_2$ emissions, economic growth, green growth, carbon finance, green finance.*

***JEL CODE:*** *O1, O4, G0, Q50.*

Il existe une relation causale entre la croissance économique et les problèmes environnementaux. A preuve, les travaux de Brock et Taylor (2010) établissent que le taux de pollution est positivement corrélé au taux de croissance économique (effet scale), mais aussi négativement corrélé avec le niveau des émissions de gaz à effet de serre (effet défensif). Pourtant, que l'on se positionne à l'échelle d'une nation ou d'une région, le développement financier est un préalable à tout processus de croissance et de développement économique durable et inclusif. Il permet de financier les projets innovants, eux-mêmes porteurs de potentiels fruits de croissance et de développement. Seulement, le développement financier est aussi un déterminant majeur de la consommation d'énergie (Mukhtarov et *al.*, 2020) ; laquelle, précisent ces auteurs, conduit directement aux émissions de $CO_2$ et à leur corollaire, le changement climatique. Fidimanantsoa (2017) va plus loin en soulignant que l'énergie est un facteur qui limite la croissance, dans la mesure où l'énergie impose des contraintes à tout processus de développement économique. De tous les travaux mentionnés jusqu'ici, il ressort que pour préparer l'avènement d'une nouvelle économie climatique, et promouvoir par la même occasion un développement durable, la fourniture et l'utilisation efficace et efficiente de l'énergie sont fondamentales à tout processus de production de biens et de services.

Dès 1955, Simon Kuznets met au point une courbe qui explique la relation entre le PIB par habitant et les inégalités de revenus. Depuis les années 1990, cette courbe a connu une réinterprétation sous la forme d'un U inversé, et répond désormais à l'appelation de « la courbe environnementale de Kuznets » (en abrégé CEK ; et en anglais, EKC : The

Environmental Kuznets Curve)[36]. Elle met en lien les émissions de gaz à effet de serre (GES) et la croissance économique. A l'analyse de ladite courbe, il ressort qu'en général, les émissions de GES corrèlent positivement avec la croissance économique jusqu'à un certain seuil de développement ; puis décroissent. Kolstad et Krauthraemer (1993), eux, sont parvenus à la conclusion que, bien qu'elles soient bénéfiques à la croissance économique, les sources d'énergie ont un effet négatif sur l'environnement. Tous les auteurs ne valident cependant pas cette conclusion. A l'exemple de Ren (2008) et Fidimanantsoa (2017), qui trouvent qu'il est possible d'aboutir à la réduction des émissions de carbone tout en garantissant la croissance économique. Ce dernier résultat a, toutefois, davantage ravivé les débats au sein de la communauté des chercheurs qui, depuis lors, étudient en profondeur le lien entre les émissions de $CO_2$ et la croissance économique.

Dans la théorie de l'innovation élaborée par Schumpeter (1911), le développement financier est la source de l'innovation technologique. Autrement dit, l'adoption des nouvelles technologies par les sociétés humaines participe à la réduction des émissions de $CO_2$ et, subséquemment, permet d'améliorer la croissance. D'un point de vue théorique, la relation entre les émissions de $CO_2$, le développement financier et la croissance économique résulte de l'action conjuguée de trois secteurs de l'économie (Furuoka, 2015) ; à savoir, le secteur de l'énergie, le secteur financier, et le secteur des consommateurs et producteurs. Mais, en leur temps, Corden et Neary (1982) avaient déjà subdivisé l'économie en trois secteurs autres, différents de ceux de Furuoka, que sont : le secteur primaire, le secteur manufacturier, et le secteur des ressources naturelles. D'où l'existence d'un effet d'interaction ; lequel, selon Furuoka (2015), obéirait au schéma suivant : les consommateurs et les producteurs, dans leur prise de décision, influencent la consommation d'énergie et le crédit à l'économie. En retour, la production d'énergie affecte les consommateurs, les producteurs, et le crédit octroyé au système économique par les institutions bancaires et financières.

Pour Schumpeter (1911), l'efficience des institutions financières est cruciale pour la soutenabilité de la croissance économique ; car, le crédit

[36] Cette courbe (CEK, ou EKC en anglais) établit une relation entre la croissance économique et les émissions de gaz à effet de serre. En d'autres termes, il y a une corrélation entre le développement économique et la qualité de l'environnement. Ce qui corrobore l'hypothèse fondamentale de Kuznets qui, en substance, énonce qu'une relation en U inversée existe entre les émissions de gaz à effet de serre et le revenu par habitant.

influence le processus d'innovation. En effet, des auteurs comme Schumpeter (1911) et Greenwood et Jovanovic (1990) mettent l'accent sur la capacité de rendement du système financier ; laquelle est à même de favoriser l'adoption de nouvelles technologies, et/ou l'amélioration des anciennes.

La théorie de la croissance endogène (Romer, 1986 ; Lucas, 1988 ; Barro, 1990 ; Greenwood et Jovanovic, 1990) stipule que les politiques structurelles et de stabilisation telles la profondeur financière, l'ouverture commerciale, l'investissement, le déficit budgétaire, l'endettement, le taux de change, l'innovation, etc., sont autant de déterminants qui, à l'échelle d'un pays ou d'une région, impactent la croissance économique. L'idée fondamentale est que les décisions de politique structurelle, de stabilisation et de développement économique, soient prises de façon simultanée ; et que l'innovation occupe une place non négligeable dans l'économie. A ce propos, force est de constater que les pays qui ont connu une industrialisation rapide, sont aussi ceux qui ont pu réaliser une croissance économique élevée. Selon Stiglitz (1997 : 372), « *le niveau de vie aux Etats-Unis est bien plus élevé aujourd'hui qu'il y a un siècle, et ce en raison de la hausse considérable de la productivité. [...] le progrès technologique est à l'origine de cette hausse* ». Les pays du tiers monde en revanche, et particulièrement ceux d'Afrique Sub-Saharienne (ASS), parce que dotés d'un système financier peu développé voire embryonnaire, inefficace au point de ne pouvoir faciliter l'adoption des nouvelles technologies, accusent un retard de croissance, et peinent à atteindre un niveau de développement économique durable et inclusif.

La majorité des études antérieures ont pourtant relégué au second plan le rôle du secteur financier dans l'analyse de la relation qui existe entre les émissions de $CO_2$ et la croissance économique. Aucune de ces recherches n'a mis en évidence l'impact des marchés financiers et des banques dans ladite relation. Les travaux se sont généralement limités à l'estimation des effets individuels des émissions de $CO_2$ et du développement financier sur la croissance économique. A notre connaissance, il n'existe aucun document publié, qui ait traité de l'incidence des émissions de $CO_2$ sur la croissance économique en Afrique Sub-Saharienne, tout en y ayant montré le rôle particulier du secteur financier. D'où l'intérêt d'analyser ce rôle dans le contexte de la nouvelle économie du changement climatique. Chose qui nécessite que les modèles actuels intègrent l'effet déterminant du développement financier dans l'analyse de la relation énergie et croissance économique. Il convient, par ailleurs, de souligner que les travaux précurseurs n'utilisaient pas un indice global du secteur financier. De ce point de vue, les résultats issus de ces études sont très mitigés quant au rôle du secteur financier dans la relation émissions de $CO_2$ et croissance économique.

En Afrique Sub-Saharienne (ASS), aucune étude ne traite du rôle du secteur financier dans la relation entre les consommateurs et producteurs et les émissions de $CO_2$. Or, comme l'affirme Schubert (2017 : 136) : « *Les émissions de $CO_2$ sont un sous-produit de la production. La diminution des émissions peut avoir deux origines dans ce type de modèle [le modèle de la Nouvelle Macroéoconomie Keynésienne] : la politique environnementale, et un choc négatif sur la production. Trois politiques environnementales sont examinées : taxe carbone, marché de permis d'émissions, objectif d'intensité d'émission (c'est-à-dire plafond portant sur les émissions par unité de production).* » Prenant les propos de cet auteur en référence, l'on doit pouvoir comprendre que pour le cas spécifique des pays d'ASS, l'une des préoccupations fondamentales de la recherche revient à analyser, d'un point de vue empirique, le rôle du secteur financier dans l'influence que les émissions de $CO_2$ exercent sur la croissance économique. Ce travail, qui s'inscrit en droite ligne des théories de la croissance endogène (Romer, 1986 ; Lucas, 1988 ; Barro, 1990 ; Greenwood et Jovanovic, 1990), et particulièrement de la croissance verte, entend donc apporter des réponses au questionnement suivant : en ASS, quel est l'effet à court et à long termes des émissions de $CO_2$ sur la croissance économique ? De plus, quel rôle le secteur financier joue-t-il dans la relation entre les émissions de $CO_2$ et la croissance économique ?

Durant ces dernières années, la question de l'augmentation de la croissance économique en rapport avec un faible taux d'émissions de $CO_2$ occupe le devant de la scène internationale. Dans ce contexte, l'examen des facteurs à l'origine de la réduction des émissions de $CO_2$ devient indispensable dans le modèle de la nouvelle macroéconomie Keynésienne. D'où l'intérêt d'analyser le rôle du secteur financier dans la courbe environnementale de Kuznets.

Rappelons que les statistiques de la banque mondiale (WDI, 2019) ont révélé qu'en ASS, au cours de la période 2001-2018, il y a eu une augmentation de +1,76% du PIB (produit intérieur brut). Le niveau de consommation d'énergie était de 198,78 kilowatts (kW), et la part du crédit intérieur fournie par le secteur financier s'élevait à 36,23% du PIB, avec un taux d'émissions de $CO_2$ équivalant en moyenne à 747 407,237 tonnes.

En comparaison, durant la période 1990-2000, 239,47 kW représentaient la consommation d'énergie ; 37,80 % du PIB, le crédit ; et 491 125,057 tonnes en moyenne, les émissions de $CO_2$. La Conférence des Nations Unies sur le Commerce et le Développement (CNUCED, 2012) prévoit en Afrique, un PIB par habitant de 18,6 dollars US d'ici 2050, contre 2,6 dollars US en 2020, et 1,2 dollar US en 2010 ; et dans les pays développés, un PIB par habitant de 8500 dollars d'ici 2050, contre 2049 dollars en 2020 et 1219 dollars en 2010. Dans un tel contexte, il est important d'analyser le rôle que le secteur financier joue dans l'influence qu'exercent les émissions de $CO_2$ sur la croissance économique en ASS. Cet article a donc pour objectif d'évaluer, pour le cas spécifique des pays d'ASS, le rôle du secteur financier dans la relation à l'œuvre entre les émissions de $CO_2$ et la croissance économique. Pour y parvenir, nous supposons que dans cette région particulière de l'Afrique, le secteur financier conduit à une croissance économique verte, tout en réduisant l'effet des émissions de $CO_2$ sur cette dernière.

Nous défendons l'hypothèse selon laquelle, en ASS, l'effet des émissions de $CO_2$ sur la croissance économique dépend de la vigueur du secteur financier.

L'article entend ainsi démontrer qu'en ASS :

- En plus de l'effet négatif que génère la politique environnementale sur la production, il faut ajouter le degré de développement du secteur financier comme déterminant de la réduction des émissions de $CO_2$ dans le modèle de la nouvelle macroéconomie keynésienne.
- Les émissions de $CO_2$ influencent la croissance économique à court et long terme.
- La relation en « U inversée » de la courbe environnementale de Kuznets est à prendre en compte dans l'examen du rôle du secteur financier.
- L'utilisation de l'indice globale de développement financier permet de conclure que le secteur financier conduit à la croissance économique verte. Et qu'en outre, le rôle que ce secteur est appelé à jouer dépend de son niveau de développement.

En guise de structuration, la suite de ce travail de recherche se déploie de la manière suivante : dans une première section, il est fait étalage d'une revue théorique et empirique de la littérature. La deuxième articulation présente la méthodologie d'estimation. Quant à la troisième, elle traite de la discussion des résultats. Enfin, dans une quatrième et ultime partie, interviennent la conclusion de l'étude, et l'exposé de quelques implications de politique économique.

# ÉMISSIONS DE $CO_2$, DÉVELOPPEMENT FINANCIER ET CROISSANCE : QUELLE INVESTIGATION THÉORIQUE ET EMPIRIQUE ?

La question de l'incidence des émissions de $CO_2$ sur la croissance économique a fait l'objet de nombreuses controverses ; et les résultats empiriques sont peu concluants. Il en ressort néanmoins que le développement financier est le déterminant majeur des émissions de $CO_2$ (Mukhtarov et *al.*, 2020 ; Yu et *al.*, 2022).

Tamazian et *al.* (2009) ont été les pionniers dans l'analyse de l'asymétrie entre les émissions de $CO_2$, le développement financier et la croissance économique. Ces travaux ont intégré le fait que les séries financières sont des phénomènes déroutants. Par exemple, le passage d'un cycle financier à un autre conduit à des comportements asymétriques. Aussi, est-il important de tenir compte des fluctuations excessives des systèmes de financement. L'approche dite non linéaire dans la modélisation de cette asymétrie (Aqaralleh, 2020) s'avère donc d'application nécessaire. Dans le cas de l'Inde, Shahbaz et *al.* (2017) indiquent qu'un choc négatif sur la consommation d'énergie et le développement financier, impacte la croissance économique. Leur étude a cependant l'inconvénient d'avoir été réalisée pour un seul pays ; ce qui ne permet pas de prendre en compte la dimension spatiale. Or, l'intégration de cette dimension permet de ne pas omettre de traiter ni la question de l'hétérogénéité entre les différents pays d'un même panel, ni celle de leur interdépendance.

A contrario, la causalité négative du développement financier sur les émissions de $CO_2$ se manifeste par l'effet de technologie (Tamazian et *al.*, 2009 ; Jalil et Feridun, 2011 ; Shahbaz et *al.*, 2013 et Shahbaz et *al.*, 2017). Les auteurs ici mentionnés précisent que la relation entre le développement financier et les émissions de $CO_2$ devient négative lorsque le développement financier est mesuré par les investissements directs étrangers et le ratio de la consommation d'énergie sur le produit intérieur brut. La relation de cause à effet dépend en partie ici, des niveaux de développement énergétique et financier. Aucun consensus n'est encore trouvé par les chercheurs ; les études existantes laissant entrevoir, par exemple, tout à la fois, une causalité bidirectionnelle, un effet positif du développement financier sur les émissions de $CO_2$ , un effet négatif du développement financier sur les émissions de $CO_2$, et une neutralité entre le développement financier et les émissions de $CO_2$.

En Afrique, Boufateh et Saadaoui (2020) analysent, à partir de l'estimateur ARDL-PMG et d'un panel hétérogène de pays, le rôle de l'énergie et du développement financier dans la relation de Kuznets. Boufateh et Saadaoui (2020) arrivent à la conclusion que le développement financier influence positivement ou négativement les émissions de $CO_2$ dans la relation en « U inversée ». Ce résultat diffère de celui de Destek et Sarkodie (2019), obtenu de l'étude d'un panel de 11 pays nouvellement industrialisés. Menegaki et Tugco (2016) trouvent, au terme d'une étude portant sur 42 pays d'ASS, qu'il n'y a pas de relation entre les émissions de $CO_2$ et la croissance économique. Quant à Al-mulali, Binti et Che (2012), ils aboutissent à une causalité bidirectionnelle en examinant, en référence à la période 1980-2008, l'impact des émissions de $CO_2$ sur la croissance et le développement financier de 13 pays. Au regard de toutes ces découvertes empiriques, l'on constate que l'analyse de la relation émissions de $CO_2$, développement financier et croissance économique, s'est faite de manière séparée.

A l'examen des études empiriques existantes, les résultats auxquels l'on parvient semblent mitigés, car le rôle du secteur financier y demeure ambigu. En conséquence, une nécessité s'impose ; celle de proposer un outil économétrique permettant d'analyser, en ASS, le rôle du secteur financier dans la relation émissions de $CO_2$ et croissance économique. En se référant quelque peu à Al-mulali, Binti et Che (2012), et souscrivant entièrement à la perspective de Boufateh et Saadaoui (2020), notre étude vise à mettre l'accent sur le rôle du secteur financier dans la relation entre les émissions de $CO_2$ et la croissance économique ; l'objectif final étant de montrer qu'il y a bien un effet d'interaction entre les émissions de $CO_2$, le développement financier et la croissance économique. Compte tenu du niveau de développement économique et financier des pays d'Afrique au sud du Sahara, nous proposons un indice global du secteur financier, et cinq sous-indices, qui mesure chacun une dimension du développement financier. Nous choisissons ces cinq dimensions parce que nous estimons qu'elles couvrent tout le secteur financier en ASS ; contrairement à

Boufateh et Saadaoui (2020) qui, pour 22 pays en Afrique, n'ont considéré que trois dimensions du secteur financier. Ces derniers auteurs ont, en outre, en lieu et place d'un indice global du secteur financier, construit des indices individuels correspondant aux trois dimensions retenues. Dans le cadre particulier de la présente étude, l'indice global choisi est censé couvrir tous les aspects du secteur financier en ASS.

# MODÉLISATION ÉCONOMÉTRIQUE DU ROLE DU SECTEUR FINANCIER DANS LA RELATION $CO_2$ ET CROISSANCE

Notre modèle d'estimation s'inspire de Tamazian et *al.*, 2009 ; Kahouli 2017 ; Charfeddine et Kahia, 2019 ; ainsi que de Plane et da Piedade, 2021. Ces auteurs ont mis en évidence les effets d'interaction entre les émissions de $CO_2$, le développement financier et la croissance économique. L'objectif de ce travail est d'analyser via un modèle à correction d'erreur ARDL, le rôle du secteur financier dans la relation à l'œuvre entre les émissions de $CO_2$ et la croissance économique. Ce choix se justifie par le fait que les estimateurs du modèle fournissent les effets de court et de long terme ; ainsi qu'une force de rappel qui permet de valider les estimations en excluant certaines variables, et en en intégrant de nouvelles, pour tenir compte de la réalité des pays d'ASS. D'un point de vue formel, et selon Pesaran et *al.* (1999), le modèle de panel dynamique hétérogène ou ADRL mentionné supra s'écrit comme suit :

$$\Delta Y_{i,t} = \emptyset_i\left(Y_{i,t-j} - \delta_i X_{i,t-j}\right) + \sum_{j=1}^{p} \beta_{ij}\Delta Y_{i,t-j} + \sum_{j=0}^{q} \gamma_{ij}\Delta X_{i,t-j} + \varphi_i + \mu_{it} \quad (1)$$

Avec $Y_{i,t}$ la croissance économique ; i, la dimension individuelle ; t, j, p et q, les dimensions temporelles ; et $X$, un vecteur de variables explicatives.

### 1. Choix des variables, source de données et statistiques descriptibles

L'ensemble des variables utilisées provient de la base de données World development indicators (WDI, 2019), du Financial database (2019), du World Federation of Exchanges (2019) : International Financial Statistics (IFS, 2019) et International Monetary Fund (IMF, 2019). Ces données couvrent la période 2000-2019, et concernent un échantillon de 27 pays d'ASS, dont l'Angola, le Bénin, le Botswana, le Burkina Faso, le Cameroun, la République démocratique du Congo (RDC), le Congo, la Côte d'Ivoire, l'Ethiopie, le Gabon, le Ghana, le Kenya, Madagascar, le Malawi, le Mali, l'Ile Maurice, le Mozambique, la Namibie, le Niger, le

Nigéria, le Rwanda, le Sénégal, l'Afrique du Sud, la Tanzanie, le Togo, l'Ouganda et la Zambie. Les variables (voir tableau 1 en annexe) sont choisies sur la base de la littérature existante. Les variables PIB/H, L et $CO_2$ sont prises en logarithme.

### 2. Techniques d'estimation

Diverses méthodes d'estimation sont susceptibles d'utilisation lorsqu'on doit estimer un panel dynamique hétérogène avec dépendance des unités transversales. Il s'agit, entre autres méthodes, du Mean Group (MG), de l'estimateur des effets corrélés communs (CCE) de Pesaran (2006), de l'estimateur dynamique des effets corrélés communs (DCCE) de Chudik et Pesaran (2015), du Cross-Sectional Augmented Distributed Lag (CS-DL) de Chudik et *al.* (2016), du Cross-Sectional Augmented ARDL (CS-ARDL) de Chudik et *al.* (2016), ou du Pooled Mean Group (PMG). Ces estimateurs sont les plus couramment rencontrés dans la littérature. Pour autant, dans l'optique d'éviter des régressions fallacieuses, on peut se servir du test de Hausman pour effectuer le choix de l'estimateur. Ledit test permet, en effet, de faire le tri entre les différents estimateurs (CMG et CPMG) sus cités.

## ANALYSE DES RÉSULTATS ET DISCUSSION : QUELLES INTERPRÉTATIONS ÉCONOMIQUES ?

### 1. Statistiques descriptibles

La financiarisation moyenne de l'économie est de 0,20% pour l'ensemble de l'échantillon ; la financiarisation maximale s'élevant à 0,64% ; et celle minimale, à 0,017%. La variance intra-individuelle est égale à 0,0256 ; avec un écart-type de 0,16. La variance interindividuelle équivaut, elle, à 0,001 ; avec un écart-type interindividuel de 0,038, et un écart-type total de 0,15. Ce qui, en clair, correspond à une variance totale de 0,0225. Le taux moyen des émissions de $CO_2$ sur l'ensemble de l'échantillon est de 3,23% ; avec une pointe maximale positionnée à 50,31% ; et une minimale, à 0,057%. La variance intra-individuelle (between) est égale à 96,63 et admet un écart-type de 9,83 ; tandis que la variance interindividuelle (within) est égale à 1. Soit au final, un écart-type de 1 sur une variance totale de 93,31. S'agissant de la consommation d'énergie renouvelable, on note pour l'ensemble des 27 pays considérés, un taux de consommation moyen de 65,82%. Les taux de consommation maximal et mimimal d'énergie renouvelable sont, quant à eux, respectivement de 98,34% et 10,63%. Ici, la variance intra-individuelle atteint 663,57 ; avec un écart-type intra-individuel de 25,76. L'écart-type interindividuel se chiffre, lui, à 4,21 ; pour une variance interindividuelle associée de 17,72.

Pourtant, le taux de croissance moyen de la totalité des 27 pays objets de l'étude est de 0,26% ; pour un taux maximal de 1,09% ; et minimal de 0,019%. A ce niveau, il y a lieu de noter la faible variabilité de la croissance ; en témoigne la variance totale qui n'est que de 0,072 (écart-type total associée = 0,27). La variance intra-individuelle se chiffre à 0,078 avec un écart-type between de 0,28 ; et celle interindividuelle à 0,002, avec un écart-type within de 0,05. Le taux moyen d'investissement pour l'ensemble de l'échantillon est de 23,61% ; avec un taux minimal d'investissement nul (0%), et un taux maximal de 53,98%. Cependant, la variance intra-individuelle est égale à 31,69 (pour un écart-type de 5,83) ; quand celle interindividuelle atteint 45,56 (pour un écart-type de 6,65). La variance totale est en définitive de 75,86 (pour un écart-type total de 8,71). Dans les 27 pays considérés, il existe une forte variabilité de l'investissement interpays. Tel résultat pourrait s'expliquer par le poids élevé de la masse salariale dans chacun desdits pays. Du taux d'urbanisation relatif à l'ensemble de l'échantillon, il ressort que sa moyenne pointe à 2,55% ; quand ses minimum et maximum se situent respectivement à 0,32% et 3,90%. Ici, la variance totale est de 0,55 (pour un écart-type total de 0,74) ; la variance interindividuelle, de 0,04 ; et celle intra-individuelle, de 0,53 (avec des écarts-types respectifs de 0,19 et 0,73). Pour les 27 pays de l'échantillon, l'ouverture commerciale moyenne est de 71,99% ; avec un minimum de 20,72% et un maximum de 165,64%. L'écart-type intra-individuel de la variable ouverture commerciale est de 26,78 ; et la variance qui lui est associée atteint 717,17. L'écart-type interindividuelle, lui, est égal à 12,93 ; pour une variance interindividuelle associée de 167,18. Ce qui en définitive donne, pour la variable ouverture commerciale, une variance totale de 851,47 et un écart-type total associé de 29,18.

En outre, l'analyse corrélationnelle de Kendall révèle un coefficient de 0,34 entre la croissance économique et le secteur financier ; et 0,37 pour la croissance et les émissions de $CO_2$. Pourtant, ce coefficient est de 0,24 entre les émissions de $CO_2$ et le secteur financier. Au regard de toutes ces statistiques, l'on est fondé de conclure que, dans le contexte des pays d'ASS, il existe bel et bien une relation entre la croissance économique, les émissions de $CO_2$ et le secteur financier

## 2. Résultat de long terme

Deux modèles (1 et 2) ont fait l'objet d'estimation. Le modèle 1 prend en compte les émissions de $CO_2$ et des variables de contrôle telles l'ouverture commerciale, la consommation d'énergie renouvelable, la formation brute du capital fixe, le travail et l'urbanisation. Contrairement au modèle 2 relevé infra, la variable du secteur financier n'y est pas intégrée. Les coefficients obtenus sont des semi-élasticités ; à l'exception de ceux en lien avec les variables émissions de $CO_2$ et travail qui, parce qu'on les a exprimés en logarithme, incarnent des élasticités.

Les résultats du modèle 1 montrent que toutes les variables, hormis celle relative aux émissions de $CO_2$, ont des effets négatifs et statistiquement significatifs sur la croissance (voir tableau 4 en annexe). L'effet négatif de ces variables trouve une explication chez Solow (1956), dont les travaux ont établi que toutes les économies atteignent l'*Etat stationnaire* ; et qu'aucun facteur autre que le *progrès technique* n'explique le sentier de la croissance. En outre, puisque l'hypothèse du « havre de pollution » stipule que les activités industrielles fortement polluantes exercées dans les pays développés se déplacent vers les pays en développement (PED), les émissions de $CO_2$ affectent à long terme, positivement et significativement, la croissance économique dans les pays d'ASS. Cet effet positif tient de la faiblesse des émissions, elle-même relative à la faible industrialisation des économies des PED. Soulignons que, dans le contexte particulier de notre étude, 1% d'augmentation des émissions de $CO_2$ s'est traduit par une hausse de 33% de la croissance économique. Ce résultat est corroboré par les conclusions des travaux de Tamazian et *al.* (2009), Al-Mulali, Binti et Che (2012), et Boufateh et Saadaoui (2020) ; lesquelles mettent en lumière la relation entre les émissions de $CO_2$, le développement financier et la croissance économique. Il diverge, en revanche, des résultats obtenus par Menegaki et Tugco (2016) ; et Destek et Sarkodie (2019). Sachant que le développement financier est endogène ; et que, comme le prévoit la théorie de la croissance endogène, seuls les facteurs endogènes sont susceptibles d'expliquer la croissance économique, qu'apporte à cette dernière la prise en compte du secteur financier ? C'est la question à laquelle le modèle 2 se propose de répondre.

En considérant l'indice du secteur financier dans le modèle 2, il ressort des estimations réalisées, qu'à long terme, les émissions de $CO_2$ affectent positivement et significativement la croissance économique dans les pays d'ASS (voir tableau 4 en annexe). De sorte que 1% d'augmentation des émissions de $CO_2$, se traduise par une hausse de 56% de la croissance économique. Ainsi, en présence du secteur financier, l'effet positif qu'exercent les émissions de $CO_2$ sur la croissance économique des pays d'ASS croît globalement ; passant de 33% à 56%. Dans le détail, l'étude a révélé que pour certains pays de la région ASS, un développement du secteur financier équivalant à un point de pourcentage, se traduit, à long terme, par une réduction de 7,20% de la croissance économique. Ce résultat est loin d'être cohérent avec la théorie de la croissance endogène, qui stipule que la croissance économique suit le niveau de développement du secteur financier. Or, le développement financier nourrit aussi les crises financières ; lesquelles ont de lourdes conséquences au plan macroéconomique. La situation de ces pays trouverait alors explication dans le fait qu'à long terme, le secteur financier affiche une réelle incapacité à orienter l'épargne vers les meilleurs investissements qu'il soit possible de réaliser. Bien plus, les problèmes d'asymétrie d'information peuvent apparaître ; avec pour effet, de conduire à l'élimination des projets les plus performants. Résultat : à long terme, la productivité totale de l'économie est plus faible. Il existe aussi des cas de pays d'ASS où l'interaction entre les émissions de $CO_2$ et le secteur financier a un effet négatif renforcé sur la croissance économique. Des cas précisément où, pour une augmentation de 1 point de pourcentage de l'interaction entre les émissions de $CO_2$ et le secteur financier, l'effet se traduit par une réduction de 4,57% de la croissance économique. Semblable résultat peut être dû aux crises financières qui, sur le long terme, perdurent. Il peut également s'expliquer par le faible développement du secteur financier des pays en question ; ce, dès le moment où leur système financier devient incapable d'orienter l'épargne vers les investissements les plus productifs et les moins polluants. En définitive, une surveillance constante du secteur financier pourrait favoriser la croissance économique en ASS.

En intégrant le secteur financier au modèle 2 et en testant ce dernier, les résultats révèlent une significativité de toutes les variables de contrôle. Ce que corrobore la théorie de la croissance endogène (Romer, 1986 ; Lucas, 1988 ; Barro, 1990 ; Greenwood et Jovanovic, 1990). Pour autant, la formation brute du capital fixe a un effet négatif sur la croissance économique. Ce fait est dû à la mauvaise qualité des investissements en ASS. La consommation des énergies renouvelables impacte négativement la croissance économique. Cela est inattendu ; l'effet négatif pouvant du reste s'expliquer par la substitution des énergies fossiles par les énergies renouvelables et/ou la combinaison des deux sources d'énergie dans la production. La variable de contrôle travail a, elle aussi, une incidence négative sur la croissance économique. Ce qui est en parfaite concordance avec la mauvaise qualité du facteur travail, caractéristique notable des pays d'ASS. Or, est-il besoin de rappeler combien est déterminante la qualité des facteurs de production dans les modèles de croissance ?

S'agissant de l'ouverture commerciale, on note de la part de cette variable, un impact positif sur la croissance économique. En effet, selon les nouvelles théories du commerce international, les échanges entre les nations oeuvrent en faveur des processus de développement économique. Or, un échange international savamment négocié est susceptible de faire gagner un transfert de technologie à l'un ou l'autre des pays de l'ASS ; ce qui favoriserait l'industrialisation, au travers par exemple de la transformation des produits. Et lorsque cette dernière touche aux produits locaux, cela a pour corollaire d'améliorer la compétitivité de ces pays. Ainsi peut-on expliquer l'influence positive que l'ouverture commerciale exerce sur la croissance économique. Quant à l'urbanisation, son incidence est aussi d'un effet positif sur la croissance économique. Et pour cause, elle conduit à l'essor du commerce ; laquelle stimule la production et affecte positivement la croissance.

### 3. Résultat de court terme

Les résultats relatifs à l'estimation de court terme sont présentés au tableau 5 ci-dessous (voir annexe). Ces résultats affichent, pour les deux modèles, une force de rappel négative et significative. Fait qui souligne un retour à l'équilibre en cas de chocs, et valide le modèle à correction d'erreur. En effet, dès lors que l'on prend en compte l'indice du secteur financier, la vitesse d'ajustement passe de 29,77% à 34%.

L'estimation du modèle 1 révèle un effet négatif des émissions de $CO_2$ sur la croissance économique. De sorte qu'une augmentation de 1% du taux de $CO_2$ entraîne une hausse de 4% de la croissance économique. Toutefois, seuls le travail et la formation brute du capital fixe ont des effets positifs et statistiquement significatifs sur la croissance économique. L'influence positive de ces variables trouve une explication chez Solow (1956), selon qui, l'investissement et le travail sont les déterminants essentiels du sentier de croissance ; et par conséquent, ils constituent des facteurs explicatifs de la croissance économique. C'est de cette perspective théorique que découle l'effet positif à court terme. A long terme, en revanche, la même théorie prévoit que l'économie atteigne son état stationnaire.

En contrôlant le secteur financier dans le modèle 2, les émissions de $CO_2$ affectent positivement et significativement la croissance. C'est ainsi qu'une hausse de 1% du taux d'émission de $CO_2$ améliore la croissance économique de 19%. En présence du secteur financier, l'effet des émissions de $CO_2$ augmente donc ; passant de 4% à 19%. Pourtant, l'indice du secteur financier a un effet positif et non significatif sur la croissance économique. Pris tel quel, ce résultat renseigne sur le faible niveau de développement du secteur financier, et l'inefficacité dudit secteur à orienter le financement vers des investissements productifs. L'effet d'interaction des émissions de $CO_2$ et du secteur financier a, certes, un impact positif sur la croissance, mais celui-ci n'est pas significatif.

En effectuant l'estimation pays par pays, la vitesse d'ajustement varie de $-1{,}31$ à $-0{,}05$ pour les 27 pays de l'échantillon. C'est dans ce sens que l'effet de l'interaction entre les émissions de $CO_2$ et le secteur financier se révèle positif et significatif sur la croissance économique des pays comme le Bénin, le Burkina Faso, l'Ethiopie, le Gabon, la Tanzanie et la Zambie. A contrario, il ressort des mêmes estimations, un impact négatif et significatif sur la croissance économique des pays tels que le Kenya, Madagascar, le Malawi, le Mali, l'Afrique du Sud et l'Ouganda.

Le résultat le plus notable indique que le secteur financier est à l'origine de la réduction des émissions de $CO_2$ ; ce qui favorise la croissance économique verte. Il existe par conséquent, un niveau seuil à partir duquel le secteur financier réduit l'effet positif des émissions de $CO_2$ sur la croissance économique. Le signe associé à la variable d'interaction impose une analyse plus approfondie de la situation. Aussi, devient-il nécessaire de déterminer le seuil à partir duquel le secteur financier infléchit l'effet positif des émissions de $CO_2$ sur la croissance économique. La résolution d'une telle équation revient, au fond, à montrer l'effet seuil.

Pour y parvenir, nous prenons en compte dans le modèle, la variable indice du secteur financier élevée au carré.

Soit l'équation suivante : $GDPH = -7{,}2077FD - 23{,}8375FD^2$

En dérivant cette équation, l'on obtient le résultat décliné ci-après :

$$\frac{\partial GDPH}{\partial FD} = -7{,}2077 - 47{,}675FD$$

Et en la résolvant, on obtient comme solution, la valeur *FD = -0,1506.*

Ce résultat conduit à un seuil de -15,06 ; signifiant que l'effet négatif du secteur financier sur la croissance économique en ASS ne commence à se manifester que lorsque le système financier se développe et atteint 15,06. Ce qui devient davantage intéressant lorsque les émissions de $CO_2$ et l'indice de développement financier interagissent de façon simultanée. Dans ce cas, l'effet des émissions de $CO_2$ sur la croissance économique se trouve amélioré par le système financier, et leur interaction produit un impact marginal négatif (4,57) sur la croissance économique. Tel fait empirique implique qu'en l'absence du système financier, une augmentation de 1% des émissions de $CO_2$ conduit à une hausse de la croissance économique de 3,49% ; laquelle est toutefois moins proportionnelle que celle associée à la hausse des émissions de $CO_2$.

Par contre, lorsqu'on introduit le système financier dans la relation émission de $CO_2$ et croissance économique, l'effet des émissions de $CO_2$ sur la croissance économique se trouve augmenté (5,67). De même, une hausse d'un point en pourcentage de la variable d'interaction réduit à long terme le PIB par habitant de 4,57. A court terme, cet effet génère un PIB par habitant de 3,23. Il est ainsi démontré que le développement du secteur financier réduit les émissions de $CO_2$ et favorise l'innovation technologique. De fait, l'utilisation des nouvelles technologies amplifie la croissance économique, tout en maintenant un faible niveau d'émissions de $CO_2$. Ce résultat n'est pas cohérent avec la courbe environnementale de Kuznets pour la simple raison qu'en présence du secteur financier, l'effet des émissions de $CO_2$ sur la croissance économique demeure, à court ou à long terme, toujours positif.

Eu égard à tous ces résultats, il est évident que le système financier joue un rôle positif dans la relation émission de $CO_2$ et croissance économique ; puisqu'il transforme en impact positif, d'éventuels effets négatifs pouvant provenir des émissions de $CO_2$. Cette transformation ne peut atteindre que le seuil de -0,1506. Au-delà de ce seuil, l'effet de la variable d'interaction devient négatif. De fait, l'indice global du secteur financier améliore la croissance économique en réduisant l'effet négatif des émissions de $CO_2$. Cette conclusion rejoint celles de Tamazian et *al.* (2009) et Tamazian et Rao (2010).

En somme, le développement d'un secteur financier de qualité est à même de lever de nombreux obstacles à la croissance économique des pays d'ASS, tout en réduisant les émissions de $CO_2$. Car, non seulement ce secteur peut permettre aux agents économiques de financer les investissements verts, il peut aussi, au travers d'une consommation énergétique moins polluante, favoriser un changement de mode de vie.

Rappelons que la relation entre l'activité économique et les émissions de $CO_2$ est parfois décrite en deux phases : la première, qui indique que les émissions de $CO_2$ augmentent lorsque le taux de croissance est positif ; et la seconde, qui établit que les émissions de $CO_2$ diminuent quand le taux de croissance est négatif. Les résultats issus de notre recherche ne corroborent pas les deux phases de la courbe environnementale de Kuznets. Seule la première de ces phases est confirmée, traduisant par là que : à court et à long terme, les émissions de $CO_2$ renforcent la croissance économique.

Nos résultats sont néanmoins en accord avec notre hypothèse fondamentale qui a été, dès le départ, d'admettre que l'incidence des émissions de $CO_2$ sur la croissance économique dépend du niveau de développement du secteur financier. En ce qui concerne le cas des pays du G7, ces résultats sont similaires à ceux de Yavuz (2014), et rejoignent ceux de Pata (2018) et Cai et *al.* (2018) ; ils diffèrent cependant de ceux de Alam et *al.* (2017), obtenus dans le cadre d'une étude de cas traitant du Bangladesh.

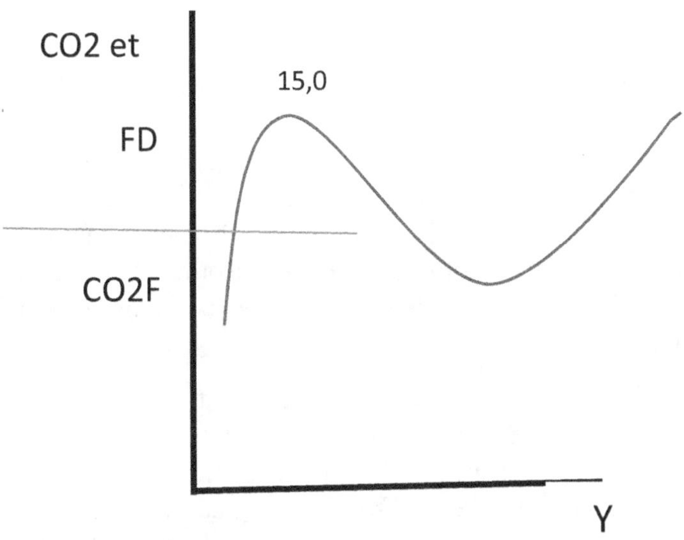


*Graphique d'illustration des seuils*

## 4. Test de robustesse

Afin de s'assurer de la validité des résultats d'estimation, nous avons utilisé comme test de robustesse, l'estimateur DFE. Le tableau 5 en annexe présente les résultats estimatifs des deux modèles : celui sans le secteur financier (modèle 1) et celui qui l'intègre (modèle 2). Les résultats obtenus via l'utilisation du DFE sont concordants avec ceux issus du test de robustesse effectué avec l'estimateur PMG. Seulement, d'un estimateur à l'autre, les coefficients changent, mais les signes et la significativité restent conformes. Le cas particulier de l'ASS illustre bien cet état de fait ; puisqu'à court ou à long terme, l'incidence des émissions de $C0_2$ sur la croissance économique demeure positive et significative. Cette observation ultime implique que nos résultats d'estimation obtenus via le PMG sont robustes, tout autant que ceux issus du test avec le DFE.

*

* *

L'objectif de cette recherche était d'analyser l'impact des émissions de $CO_2$ sur la croissance économique de 2000 à 2019 en ASS, tout en mettant en exergue la fonction de la finance dans cette relation. Le modèle ARDL a été utilisé parce qu'il a la particularité de mettre en lumière les effets de court et de long terme des émissions de $CO_2$ sur la croissance, ainsi que le rôle qu'y joue le secteur de la finance. Les résultats montrent qu'à court terme, les émissions de $CO_2$ ont un effet positif et statistiquement significatif sur la croissance en ASS. Ces résultats relèvent, en outre, qu'à long terme, il y a une incidence positive et significative des émissions de $CO_2$ sur la croissance. Toutefois, sur le même horizon temporel de long terme, le développement d'un secteur financier de qualité améliore la croissance économique, tout en réduisant l'influence négative des émissions de $CO_2$. Le profil de la courbe environnementale de Kuznets n'est pas confirmée dans notre analyse, en raison du fait que la relation entre les émissions de $CO_2$ et la croissance économique reste positive à court et à long terme.

Comme implications touchant aux politiques publiques, les gouvernements doivent être regardant sur le développement du secteur financier, dont ils sont à la fois les facilitateurs, les surveillants, et les garants de son équilibre et de son bon fonctionnement. Ceci leur permettrait de lutter efficacement contre le réchauffement climatique, et de promouvoir un développement durable et inclusif. La non utilisation de l'indice global du développement financier sur l'échantillon objet de notre étude, constitue à n'en point douter, une limite à ce travail. De ce point de vue, nous préconisons que cet indice et ses composantes soient mobilisés dans le cadre de futurs travaux. ■

# RÉFÉRENCES


Al-Mulali U., and Sab C.N.B.C. (2012a), "The impact of energy consumption and $CO_2$ emission on the economic growth and financial development in the Sub-Saharan African countries." *Energy*, vol. 39, n° 1, pp. 180-186.

Al-Mulali U., and Sab C.N.B.C. (2012b), "The impact of energy consumption and $CO_2$ emission on the economic and financial development in 19 selected countries." *Renewable and Sustainable Energy Reviews*, vol. 16, n° 7, pp. 4365-4369.

Alam G.M.M., K. Alam, and Mushtaq S. (2017), "Climate change perceptions and local adaptation strategies of hazard-prone rural households in Bangladesh." *Climate Risk Management*, vol. 17, pp. 52-63.

Alqaralleh H. (2020), "Stock return-inflation nexus: revisited evidence based on nonlinear ARDL." *Journal of Applied Economics*, vol. 23, n° 1, pp. 66-74.

Barro R.J. (1990), "Government Spending in a simple Model of endogenous Growth." *Journal of Political Economy*, vol. 98, n° 5 (Part 2), pp. S103-S125.

Boufateh T., and Saadaoui Z. (2020), "Do Asymmetric Financial Development Shocks Matter for $CO_2$ Emissions in Africa? A Nonlinear Panel ARDL-PMG Approach." *Environmental Modeling & Assessment*, vol. 25, n° 6, pp. 809-830.

Bowen A., S. Cochrane, and Fankhauser S. (2012), "Climate Change, Adaptation and Economic Growth." *Climatic Change,* vol. 113, n° 2, pp. 95-106.

Brock W.A., and Taylor M.S. (2004), "The green Solow Model." *NBER Working Paper N° 10557*, Cambridge, Massachusetts (MA), USA, National Bureau of Economic Research. [Online] From the web site https://www.nber.org/papers/w10557, accessed February 15, 2024 at 10:28 a.m.

Cai Y., C.Y. Sam, and Chang, T. (2018), "Nexus between clean energy consumption, economic growth and $CO_2$ emissions." *Journal of Cleaner Production*, vol. 182, pp. 1001-1011.

Charfeddine L., and Kahia, M. (2019), "Impact of renewable energy consumption and financial development on $CO_2$ emissions and economic growth in the MENA region: A panel Vector Auto-Regressive (PVAR) analysis." *Renewable energie,* vol. 139, pp. 198-213.

Chiapello E. (2020), « La financiarisation de la politique climatique dans l'impasse. » In : Chiapello E., Missemer A., Pottier A. (eds), *Faire l'économie de l'environnement*, Paris, France, Presse de l'Ecole des Mines, pp. 39-58.

Chudik A., and Pesaran M.H (2015), "Common correlated effects estimation of heterogeneous dynamic panel data models with weakly exogenous regressors." *Journal of Econometrics,* vol. 188, n° 2, pp. 393-420.

Chudik A., M.H. Pesaran, K. Mohaddes, and Raissi M. (2016), "Long-Run Effects in Large Heterogeneous Panel Data Models with Cross-Sectionally Correlated Errors." *Advances in Econometrics*. In: *Essays in Honor of man Ullah*, vol. 36, Emerald Group Publishing Limited, pp. 85-135.

CNUCED (2012), « Transformation structurelle et développement durable en Afrique : principales conclusions et recommandations. » UNCTAD / ALDC / AFRICA / 2012 (Chapitre 5). *Le développement économique en Afrique – Rapport 2012*, Conférence des Nations Unies sur le Commerce Et le Développement, pp 147-157, Publication des Nations Unies.

Corden M., and Neary P. (1982), "Booming sector and Deindustrialization in a Small Open Economy." *Economic Journal,* vol. 92, pp. 825-848.

Destek M.A., and Sarkodie S.A. (2019), "Investigation of environmental Kuznets curve for ecological footprint: The role of energy and financial development." *Science of the Total Environment*, vol. 650, pp. 2483-2489.

Farhani S., and Solarin S.A. (2017), "Financial development and energy demand in the United States: New evidence from combined cointegration and asymmetric causality tests." *Energy*, vol. 134, pp. 1029-1037.

Fidimanantsoa A. (2017), "Relationship between energy consumption and economic growth in Madagascar: Empirical Approach, 1995-2015" [Titre original en français : « *Relation entre l'énergie et la croissance économique : approche empirique appliquée au cas de Madagascar pour la période 1995 à 2015.* »], *Munich Personal RePEc Archive - MPRA Paper N° 82967*, Munich, Germany, University Library of Munich, pp. 1-13.

Furuoka F. (2015), "Financial development and energy consumption: Evidence from a heterogeneous panel of Asian countries." *Renewable and Sustainable Energy Reviews,* vol. 52, pp. 430-444.

Greenwood J. and Jovanovic B. (1990), "Financial development, growth, and the distribution of income." *Journal of political economy*, vol. 98, n° 5 (Part 1), pp. 1076-1107.

Jalil A., and Feridun M. (2011), "The impact of growth, energy and financial development on the environment in China: a cointegration analysis." *Energy economics,* vol. 33, n° 2, pp. 284-291.

Kahouli B. (2017), "The short and long run causality relationship among economic growth, energy consumption and financial development: evidence from South Mediterranean Countries (SMCs)." Energy Economics, vol. 68, pp. 19-30.

Kolstad C.D., and Krautkraemer J.A. (1993), "Natural resource use and the environment." *Handbook of Natural Resource and Energy Economics*, vol. 3, pp. 1219-1265.

Kuznets S. (1955), "Economic growth and income inequality." *The American Economic Review,* vol. 45, n° 1, pp. 1-28.

Lucas (Jr) R.E. (1988), "On the Mechanics of Economic Development." *Journal of Monetary Economics,* vol. 22, n° 1, pp. 3-42.

Menegaki A.N., and Tugcu C.T. (2016), "Rethinking the energy-growth nexus: Proposing an index of sustainable economic welfare for Sub-Saharan Africa." *Energy Research and Social Science,* vol. 17, pp. 147-159.

Mukhtarov S., S. Humbatova, I. Seyfullayev, and Kalbiyev Y. (2020), "The effect of financial development on energy consumption in the case of Kazakhstan." *Journal of Applied Economics,* vol. 23, n° 1, pp. 75-88.

Pata U.K. (2018), "Renewable Energy Consumption, Urbanization, Financial Development, Income and $CO_2$ Emissions in Turkey: Testing EKC Hypothesis with Structural Breaks." *Journal of Cleaner Production*, vol. 187, pp. 770-779.

Pesaran M.H. (2006), "Estimation of inferences in large heterogeneous panels with a multifactor error structure." *Econometrica,* vol. 74, n° 4, pp. 967-1012.

Pesaran M.H. (2007), "A simple panel unit root test in the presence of cross-section dependence."

*Journal of Applied Econometrics,* vol. 22, n° 2, pp. 265-312.

Plane P., and da Piedade C. (2021), « Les francs CFA sont-ils à leur niveau d'équilibre ? » Revue française d'économie, vol. 36, no 4, pp. 87-127.

Ren W.F. (2008), "Low-Carbon Economy and Environment of Financial Innovation." Shanghai Economic Research, vol. 3, pp. 38-42

Romer P.M. (1986), "Increasing returns and long-run growth." Journal of Political Economy, vol. 94, no 5, pp. 1002-1037.

Sadraoui T., H. Hamlaoui, Z. Youness, and Sadok I.B. (2019), "A Dynamic Panel Data Analysis for Relationship between Energy Consumption, Financial Development and Economic Growth." International Journal of Econometrics and Financial Management, vol. 7, no 1, pp. 20-26.

Schubert, K. (2017), « Macroéconomie et environnement. » Revue de l'OFCE (Observatoire français des conjonctures économiques), vol. 153, no 4, pp. 133-150.

Schumpeter J.A. (1983 [1st ed., 1911]), The Theory of Economic Development: An Inquiry Into Profits, Capital, Credit, Interest, and the Business Cycle. New Brunswick, New Jersey (NJ), USA, Transaction Publishers, 255p.

Schumpeter J.A. (1939), *BUSINESS CYCLES. A Theoretical, Historical and Statistical Analysis of the Capitalist Process.* London, UK, McGraw-Hill Book Company, 461p

Shahbaz, M., Hoang, T. H., Kumar, M., et Roubaud, D. (2019). Energy Consumption, Financial Development and Economic Growth in India: New Evidence from a Nonlinear and Asymmetric Analysis. The 1st INFINITI Conference on International Finance ASIA-PACIFIC, 1-37.

Shahbaz M., T.H. Van Hoang, M.K. Mahalik, and Roubaud D. (2017), "Energy Consumption, Financial Development and Economic Growth in India: New Evidence from a Nonlinear and Asymmetric Analysis." Energy Economics, vol. 63, pp. 199-212.

Shahbaz M., S. Khan, and Tahir M.I. (2013), "The dynamic links between energy consumption, economic growth, financial development and trade in China: fresh evidence from multivariate framework analysis." Energy Economics, vol. 40, pp. 8-21.

Sodokin K., M. Couchoro, A. Sodji, and Lawson H. D. (2021), « Système bancaire et financier de la CEDEAO. » In : K. Nubukpo (dir.), Du franc CFA à l'ECO : demain, la souveraineté monétaire ? Paris, France, Fondation Jean-Jaurès éditions & éditions de l'Aube, pp. 55-98.

Solow R.M. (1956), "A Contribution to the theory of economic growth." The quatertly Journal of Economics, vol. 70, no 1, pp. 65-94.

Stiglitz J.E., J.D. Lafay, and C.E. Walsh (2014), Principe d'économie moderne, 4e édition, Paris, France / Bruxelles, Belgique, De Boeck Supérieur, 960p.

Svirydzenka K. (2016), Introducing a new broad-based index of financial development. IMF Working Paper No WP/16/5, International Monetary Fund, 43p.

Tamazian A., and Rao B.B. (2010), "Do economic, financial and institutional developments matter for environmental degradation? Evidence from transitional economies." Energy Economics, vol. 32, no 1, pp. 137-145.

Tamazian A., J.P. Chousa, and Vadlamannati K.C. (2009), "Does higher economic and financial development lead to environmental degradation: evidence from BRIC countries." Energy Policy, vol. 37, no 1, pp. 246-253.

Yavuz N.Ç. (2014), "CO2 Emission, Energy consumption, and Economic Growth for Turkey: Evidence from a Cointegration Test with a Structural Break." Energy source, Part B: Economics, Planning, and Policy, vol. 9, no 3, pp. 229-235.

Yu Z., P. Ponce, A.U.R. Irshad, M. Tanveer, K. Ponce, and Khan A.R. (2022), "Energy efficiency and Jevons' paradox in OCDE countries: policy implications leading toward sustainable development." Journal of Petroleum Exploration and Production Technology, vol. 12, no 11, pp. 2967-2980.

# ANNEXE

**Tableau 4.** *Résultats d'estimation des coefficients de long terme*

| Variable dépendante | | GDPpc |
|---|---|---|
| Variables indépendantes | Modèle 1 | Modèle 2 |
| CO2 | 0,3492*** | 0,5677*** |
| | (0,000) | (0,000) |
| OUV | −1,4976 | 0,0005* |
| | (0,364) | (0,000) |
| CER | −10,7832** | −0,00086** |
| | (0,043) | (0,032) |
| FBCF | −4,7318** | −0,0010*** |
| | (0,035) | (0,000) |
| L | −0,0001*** | −0,3655*** |
| | (0,000) | (0,006) |
| URB | −616,9212*** | 0,3723*** |
| | (0,000) | (0,001) |
| FD | | −7,2077** |
| | | (0,013) |
| $FD^2$ | | −23,83*** |
| | | 0,003 |
| CO2FD | | −4,5781*** |
| | | (0,000) |

*Source : Auteur à partir de stata.*

*Note : *** signifie la significativité à 1% ; ** significativité à 5% et * significativité à 10%.*

**Tableau 5.** *Résultats d'estimation des coefficients de court terme*

| Variable dépendante | | GDPpc |
|---|---|---|
| Variables indépendantes | Modèle 1 | Modèle 2 |
| ECT | −0,07411** | −0,3398*** |
| | (0,031) | (0,000) |
| CO2 | 0,04160** | 0,1901** |
| | (0,005) | (0,000) |
| OUV | -0,2630 | -0,00002 |
| | (0,816) | (0,824) |
| CER | 4,5163** | 0,0009 |
| | (0,018) | (0,174) |
| FBCF | 1,9527 | 0,00084*** |
| | (0,334) | (0,008) |
| L | -0,0023 | 0,2420*** |
| | (0,219) | (0,007) |
| URB | 235,6939 | -0,0269 |
| | (0,105) | (0,305) |
| FD | | 28,6551 |
| | | (0,148) |
| CO2FD | | −3,2347* |
| | | (0,082) |

*Source : Auteur à partir de Stata.*

*Note : *** signifie la significativité à 1% ; ** significativité à 5% et * significativité à 10%.*

## *Revisiting the Resource Curse Hypothesis in Africa.*

By

***Hilaire NKENGFACK*** • *Faculty of Economics and Management, University of Dschang*

*h.nkengfack@gmail.com; hilaire.nkengfack@univ-dschang.org/ORCID: 0000-0003-0743-8120*

***Serge DJOUDJI TEMKENG*** • *Faculty of Social and Management Sciences, University of Buea*

*sdtemkeng.irlaem@gmail.com; tdserge@yahoo.fr/ORCID: 0000-0002-5214-2065*

**ABSTRACT:**

This paper aims to test the resource curse hypothesis in 50 African countries over the period 2003-2019. A formal causal test is performed and regression models are estimated. The natural resource curse hypothesis-is tested in both its economic and political dimension, based on the assumption of an abundant individual wealth of natural resources. Resource dependency and abundance indicators are used for robustness checks. Our key results indicate that: [i] from an economic perspective, the resource curse operates via the alteration of welfare; [ii] an increase in the total endowment of natural resources negatively affects short-term welfare and contributes to long-term development; [iii] the impact of natural resources on welfare does not change after governance control; and [iv] the political dimension of the resource curse is more of an oil curse.

**KEYWORDS:** Natural resources, Resource curse, Governance, Welfare, Africa.

**JEL CODE:** C33, I3, Q330.

## *Réexaminer l'hypothèse de la malédiction des ressources en Afrique.*

***RÉSUMÉ :***

*Cet article vise à tester l'hypothèse de la malédiction des ressources naturelles dans 50 pays africains, entre 2003 et 2019. Un test de causalité formel est effectué et des modèles de régression sont évalués. La malédiction des ressources naturelles est testée à la fois dans sa dimension économique et politique, sur la base de l'hypothèse d'une abondante richesse individuelle en ressources naturelles. Les indicateurs de dépendance et d'abondance des ressources sont utilisés pour les contrôles de robustesse. Nos principaux résultats sont les suivants :* [i] *du point de vue économique, la malédiction des ressources opère via l'altération du bien-être ;* [ii] *une augmentation de la dotation totale en ressources naturelles a un effet négatif et significatif sur le bien-être à court terme, et positif à long terme ;* [iii] *l'impact des ressources naturelles sur le développement humain ne change pas après contrôle de la gouvernance ; et* [iv] *la dimension politique de la malédiction des ressources est davantage une malédiction du pétrole.*

***MOTS CLÉS :** Ressources naturelles, malédiction des ressources, gouvernance, bien-être, Afrique.*

***CODE JEL :** C33, I3, Q330.*

It is generally assumed that natural resources are blessings and that resource-rich countries are fortunate because their natural capital can be converted into schools, roads, homes, hospitals, education programs, public health policies, social welfare programs, and other forms of capital that promote economic development (Davis and Tilton, 2005). Historically, this has been the case in countries such as Norway, Botswana, Australia, Canada, and the United States, among others (Acemoglu et *al.*, 2002; Ross, 2012; Holden, 2013). However, as empirical evidence often suggests, Gylfason (2001) argues that: ''Rich parents sometimes spoil their kids. Mother Nature is no exception.'' Thus, natural resource endowment is also associated with multidimensional unrest in resource-rich countries, hence the concept of resource curse.

This concept is borrowed from staple theory and corresponds to the staple trap (Vahabi, 2018). It refers to the almost systematic and paradoxical tendency of natural resources to induce market and institutional failures that ultimately disrupt economic development (Sachs and Warner, 1995, 1997-a, 1997-b, 1999-a, 1999-b, 2001; Wilson, 2013; James, 2015; NRGI, 2015; Vahabi, 2017; Savoia and Sen, 2021; Alex et *al.*, 2019; Christensen et *al.*, 2020; Hayat and Tahir, 2021; Fagbemi and Kotey, 2022; Mlambo, 2022). Countries such as Angola, Venezuela, Sudan, Gabon, Nigeria, the Democratic Republic of Congo, or Djibouti are often cited to illustrate this concept (Mehlum et *al.*, 2006; Braas, 2008; Patey, 2010; Hammond, 2011; Ross, 2004, 2007, 2012).

The resource curse has both an economic and a political dimension (Costa and Dos Santos, 2013; Vahabi, 2018). The economic dimension refers to the negative relationship between natural resources wealth and economic performance induced by volatile commodity markets, deteriorating terms of trade, the landlocked nature of extractive industries, rising inflation, exchange rate appreciation, rising income inequality, and slowing economic diversification (Auty, 1988, 1990, 1991-a, 1991-b, 1993, 1994, 2001-a, 2001-b; Davis and Tilton, 2005; Karl, 2005; Costa and dos Santos, 2013; Wilson, 2013; Badeed et *al.*, 2017; Dwumfour and Ntow-Gyamfi, 2018; Tiba and Frikha, 2019; Pérez and Claveria, 2020; Savoia and Sen, 2021; Hayat and Tahir, 2021).

It is often agreed that the political dimension of the resource curse is paramount, in the sense that the economic decisions of any state are essentially the product of its institutional framework (Karl 1997, 2007; Collier and Hoeffler, 1998; Olarinmoye, 2008; Patey, 2010; Christensen et *al.*, 2020; Fagbemi and Kotey, 2022; Mlambo, 2022). Thus, the political resource curse refers to the negative effects of natural resource wealth on a country's overall governance (Ross, 2015). In this regard, do we not see that resource-rich countries are more prone to conflict, corruption, authoritarian regimes, and inefficiencies in public spending, health care and education? (Ross, 1999, 2001-a, 2001-b, 2003; Gylfason, 2001; Busse and Gröning, 2013; Auty, 2004 cited by Saidu and Sadiq, 2014; Anderson and Ross, 2014; Damette and Seghir, 2018)

Regardless of its dual political and economic dimension, and despite the fact that it is widespread among countries rich in natural resources in general, and in oil fields in particular, the resource curse phenomenon ''is far from inevitable'' (Hammond, 2011). The staple theory suggests and empirical evidence shows that natural resources can be either a blessing or a curse, depending on the ability of state authorities to control the resource (Gelb and Associates, 1988; Boschini et *al.*, 2007; Ploeg, 2011; Vahabi, 2018). The ability of public authorities to control natural resource wealth has both a technical and an institutional dimension. Technically, single or point-source resources lack socio-economic linkages and are therefore more problematic than non-point or diffuse-source resources (Baldwin, 1956; Boschini et *al.*, 2007). On the institutional level, however, the impact of natural resources on development depends on the monopolizing or respectful nature of a country's institutions with regard to the resource (Mehlum et *al.*, 2006; Boschini et *al.*, 2007).

Moreover, substantial evidence exists that tends to show that despite the abundant literature on the topic, the resource curse may be just a ''myth'' or ''a statistical mirage'' (Wright and Czelusta, 2004; James, 2015). Some argue that the negative correlation between natural resource wealth and economic performance does not necessarily imply that the former is the cause of the latter (Brunnschweiler and Bulte, 2008; Olarinmoye, 2008).

In addition, indicators of resource dependence and abundance often lead to conflicting results (Brunnschweiler and Bulte, 2008; Ploeg and Poelhekke, 2010; Gilberthorpe and Papyrakis, 2015). It should also be noted that not only do empirical studies often use a narrow definition of natural resources that excludes non-combustible minerals (Sorens, 2011) and forest wealth (Price, 2003), they also focus on economic growth, virtually neglecting other dimensions of development.

The debates on the question of whether or not there is a resource curse inspired this paper, which aims to test the resource curse hypothesis in African countries. This continent, Africa, is well known for its abundant wealth of natural resources: oil, natural gas and many other minerals. And because it is covered by the second largest tropical forest in the world (2 million km$^2$) after the Amazon, Africa also has a substantial amount of tropical timber. However, one fact is certain: African countries are highly dependent on natural resources (AfDB-AUC-UN.ECA Consortium, 2010; UNCTAD, 2017). Indeed, it is very interesting to note that between 2013 and 2017, the UNCTAD (2019) classified 102 countries around the world as dependent on natural resources. The organization later revealed that 40% of these countries are located in Africa, and of these, 90% are in sub-Saharan Africa.

While African countries are also distinguished by poor economic performance, with their growth rates and human development indices (HDIs) generally below global averages (UNCTAD, 2021), the weakness of their political institutions seems to have become a remarkable identity for these countries. From this perspective, while continuing to be home to many of the world's longest-serving presidents, the continent is often plagued by a significant number of "coups d'Etat" and conflicts of all kinds (Meyer, 2015). The heads of state of Cameroon, Congo and Equatorial Guinea, to name but a few, have led their respective countries for more than 30 years (Siegle and Cook, 2020). Moreover, the megalomania of dictators like Mobutu of Zaïre (now the Democratic Republic of Congo), or Bokassa of the Central African Republic, has also contributed to tarnish the image of political institutions on the continent (Yackee, 2021). With an average score of only 32, Sub-Saharan Africa is the lowest-rated region in 2019 in terms of the Corruption Perception's Index (CPI). Only eight of the 49 African countries surveyed achieve an IPC score of more than 43 out of 100. Seychelles leads the continent with a score of 66 out of 100, followed by Botswana and Cape Verde, which score 61 and 57 out of 100, respectively (Transparency International, 2019). Countries like Seychelles and Botswana, which have higher CPI values than other countries on the continent, share a few attributes in common. Both states have relatively well-functioning systems of democracy and governance, which no doubt contributes to their advantageous scores. However, these countries are the exception rather than the norm in a region where most democratic principles are under threat and corruption reigns supreme.

In short, the combination of abundant natural resource wealth, poor economic performance and weak political institutions, characteristic of African countries, creates unease, doubt, even suspicion, which some are quick to associate with the curse of natural resources. Hence the purpose of this paper, which is to test the resource curse hypothesis on the continent. In doing so, this research intends to contribute to the existing scientific literature in several ways: First, a formal causality test is performed to address the concerns raised previously by Olarinmoye (2008) and Brunnschweiler and Bulte (2008). Second, resource dependence and abundance indicators are used for robustness checks. Third, as recommended by Price (2003) and Sorens (2011), a broad definition of total natural resource wealth is used, which includes both combustible and non-combustible resources. And in the process, the individual effects of the rents of crude oil, natural gas, minerals and exploited forest areas are examined. In addition, this document takes into account a broader indicator of development, i.e. the HDI (Human Development Index). Fourth, both economic and political resource curse hypotheses are tested.

The rest of this article is structured as follows: Section 2 deals with the methodology, while Sections 3 and 4 present, respectively, the main results of the study and their discussion. Section 5 concludes the paper with some policy recommendations for public decision-makers.

# MATERIAL AND METHODS

## 1. Data

Data[37] for the 50 African countries studied over the period 2003-2019 were collected from the World Bank's Indicators on the state of development in the world and on global governance. The target periodicity and countries are chosen based on the availability of relevant data on the variables. The Human Development Index (HDI) takes into account the standard of living. As recommended by Gylfason (2001), Wright and Czelusta (2004), and Daniele (2011), this variable is preferred to GDP per

[37] Descriptive statistics are presented in the appendix 1.

capita because it measures dimensions of well-being –such as health and education– that go beyond income.

Five distinct variables –total natural resources, natural gas, minerals, oil, and forest rents–explain resource dependence. These variables are used because resource rents are critical in determining whether extractive industries foster development (Davis and Tilton, 2005). Moreover, rents are good proxies for resource revenues, which are susceptible to monopolization by the political elite (Dwumfour and Ntow-Gyamfi, 2018). Thus, total rents from natural resources must be understood as the incomes generated from the exploitation of all the natural resources of the economy. As for the rents of natural gas, forests, minerals and oil, they represent the wealth derived from the exploitation of each of these resources taken individually. The square of each of the variables mentioned above is used to assess the long-run impact of natural resource wealth on living standards and governance.

By dividing the total income from natural resources by a country's population, Ross (2012) created an indicator of resource abundance called "resource wealth per capita". This author argues that such a variable can be used to test a "stark version" of the resource curse. If so, the question is whether a country's natural resource wealth, regardless of how it is managed, can affect the HDI and/or the governance of that country.

Odugbesan and Rjoub (2019) are the designers of a composite index that reports on governance. This variable is the arithmetic average of the six dimensions measured by the Worldwide Governance Indicators: voice and accountability, rule of law, control of corruption, political stability, regulatory quality, and government effectiveness. These dimensions are rated on a scale from -2.5 to 2.5, with the higher values corresponding to better governance. And because the literature (Olarinmoye, 2008; Sala-i-Martin and Subramanian, 2013; Biresselioglu et *al.*, 2019) highlights the crucial role played by political stability and corruption in the natural resource curse, these two variables are used for robustness checks.

Military expenditures and trade, two other control variables, are taken into account because they are related to the instability and misallocation of resources, both of which are characteristic of the natural resource curse (Collier and Hoeffler, 1998, 2004; Hammond, 2011). Table 1 below provides a summary of the variables used in this document, as well as their respective definitions and sources.

## 2. Methodology

To test the resource curse hypothesis in Africa, this paper relies primarily on panel causality tests and regression analysis. A formal causality test is conducted to address the concerns mentioned above by Brunnschweiler and Bulte (2008) and Olarinmoye (2008).

Regression analysis allows us not only to assess the impact that different natural resources proxies have individually on economic and political outcomes, but also to check the robustness of our results.

First, the panel causality test developed by Dumitrescu and Hurlin (2012) is implemented. This makes it possible to take into account the heterogeneity of the causal relationship as well as that of the regression model proposed by Granger (1969).

Paying attention to the trade-off between the size and power characteristics of this causality test, the lag length is selected to minimize the average Akaike information criterion.

**Table 1.** *Description of variables*

| Variable | Definition | Source |
|---|---|---|
| HDI | The composite index takes into consideration the health, education, and standard of living of the population. | World Bank |
| Resource_Rents | Total natural resources rent expressed in percentage of GDP | World Bank |
| $NRR^2$ | Total natural resources rent squared | - |
| Resource_Wealth | Log of natural resources wealth per capita | - |
| $NRW^2$ | Log of natural resources wealth per capita squared | |
| Forest | Forest rents expressed in percentage of GDP | World Bank |
| Mineral | Mineral rents expressed in percentage of GDP | World Bank |
| Oil | Oil rents expressed in percentage of GDP | World Bank |
| Gas | Natural gas rents expressed in percentage of GDP | World Bank |
| Governance | The composite index represents the simple average of six variables: voice and accountability, rule of law, control of corruption, political stability, regulatory quality, and government effectiveness. | - |
| Political | Perception of the likelihood of conflict and terrorism. | World Bank |
| Corruption | Perception of the extent to which public prerogatives are used for private interests. | World Bank |
| GDP | Log of GDP per capita (in U.S. dollar) | World Bank |

| | | |
|---|---|---|
| Military | Government military expenditure is expressed in percentage of GDP. | World Bank |
| Trade | Imports and exports are expressed in percentage of GDP. | World Bank |

Second, panel data regression is used to test the economic/political resource curse hypothesis in Africa. The reference models used, built on the basis of the selected variables presented above (see table 1 above), are given by the following equations:

$$HDI_{it} = \alpha_1 + \alpha_2 Resource\_Rents_{it} + \alpha_3 NRR_{it}^2 + \delta_i + \omega_t + \epsilon_{it} \quad (1)$$

$$Governance_{it} = \alpha_1 + \alpha_2 Resource\_Rents_{it} + \alpha_3 NRR_{it}^2 + \delta_i + \omega_t + \epsilon_{it} \quad (2)$$

Where $HDI_{it}$ and $Governance_{it}$ are respectively the HDI and governance of country $i$, in year $t$. $Ressource\_Rents_{it}$ and $NRR_{it}^2$ represent respectively the natural resources rents and the square of natural resources rents of country $i$, in year $t$. $\delta$ refers to the country's fixed effects, $\omega$ stands for time trend, $\epsilon$ is the residual, and $\alpha_n$ $(n = 1, 2, 3)$ are the coefficients to be estimated.

Equations (1) and (2) were initially estimated by the LSDV (least squares dummy variable [estimator]) method, with a panel-specific AR(1) term added to the model to account for serial correlation. However, it is well known that economic phenomena are dynamic, and that the coefficients of the LSDV method are inconsistent for dynamic models. Therefore, the bias-corrected least squares dummy variable [estimator] (BC-LSDV) method was used to both estimate a dynamic version of equations (1) and (2), and to check the robustness. The bias is corrected using the consistent estimator of Anderson and Hsiao (1981), which helps to solve problems related to endogeneity. Finally, it should be noted that the accuracy of the approximation is set to $O(\frac{1}{NT^2})$, and that bootstrapped standard errors are computed with 50 replicates.

# RESULTS

This section presents our key findings, while the next section examines and compares them with the results of previous studies. The correlation between the variables is assessed and reported in Appendix 2. This table shows that there is a positive but not significant correlation between each of the natural resource variables and the HDI. It is also found that there is a positive and significant correlation between the indicative values of natural resources and GDP. In addition, a negative and significant correlation is found between resource rents and governance, as well as between resource wealth and governance. Finally, we note that the correlation between the HDI and governance is positive and significant, as is the correlation between rents and resource wealth.

The stationarity of the data is verified using the unit root test developed by Im, Pesaran, and Shin (2003)[38]. The results presented in Appendix 3 show the order in which each variable is integrated and allow us to perform more in-depth analyses. With this in mind, the long-term relationship between natural resources and economic development on the one hand, and that between natural resources and governance, on the other, are assessed using Kao residual cointegration test[39]. The results reported in Table 2 show that in the long run, HDI, GDP, and governance are related to both natural resources indicators.

**Table 2.** *Panel cointegration tests*

| Null hypothesis | No cointegration | |
|---|---|---|
| ADF | t-stat | prob |
| *Economic resource curse* | | |
| Resource_Rents and HDI | -9.070* | 0.001 |
| Resource_Wealth and HDI | -2.725* | 0.003 |
| Resource_Rent sand GDP | -3.707* | 0.001 |
| Resource_Wealth and GDP | -5.234* | 0.001 |
| *Political Resource curse* | | |
| Resource_Rents and Institutions | 1.943* | 0.026 |
| Resource_Wealth and Institutions | -3.842* | 0.001 |

** denotes significance at the 5 percent level.*

Since correlation does not necessarily imply a causal relationship, a formal causality test is conducted to assess the impact of natural resources

[38] The lag length is automatically selected based on Akaike's information criterion.

[39] The lag length is automatically selected based on Akaike's information criterion.

on economic development and political institutions. Paying attention to the political dimension of the resource curse, table 2 shows that in the case of natural resource rents and resource wealth, the null hypothesis of the test cannot be rejected. This is an indication that these both proxies of natural resource endowment are failing to Granger-cause governance. Regarding the economic dimension of the resource curse, the results reveal that no natural resource indicator does Granger-cause HDI, while the two mentioned above do Granger-cause GDP.

**Table 3.** *Panel causality test*

| Null hypothesis | W-stat | Zbar-stat |
|---|---|---|
| *Economic resource curse* | | |
| Resource_Rents does not Granger cause HDI | 1.024 | 0.084 |
| Resource_Wealth does not Granger cause HDI | 1.571 | 0.485 |
| Resource_Rents does not Granger cause GDP | -3.087* | -2.928* |
| Resource_Wealth does not Granger cause GDP | -2.015* | -2.143* |
| *Political Resource curse* | | |
| Resource_Rents does not Granger cause Institutions | 2.857* | 1.427 |
| Resource_Wealth does not Granger cause Institutions | 0.596 | -0.228 |

** denotes significance at the 5 percent level.*

Equation (1) is estimated with natural resource rents as the main independent variable, and the results of this approach are reported in table 3. These results show that the current HDI is positively and significantly associated with the lagged HDI, just as they reveal that natural resource endowment is negatively and significantly associated with the HDI. Moreover, this negative and significant correlation is robust across model specifications and estimation techniques. It is also found that in the long run, the endowment of natural resources has a positive and significant impact on the HDI. This finding is also robust for all specifications and estimation techniques.

Considering with Mehlum et *al.* (2006) that the effect of natural resources on economic development depends on the quality of a country's overall governance, institutional variables have been added to equation (1). It appears that these control variables do not significantly modify the results obtained with the reference model. Furthermore, it is found that the impact of governance is not robust. It is also noted that political stability has a positive, significant, and robust effect on the HDI, while the impact of corruption on the same variable is negative and not robust. Finally, the results reveal that both military expenditures and trade have a positive effect on the HDI.

Table 5 reports the estimates of equation (1) with natural resource wealth as the main explanatory variable. These results are essentially in line with those in table 4 as they reveal that the Lagged HDI has a positive and significant impact on the current HDI, and that in the long run, natural resource wealth has a positive and significant impact on the HDI. However, table 5 also shows that there are some differences between the effects of resource rents and those of resource wealth on the HDI. In the same vein, it can be noted that the coefficients associated with resource rents tend to be lower than those associated with resource wealth.

After analyzing the impact of aggregate natural resources on economic development, the individual effects of specific resources such as oil, minerals, natural gas and forests, are assessed and reported in Appendices 4, 5, 6, and 7. Some countries, such as Rwanda and Sao Tome and Principe, are excluded from the oil equations because they did not extract crude oil during the period under review. Similarly, Angola, Burundi, the Central African Republic and Sao Tome and Principe are excluded from the mineral equations, while the Central African Republic, Burundi, Rwanda, and Sao Tome and Principe are excluded from the natural gas equations.

Appendix 4 shows that oil rents and squared oil rents have, respectively, a negative, significant and robust effect and a positive, significant and robust effect on the HDI. It can also be seen that these induced effects of oil rents and squared oil rents do not change after governance control. Similar patterns can be found in the case of natural gas (Appendix 5). These findings, which are in line with those reported in table 4, indicate that in African countries, oil rents, natural gas rents, and total natural resource rents have the same impact on economic development. As for mining and forestry rents, we can see that in the short term, they both have a positive and significant effect on the HDI. Appendices 4 and 5 further reveal that the effect of mining rents squared and that of natural gas rents squared are both negative and significant. It can therefore be said that in the case of forest and mineral resources, the curse only appears in the long term.

Ultimately, the political resource curse hypothesis is tested by adding control variables –GDP and military expenditures– to equation (2). The analysis is carried out with different proxies for natural resources: resource rents, resource wealth, oil rents, mineral rents, natural gas rents, and forest rents. The results presented in table 6 show that rents and resource wealth have a negative and insignificant effect on governance. It is also found that the long-run impact of both proxies is positive and negligible. With regard to oil and natural gas, both resources have a significant negative impact on governance, while their long-run effects are both positive and insignificant. As for mining and forestry rents, they both lead to an insignificant deterioration in the quality of political institutions in the long run. Regarding the impact of GDP, while it is positive in all equations, its significance is not robust. Speaking of military expenditures, it should be noted that it tends to have a negative and non-significant impact on governance.

**Table 4.** *Estimates for resource rents*

| | LSDV | | | | BC-LSDV | | | |
|---|---|---|---|---|---|---|---|---|
| | **M1** | **M2** | **M3** | **M4** | **M5** | **M6** | **M7** | **M8** |
| $HDI_{t-1}$ | - | - | - | - | 0.001 (0.001)*** | 0.001 (0.001)*** | 0.001 (0.001)*** | 0.001 (0.001)*** |
| Resource_Rents | -0.001 (0.001)** | -0.001 (0.001)** | -0.001 (0.001)** | -0.001 (0.001)*** | -0.001 (0.001)*** | -0.001 (0.001)*** | -0.001 (0.001)*** | -0.001 (0.001)*** |
| $NRR^2$ | 0.001 (0.001)** | 0.001 (0.001)** | 0.001 (0.001)** | 0.001 (0.001)** | 0.001 (0.001)*** | 0.001 (0.001)*** | 0.001 (0.001)*** | 0.001 (0.001)*** |
| Governance | | 0.002 (0.002) | | | | -0.038 (0.001)*** | | |
| Political | | | 0.001 (0.001) | 0.001 (0.001)** | | | 0.008 (0.001)*** | 0.007 (0.001)*** |
| Corruption | | | -0.001 (0.001) | -0.001 (0.001) | | | -0.005 (0.001)*** | -0.004 (0.001)*** |
| Military | | | | 0.001 (0.001) | | | | 0.001 (0.001)*** |
| Trade | | | | 0.001 (0.001)* | | | | 0.001 (0.001) |
| Cons. | 0.007 (0.001)*** | -0.007 (0.001)*** | 0.008 (0.001)*** | 0.007 (0.002)*** | - | - | - | - |
| Trend | Yes | Yes | Yes | Yes | Yes | Yes | Yes | Yes |
| Obs. | 850 | 850 | 850 | 850 | 850 | 850 | 850 | 850 |
| Countries | 50 | 50 | 50 | 50 | 50 | 50 | 50 | 50 |
| $R^2$ | 0.1916 | 0.1982 | 0.2033 | 0.2031 | 0.3191 | 0.3067 | 0.3043 | 0.3135 |

*Note: *, **, and *** denote significance at the 10 percent, 5 percent, and 1 percent levels, respectively. Standard errors are in brackets.*

**Table 5.** *Estimates for resource wealth per capita*

| | LSDV | | | | BC-LSDV | | | |
|---|---|---|---|---|---|---|---|---|
| | **M1** | **M2** | **M3** | **M4** | **M5** | **M6** | **M7** | **M8** |
| $HDI_{t-1}$ | - | - | - | - | 0.001 (0.001)*** | 0.001 (0.001)*** | 0.001 (0.001)*** | 0.001 (0.001)*** |
| Resource_Wealth | -0.024 (0.007)*** | -0.024 (0.007)*** | -0.025 (0.007)*** | -0.025 (0.007)*** | -0.023 (0.007)*** | -0.026 (0.007)*** | -0.028 (0.007)*** | -0.032 (0.007)*** |
| $NRW^2$ | 0.003 (0.001)*** | 0.003 (0.001)*** | 0.003 (0.001)*** | 0.003 (0.001)*** | 0.001 (0.001)*** | 0.003 (0.001)*** | 0.003 (0.001)*** | 0.004 (0.001)*** |
| Governance | | 0.002 (0.002) | | | | -0.040 (0.001)*** | | |
| Political | | | 0.001 (0.001) | 0.001 (0.001) | | | 0.008 (0.001)*** | 0.007 (0.001)*** |
| Corruption | | | -0.001 (0.001) | -0.001 (0.001) | | | -0.009 (0.001)*** | -0.008 (0.001)*** |
| Military | | | | 0.001 (0.001) | | | | |
| Trade | | | | 0.001 (0.001) | | | | |
| Cons. | 0.006 (0.001)*** | 0.009 (0.001)*** | -0.007 (0.001)*** | 0.007 (0.002)*** | - | - | - | - |
| Trend | Yes | Yes | Yes | Yes | Yes | Yes | Yes | Yes |
| | | | | | | | | |
| Obs. | 850 | 850 | 850 | 850 | 850 | 850 | 850 | 850 |
| Countries | 50 | 50 | 50 | 50 | 50 | 50 | 50 | 50 |
| $R^2$ | 0.2187 | 0.2246 | 0.2279 | 0.2286 | 0.3225 | 0.3093 | 0.3064 | 0.3100 |

*Note: *, **, and *** denote significance at the 10 percent, 5 percent, and 1 percent levels, respectively. Standard errors are in brackets.*

**Table 6.** *Estimates for the political resource curse*

| | BC-LSDV | | | | | |
|---|---|---|---|---|---|---|
| | **Resource_Rent** | **Resource_Wealth** | **Oil** | **Gas** | **Mineral** | **Forest** |
| $Governance_{t-1}$ | 0.931 (0.101)*** | 0.930 (0.091)*** | 1.018 (0.192)*** | 1.881 (0.001)*** | 0.980 (0.118)*** | 0.911 (0.100)*** |
| Resource | -0.001 (0.001) | -0.053 (0.104) | -0.002 (0.001)** | -0.055 (0.031)** | 0.001 (0.003) | 0.001 (0.002) |
| $Resource^2$ | 0.001 (0.001) | 0.005 (0.012) | 0.001 (0.001) | 0.007 (0.004) | -0.001 (0.001) | 0.001 (0.001) |
| Military | -0.007 (0.004) | -0.007 (0.004) | -0.006 (0.007) | -0.006 (0.004) | 0.002 (0.007) | -0.008 (0.006) |
| GDP | 0.051 (0.040) | 0.051 (0.041) | 0.037 (0.066) | 0.234 (0.050)*** | 0.036 (0.047) | 0.054 (0.050) |
| Trend | Yes | Yes | Yes | Yes | Yes | Yes |
| Obs. | 850 | 850 | 357 | 255 | 680 | 850 |
| Countries | 50 | 50 | 21 | 15 | 40 | 50 |
| $R^2$ | 0.0985 | 0.0985 | 0.0982 | 0.0904 | 0.0982 | 0.0984 |

*Note: *, **, and *** denote significance at the 10 percent, 5 percent, and 1 percent levels, respectively. Standard errors are in brackets.*

# DISCUSSION

The analysis of cointegration reveals that there is a long-term relationship between natural resources and economic development on the one hand, and natural resources and political institutions on the other. Thus, in the long run, the level of development and the quality of governance in African countries are both linked to their natural resources. However, the cointegration test does not tell us whether an increase in resource endowment is associated with an improvement or a deterioration in terms of development and governance.

The correlation analysis complements the cointegration test and reveals that, regardless of the proxy used, natural resource endowment is positively correlated with development and negatively correlated with governance. It therefore appears that in African countries, an increase in resource endowment leads to an improvement in terms of economic development and a significant deterioration in terms of overall governance. The negative correlation between resource endowment and institutional performance is consistent with the resource curse hypothesis (Sachs and Warner, 1997-a, 1997-b; Ross, 1999; Braas, 2008; Patey, 2010; Christensen et *al.*, 2020; Fagbemi and Kotey, 2022; Mlambo, 2022). However, Olarinmoye (2008) and Brunnschweiler and Bulte (2008) remind us that such a negative correlation does not necessarily imply a causal relationship between resource abundance and government efficiency.

The causality analysis confirms the doubts expressed by Brunnschweiler and Bulte (2008) and Olarinmoye (2008) since it reveals that despite the negative correlation between natural resource endowment and political institutions, an increase in the former does not cause the deterioration of the latter, thus rejecting, in the case of African countries, the political resource curse hypothesis. Such a conclusion is in line with that of Di John (2010) who argues that the political resource curse ''is not supported by comparative or historical evidence''. By assessing the economic dimension of the curse, the causality test reveals that an increase in resource endowment does not cause economic development but induces a change in terms of economic growth. We can therefore conclude, following Gylfason (2001), Wright and Czelusta (2004) and Daniele (2011) that the economic resource curse operates by altering dimensions of well-being (health and education, for example) that transcend per capita income.

In the case of total natural resource rents, regression analysis reveals that an increase in resource endowment has a negative and significant impact on economic development in the short run. This finding in favour of the resource curse hypothesis is consistent with that of Avom and Carmignani (2010), who found that commodity exports significantly hamper human development in Central African countries. Table 6 also reveals that in the long term, the resource endowment contributes significantly to the development of the region. This could be explained by the fact that over time, African countries gradually learn to make the most of their natural resources. As Massuyeau and Dorbeau-Falchier (2005) have revealed, Chad, for example, adopted a law in 1999 on the management of its oil revenues. The country also issued two implementing decrees in 2003 and 2004. Under these laws, 10% of oil royalties and dividends are saved for future generations, while the rest is mainly spent on health, education, infrastructures, rural development, the environment and water resources. Such decisions tend to create links between extractive industries and the rest of the economy, not to mention promote long-term well-being.

The regression analysis also reveals that the impact of natural resources on development does not change after institutional control, thus confirming what Avom and Carmignani (2010) found in a previous study on Central African countries.

Regarding natural resource wealth per capita, the regression analysis reveals that an increase in resource endowment has a negative impact on economic development, this time to a greater extent. The difference between the results found above with a resource dependence indicator and those obtained with resource wealth could be explained by the inherent bias of this resource abundance indicator. Ross (2012), who inspired this approximation argues that the variable is "biased upward [against the search for a resource curse] in countries that are more democratic, peaceful and stable." And while overall governance is still poor in African countries, the situation is improving in many ways: peace has returned, the political environment is stable, and there are small democratic improvements in many countries on the continent. In short, the results found with resource wealth are in line with those achieved with resource rents.

The results for oil and gas rents confirm those for total natural resources rents, as an increase in oil and gas rents significantly hampers short-term economic development, while the long-term effect of oil and gas rents on development is positive and significant. The results found with other natural resources (minerals and forests, for example) are not in line with those obtained with total natural resource rents. In fact, these natural resources support economic development in the short term and not in the long term. These findings could be explained by the fact that these resources are relatively easy to loot.

Finally, the political resource curse hypothesis is tested while controlling military expenditures and economic growth. It is found that an increase in rent or natural resource wealth leads to a deterioration in a country's institutions, even if this deterioration is not significant. Such a negative correlation between natural resources and political institutions is not surprising because, as Robinson et *al.* (2005) point out, governments in resource-rich countries often adopt policies that appear to be aberrant – in that they run counter to public interests– but are in fact "rational policy strategies in response to incentives induced by resource rents."

The results also reveal that a surge in oil and gas rents leads to a deterioration in institutional quality. The negative correlation between oil and gas rents and governance thus supports the resource curse hypothesis. And, given that oil accounts for the lion's share of all natural resource-related revenues in African countries, the findings also lend credence to the idea that "the resource curse is overwhelmingly an oil curse" (Ross, 2012). As for the long-term negative and insignificant effect of mineral/forest rents on governance, it is consistent with the political resource curse hypothesis. The likely reason is that these resources are easy to loot. Natural resources such as rare medicines, natural narcotics, aromatic woods, precious stones, and other minerals that are both highly cost-effective and easy to transport are, indeed, often associated with civil wars (Ross, 2003).

Returning to table 2, it also reveals that in the long run, natural resources have a mixed effect on institutions. As for the effect on economic growth, it is positive and insignificant for all resources, with the exception of natural gas. Ross (2012) argues that such a positive correlation between economic growth and governance is in line with modernization theory since a country's development induces "improvements in virtually all dimensions of its political well-being, including the effectiveness of its government, its responsibility towards its people and the enfranch emancipation of women."

*

*     *

This paper intended to test the resource curse hypothesis in African countries. Using a panel of 50 countries covered by our study over the period 2003-2019, a formal causality test was carried out and regression models were estimated. The article also intended to contribute to the exixting literature in several ways: first, a formal causality test is conducted to address the concerns raised above by Olarinmoye (2008) and Brunnschweiler and Bulte (2008), who argue that although the negative correlation between resource endowment and institutional performance is consistent with the resource curse hypothesis, it does not necessarily imply a causal relationship between resource abundance and government effectiveness. Second, resource dependence and abundance indicators are used for robustness checks. Third, as recommended by Price (2003) and Sorens (2011), a broad definition of total natural resource wealth is used, which includes both combustible and non-combustible resources. The individual effects of crude oil, natural gas, mineral, and exploited forest rents are also examined. Furthermore, this research takes into account a broader indicator of development, i.e. the HDI (Human Development Index). Fourth, the economic and political dimensions of the resource curse hypothesis are tested.

In summary, the cointegration, correlation, causality, and regression analyses reveal that: (i) the economic counterpart of the resource curse operates through changing dimensions of well-being (e.g., health and education) that transcend per capita income. (ii) An increase in total natural resource endowment has a negative and significant impact on economic development in the short run. (iii) In the long run, total natural resource endowment significantly contributes to development. The fact that forest and mineral resources can be looted explains the negative impact they have on long-term development. (iv) The impact of natural resources on development does not change after controlling for governance. (v) The political dimension of the resource curse is above all an oil curse.

These findings call for greater transparency in the collection, management, and spending of wealth derived from natural resources in Africa. Indeed, as Stiglitz (2005), Di John (2010) and Ross (2012) point out, transparency is the most important virtue that any government should demonstrate prior to designing policies that aim to combat the resource curse. It is in this spirit that African countries should welcome initiatives such as the Kimberley Process Certification Scheme (KPCS) and the Extractive Industries Transparency Initiative (EITI), which promote transparency in the exploitation of natural resources. That being said, countries such as Angola, Burundi, Central African Republic, Congo, Equatorial Guinea, Gabon and Rwanda would therefore have every interest in joining the the KPCS, just as Burundi, Chad, Equatorial Guinea, Rwanda and Sao Tome and Principe would benefit from joining the EITI.

Furthermore, based on our findings and in line with Norway's successful experience, it is recommended that the natural resource wealth of African countries be managed by sovereign wealth funds (SWFs) which, for the sake of transparency, are often preferred by governments. For the latter, in fact, sovereign funds represent independent institutions, sheltered from any political influence. Moreover, such fund management organizations examine the trade-off between the well-being of present and future generations, flatten the structure of public spending, and help avoid Dutch disease (Stiglitz, 2005; Holden, 2013). Angola, Gabon, Equatorial Guinea and Sao Tome and Principe have already created SWFs that oversee their respective oil wealth. Once again, transparency should be the guiding principle here. The *Fundo Soberano de Angola*, for example, has taken bold steps in this direction: the fund is a member of the Sovereign Wealth Fund Institute which assesses the transparency of its members; it has ratified the Santiago Principles on Best Management Practices in SWFs; it is accountable before the Angolan parliament; and it is audited by Deloitte, an independent external organization. And even if there is still room for improvement in its management, other African countries should follow the lead of the *Fundo Soberano de Angola*.

African countries can also change the landlocked nature of extractive industries, create socioeconomic linkages and ease ethnic tensions in mining communities. This is possible by setting up mining area community development funds (MACDFs), similar to those created in post-war Sierra Leone. Wilson (2013) argues that the action of such funds in collecting a fraction (25% of Sierra Leone's diamonds export taxes, for example) of natural resource wealth for investment in local development projects (such as education, healthcare, access to clean water, etc.), can help avoid the natural resource curse. In addition, the horizontal, spatial and fiscal socioeconomic linkages created backward by these development funds, promote not only social cohesion, but also economic diversification (UNCTAD, 2017).

African governments should also strive to "receive the most that they can for their natural resources" (Stiglitz, 2005). They should follow the Norwegian example and encourage meaningful local participation in the extractive industries. Such an approach would help local companies to acquire expertise and enjoy take advantage of the high profits inherent in these industries. Moreover, they should have passive ownership shares in extractive industries, as Norway does through the State's Direct Financial Interest (Holden, 2013). In line with this recommendation, Stiglitz (2005:18) argues that the IMF and other multilateral institutions should not "put undue pressure" on African countries to privatize their natural resource industries.

Another way to take advantage of natural resources is to impose high taxes. It is in this sense that the Norwegian government collects a 78% profit tax (28% normal profit tax plus 50% oil tax) from the hydrocarbon industry (Holden, 2013), while the average effective tax rate on oil is less than 40% in countries like Cameroon and Democratic Republic of Congo (NRGI, 2015). African countries are therefore recommended to increase taxation on extractive industries. In this regard, the new Gabonese hydrocarbons code adopted on July 16, 2019 is widely criticized, because it reduces the tax on oil profits from 35% to 0%. This unique tax legislation decreases the proportional mining royalty, thereby leading to an increase in the cost of oil and a decrease in oil profits. This new version of the Gabonese hydrocarbon code also limits public participation in oil projects to "only" 10% (compared to 20% previously). Ultimately, such a law seems to favor multinationals and foreign investors to the detriment of the Gabonese people. ■

## REFERENCES


Acemoglu D., S. Johnson, and Robinson J. (2002), "Reversal of Fortune: Geography and Institutions in the Making of the Modern World Income Distribution." *The Quarterly Journal of Economics*, vol. 117, n° 4, pp. 1231-1294. [Online] From https://www.nber.org, accessed May 21, 2024 at 10:42 a.m.

Alex A., A. Coutts, P.C. Vicente, and Vilela I. (2019), "Does Information Break the Political Resource Curse? Experimental Evidence from Mozambique." *IFS Working Papers,* n° W19/01, Institute for Fiscal Studies (IFS), London, UK, 47p. [Online] From https://www.econstor.eu, accessed March 7, 2024 at 8:42 a.m.

Andersen J.J., and Ross M.L. (2014), "The big oil change : A closer look at the Haber–Menaldo analysis." *Comparative Political Studies*, vol. 47, n° 7, pp. 993-1021.

Anderson T.W., and Hsiao C. (1981), "Estimation of Dynamic Models with Error Components." *Journal of The American Statistical Association*, vol. 76, n° 375, pp. 598-606.

AfDB-AUC-UN.ECA Consortium – African Development Bank, African Union Commission, United Nations. Economic Commission for Africa (2010), *Land policy in Africa : Eastern African regional assessment*, Addis Ababa, UN.ECA. [Online] From the web site https://hdl.handle.net/10855/40947, accessed May 7, 2024 at 6:42 p.m.

Auty R.M. (1988), "Oil-Exporters′ Disappointing Diversification into Resource-Based Industry: The External Causes." *Energy Policy*, vol. 16, n° 3, pp. 230–242.

Auty R.M. (1990), *Resource-Based Industrialization: Sowing the Oil in Eight Developing Countries*. Clarendon, UK, Oxford University Press, 304p.

Auty R.M. (1991-a), "Mismanaged Mineral Dependence: Zambia 1970-90." *Resources Policy*, vol. 17, n° 3, pp. 170-183.

Auty R.M. (1991-b), "Resource-Based Industry in Boom, Downswing and Liberalization: Mexico." *Energy Policy*, vol. 19, n° 1, pp. 13-23.

Auty, R.M. (1993), *Sustaining Development in Mineral Economies: The Resource Curse Thesis*. 1st Edition, London, UK, Routledge, ISBN: 9780203422595, 288p.

Auty R.M. (1994), "The Resource Curse Thesis: Minerals in Bolivian Development, 1970-90." *Singapore Journal of Tropical Geography*, vol. 15, n° 2, pp. 95-111.

Auty R.M. (2001-a), *Resource abundance and economic development. Improving the performance of resource-rich countries*. Oxford, UK, Oxford University Press, 73p.

Auty R.M. (2001-b), "The Political Economy of Resource-Driven Growth." *European Economic Review*, vol. 45, n° 4-6, pp. 839-846.

Auty R.M. (2004), "Economic and political reform of distorted oil-exporting economies: Managing Natural Resource Revenues in Low-Income Countries." *A Paper Presented at the Conference on Escaping the Resource Curse. 26 February 2004*. New York. Center on Globalization and Sustainable Development. University of Columbia.

Auty R.M. (2017), "Natural Resources and Civil Strife: A Two-Stage Process." *The Geopolitics of Resource Wars*, London, UK, Routledge, pp. 29-49.

Avom D., and Carmignani F. (2010), « L'Afrique Centrale Peut-elle Eviter le Piège de la Malédiction des Produits de Base? » *Revue d'économie du développement*, vol. 18, n° 2, pp. 47-72. [En ligne] DOI : 10.3917/edd.242.0047. Site internet https://www.cairn.info, consulté le 16 juin 2024.

Badeeb R.A., H.H. Lean, and Clark J. (2017), "The Evolution of the Natural Resource Curse Thesis: A Critical Literature Survey." *Resources Policy,* vol. 51, pp. 123-134.

Baldwin R.E. (1956), "Patterns of Development in Newly Settled Regions." *The Manchester School*, vol. 24, n° 2, pp. 161-179.

Biresselioglu M.E., M.H. Demir, A. Gonca, O. Kolcu, and Yetim A. (2019), "How Vulnerable are Countries to Resource Curse? A Multidimensional Assessment." *Energy Research & Social Science*, vol. 47, pp. 93-101.

Boschini A.D., J. Pettersson, and Roine J. (2007), "Resource Curse or Not: A Question of Appropriability." *Scandinavian Journal of Economics*, vol. 109, n° 3, pp. 593-617.

Brass J.N. (2008), "Djibouti's Unusual Resource Curse." *The Journal of Modern African Studies*, vol. 46, n° 4, pp. 523-545

Brunnschweiler C.N., and Bulte E.H. (2008), "The Resource Curse Revisited and Revised: A Tale of Paradoxes and Red Herrings." *Journal of Environmental Economics and Management*, vol. 55, n° 3, pp. 248-264.

Busse M., and Gröning S. (2013), "The Resource Curse Revisited: Governance and Natural Resources." *Public Choice*, vol. 154, n° 1, pp. 1-20.

Christensen H.B., M. Maffett, and Rauter T. (2020), *Reversing the Resource Curse: Foreign Corruption Regulation and Economic Development*. Working Paper, N°304, University of Chicago Booth School of Business, Stigler Center for the Study of the Economy and the State, Chicago, IL, USA, 41p. [Online] From https://www.econstor.eu, accessed March 17, 2024 at 10:42 a.m.

Collier P., and Hoeffler A. (1998), "On Economic Causes of Civil War." *Oxford Economic Papers*, vol. 50, n° 4, pp. 563-573.

Collier P., and Hoeffler A. (2004), "Greed and grievance in civil war." *Oxford economic papers*, vol. 56, n° 4, pp. 563-595. DOI : 10.1093/oep/gpf064

Costa (de Medeiros) H.K., and dos Santos E.M. (2013). "Institutional Analysis and the 'Resource Curse' in Developing Countries." *Energy Policy*, vol. 63, pp. 788-795.

Damette O., and Seghir M. (2018), "Natural resource curse in oil exporting countries : A nonlinear approach." *International economics*, vol. 156, pp. 231-246.

Daniele V. (2011), "Natural Resources and the 'Quality' of Economic Development." *the Journal of Development studies*, vol. 47, n° 4, pp. 545-573.

Davis G.A., and Tilton J.E. (2005), "The Resource Curse." *Natural Resources Forum*, vol. 29, n° 3, Oxford, UK, Blackwell Publishing, Ltd., pp. 233-242. [Online] From https://www.lawweb.colorado.edu, accessed March 8, 2024 at 8:12 a.m.

Di John J. (2010), "The 'Resource Curse': Theory and Evidence (ARI)." *Elcano Newsletter ARI 172/2010*, n° 72, Real Instituto Elcano pp. 1-9. [Online] From the web site https://www.d1wqtxts1xzle7.cloudfront.net, accessed June 8, 2024 at 11:12 a.m.

Djemmo Fotso A. (2014), "The Potential Effects of the ECCAS Free Trade Area on Trade Flows." *MPRA Paper*, n° 59863, Munich Personal RePEc Archive, pp. 1-31. [Online] https://www. mpra.ub.uni-muenchen.de, accessed June 18, 2024 at 9:22 a.m.

Dumitrescu E.I., and Hurlin C. (2012), "Testing for Granger Non-causality in Heterogeneous Panels." *Economic modelling*, vol. 29, n° 4, pp. 1450-1460.

Dwumfour R.A., and Ntow-Gyamfi M. (2018), "Natural Resources, Financial Development, and Institutional Quality in Africa: Is There a Resource Curse?" *Resources Policy*, vol. 59, pp. 411-426.

Fagbemi F., and Kotey R.A. (2022), "Interconnections between Governance Shortcomings and Resource Curse in a Resource-

Dependent Economy." *PSU Research Review*, Emerald Publishing Limited, 24p. [Online] From https://www.emerald.com, DOI : 10.1108/PRR-09-2021-0052, accessed March 18, 2024 at 6:12 p.m.

Gelb A.H., and Associates (1988), *Oil Windfalls: Blessing or Curse?* New York, USA, Oxford University Press for the World Bank, 357p. ISBN: 0195207742.

Gilberthorpe E., and Papyrakis E. (2015), "The Extractive Industries and Development: The Resource Curse at the Micro, Meso, and Macro Levels." *The Extractive Industries and Society*, vol. 2, n° 2, pp. 381-390.

Granger C.W. (1969), "Investigating Causal Relations by Econometric Models and Cross-Spectral Methods." *Econometrica: journal of The Econometric Society*, vol. 37, n° 3, pp. 424-438.

Gylfason, T. (2001), "Natural Resources, Education, and Economic Development." *European Economic Review*, vol. 45, n° 4-6, pp. 847-859. [Online] From https://www.repec.cepr.org, accessed May 11, 2024 at 10:42 a.m.

Hammond J.L. (2011), "The Resource Curse and Oil Revenues in Angola and Venezuela." *Science & society*, vol. 75, n° 3, pp. 348-378.

Hayat A., and Tahir M. (2021), "Natural Resources Volatility and Economic Growth: Evidence from the Resource-Rich Region." *Journal of Risk and Financial Management*, vol. 14, n° 84, 17p. [Online] From https://www.mdpi.com, accessed March 25, 2024 at 12:42 p.m.

Holden S. (2013), "Avoiding the Resource Curse. The Case Norway." *Energy Policy*, vol. 63, pp. 870-876. [Online] From https://www.researchgate.net, accessed March 16, 2024 at 5:42 p.m.

Im K.S., Pesaran M.H., and Shin Y. (2003), "Testing for Unit Roots in Heterogeneous Panels." *Journal of Econometrics*, vol. 115, n° 1, pp. 53-74.

James A. (2015), "The Resource Curse: A Statistical Mirage?" *Journal of Development Economics*, vol. 114, pp. 55-63.

Karl, T.L. (1997), *The Paradox of Plenty: Oil Booms and Petro-States*. Berkeley & Los Angeles, California, USA, University of California Press, 380p.

Karl T.L. (2005), "Understanding the Resource Curse." In: Tsalik S., and Schiffrin A. (eds.), *Covering Oil: A Reporter's Guide to Energy and Development (Lifting the resource curse 2)*, New York, USA, Open Society Institute, pp. 21-29.

Karl T.L. (2007), "Ensuring Fairness: The Case for a Transparent Fiscal Social Contract." In: Humphreys M., J. Sachs, and Stiglitz J.E. (eds.), *Escaping the Resource Curse*, New York, USA, Columbia University Press, pp. 256-285.

Massuyeau B., and Dorbeau-Falchier D. (2005), « Gouvernance Pétrolière au Tchad : la Loi de Gestion des Revenus Pétroliers. » *Afrique Contemporaine*, vol. 216, n° 4, pp. 139-156.

Mehlum H., K. Moene, and Torvik R. (2006), "Institutions and the Resource Curse." *The economic journal*, vol. 116, n° 508, pp. 1-20.

Meyer A. (2015), *Preventing Conflict in Central Africa: ECCAS Caught between Ambitions, Challenges and Reality*, South Africa, Institute for Security Studies (ISS), 20p. [Online] From https://www.diposit.ub.edu, accessed July 16, 2024 at 5:37 p.m.

Mlambo C. (2022), "Politics and the Natural Resource Curse: Evidence from Selected African States." *Cogent Social Sciences*, vol. 8, n° 1, 17p. [Online] From the web site https://doi.org/10.1080/23311886.2022.2035911, accessed May 6, 2024 at 6:42 a.m.

NRGI – Natural Resource Governance Institute (2015), "The Resource Curse: The Political and Economic Challenges of Natural Resource Wealth." *NRGI Reader*, March 2015, 119p. (pp. 1-6). [Online] From https://www.resourcegovernance.org, accessed May 24, 2024 at 9:42 a.m.

Odugbesan J.A., and Rjoub H. (2019), "Relationship among HIV/AIDS Prevalence, Human Capital, Good Governance, and Sustainable Development: Empirical Evidence from Sub-Saharan Africa." *Sustainability*, vol. 11, n° 1348, pp. 1-17.

Olarinmoye O.O. (2008), "Politics Does Matter: The Nigerian State and Oil (Resource) Curse." *Africa Development*, vol. 33, n° 3, pp. 21-34.

Patey L.A. (2010), "Crude Days Ahead? Oil and the Resource Curse in Sudan." *African Affairs*, vol. 109, n° 437, pp. 617-636.

Pérez C. and Claveria O. (2020), "Natural Resources and Human Development: Evidence from Mineral-Dependent African Countries Using Exploratory Graphical Analysis." *Resources Policy*, vol. 65, pp. 1-10. [Online] From https://www.diposit.ub.edu, accessed April 14, 2024 at 7:42 p.m.

Ploeg (van der) F. (2011), "Natural resources : curse or blessing ?" *Journal of Economic literature*, vol. 49, n° 2, pp. 366-420.

Ploeg (van der) F., and Poelhekke S. (2010), "The pungent smell of 'red herrings' : Subsoil assets, rents, volatility and the resource curse." *Journal of Environmental Economics and Management*, vol. 60, n° 1, pp. 44-55.

Price S.V. (2003), *War and Tropical Forests: Conservation in areas of armed conflict*. Binghamton, New York, USA, Food Products Press.

Robinson J.A., Acemoglu D., and Johnson S. (2005), "Institutions as a fundamental cause of long-run growth." *Handbook of economic growth*, vol. 1, pp. 385-472.

Ross M.L. (1999), "The Political Economy of the Resource Curse." *World Politics*, vol. 51, n° 2, pp. 297-322.

Ross M.L. (2001-a), *Extractive Sectors and the Poor: An Oxfam America Report*, Boston, MA, USA, Oxfam America, 28p. [Online] From https://www.oxfamilibrary.openrepository.com, accessed June 14, 2024 at 5:47 p.m.

Ross M.L. (2001-b), "Does Oil Hinder Democracy?" *World Politics*, vol. 53, n° 3, pp. 325-361.

Ross M.L. (2003), "Oil, Drugs, and Diamonds: The Varying Roles of Natural Resources in Civil War." In: Ballentine K., and Sherman J. (eds.), *The Political Economy of Armed Conflict: Beyond Greed & Grievance*. Boulder, Colorado, USA, Lynne Reinner Publishers, Inc., pp. 47-72 (of 317).

Ross M.L. (2004), "What do We Know about Natural Resources and Civil War?" *Journal of Peace Research*, vol. 41, n° 3, pp. 337-356.

Ross M.L. (2007), "How Mineral-Rich States Can Reduce Inequality." In: Humphreys M., J. Sachs, and Stiglitz J.E. (eds.), *Escaping the Resource Curse*, New York, USA, Columbia University Press, pp. 237-255.

Ross M.L. (2012), *The Oil Curse: How Petroleum Wealth Shapes the Development of Nations*. Princeton, USA, Princeton University Press, 312p. ISBN: 9780691159638.

Ross M.L. (2015), "What Have We Learned about the Resource Curse?" *Annual Review of Political Science*, vol. 18, n° 1, pp. 239-259.

Sachs J.D., and Warner A.M. (1995), "Natural Resource Abundance and Economic Growth." *NBER Working Paper Series*, Working Paper 5398, Cambridge, Massachusetts (MA), USA, National Bureau of Economic Research (NBER), 54p.

Sachs J.D., and Warner, A.M. (1997-a), "Fundamental sources of long-run growth." *The American economic review*, vol. 87, n° 2, pp. 184-188.

Sachs J.D., and Warner A.M. (1997-b), "Sources of Slow Growth in African Economies." *Journal of African Economies*, vol. 6, n° 3, pp. 335-376.

Sachs J.D., and Warner A.M. (1999-a), "The Big Push, Natural Resource Booms and Growth." *Journal of Development Economics*, vol. 59, n° 1, pp. 43-76.

Sachs J.D., and Warner A.M. (1999-b), "Natural Resource Intensity and Economic Growth." Chapter 2, In: Mayer J., B. Chambers, and Farooq A. (eds.), *Development Policies in Natural Resource Economics*, Cheltenham, UK, Edward Elgar, pp. 13-38.

Sachs J.D., and Warner A.M. (2001), "The Curse of Natural Resources." *European Economic Review*, vol. 45, n° 4-6, pp. 827-838.

Sala-i-Martin X., and Subramanian A. (2013), "Addressing the Natural Resource Curse: An Illustration from Nigeria." *Journal of African Economies*, vol. 22, n° 4, pp. 570-615.

Saidu S., and Sadiq H.A. (2014), "Production Sharing or Joint Venturing : What Is the Optimum Petroleum Contractual Arrangement for the Exploitation of Nigeria Oil and Gas ?" *Journal of Business and Management Sciences*, vol. 2, n° 2, pp. 35-44. [Online] DOI : 10.12691/jbms-2-2-2.

Savoia A., and Sen K. (2021), "The Political Economy of the 'Resource Curse': A Development Perspective". *Annual Review of Resource Economics*, vol. 13, pp. 203-223. [Online] From https://www.sustainablesupplychains.org, accessed June 6, 2024 at 11:12 a.m.

Siegle J., and Cook C. (2020), *Circumvention of Term Limits Weakens Governance in Africa*, Africa Center for Strategic Studies. Available [Online] From the web site https://africacenter.org/spotlight/circumvention-of-term-limits-weakens-governance-in-africa/, accessed July 16, 2024 at 5:50 p.m.

Sorens J. (2011), "Mineral Production, Territory, and Ethnic Rebellion: The Role of Rebel Constituencies." *Journal of Peace Research*, vol. 48, nº 5, pp. 571-585.

Stiglitz J.E. (2005), "Making Natural Resources into a Blessing rather than a Curse." In: Tsalik S., and Schiffrin A. (eds.), *Covering Oil: A Reporter's Guide to Energy and Development (Lifting the resource curse 2)*. Revenue Watch & Open Society Institute, pp. 13-19. [Online] From https://www.business.columbia.edu, accessed June 17, 2024 at 11:45 a.m.

Tiba S. and Frikha M. (2019), "The Controversy of the Resource Curse and the Environment in the SDGs Background: The African Context." *Resources Policy*, vol. 62, pp. 437–452.

Transparency International (2019), *Corruption Perceptions Index (CPI) report 2019*, 34p. [Online] From https://www.transparency.org/cpi, accessed June 15, 2024 at 9:45 a.m.

UNCTAD – United Nations Conference on Trade and Development (2017), *Enhancing Development Linkages in the Mineral-rich ECCAS region*. Concept Note, 9th Tranche Development Account Project 1415P Regional Workshop 5-6 December 2017, Libreville, Gabon, 2p. [Online] From https://www.unctad.org, accessed June 5, 2024 at 10:41 a.m.

UNCTAD – United Nations Conference on Trade and Development (2019), *State of Commodity Dependence 2019*, Geneva, Swiss, United Nations. ISBN: 978-92-1-112945-8, 245p. [Online] From https://www.unctad.org, accessed June 8, 2024 at 8:41 a.m.

UNCTAD – United Nations Conference on Trade and Development (2021), *Economic Development in Africa Report 2021: Reaping the Potential Benefits of the African Continental Free Trade Area for Inclusive Growth*, Geneva, Swiss, United Nations. ISBN: 978-92-1-113004-1, 224p. [Online] From https://www.unctad.org, accessed June 18, 2024 at 6:41 p.m.

UNDP – United Nations Development Programme (2006), *Meeting the Challenge of the Resource Curse. International Experiences in Managing the Risks and Realising the Opportunities of Non-Renewable Natural Resource Revenues*. UNDP's Bureau for Resources and Strategic Partnerships (ed.), London, UK, Overseas Development Institute, 91p. [Online] https://www.assets.wwf.org.uk, accessed June 28, 2024 at 8:41 p.m.

Vahabi M. (2017), "A Critical Survey of the Resource Curse Literature through the Appropriability Lens." *Document de travail du CEPN n° 2017-14, CEPN (Centre d'économie de l'Université Paris Nord) - UMR-CNRS n° 7234*, Sorbonne, France, Université Paris 13. [Online] *HAL Id : hal-01583559*. From https://www.hal.science, accessed March 10, 2024 at 7:02 p.m.

Vahabi M. (2018), "The Resource Curse Literature as Seen through the Appropriability Lens: A Critical Survey." *Public Choice*, vol. 175, n° 3, pp. 393-428.

Wilson S.A. (2013), "Diamond Exploitation in Sierra Leone 1930 to 2010: a Resource Curse?" *GeoJournal*, vol. 78, n° 16, pp. 997-1012.

Wright G., and Czelusta J. (2004), "Why economies slow: the myth of the resource curse." *Challenge*, vol. 47, n° 2, pp. 6-38.

Yackee J. (2021), "Imperial Farce? The Coronation of Bokassa the First and the (Failed) Manufacture of Charisma." *French Politics, Culture & Society*, vol. 39, n° 3, pp. 147-170.

# APPENDICES

**Appendix 1.** *Descriptive statistics*

| Variable | Mean | Std. Dev. | Min | Max | Obs. |
|---|---|---|---|---|---|
| HDI | 0.006 | 0.006 | -0.074 | 0.036 | 850 |
| GDP | 3.102 | 0.450 | 2.055 | 4.360 | 850 |
| Resource_Rents | -0.160 | 4.114 | -25.119 | 24.434 | 850 |
| Resource_Wealh | 0.015 | 0.152 | -0.630 | 1.137 | 850 |
| Forest | 5.183 | 5.808 | 0 | 40.408 | 850 |
| Mineral | 0.010 | 1.504 | -13.060 | 13.063 | 850 |
| Oil | -0.036 | 3.319 | -25.201 | 26.208 | 850 |
| Gas | 0.012 | 0.235 | -2.116 | 1.723 | 850 |
| Governance | -0.653 | 0.578 | -1.960 | 0.879 | 850 |
| Political | -0.554 | 0.845 | -2.699 | 1.200 | 850 |
| Corruption | -0.639 | 0.591 | -1.815 | 1.216 | 850 |
| Military | 2.210 | 3.203 | 0.142 | 23.967 | 850 |
| Trade | -0.104 | 8.693 | -67.372 | 39.396 | 850 |

**Appendix 2.** *Correlation matrix*

| | Resource_Rents | Resource_Wealth | HDI | GDP | Governance |
|---|---|---|---|---|---|
| Resource_Rents | 1 | | | | |
| Resource_Wealth | 0.728* | 1 | | | |
| HDI | 0.039 | 0.258 | 1 | | |
| GDP | 0.309* | 0.438* | 0.667* | 1 | |
| Governance | -0.490* | -0.364* | 0.417* | 0.211* | 1 |

*Note: * denotes significance at the 5 percent level.*

**Appendix 3.** *Panel unit root tests*

| | Im, Pesaran, and Shin | | | | |
|---|---|---|---|---|---|
| | I | IT | I | IT | Decision |
| HDI | -4.65* | 4.41 | -10.36* | -12.17* | I(1) |
| Resource_Rents | -1.54 | -3.21* | -17.36* | -13.98* | I(1) |
| NRR² | -3.83* | 6.11 | -20.62* | -17.45* | I(1) |
| Resource_Wealth | -2.56* | 7.15 | -10.91* | -11.68* | I(1) |
| NRW² | -2.38* | 7.24 | -11.50* | -11.87* | I(1) |
| Forest | -5.66* | -6.22* | -17.47* | -13.26* | I(0) |
| Mineral | -4.21* | -1.51 | -15.64* | -12.57 | I(1) |
| Oil | -0.57 | -7.13* | -15.14* | -9.22* | I(1) |
| Gas | 1.69 | 2.61 | -7.94* | -8.00* | I(1) |
| Governance | -3.68* | -5.34* | -18.64* | -18.44* | I(0) |
| Political | -5.70* | -4.49* | -21.99* | -20.95* | I(0) |
| Corruption | -2.64* | -2.89* | -19.96* | -14.79* | I(0) |
| GDP | -1.26 | 2.07 | -16.87* | -13.91* | I(1) |
| Military | -5.67* | -6.44* | -22.00* | -34.66* | I(0) |
| Trade | -0.95 | -5.41* | -19.80* | -23.02* | I(1) |

*Note: * denotes significance at the 5 percent level. I and IT stand for intercept and intercept and trend, respectively.*

**Appendix 4.** *Estimates for oil rents*

| | LSDV | | | | BC-LSDV | | | |
|---|---|---|---|---|---|---|---|---|
| | **M1** | **M2** | **M3** | **M4** | **M5** | **M6** | **M7** | **M8** |
| $HDI_{t-1}$ | - | - | - | - | 0.001 | 0.001 | 0.001 | 0.001 |
| | | | | | (0.001)*** | (0.001)*** | (0.001)*** | (0.001)*** |
| Oil | -0.001 | -0.001 | -0.001 | -0.001 | 0.001 | 0.001 | 0.001 | 0.001 |
| | (0.001)*** | (0.001) *** | (0.001) *** | (0.001) *** | (0.002) *** | (0.001) *** | (0.001) *** | (0.001) *** |
| $Oil^2$ | 0.001 | 0.001 | 0.001 | 0.001 | 0.001 | 0.001 | 0.001 | 0.001 |
| | (0.001)*** | (0.001)*** | (0.001)*** | (0.001)*** | (0.001)*** | (0.001)*** | (0.001)*** | (0.001)*** |
| Governance | | 0.001 | | | | -0.137 | | |
| | | (0.003) | | | | (0.021)*** | | |
| Political | | | 0.001 | 0.001 | | | -0.026 | -0.026 |
| | | | (0.001) | (0.001) | | | (0.021) | (0.015) |
| Corruption | | | 0.001 | 0.001 | | | 0.004 | 0.004 |
| | | | (0.001) | (0.001) | | | (0.023) | (0.015) |
| Military | | | | 0.001 | | | | 0.001 |
| | | | | (0.001) | | | | (0.006) |
| Trade | | | | 0.001 | | | | -0.001 |
| | | | | (0.001) | | | | (0.001) |
| Cons. | 0.007 | 0.009 | 0.008 | 0.007 | - | - | - | - |
| | (0.001)*** | (0.003)*** | (0.002)*** | (0.003)** | | | | |
| Trend | Yes | Yes | Yes | Yes | Yes | Yes | Yes | Yes |
| Obs. | 357 | 357 | 357 | 357 | 357 | 357 | 357 | 357 |
| Countries | 21 | 21 | 21 | 21 | 21 | 21 | 21 | 21 |
| $R^2$ | 0.2419 | 0.2375 | 0.2359 | 0.2332 | 0.1816 | 0.1839 | 0.2333 | 0.2727 |

*Note: *, **, and *** denote significance at the 10 percent, 5 percent, and 1 percent levels, respectively. Standard errors are in brackets.*

**Appendix 5.** *Estimates for natural gas rents*

| | LSDV | | | | BC-LSDV | | | |
|---|---|---|---|---|---|---|---|---|
| | M1 | M2 | M3 | M4 | M5 | M6 | M7 | M8 |
| $HDI_{t-1}$ | - | - | - | - | 0.001 | 0.001 | 0.001 | 0.001 |
| | | | | | (0.001)*** | (0.001)*** | (0.001)*** | (0.001)*** |
| Gas | -0.008 | -0.008 | -0.008 | -0.009 | -0.013 | -0.015 | -0.016 | -0.012 |
| | (0.002)*** | (0.002)*** | (0.002)*** | (0.002)*** | (0.055)*** | (0.022)*** | (0.055)*** | (0.010)*** |
| $Gas^2$ | 0.001 | 0.001 | 0.001 | 0.001 | 0.001 | 0.002 | 0.002 | 0.001 |
| | (0.001)*** | (0.001)*** | (0.001)*** | (0.001)*** | (0.009)*** | (0.003)*** | (0.009)*** | (0.001)*** |
| Governance | | 0.004 | | | | -0.143 | | |
| | | (0.004) | | | | (0.008)*** | | |
| Political | | | 0.001 | 0.001 | | | -0.025 | -0.023 |
| | | | (0.001) | (0.001) | | | (0.022) | (0.003) |
| Corruption | | | -0.001 | -0.001 | | | 0.027 | 0.024 |
| | | | (0.002) | (0.002) | | | (0.021) | (0.004) |
| Military | | | | -0.001 | | | | 0.001 |
| | | | | (0.001) | | | | (0.001) |
| Trade | | | | 0.001 | | | | -0.001 |
| | | | | (0.001)** | | | | (0.001)** |
| Cons. | -0.007 | 0.010 | 0.008 | 0.009 | - | - | - | - |
| | (0.001)*** | (0.004)*** | (0.002)*** | (0.003)*** | | | | |
| Trend | Yes | Yes | Yes | Yes | Yes | Yes | Yes | Yes |
| Obs. | 255 | 255 | 255 | 255 | 255 | 255 | 255 | 255 |
| Countries | 15 | 15 | 15 | 15 | 15 | 15 | 15 | 15 |
| $R^2$ | 0.2444 | 0.2368 | 0.2345 | 0.2487 | 0.2121 | 0.1602 | 0.1735 | 0.1739 |

*Note: *, **, and *** denote significance at the 10 percent, 5 percent, and 1 percent levels, respectively. Standard errors are in brackets.*

**Appendix 6.** *Estimates for mineral rents*

| | LSDV | | | | BC-LSDV | | | |
|---|---|---|---|---|---|---|---|---|
| | **M1** | **M2** | **M3** | **M4** | **M5** | **M6** | **M7** | **M8** |
| $HDI_{t-1}$ | - | - | - | - | 0.001<br>(0.001)*** | 0.001<br>(0.001)*** | 0.001<br>(0.001)*** | 0.001<br>(0.001)*** |
| Mineral | 0.001<br>(0.001)*** | 0.001<br>(0.001)*** | 0.001<br>(0.001)*** | 0.001<br>(0.001)*** | 0.001<br>(0.001)*** | 0.001<br>(0.001)*** | 0.001<br>(0.001)*** | 0.001<br>(0.001)*** |
| $Mineral^2$ | -0.001<br>(0.001)*** | -0.001<br>(0.001)*** | -0.001<br>(0.001)*** | -0.001<br>(0.001)*** | -0.001<br>(0.001)*** | -0.001<br>(0.001)*** | -0.001<br>(0.001)*** | -0.001<br>(0.001)*** |
| Governance | | 0.003<br>(0.001)** | | | | -0.041<br>(0.001)*** | | |
| Political | | | 0.001<br>(0.001)** | 0.001<br>(0.001)** | | | -0.009<br>(0.001)*** | -0.009<br>(0.001)*** |
| Corruption | | | -0.001<br>(0.001) | -0.001<br>(0.001) | | | -0.008<br>(0.001)*** | -0.009<br>(0.001)*** |
| Military | | | | 0.001<br>(0.001)*** | | | | 0.001<br>(0.001) |
| Trade | | | | -0.001<br>(0.001) | | | | -0.001<br>(0.001)*** |
| Cons. | 0.007<br>(0.001)*** | 0.009<br>(0.001)*** | 0.008<br>(0.001)*** | 0.005<br>(0.001)*** | - | - | - | - |
| Trend | Yes | Yes | Yes | Yes | Yes | Yes | Yes | Yes |
| Obs. | 680 | 680 | 680 | 680 | 680 | 680 | 680 | 680 |
| Countries | 40 | 40 | 40 | 40 | 40 | 40 | 40 | 40 |
| $R^2$ | 0.2569 | 0.2710 | 0.2658 | 0.2844 | 0.2047 | 0.1838 | 0.1878 | 0.1910 |

*Note: *, **, and *** denote significance at the 10 percent, 5 percent, and 1 percent levels, respectively. Standard errors are in brackets.*

**Appendix 7.** *Estimates for forest rents*

| | LSDV | | | | BC-LSDV | | | |
|---|---|---|---|---|---|---|---|---|
| | M1 | M2 | M3 | M4 | M5 | M6 | M7 | M8 |
| $HDI_{t-1}$ | - | - | - | - | 0.001 | 0.001 | 0.001 | 0.001 |
| | | | | | (0.001)*** | (0.001)*** | (0.001)*** | (0.001)*** |
| Forest | 0.001 | 0.001 | 0.001 | 0.001 | 0.001 | 0.001 | 0.001 | 0.001 |
| | (0.001) | (0.001) | (0.001) | (0.001) | (0.001)*** | (0.001)*** | (0.001)*** | (0.001)*** |
| $Forest^2$ | -0.001 | -0.001 | -0.001 | -0.001 | -0.001 | -0.001 | -0.001 | -0.001 |
| | (0.001)*** | (0.001)*** | (0.001)*** | (0.001)*** | (0.001)*** | (0.001)*** | (0.001)*** | (0.001)*** |
| Governance | | 0.003 | | | | -0.041 | | |
| | | (0.002) | | | | (0.001)*** | | |
| Political | | | 0.001 | 0.001 | | | -0.008 | -0.008 |
| | | | (0.001) | (0.001) | | | (0.001)*** | (0.001)*** |
| Corruption | | | -0.001 | 0.001 | | | -0.007 | -0.007 |
| | | | (0.001) | (0.001) | | | (0.001)*** | (0.001)*** |
| Military | | | | 0.001 | | | | 0.001 |
| | | | | (0.001) | | | | (0.001)*** |
| Trade | | | | 0.001 | | | | -0.001 |
| | | | | (0.001) | | | | (0.001) |
| Cons. | 0.007 | 0.009 | 0.008 | 0.008 | - | - | - | - |
| | (0.001)*** | (0.002)*** | (0.001)*** | (0.002)*** | | | | |
| Trend | Yes | Yes | Yes | Yes | Yes | Yes | Yes | Yes |
| Obs. | 850 | 850 | 850 | 850 | 850 | 850 | 850 | 850 |
| Countries | 50 | 50 | 50 | 50 | 50 | 50 | 50 | 50 |
| $R^2$ | 0.1891 | 0.2005 | 0.2039 | 0.2038 | 0.1272 | 0.2121 | 0.2107 | 0.2119 |

*Note: *, **, and *** denote significance at the 10 percent, 5 percent, and 1 percent levels, respectively. Standard errors are in brackets.*

# *Investigating the effects of trade openness and agriculture on deforestation in Cameroon.*

By

***Joel SOTAMENOU*** • *Faculty of Economics and Management, University of Yaoundé 2*

*sotamenou@yahoo.fr*

***Glory NEHGWELAH*** • *Faculty of Agriculture and Veterinary Medicine, University of Buea*

*nehgwelahglory@gmail.com*

**ABSTRACT:**

This study aims to measure the effects of trade openness and agriculture on deforestation in Cameroon from 1995 to 2015, using the fully modified ordinary least squares (FMOLS) approach. The data used come from the World Bank and FAO. The results obtained indicate that deforestation increases in parallel with trade openness, but when trade openness increases up to a certain threshold, deforestation decreases. This study also reveals that agriculture is one of the major causes of deforestation in Cameroon, and that there is an inverted curve relationship between economic growth and deforestation in this country (hypothesis of the existence of a curve profile mimicking the Kuznets environmental curve). We advocate the implementation of concrete actions and strict environmental policies focused on a green economy, with the aim of controlling the exploitation of natural resources including, in particular, the sustainable exploitation of wood. Sustainable agricultural practices should also be implemented, as should more appropriate liberal trade policies.

**KEYWORDS:** trade openness, agriculture, deforestation, EKC, Cameroon.

**JEL CODE:** Q17, Q56.

# *Enquête sur les effets de l'ouverture commerciale et de l'agriculture sur la déforestation au Cameroun.*

***RÉSUMÉ :***

*Cette étude examine les effets de l'ouverture commerciale et de l'agriculture sur la déforestation au Cameroun, durant la période 1980-2015. Les données utilisées proviennent de la Banque Mondiale et de la FAO. L'outil utilisé est la méthode des Moindres Carrés Modifiés. Les résultats obtenus indiquent que la déforestation augmente parallèlement à l'ouverture commerciale, mais lorsque l'ouverture commerciale augmente au point d'atteindre un certain seuil, la déforestation diminue. Cette étude révèle également que l'agriculture est l'une des causes majeures de la déforestation au Cameroun, et qu'il existe dans ce pays, une relation en courbe inversée entre la croissance économique et la déforestation (hypothèse d'existence d'un profil de courbe mimant la courbe environmentale de Kuznets). Nous préconisons la mise en place d'actions concrètes et de politiques environnementales strictes axées sur une économie verte, dans le but de contrôler l'exploitation des ressources naturelles dont, en particulier, l'exploitation durable du bois. Des pratiques agricoles durables devraient également être mises en œuvre, tout comme des politiques commerciales libérales plus adaptées.*

***MOTS CLÉS :*** *ouverture commerciale, agriculture, déforestation, CEK, Cameroun.*

***CODE JEL :*** *Q17, Q56.*

Some authors support the idea that trade opening or liberalization has led to unsustainable exploitation and consumption of natural resources (Udeagha and Ngepah, 2022; Wu, 2022). This essentially means that the world benefits from trade openness at the expense of the environment (Tsurumi and Managi, 2014; Shahbaz et *al.*, 2013). According to Baccini et *al.* (2012), deforestation occurs when forest land is used for non-forest purposes. It is considered one of the consequences of trade openness and, globally, one of the main causes of climate change, particularly in tropical regions. It is now established that deforestation or forest destruction has negative effects on the environment such as, among other things, soil degradation, soil erosion, desertification, loss of habitats for many animals and loss of plants species (Ajanaku and Collins, 2021; Van Der Werf et *al.*, 2009). Deforestation is a phenomenon of great concern as forests are a good carbon storage mechanism and, as such, have always been proposed as fundamental elements of any climate change mitigation strategy (Cramer et *al.*, 2004).

According to the Global Forest Resources Assessment 2020 (FAO, 2020), from 1990 to 2020, Cameroon lost about 2.2 million hectares (ha) of forest cover, i.e. 1.01% of its total forest area. Between 2010 and 2020, its annual net deforestation rate was 0.27%, which is equivalent to a net annual destruction of 56,000 ha of its forest area. In comparison, over the same period 2010-2020, its counterparts in the Congo Basin have shrunk their forests each year by: 0.13% for the Central African Republic (i.e. 30,000 ha); 0.06% for Congo (i.e. 12,900 ha); 0.34% for Equatorial Guinea (i.e. 8,400 ha); 0.05% for Gabon (i.e. 11,800 ha) and 0.83% for the Democratic Republic of the Congo (i.e. 1.1 million ha). Thus, although far behind the DRC (the Democratic Republic of the Congo), Cameroon is the second largest forest destroyer in the Congo Basin. This deforestation is mainly linked to timber exports, the expansion of land for agriculture, unsustainable and illegal logging, infrastructure and fuelwood exploitation (Rudel et *al.*, 2005; Alemagi and Kozak, 2010; Ewane et *al.*, 2015; Lescuyer et *al.*, 2016; Ngome et *al.*, 2019).

Agriculture is a major cause of deforestation and its impact on deforestation is huge, argues Tazeen (2021). The fact is that the rapid increase in the world's population, which has as a corollary a slightly higher demand for food every day, is forcing humanity to expand the surface of agricultural land. To proceed in this way has become an absolute necessity for the human species, if it is to ensure its survival. However, intensifying agriculture in such a context is not without consequences, because it leads to more deforestation, which in turn is reinforced by the proliferation of an even more devastating phenomenon: large-scale land grabbing. As forests become prime land for large-scale agriculture, there are negative effects on the environment, climate and health, as well as on these natural ecosystems and the biodiversity they shelter, as they have undoubtedly been profoundly degraded.

In the early 1990s, when trade policies were liberalized in Cameroon, new forestry laws were adopted. These promote logging and, consequently, the timber trade, which has since become one of the main export products after agricultural products. Nowadays, Cameroon's legal production of timber for export has reached about 3 million $m^3$. The country has thus become one of the main exporters of timber in Africa (European Timber Trade Federation, 2016). Unfortunately, this exacerbates deforestation, especially since the exploitation of wood and the management of the forests that provide it are not yet carried out in a sustainable manner in Cameroon (Lescuyer et *al.*, 2016; Alemagi and Kozak, 2010; Dixon et *al.*, 1996).

Agricultural production, which is the country's second largest export hub, has increased considerably since the liberalization of trade policies in the early 90s. Thus, from 2005 to 2015, agriculture contributed to more than 28.47% of the country's Gross Domestic Product (GDP). Cameroon is therefore an agrarian economy that employs more than 70% of its population, and agriculture is often seen as the backbone of the economy. As the country's agricultural trade increases and generates substantial revenues, so does the level of deforestation. And for good reason, farmers are striving for competitive agriculture and marketable export products on a small and large scale. This can only be made possible by increasing or expanding their land for cultivation, mainly by means of tropical deforestation (Schmitz et *al.*, 2015; Bele et *al.*, 2011; Zapfack et *al.*, 2013).

The illegal exploitation of timber and forests for foreign trade, and the exploitation of fuelwood for domestic trade, are problems that have become thorny in Cameroon, as they are likely to exacerbate the phenomenon of deforestation (Ewane et *al.*, 2015; Alemagi and Kozak, 2010).

The main objective of this paper is to measure the effects of trade openness and agriculture on deforestation in Cameroon, in consideration of the reference period of 35 cumulative years from 1980 to 1994 (pre-liberalization period) and from 1995 to 2015 (post-liberalization period). The report of this study is organized into 5 sections. Section 1 is its introductory part. This is followed by Section 2 which discusses the related literature, and then Section 3 which presents the methodology of the study. In section 4, the results of the study are discussed while conclusions are drawn in section 5.

# RELATED LITERATURE

The total global forest area is 4.06 billion hectares (ha), or 31% of the total land area. About a third of the planet's land is therefore covered by forests. These natural ecosystems are crucial resources for achieving the Sustainable Development Goals (SDGs) related to sustainable production and consumption, poverty reduction, food security, biodiversity conservation and climate change (FAO,2020). In particular, forests provide many environmental services and benefits, including biodiversity conservation, soil conservation, climate change prevention, and regulation of the hydrological cycle. Forest resources are also of paramount importance for the long-term economic development of many countries (Zeller and Pretzsch, 2019; Chakravarty et *al.*, 2012). As a result of people's increasing dependence on forest resources, the world's rainforest is becoming more and more degraded every day. It is threatened with extinction due to deforestation, a major concern for tropical countries such as Cameroon, with the added bonus that this phenomenon accelerates the destruction of tropical forest cover, and induces visible effects such as the loss of biodiversity or the increase in atmospheric concentrations of greenhouse gases (Chakravarty et *al.*, 2012).

Measured by the level or degree of trade openness, trade liberalization has been identified in the literature as a determinant of deforestation. Trade openness is measured by the ratio of total trade (imports + exports) to GDP. It is an indicator of trade liberalization and globalization. This ratio is also interpreted as a measure of economic policies that restrict or promote trade between countries. The higher the trade-to-GDP ratio, the more open a country is to trade. While between 1980 and 1990 restrictive trade policies were the main feature of underdeveloped economies, most economies were subsequently liberalized.

The conceptual framework linking trade liberalization to deforestation is presented in figure 1 below. Forest resources are exploited for consumption abroad and domestic consumption, all contributing to GDP. An increase in domestic and external demand for forest products would lead to a permanent loss of forest cover. Deforestation reduces the amount of forest products available for trade and domestic consumption, and consequently GDP. Thus, it is observed that the more an economy is liberalized in terms of openness, the more deforestation takes place, especially in countries where trade in natural resources constitutes a larger share of foreign trade. This has been confirmed by similar studies conducted around the world using different approaches.

**Figure 1.** *Conceptual Link between Trade Openness and Deforestation.*

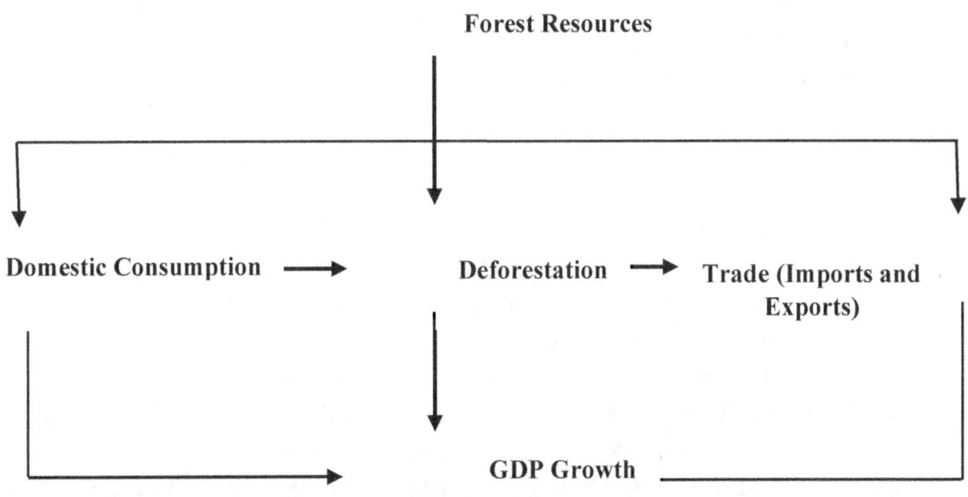


*Source: Developed by Authors.*

Beckman et *al.* (2017) conducted research on the possible link between international trade and deforestation in the United States of America, as well as in six other major exporting countries. They analysed deforestation patterns and products that contribute greatly to tropical deforestation. Using historical data cross-referenced with economic models, they found evidence that trade liberalization leads to an increase in deforestation, while banning the export of illegally logged timber reduces it. Joshi and

Beck (2016) conducted a study on deforestation in different countries. Their results showed that greater trade openness and large agricultural land had, depending on the country and region, a different impact on deforestation. Oktavilia and Firmansyah (2016) did a similar study in Indonesia, where they measured the impact of trade liberalization on environmental degradation and economic development. Pollution has served as an indicator of environmental degradation. Using the econometric model and the Engel granger procedure of the error correlation model, it has been statistically proven that trade liberalization leads to environmental degradation and deforestation, but also partly increases environmental pollution. Eskander and Barbier (2017) conducted a similar study on the potential dynamics of trade openness, domestic and foreign investment, and the environment in Africa, Asia and other OECD[40] countries. They found that trade openness has mixed effects on the environment: it has positive effects in some countries and negative effects in others. Schmitz et *al.* (2015) conducted research on agricultural trade and tropical deforestation to investigate the impact of trade, agriculture, and trade policies on future tropical deforestation. They found that trade liberalization leads to increased deforestation, and that some of the land cleared from tropical forests is partly assigned for agriculture. A study was conducted by Tchatchou et *al.* (2015) in the Congo basin (Cameroon, DRC or the Democratic Republic of the Congo, Central African Republic, Equatorial Guinea and Gabon). Using the ordinary least square (OLS) method, they analysed the causes of deforestation and its effects on carbon emissions and land degradation. According to their findings, agriculture, fuelwood collection and infrastructure construction are the mains causes of deforestation that leads to land degradation. This result is similar to the findings of Ewane et *al.* (2015) on a study conducted in Cameroon and Faria and Almeida (2016) who investigated the relationship between trade openness and deforestation in the Brazilian Amazon. Tsurumi and Managi (2014) measured the environmental consequences of trade openness and economic development, using the Antweiler et *al.*'s (2001) model of decaying environmental effects. They have established evidence that the effects of trade openness are expressed more in the long term than in the short term. Finally, many articles highlight the negative impact of agriculture on deforestation (Ajanaku and

[40] The **Organisation for Economic Co-operation and Development** (**OECD**, in french: *Organisation de coopération et de développement économiques,* **OCDE**) is an intergovernmental organisation with 38 member countries, founded in 1961 to stimulate economic progress and world trade. [Online] From https://en.wikipedia.org/wiki/OECD, accessed June 14, 2024 at 9:15 a.m.

Collins, 2021; Leite-Filho et *al.*, 2021; Abman and Carney, 2020; Angelsen and Kaimowitz, 1999).

# METHODOLOGY

## 1. The model

In this study, we use the Fully Modified Ordinary Least Squares (FMOLS) Regression with an econometric specification similar to the model used by Bhattarai and Hammig (2001) and Ogundari et *al.* (2017).

Following Bhattarai and Hammig (2001) the model in its general form can be given as follows:

$E = F(Y, Y^2, Z)$ ........................................................................................ *(1)*

Z is a vector of control variables that may contribute to environmental degradation.

*E = f(Trade openness, Agriculture)* ........................................................................ *(2)*

The following specification applies to deforestation:

*Deforestation=f(Trade openness, Agriculture)*.............................................................. *(3)*

Thus, the following functional relationship is used:

*Deforestation=f(economic growth + trade openness + Agriculture)*................................ *(4)*

The indicator for deforestation is obtained from the forest cover variable by calculating the difference between the forest cover of period t-1 and that of period t expressed in terms of t-1. The following equation was then used to obtain deforestation:

*Deforestation= (forest covert-1- forest covert/ forest covert-1)* .................................... *(5)*

This relationship can be specified as follows:

$$Deforestation = \alpha + \beta_1 gross\ domestic\ product_t + \beta_2 gross\ domestic\ product_t^2 + \beta_3\ trade\ openness_t + \beta_4\ trade\ openness_t^2 + \beta_5 agric\ capital\ formation_t + \beta_6 agric\ gross\ production_t + \beta_7 Agric\ value\ addedt + \beta_8 permanent\ cropland_t + \beta_9 forest\ area\ of\ landt + \beta_{10} foreign\ direct\ investment_t + \beta_{11} real\ effective\ exchange\ rate_t + \varepsilon_t \ldots\ (6)$$

$\alpha$ is a constant and $\beta_1$ to $\beta_{11}$ are regression coefficients.

Trade openness (TO) is used here as an indicator of trade liberalization (Antweiler et *al.*, 2001), and is calculated as follows:

TO = (export + import) / GDP

The sign of $\beta_1$ should be positive, representing the Environmental Kuznets Curve (EKC) at the early stage of economic growth. The sign of $\beta_2$ should be negative. $GDP^2$ or GDP per capita squared which provides information on the nature of the EKC profile (Wang et *al.*, 2012). The same effect is expected with regard to the opening up of trade. $\beta_3$ should also be positive, because when trade policies lead to increased trade, resources are exploited unsustainably, which inevitably leads to increased deforestation. With growing advocacy for environmental protection, actions will then be taken to reduce deforestation, which will result in a negative impact illustrated here by a negative value of $\beta_4$.

## 2. The data

All data used in this study come from the World Development Indicators (WDI) and the Food and Agriculture Organization of the United Nations (FAO). The period of interest of the study extends from 1980 to 1994 (pre-liberalization period) and from 1995 to 2015 (post-liberalization period).

**Table 1.** *Summary statistics of variables*

| Variables | Observations | Mean | Max | Min | Std. Dev. |
|---|---|---|---|---|---|
| Deforestation | 36 | 0.009780 | 0.011557 | 0.008437 | 0.000919 |
| Gross domestic product | 36 | 3.033544 | 17.08268 | -7.932067 | 4.873801 |
| Trade openness | 36 | 13.98742 | 14.43628 | 13.46150 | 0.267487 |
| Agriculture capital Formation | 36 | 11.54181 | 12.59384 | 10.75477 | 0.577489 |
| Agriculture gross production | 36 | 85.46111 | 157.2400 | 46.84000 | 36.25389 |
| Agriculture value added | 36 | 13.98327 | 15.07496 | 12.93565 | 0.623526 |
| Permanent crop land | 36 | 2.649557 | 3.331853 | 2.145078 | 0.292844 |
| Forest area of land | 36 | 46.92776 | 51.43957 | 39.80453 | 3.721250 |
| Foreign direct investment | 36 | 1.210084 | 5.530867 | -1.011797 | 1.377690 |
| Real effective exchange rate | 36 | 115.1373 | 163.5175 | 86.98583 | 21.22673 |

*Source : Authors using Eviews.*

# RESULTS AND DISCUSSION

## 1. Trends in trade openness, agriculure and deforestation

Figure 2 below shows that the evolving profile of trade openness is stochastic, with numerous fluctuations throughout the period. It illustrates a random walk process without drift since it has no intercept term. This implies that the mean and variance of trade openness are likely constant, suggesting that the first difference of this variable is stationary. Although it is stochastic in nature, it is clear that between 1980 and 1990, trade openness generally followed a downward trend, which reflects the restrictive trade policies applied during this period. Cameroon's economic policy was therefore managed from within until the early 1990s, when the country's economy was liberalized. Since then, and despite the persistence of random fluctuations in trade openness, the trend has been upwards.

**Figure 2.** *Trends in trade openness from 1980 to 2015*

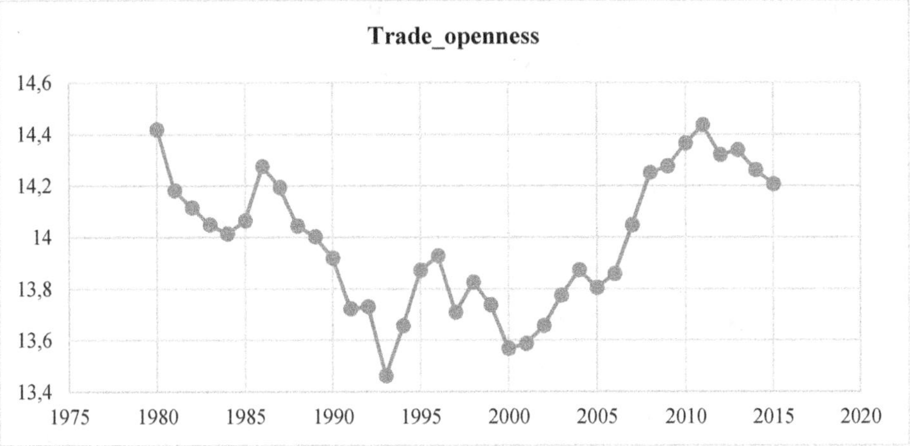


*Source: Authors compilation.*

**Figure 3.** *Trends in agricultural value added from 1980 to 2015*

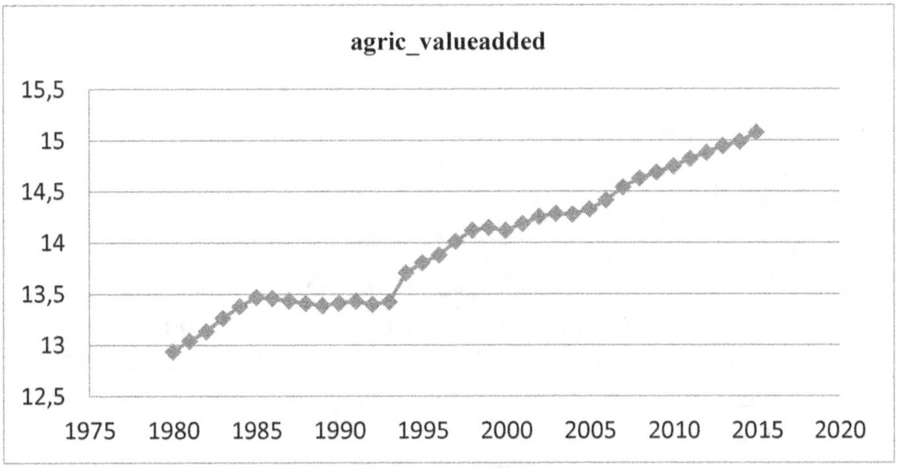


*Source: Authors compilation.*

Figure 3 is a graphical representation of the evolution of the main agricultural indicators from 1980 to 2015, i.e. during the pre-liberalization (1980-1994) and post-liberalization (1995-2015) periods. Thus, agricultural value added increased over time, from 1980 to 1995. However, this upward trend slowed down during the decade 1985-1995. With the opening of trade after 1995, the added value generated by agriculture increased more pronouncedly. This illustrates how agricultural value added has grown in importance since 1994, when more liberal trade policies began to be implemented.

**Figure 4.** *Trends in deforestation from 1980 to 2015*

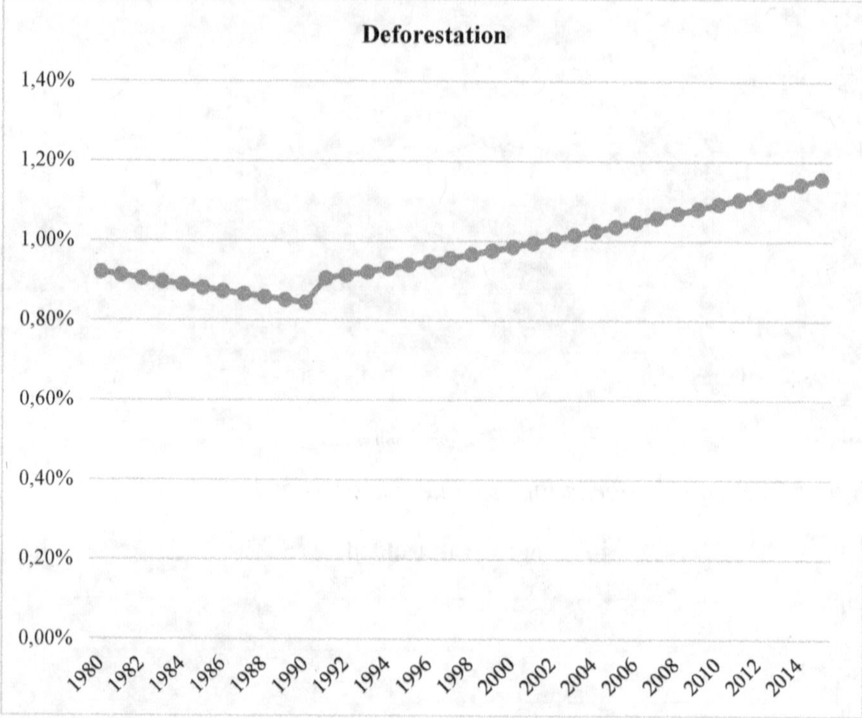


*Source: Authors compilation.*

Figure 4, illustrative of the deforestation profile evolution in Cameroon, shows two growth models of this phenomenon over the period 1980-2015: a downward trend from 1980 to 1990 and an upward trend from 1990 to 2015. It is clear from this graph that during the years before liberalization, Cameroon's economic growth points came mainly from agricultural production (excluding forestry) and oil. This situation lasted until the late 1980s, when on the world market the prices of many commodities, including agricultural raw materials and oil, fell drastically. Once again, huge budget deficits will plunge the country into a series of serious economic crises. It was then that at the end of the 1980s and the beginning of the 1990s, within the framework of the Structural Adjustment Programs (SAPs), the International Monetary Fund (IMF) imposed trade and investment liberalization on developing countries, particularly Cameroon.

With the adoption of liberal trade policies, Cameroon saw its annual rate of deforestation continually increase after the 1990s. So much so that the country has gradually transformed itself into an agent of destruction of its own forests, with the consequences of a loss of surface area, biodiversity, and ecological services provided to humanity. In fact, the deterioration of the terms of trade on the world market has led to a considerable drop in the prices of agricultural products, which has forced Cameroon to pay more attention to its forestry sector. This is undoubtedly what was at the origin of the constant increase in the annual rate of deforestation that the country experienced during the post-liberalization period 1995-2015. In econometric terms, we would qualify as deterministic the evolutionary profile of deforestation as represented by the graph in figure 4.

**2. Unit root and Johansen Co-integration tests**

Table 2 presented below reveals that the variables studied are integrated and of order 1, which is an indication that there may be a long-term relationship between trade openness and deforestation in Cameroon.

Table 3 shows, for its part, the effectiveness of co-integration between deforestation and commercial opening. Indeed, the Trace statistic reveals the existence of 3 co-integration variables significant at 5%, while that of the Maximum Eigenvalue (Max-Eigen Statistic) indicates that there are 2 co-integration variables. This observation allows us to deduce that a linear combination of these variables gives a stationary series (I(0)); fact which confirms the presence of a long-term relationship between the variables studied.

**Table 2.** *Unit root test*

| | Augmented Dickey-Fuller test | | | | |
|---|---|---|---|---|---|
| | Level | | First Difference | | |
| Variables | trend & inter | Probability | trend & inter | Probability | Decision |
| Deforestation | -1.569444 | 0.7847 | -5.876129 | 0.0001 | I(1) |
| Gross domestic product | -3.572416 | 0.0523 | -5.981861 | 0.0023 | I(1) |
| Trade openness | -2.083791 | 0.5365 | -5.186265 | 0.0009 | I(1) |
| Agriculture capital Formation | -2.890962 | 0.1785 | -4.902601 | 0.0022 | I(1) |
| Agricultural gross production | -1.027048 | 0.9270 | -5.028228 | 0.0014 | I(1) |
| Agriculture value added (% of GDP) | -3.896355 | 0.0853 | -7.761832 | 0.0000 | I(1) |
| Permanent cropland (% of land area) | -1.691931 | 0.7280 | -4.075836 | 0.0175 | I(1) |
| Forest Area of land | - 1.399705 | 0.8435 | -7.428974 | 0.0000 | I(1) |
| *Foreign direct investment* | -3.229230 | 0.3142 | -6.117143 | 0.0001 | I(1) |
| Real effective exchange rate | -1.624191 | 0.7582 | -4.910181 | 0.0026 | I(1) |

*Source: Authors compilation using E-views 8.*

**Table 3.** *Johansen Co-integration test on deforestation*

Unrestricted Cointegration Rank Test (Trace)

| Hypothesized No. of CE(s) | Eigenvalue | Trace Statistic | 0.05 Critical Value | Prob.** |
|---|---|---|---|---|
| None * | 0.883790 | 187.0211 | 125.6154 | 0.0000 |
| At most 1 * | 0.717573 | 115.9934 | 95.75366 | 0.0010 |
| At most 2 * | 0.588305 | 74.27035 | 69.81889 | 0.0211 |
| At most 3 | 0.515318 | 44.98374 | 47.85613 | 0.0908 |
| At most 4 | 0.385095 | 21.08310 | 29.79707 | 0.3525 |
| At most 5 | 0.121980 | 5.035628 | 15.49471 | 0.8050 |
| At most 6 | 0.022258 | 0.742809 | 3.841466 | 0.3888 |

Notes: Trace test indicates 3 co-integrating eqn(s) at the 0.05 level;

* denotes rejection of the hypothesis at the 0.05 level;

** MacKinnon-Haug-Michelis (1999) p-values.

Unrestricted Cointegration Rank Test (Maximum Eigenvalue)

| Hypothesized No. of CE(s) | Eigenvalue | Max-Eigen Statistic | 0.05 Critical Value | Prob.** |
|---|---|---|---|---|
| None * | 0.883790 | 71.02776 | 46.23142 | 0.0000 |
| At most 1 * | 0.717573 | 41.72303 | 40.07757 | 0.0323 |
| At most 2 | 0.588305 | 29.28661 | 33.87687 | 0.1602 |
| At most 3 | 0.515318 | 23.90063 | 27.58434 | 0.1382 |
| At most 4 | 0.385095 | 16.04748 | 21.13162 | 0.2221 |
| At most 5 | 0.121980 | 4.292819 | 14.26460 | 0.8272 |
| At most 6 | 0.022258 | 0.742809 | 3.841466 | 0.3888 |

*Max-eigenvalue test indicates 2 co-integrating eqn(s) at the 0.05 level;*

** denotes rejection of the hypothesis at the 0.05 level;*

*** MacKinnon-Haug-Michelis (1999) p-values.*

### 3. Effects of trade openness and agriculture on deforestation

Table 4 provides a summary of the regression analysis. The adjusted $R^2$ shows that the variance of deforestation is, up to 67.1%, affected by the variables studied. These are therefore sufficiently explanatory. Table 4 also highlights the fact that the model under consideration is globally significant at 1%.

**Table 4.** *Regression analysis*

| Dependent Variable: Deforestation | | | | |
|---|---|---|---|---|
| Method: Fully Modified Ordinary Least Squares (FMOLS) | | | | |
| Sample (adjusted): 1981-2015 | | | | |
| Included observations: 35 after adjustments | | | | |
| Co-integrating equation deterministic: C | | | | |
| Long-run covariance estimate (Bartlett kernel, Newey-West fixed bandwidth | | | | |
| Effect on deforestation | | | | |
| | Coefficient | Std. Error | t-Stats | Prob. |
| Gross domestic product | 0.002018 | 0.000611 | 3.302310 | 0.0032 |
| Gross domestic product$^2$ | -0.000177 | 3.86E-05 | -4.579761 | 0.0001 |
| Trade openness | 1.256129 | 0.523841 | 2.397920 | 0.0254 |
| Trade openness$^2$ | -0.046539 | 0.018798 | -2.475705 | 0.0215 |
| Agriculture capital Formation | 0.073370 | 0.007658 | 9.580976 | 0.0000 |
| Agricultural gross production | 0.000459 | 0.000262 | 1.755216 | 0.0931 |
| Agriculture value added (% of GDP) | 0.044932 | 0.013806 | 4.361886 | 0.0002 |
| Permanent cropland (% of land area) | 0.022331 | 0.010675 | 2.091884 | 0.0482 |
| Forest Area of land | 0.001686 | 0.002580 | 0.653527 | 0.5202 |
| *Foreign direct investment* | -0.000309 | 0.000955 | -0.323894 | 0.7491 |
| Real effective exchange rate | 0.000150 | 0.000156 | 0.961801 | 0.3466 |
| C | -8.227952 | 3.619936 | -2.272955 | 0.0331 |
| $R^2$ | 0.671399 | Mean dependent var | | 0.007427 |
| Adjusted $R^2$ | 0.607286 | S.D. dependent var | | 0.015718 |
| S.E. of regression | 0.008601 | Sum squared resid | | 0.003738 |
| Durbin-Watson stat | 1.859342 | Long-run variance | | 3.03E-05 |

*Source: Authors using E-views 8.*

The results of this research show that trade openness has a non-linear relationship and a significant effect on deforestation. Thus, when trade openness increases, deforestation also increases, but when trade openness increases to the threshold of 27% (turning point), deforestation falls. With the combined increase in trade and demand for timber, exploitation of forests and related products for export, illegal logging, and fuelwood exploitation, deforestation continues to increase. Faria and Almeida (2016) and Ewane et *al.* (2015) make the same observation in their work.

The other axis of this study consisted in researching whether agricultural production affects deforestation in Cameroon, in other words, whether, for example, an increase in agricultural production is accompanied by an increase in deforestation. The results reveal that both agricultural outputs and agricultural value added have a positive and significant impact on deforestation (see table 4 above). All other things remaining equal, a 1% increase in agriculture value added leads to a 0.044% increase in deforestation. This result is significant at 1% and is consistent with those obtained by Tchatchou et *al.* (2015) and Ordway et *al.* (2017) following their work, which established that agriculture is an overwhelming direct cause of deforestation in Cameroon. This deforestation, it must be said, is often due to the felling of trees by farmers, whose objective is to expand arable land in order to boost agricultural production intended for both consumption and trade (internal and foreign trade).

According to the results of the regression analysis (see table 4 above), agricultural capital formation has a positive and significant effect on deforestation. In the sense that a slight increase in agricultural capital formation leads to an increase in deforestation of 0.07 units. Increasing investments in agricultural capital without taking adequate measures to ensure sustainable agricultural systems and sustainable use of resources also leads to deforestation.

The regression analysis also shows that with regard to deforestation, the environmental Kuznets curve (EKC) hypothesis is verified. In the sense that deforestation first increases with gross domestic product (GDP) but, after a certain income threshold, decreases with GDP per capita. Bhattarai and Hammig (2001) reach a similar conclusion when they indicate in their work that at higher income levels, deforestation decreases. In the specific context of our research, the regression table shows that a small increase in GDP leads to a 0.002 unit increase in deforestation, but that at higher income levels (in terms of GDP squared) the effect on deforestation becomes negative. Thus, it appears that a slight increase in $GDP^2$ leads to a 0.000177 unit decrease in deforestation. This result is statistically significant at 1%. This empirical fact justifies that countries with higher incomes opt for measures that favor environmental protection and, in particular, the fight against deforestation. In the case of Cameroon, this should result in better management of natural resources, which would reduce deforestation.

*

*        *

This study aimed to measure, over the period 1995-2015, the effects of trade opening and agriculture on deforestation in Cameroon. It shows that trade openness influences deforestation. Indeed, when trade openness increases, deforestation also increases, but when trade openness increases to the threshold of 27% (turning point), deforestation decreases. The study further reveals that while agriculture appears to be one of the main causes of deforestation in Cameroon, agricultural production and agriculture value added both have a positive and significant impact on deforestation, and a unit change in agriculture value added leads to 0.044 unit increase in deforestation.

There is an inverted curve relationship between economic growth and deforestation in Cameroon. The fact that deforestation verifies the environmental Kuznets curve (EKC) hypothesis is an illustration of this. In the sense that deforestation first increases with Gross domestic product (GDP) but, after a certain income threshold, decreases with GDP per capita. It also appears that a slight increase in $GDP^2$ leads to a decrease of 0.000177 unit in deforestation. As the forest areas of Cameroon are strongly affected by deforestation, the forest cover suffers by gradually losing volume. To reduce the rate of deforestation in Cameroon, we recommend that concrete actions be taken as well as strict environmental policies focused on a green economy. The objective pursued is to rigorously control the exploitation of natural resources, with particular attention paid to the sustainable management of forests, woody forest products, and non-timber forest products (NTFPs) that these natural ecosystems provide free of charge to humanity. Sustainable agricultural practices, as well as more appropriate liberal trade policies, must be adopted and implemented in the country. Finally, we recommend that the systematic reforestation of forest areas that have been subject to legal (or illegal) deforestation be encouraged and regularly carried out in the country. ■

# REFERENCES


Abman R., and Carney C. (2020), "Land rights, agricultural productivity, and deforestation." *Food Policy*, vol. 94, [Online] From Land rights, agricultural productivity, and deforestation - ScienceDirect, accessed February 5, 2024 at 10:03 a.m.

Ajanaku B.A., and Collins A.R. (2021), "Economic growth and deforestation in African countries: Is the environmental Kuznets curve hypothesis applicable?" *Forest Policy and Economics*, vol. 129 (C), Elsevier, DOI: 10.1016/j.forpol.2021.102488102488

Alemagi D., and Kozak R.A. (2010), "Illegal logging in Cameroon: Causes and the path forward." *Forest Policy and Economics,* vol. 12, n° 8, Elsevier, pp. 554-561.

Angelsen A., and Kaimowitz D. (1999), "Rethinking the causes of deforestation: Lessons from economic models." *The World Bank Research Observer*, vol. 14, n° 1, pp. 73-98.

Antweiler W., B.R. Copeland, and Taylor M.S. (2001), "Is free trade good for the environment?" *American economic review,* vol. 91, n° 4, pp. 877-908.

Baccini A., S.J. Goetz, W.S. Walker, N.T. Laporte, M. Sun, D. Sulla-Menashe, J. Hackler, P.S.A. Beck, R. Dubayah, M.A. Friedl, S. Samanta, and Houghton R.A. (2012), "Estimated carbon dioxide emissions from tropical deforestation improved by carbon-density maps." *Nature Climate Change,* vol. 2, n° 3, pp. 182-185.

Beckman J., R.D. Sands, A.A. Riddle, T. Lee, and Walloga J.M. (2017), *International Trade and Deforestation: Potential Policy Effects via a Global Economic Model*. ERR-229, USDA –U.S. Department of Agriculture, Economic Research Service, 72p.

Bele M.Y., O. Somorin, D.J. Sonwa, J.N. Nkem, and Locatelli B. (2011), "Forests and climate change adaptation policies in Cameroon." *Mitigation and Adaptation Strategies for Global Change*, vol. 16, n° 3, pp. 369-385.

Bhattarai M., and Hammig M. (2001), "Institutions and the environmental Kuznets curve for deforestation: a cross-country analysis for Latin America, Africa and Asia." *World development,* vol. 29, n° 6, pp. 995-1010.

Chakravarty S., S.K. Ghosh, C.P. Suresh, A.N. Dey, Shukla G. (2012), "Deforestation: causes, effects and control strategies." *Global perspectives on sustainable forest management*, vol. 1, pp. 1-26.

Cramer W., A. Bondeau, S. Schaphoff, W. Lucht, B. Smith, and Sitch S. (2004). "Tropical forests and the global carbon cycle: impacts of atmospheric carbon dioxide, climate change and rate of deforestation." *Philosophical Transactions of the Royal Society, Series B: Biological Sciences,* vol. 359, n° 1443, London, UK, The Royal Society, pp. 331-343.

Dixon R.K., J.A. Perry, and Vanderklein E.L. (1996), "Vulnerability of forest resources to global climate change: case study of Cameroon and Ghana." *Climate Research*, vol. 6, n° 2, pp. 127-133.

Eskander S., and Barbier E. (2017), *Adaptation to natural disasters through the agricultural land rental market: evidence from Bangladesh.* Centre for Climate Change Economics and Policy Working Paper N° 266 and Grantham Research Institute on Climate Change and the Environment Working Paper N° 236, London, UK, London School of Economics. [Online] From Eskander-S-51031-VoR.pdf (kingston.ac.uk), accessed July 10, 2024 at 9:09 a.m.

European Timber Trade Federation (2016), "Cameroon Industry Profile (Timber)." [Online] From http://www.timbertradeportal.com/countries/cameroon/, accessed March 5, 2024 at 8:23 a.m.

Ewane E.B., E.B. Olome, and Lee H.H. (2015), "Challenges to Sustainable Forest Management and Community Livelihoods Sustenance in Cameroon: Evidence from the Southern Bakundu Forest Reserve in Southwest Cameroon." *Journal of Sustainable Development,* vol. 8, n° 9, pp. 226-239.

FAO – Food and Agriculture Organization of the United Nations (2020), *Global Forest Resources. Assessment 2020: Main report*, Rome. ISBN: 978-92-5-132974-0, 186p. [Online] From https://doi.org/10.4060/ca9825en, accessed June 16, 2024 at 11:23 a.m.

Faria W.R., and Almeida A.N. (2016), "Relationship between openness to trade and deforestation: Empirical evidence from the Brazilian Amazon." *Ecological Economics*, vol. 121, pp. 85-97.

Joshi P., and Beck K. (2016), "Environmental Kuznets curve for deforestation: evidence using GMM estimation for OECD and non-OECD regions." *iForest-Biogeosciences and Forestry*, vol. 10, n° 1, pp. 196-203.

Leite-Filho A.T., B.S. Soares-Filho, J.L. Davis, G.M. Abrahão, and Börner J. (2021), "Deforestation reduces rainfall and agricultural revenues in the Brazilian Amazon." *Nature Communications*, vol. 12, n° 1, pp. 1-7.

Lescuyer G., P.O. Cerutti, and Tsanga R. (2016), "Contributions of community and individual small-scale logging to sustainable timber management in Cameroon." *International Forestry Review*, vol. 20, n° 10, pp. 1-12. [Online] From IFR Lescuyer-Cerutti-Tsanga.pdf (cirad.fr), accessed June 7, 2024 at 10:03 a.m.

Ngome P.I.T., C. Shackleton, A. Degrande, E.J. Nossi, and Ngome F. (2019), "Assessing household food insecurity experience in the context of deforestation in Cameroon." *Food Policy*, vol. 84 (C), Elvevier, pp. 57-65.

OECD – Organisation for Economic Co-operation and Development (1999), *Agricultural policies in OECD Countries: Monitoring and Evaluation.* OECD, Paris. [Online] From https://one.oecd.org/document/C/MIN(99)15/En/pdf, accessed May 18, 2024 at 11:23 a.m.

Ogundari K., A.A. Ademuwagun, and Ajao O.A. (2017), "Revisiting Environmental Kuznets Curve in Sub-Sahara Africa: Evidence from deforestation and all GHG emissions from agriculture." *International Journal of Social Economics,* vol. 44, n° 2, pp. 222-231.

Oktavilia S., and Firmansyah F. (2016), "The relationships of environmental degradation and trade openness in Indonesia." *International Journal of Economics and Financial Issues*, vol. 6, n° 6, pp. 125-129.

Ordway E.M., G.P. Asner, and Lambin E.F. (2017), "Deforestation risk due to commodity crop expansion in sub-Saharan Africa." *Environmental Research Letters,* vol. 12, 044015, IOP Publishing, 13p.

Rudel T.K., O.T. Coomes, E. Moran, F. Achard, A. Angelsen, J. Xu, and Lambin E. (2005), "Forest transitions: towards a global understanding of land use change." *Global environmental change,* vol. 15, n° 1, Elsevier, pp. 23-31.

Shahbaz M., A. Kumar Tiwari, and Nasir M. (2013), "The effects of financial development, economic growth, coal consumption and trade openness on CO2 emissions in South Africa." *Energy Policy,* vol. 61, pp. 1452-1459.

Schmitz C., U. Kreidenweis, H. Lotze-Campen, A. Popp, M. Krause, J.P. Dietrich, and Müller C. (2015), "Agricultural trade and tropical deforestation: interactions and related policy options." *Regional environmental change*, vol. 15, pp. 1757-1772.

Tazeen H. (2021), "Impact of agriculture on deforestation." *International Journal of Modern Agriculture*, vol. 10, n° 2, pp. 2940-2947.

Tchatchou B., D.J. Sonwa, S. Ifo, and Tiani A.M. (2015). *Déforestation et dégradation des forêts dans le Bassin du Congo : état des lieux, causes actuelles et perspectives*, Papier occasionnel 120, Bogor, Indonesie, CIFOR – Centre de recherche forestière internationale, 60p. ISBN: 978-602-1504-69-7.

Tsurumi T., and Managi S. (2014), "The effect of trade openness on deforestation: Empirical analysis for 142 Countries." *Environmental Economics and Policy Studies*, vol. 16, pp. 305-324.

Udeagha M.C., and Ngepah N. (2022), "Does trade openness mitigate the environmental degradation in South Africa?" *Environmental Science and Pollution Research*, vol. 29, n° 13, pp. 19352-19377.

Van Der Werf G.R., D.C. Morton, R.S. DeFries, J.G. Olivier, P.S. Kasibhatla, R.B. Jackson, G.J. Collatz, and Randerson J.T. (2009), "$CO_2$ emissions from forest loss." *Nature Geoscience,* vol. 2, n° 11, pp. 737-738.

Wang Z., F. Yin, Y. Zhang, and Zhang X. (2012), "Empirical research on the influencing factors of regional $CO_2$ emissions: evidence from Beijing city, China." *Applied Energy*, vol. 100, pp. 277-284.

Wu H. (2022), "Trade openness, green finance and natural resources: A literature review." *Resources Policy*, vol. 78. [Online] DOI: 10.1016/j.resourpol.2022.102801.

Zapfack L., V.N. Noumi, D.P. Kwouossu, L. Zemagho, and Nembot F.T. (2013), "Deforestation and carbon stocks in the surroundings of Lobéké National Park (Cameroon) in the Congo Basin." *Environment and Natural Resources Research*, vol. 3, n° 2, pp. 78-86.

Zeller L., and Pretzsch H. (2019), "Effect of forest structure on stand productivity in Central European forests depends on developmental stage and tree species diversity." *Forest Ecology and Management*, vol. 434, pp. 193-204.

# TROISIÈME PARTIE

# GESTION DURABLE DES RESSOURCES NATURELLES EN AFRIQUE SUB-SAHARIENNE

## *Household cooking fuel choice in the Congo basin.*

By

*Novice Patrick BAKEHE* • *Laboratoire d'Économie Théorique et Appliquée (LETA), Université de Douala*

novicebakehe@yahoo.fr

*Roukiya HASSAN* • *Laboratoire d'Économie Théorique et Appliquée (LETA), Université de Douala*

roukiyahassan@gmail.com

**ABSTRACT:**

The aim of this paper is to examine the factors that influence households' choice of energy sources for cooking. The data used come from the Demographic and Health Survey of three countries in the Congo Basin (Cameroon, Congo, Gabon) and cover 32,770 households. The results obtained from a multinomial logit model show that the demographic characteristics, wealth and human capital of households have a significant impact on the choice of the type of energy for cooking. The country analysis shows that the factors affecting household cooking fuel choice remain broadly the same in all three countries. Therefore, policymakers should take this into account when putting in place appropriate measures to improve education and household incomes. This would enable them to successfully encourage the use of clean fuels by households in the Congo Basin.

**KEYWORDS:** clean fuels, wealth, human capital, multinomial logit estimation, Congo Basin.

**JEL CODE:** Q41, Q42.

## *Choix du combustible pour la cuisson : le cas des ménages du Bassin du Congo.*

***RÉSUMÉ :***

*L'objectif de cet article est d'examiner les facteurs qui influencent le choix, par les ménages, des sources d'énergie pour la cuisson. Les données utilisées proviennent de l'Enquête Démographique et de Santé de trois pays du Bassin du Congo (Cameroun, Congo, Gabon) et couvrent 32 770 ménages. Les résultats obtenus à partir d'un modèle logit multinomial montrent que les caractéristiques démographiques, la richesse et le capital humain des ménages, ont un impact significatif sur le choix du type d'énergie pour la cuisson. L'analyse par pays révèle, elle, que les coefficients associés aux facteurs qui affectent le choix du combustible de cuisson des ménages, restent globalement les mêmes dans les trois pays. Aussi, les décideurs politiques devraient-ils en tenir compte pour mettre en place des mesures appropriées visant à améliorer l'éducation et les revenus des ménages. Ce faisant, ils pourront promouvoir avec succès l'utilisation de combustibles propres par les ménages du Bassin du Congo.*

***MOTS-CLÉS:*** *combustibles propres, richesse, capital humain, modèle logit multinomial, Bassin du Congo.*

***CODE JEL:*** *Q41, Q42.*

In most developing countries, households are heavily dependent on traditional fuels for lighting, cooking and heating. UNDP and WHO (2009) estimated that more than 700 million people in the least developed countries and more than 600 million in Sub-Saharan Africa (SSA) do not have access to modern fuels for cooking. However, this traditional energy source has negative impacts on health and the environment. For example, there are about 2 to 4 million deaths worldwide caused by air pollution every year (Stanaway et *al.*, 2018). The environmental impact can easily be seen by looking at the extent of firewood consumption for cooking. Africa has the highest per capita fuelwood consumption in the world (0.89 $m^3$/year) and without major changes, deforestation and associated forest degradation will continue (Chambwera and Folmer, 2007). The use of biomass fuels as an energy source puts pressure on forests due to deforestation, leading to an increase in atmospheric carbon dioxide concentration and indoor air pollution.

The energy ladder hypothesis states that as their income increases, households generally replace traditional fuels (e.g. biomass) with more efficient modern fuels (such as gasoline, liquefied diesel, natural gas or electricity) for their lighting, cooking and heating needs (Leach, 1992). At the national level, poor households tend to use solid fuels, which accelerates environmental degradation and causes health problems (Bruce et *al.*, 2000; Rehfuess et *al.*, 2006). But as their income increases, these households more often turn to cleaner fuels. (Masera et *al.*, 2000). The International Energy Agency (IEA, 2004) clearly agrees with the authors cited here, that urbanization and increasing per capita income generally lead to greater use of modern fuels such as gas and electricity, and a reduction in the proportion of traditional biomass as fuel. However, as Chambwera and Folmer (2007) note, this has not been the case in many African cities.

The other assumption underlying household fuel decision-making processes is fuel stacking. According to this hypothesis, households use several fuels, or will only partially switch to another fuel (Dewees, 1989; Masera et *al.*, 2000). Hence, they will both switch and use traditional and modern fuels (Farsi et *al.*, 2007). Studies on fuel stacking suggest that the determinants of household fuel choice are not just economic factors [such as commercial fuel prices (Leach, 1992), fuel availability or household income]. But there are also socio-demographic factors such as the level of education or the sex of the head of the household, or even their consumption habits (Heltberg, 2004 et 2005; Alem et *al.*, 2016; Behera et *al.*, 2017; McLean et *al.*, 2019).

While access to energy sources plays an important role for households in cooking, lighting, and heating, access to affordable, reliable, sustainable, and modern energy is essential for the achievement of the Sustainable Development Goals. A number of studies have analyzed the factors that drive a household's decision to switch to cleaner fuels (Özcan et *al.*, 2013). Almost all agree that with a focus on cooking fuel, a better understanding of the factors that influence household energy choices is essential for designing appropriate policies in the context of Sub-Saharan Africa (SSA).

In this study, we examine the factors underlying household cooking fuel choice in three major forest countries of the Congo Basin (Cameroon, Congo, and Gabon)[41]. We use household fuel data from the Demographic and Health Survey (DHS) program, a project funded by the United States Agency for International Development (USAID). Our contribution to the existing literature manifests itself in three ways. Let us note from the outset that to our knowledge, no study of this type has been carried out to identify the determinants of household cooking fuel choice in the Congo Basin. Most work in this area focuses on a particular country or region within a Congo Basin country (e.g., Nlom and Karimov, 2015). Second, because tropical forests play a vital role in promoting and conserving biodiversity, the Congo Basin, whose forest cover constitutes about 70% of Africa's forest, is the second largest tropical forest ecosystem in the world after that of the Amazon (Megevand et *al.*, 2013). And as such, its contribution to climate regulation, resilience to climate change, and even the preservation of the biological diversity of the resources it shelters, and which make the

[41] Although the Congo Basin is made up of five countries, we excluded from this study, on the one hand, the Democratic Republic of Congo (DRC), the largest forest country in the Congo Basin, because 99% of its population uses the firewood as the main cooking fuel; and, on the other hand, Equatorial Guinea, for which data is not publicly available in the DHS dataset.

Congo Basin a breadbasket on a regional and global scale (where many people obtain their supplies of forest products, food and medicine), is more than decisive. These arguments make it crucial that researchers examine the factors that influence the choice of cooking fuels in this region, and that governments adopt strict policies to facilitate the transition to clean cooking fuels, indicators of a better quality of life. Finally, we check the robustness of the results by performing analysis for each country in the sample.

The rest of this article is structured as follows: Section 2 presents a recent review of the literature on the determinants of cooking fuel choice in households in developing countries. Section 3 discusses the study methodology. In Section 4, the results of our research are presented, analyzed and discussed. Finally, in section 5, the conclusion and implications in terms of recommended economic policies are revealed.

## LITERATURE REVIEW

There are a large number of studies that examine the factors influencing household choice of cooking fuel (Behera et *al.*, 2017; Muller and Yan, 2018; Choumert-Nkolo et *al.*, 2019; Bakehe, 2021). These factors are based on two main assumptions widely accepted in the literature: energy ladder and fuel stacking. While the first suggests that households shift to using modern fuel sources as their income increases, the second posits that households use multiple fuels. In fact, in addition to economic factors, there are other determinants of household fuel choice. These include income level, household size and composition, education level and gender of the household head.

Several studies show that income is the main motivating factor for energy choice (Rao and Reddy, 2007; Khandker et *al.*, 2012). Hosier and Dowd (1987) found that as their incomes increase, urban households in Zimbabwe tend to use fuels such as kerosene and electricity. In Nigeria, Baiyegunhi and Hassan (2014) highlight that when incomes increase in rural areas, there is a substitution of fuelwood by other fuels such as kerosene, natural gas and electricity. For his part, Ouedraogo (2006) observes that in Burkina Faso, higher incomes encourage urban households to choose natural gas rather than kerosene. A similar pattern appears when household spending is used as a proxy for income. The work of Pachauri (2004) and Gupta and Köhlin (2006) reveals that in India, household spending is the main determinant of the energy transition from firewood and kerosene to liquefied petroleum gas (LPG). In Kenya, Lay et *al.* (2013) provide evidence that there is a positive correlation between increased household spending and the choice of electricity or solar energy instead of wood or kerosene.

The role of education level in households' choice of cooking fuel is also pointed out in many studies. In this regard, Abebaw (2007) and Démurger and Fournier (2011) reveal the existence of a negative link between the level of education and the consumption of firewood. Using data collected in India, Gupta and Köhlin (2006) observe that higher levels of education reduce dependence on firewood and increase the use of kerosene and LPG. These results were confirmed by Choumert-Nkolo et *al.* (2019) using data from Tanzania, and by Troncoso and da Silva (2017) using data from Mexico. For their part, Gebreegziabher et *al.* (2012) used data on Ethiopian households to show that the higher the level of education, the more likely households are to use electricity. Beyond saving time and opportunity costs, better education translates into greater awareness of the adverse health effects of dirty fuels (Israël, 2002; Farsi et *al.*, 2007).

Empirical results on the importance of gender in decision-making relating to fuel use remain ambiguous. Some studies show that households headed by women tend to prefer modern fuels over traditional fuels (Farsi et *al.*, 2007; Stabridis and van Gameren, 2018; Nwaka et *al.*, 2020). This may be because women are usually responsible for home cooking and, as a result, are directly exposed to indoor air pollution emitted by dirty fuels. Several authors have also indicated that a high proportion of women in the household increases the likelihood of using clean fuels [Israël (2002) for Bolivia, Behera and Ali (2016) for Bhutan, Gupta and Köhlin (2006) for India, and Hou et *al.* (2017) for China]. Other studies, however, show that gender does not have a significant impact on the decision-making process on household fuel use (An et *al.*, 2002; Abebaw, 2007; Ouedraogo, 2006). Furthermore, some research findings highlight the fact that a high proportion of women in a household increases the likelihood of using fuelwood, the reason being that they are the main harvesters (Link et *al.*, 2012). Heltberg (2005), on the other hand, did not fail to point out forcefully that a high proportion of women in the household does not have a significant impact on the use of fuelwood.

Age is another important factor that determines energy choice. Some studies support the idea that older household heads tend to perpetuate traditional habits related to dirty fuels. Using data from Guatemalan households, Edwards and Langpap (2005) show that the age of the head of the household is positively linked to a preference for traditional fuels (wood). Baiyegunhi and Hassan (2014) demonstrate a positive and significant association between the age of the household head and fuelwood consumption in Nigerian rural households. Démurger and Fournier (2011) observe that increasing age encourages rural households in northern China to prefer the use of firewood. Gebreegziabher et *al.* (2012) find that in Ethiopia, older household heads are more likely to consume charcoal, rather than kerosene and electricity. Stabridis and van Gameren (2018) work reveal that in Mexico, the age of the head of household has a positive and significant impact on firewood consumption.

However, there are studies in which the authors attest to the positive effect of age on a preference for clean fuels. For example, Gupta and Köhlin (2006) followed by Farsi et *al.* (2007) show that in Indian households, older heads of household are more likely to prefer natural gas to firewood. This result is supported by the work of Rao and Reddy (2007) in which the average age of household members was taken into account. The data from Özcan et al. (2013) in Türkiye also suggest that older household heads are more likely to prefer modern fuels over traditional fuels. Guta (2012) on his part found that older heads of households are more likely to choose natural gas and electricity over firewood. Muller and Yan (2018) suggest that these results can be explained by a life cycle effect whereby young people facing liquidity constraints use cheap fuels, while older people can easily afford to use clean fuels. Other studies have instead revealed a non-significant impact of the age of the head of household on fuel consumption (An et *al.*, 2002; Israël, 2002; Abebaw, 2007).

Household size is also a determining factor in energy choice. Several authors theoretically prove that there is a negative correlation between household size and energy consumption per capita (Abebaw, 2007; Israël, 2002). Do these results not suggest the presence of economies of scale in energy consumption? Megevand et *al.* (2013) indicate that households living in urban areas tend to consume more energy as household size decreases, resulting in less efficient use of cooking fuel per capita.

From an empirical point of view, the effect of household size on fuel choice remains contradictory. Some authors find that larger households are more likely to prefer dirty fuels because they are relatively less expensive than clean fuels (Ouedraogo, 2006; Rao and Reddy, 2007; Özcan et *al.*, 2013; Stabridis and van Gameren, 2018; Troncoso et *al.*, 2019; Choumert-Nkolo, 2019). In complete disagreement with these findings, some studies show the positive effect of household size on the choice of clean fuels (Hosier and Dowd, 1987; Gupta and Köhlin, 2006; Baiyegunhi and

Hassan, 2014). This is often due to the fact that larger households prefer to use clean fuels rather than dirty fuels. Guta (2012), echoing Chen et *al.* (2006), shows, however, that there is no significant correlation between household size and the transition to clean fuels.

# METHODOLOGY

## 1. Data

The data used in this study come from the Demographic and Health Survey (DHS) carried out in three countries in the Congo basin: Cameroon, Congo and Gabon. We use data from 2011 for Cameroon, 2011/2012 for Congo and 2012 for Gabon. These states are home to the main forest ecosystems of the Congo basin. Reduce the use of firewood can help curb deforestation and degradation of this natural environment, which is highly vital for the survival of the people who depend on it. The surveys collected informations on demography and basic health, using the Model Questionnaires of the DHS Program. Country-specific questions have sometimes been added to meet local conditions and needs. The Household Questionnaire was used as a means to collect information on age, gender, education, place of residence, wealth, main fuel used for cooking, etc. The data is nationally representative and a total sample of 32,770 households was interviewed in the three target Congo Basin countries. For each country, we use the updated DHS dataset, i.e. a source of inter-country comparative data on urban and rural populations.

The dependent variables of this study are the types of energy sources chosen by households as their main cooking fuels (firewood, charcoal or gas). We analyze the determinants of household cooking fuel choice by including variables commonly used in the literature: gender, age and education of the household head, wealth, size and geographic location of the household, as well as the proportion of women in the household. The definitions corresponding to all the explanatory variables used are presented in Appendix 1 of the article.

## 2. Econometric model

In terms of methodological approach, several studies on the determinants of household fuel choice use discrete choice models which can be estimated using a multivariate logit model, an ordered logit model, a multinomial probit model or a multinomial logit model, while others rely on the ordinary least squares or the full information maximum likelihood method. The multinomial logit model is the most widely used by researchers (Baiyegunhi and Hassan, 2014; Alem et *al.*, 2016; Behera et *al.*, 2017; Ma et *al.*, 2022) because it allows the analysis of strategic choices with multiple unordered, mutually exclusive outcomes. The multivariate logit model is mainly used when the dependent variable is composed of many correlated binary choices. But when the dependent variable has more than two distinct categories with sequential order, the ordered logit model is liable to use.

Households use different types of fuels for cooking. The decision-making process that guides their fuel choice is based on their own characteristics and preferences. In the DHS questionnaire, households were asked the following question: "What type of fuel does your household mainly use for cooking?". The main answers were: firewood, charcoal and gas. In this study, we use a multinomial logit (MNL) model to address multiple choice and non-ordering problems which, in this case, force households to select their cooking fuel from three types that have no ordering sequential (there are in fact three uncontrolled alternative fuels: firewood, charcoal or gas). This type of specification makes it possible to explain the probability for a household to use one type of fuel rather than another. Probability ultimately conditioned by the explanatory variables.

To determine the choice of household cooking fuel, we use an econometric specification where the dependent variables are discrete with three modalities taking the value:

- 1 if the household uses wood energy[42] as the main cooking fuel;
- 2 if the household uses wood, charcoal, animal waste or agriculture as the main cooking fuel;
- 3 if the household uses gas or kerosene as the main cooking fuel.

Let us consider a nominal dependent variable having *N* (unordered) categories. The MNL model compares the probability that an item in the sample belongs to each of the [*N* – *1*] categories, with the probability that it belongs to a reference category (omitted). Given *r* the reference category, then for $n = 1, 2, ..., N$ the model estimates:

$$ln\frac{P(Y=n)}{P(Y=r)} = \alpha_n \sum_{k} \beta_{nk} X_{nk}$$

[42] i.e. firewood and sawdust.

Where $Y$ is the type of fuel used by the household $i$ and $\beta_{nk}$ measures the effect of a variable $X_k$ on the relative probability that a household in the sample uses $n$-type fuel rather than $r$-type fuel (reference category). We choose firewood as the reference category.

# RESULTS AND DISCUSSION

## 1. Descriptive Analysis

Figure 1 shows that the majority of households in the three Congo basin countries covered by our study use firewood (61.95%) and gas (29.31%) as their main cooking fuel, while only 8.74% use charcoal. About 61% of Gabonese households (Gabon is the country with the highest GDP per capita in the sub-region) use gas for their cooking needs, while only 19.86% and 14.39% of households use gas in Cameroon and Congo, respectively.

**Figure 1.** *Cooking energy choice for each country*

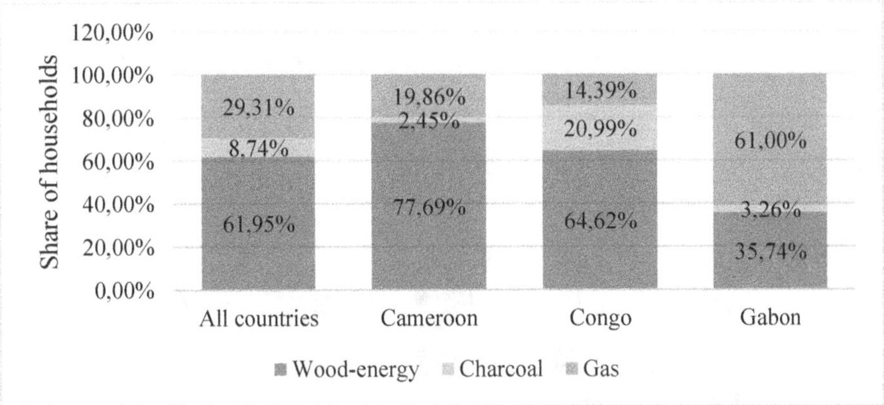


*Source: DHS. Authors calculations.*

Figure 2 below presents information on fuel choice by area of residence (rural and urban). There are significant disparities between rural and urban households. About 55.34% of urban households use gas as their main source of cooking energy, compared to only 10.10% of rural households. On the other hand, 83.63% of rural households and 32.57% of urban households use wood energy as the main source of energy for cooking. Cameroon has the largest proportion of rural households that use wood energy as their main source of cooking energy (96.22%), while Gabon has the largest proportion of urban households that have made gas their main source of cooking energy (86.14%).

*1.1. Income and cooking fuel choice*

Figure 3 below shows that the number of households using gas increases as their wealth increases. The share of very poor, poor, moderately rich (i.e. with average or middle-income), rich and very rich households that do not use gas as the main cooking fuel is 90.71%, 76.90%, 71.10%, 57.45% and 21.84%, respectively.

**Figure 2.** *Distribution of energy sources in urban and rural areas*

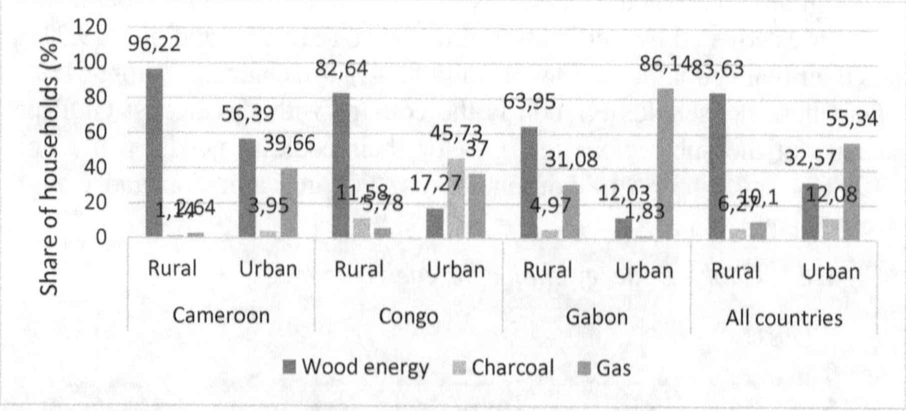


*Source: DHS. Authors calculations.*

**Figure 3.** *Energy choice by income level*

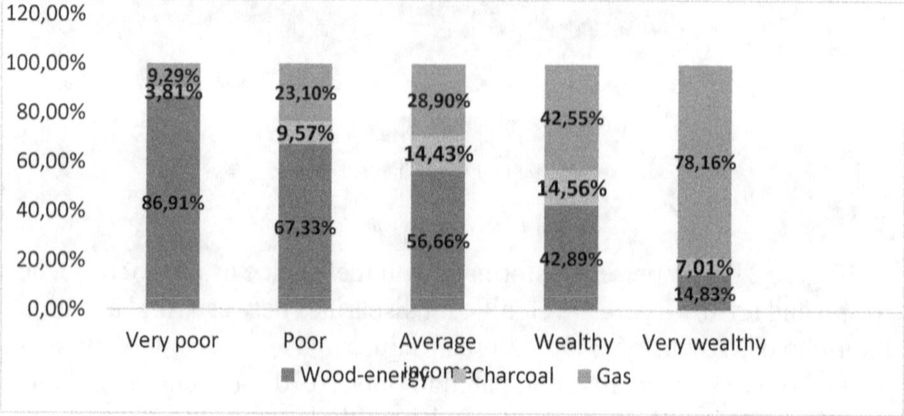


*Source: DHS. Authors calculations.*

## *1.2. Education and cooking fuel choice*

Figure 4 illustrated below clearly reveals the crucial role of education (an indicator of household human capital) in household cooking fuel choice. The number of households using gas increases with the education level of the household head. About 79.62% of households with heads whose education level is equivalent to primary school or less do not use gas. This percentage drops to 56.92% for households headed by people with a secondary education level or less; and 23.82% for households headed by individuals with a higher level of education. The percentage of households that use wood-energy as their main source of cooking energy is 71.98% for households where the head has a primary education or less; 45.68% for households where the head has a secondary education; and 15.49% for households where the head has a higher level of education.

**Figure 4.** *The choice of energy according to the level of education*

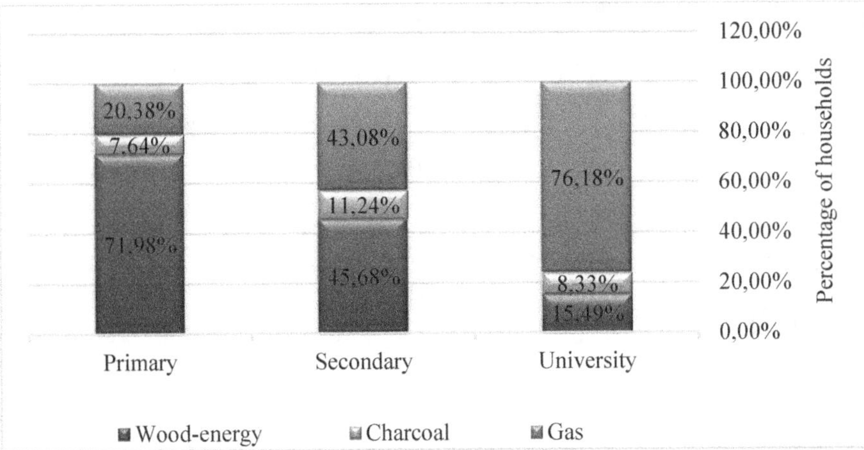


*Source: DHS. Authors calculations.*

## 2. Empirical Analysis

Table 2 below (see next page) presents the estimated parameters of the unordered MNL model. It highlights the following two situations: charcoal and gas. The results of these estimations show that income, education, age of the household head and household size are important determinants of the choice of cooking fuel by households in the Congo Basin.

## 3. Sensitivity analysis

To verify that the conclusions of our analysis are maintained, we re-estimate the reference model by country, using the same estimation method (MNL or multinomial logit model). Table 3 below presents the results of the unordered MNL model. The regressions by country provide information on the fact that the coefficients associated with the control variables retain almost the same signs and meanings. This implies that the factors determining the choice of household cooking fuel are generally the same for the three Congo Basin countries targeted by our research.

**Table 2.** *Determinants of household cooking fuel choice*

| Variables | Charcoal | | Gas | |
|---|---|---|---|---|
| | Coefficients | Odd ratio | Coefficients | Odd ratio |
| **Male-HH** | -0.101** (0.05) | 0.904** (0.05) | -0.003 (0.04) | 0.997 (0.04) |
| **Age of the HH** | -0.015*** (0.00) | 0.985*** (0.00) | -0.023*** (0.00) | 0.978*** (0.00) |
| **Wealth** *Ref: Very poor* | | | | |
| Poor | 0.965*** (0.06) | 2.625*** (0.17) | 0.703*** (0.05) | 2.021*** (0.09) |
| Average | 1.153*** (0.07) | 3.166*** (0.22) | 0.377*** (0.06) | 1.458*** (0.08) |
| Wealthy | 1.123*** (0.08) | 3.075*** (0.24) | 0.568*** (0.06) | 1.764*** (0.11) |
| Very wealthy | 1.464*** (0.10) | 4.323*** (0.41) | 2.252*** (0.07) | 9.506*** (0.63) |
| **Household size** | -0.065*** (0.01) | 0.937*** (0.01) | -0.125*** (0.01) | 0.883*** (0.01) |
| **Human capital** *Ref: Primary* | | | | |
| Secondary | 0.426*** (0.05) | 1.531*** (0.08) | 0.594*** (0.04) | 1.811*** (0.07) |
| University | 0.875*** (0.13) | 2.399*** (0.31) | 1.493*** (0.10) | 4.452*** (0.46) |
| **Rural** | -1.082*** (0.05) | 0.339*** (0.02) | -2.080*** (0.04) | 0.125*** (0.01) |
| **Number of adult females** | 0.044 (0.03) | 1.045 (0.03) | 0.002 (0.03) | 1.002 (0.03) |
| **Countries fixed effects** | Yes | Yes | Yes | Yes |
| **Constant** | -1.210*** (0.09) | 0.298*** (0.03) | 0.959*** (0.08) | 2.608*** (0.20) |
| **Number of obs** | 32770 | | | |
| **Wald χ2 (22)** | 8834.84 | | | |
| **Prob > χ2** | 0.0000 | | | |
| **Pseudo $R^2$** | 0.2542 | | | |
| **Log pseudo-likelihood** | -21244.575 | | | |

*Source: DHS. Authors calculations. Robust standard errors corrected in brackets.*

*Notes: ***; ** and * indicate respectively significance at the 1%, 5%, and 10% levels. Ref: denotes reference category.*

**Table 3.** *Determinants of household cooking fuel choice by country*

| Variables | Cameroon | | Congo | | Gabon | |
|---|---|---|---|---|---|---|
| | Charcoal | Gas | Charcoal | Gas | Charcoal | Gas |
| **Male-HH** | 0.102<br>(0.13) | -0.010<br>(0.08) | 0.190**<br>(0.08) | -0.040<br>(0.12) | -0.013<br>(0.13) | 0.087<br>(0.08) |
| **Age of HH** | -0.012**<br>(0.00) | -0.034***<br>(0.00) | -0.026***<br>(0.00) | -0.039***<br>(0.00) | 0.005<br>(0.00) | -0.035***<br>(0.00) |
| **Wealth**<br>*Ref: Very poor* | | | | | | |
| Poor | 0.030<br>(0.28) | 14.888<br>(635.72) | 2.189***<br>(0.10) | 4.937***<br>(0.71) | -0.001<br>(0.30) | 3.019***<br>(0.11) |
| Average | 0.170<br>(0.29) | 16.447<br>(635.72) | 3.613***<br>(0.12) | 7.131***<br>(0.72) | 0.127<br>(0.62) | 4.233***<br>(0.22) |
| Wealthy | 0.818**<br>(0.30) | 18.324<br>(635.72) | 4.266***<br>(0.15) | 8.446***<br>(0.72) | 0.052<br>(1.07) | 5.067***<br>(0.38) |
| Very wealthy | 1.819***<br>(0.31) | 20.966<br>(635.72) | 5.245***<br>(0.26) | 11.205***<br>(0.75) | -10.813***<br>(1.01) | 6.694***<br>(1.00) |
| **Household size** | -0.053**<br>(0.03) | -0.319***<br>(0.02) | -0.082***<br>(0.02) | -0.256***<br>(0.03) | -0.043<br>(0.03) | -0.101***<br>(0.02) |
| **Human capital**<br>*Ref: Primary* | | | | | | |
| Secondary | 0.116<br>(0.13) | 0.263***<br>(0.07) | 0.034<br>(0.07) | 0.345***<br>(0.09) | 0.055<br>(0.16) | 0.281***<br>(0.08) |
| University | -0.656<br>(0.47) | 1.052***<br>(0.15) | 0.160<br>(0.21) | 0.493**<br>(0.23) | -0.070<br>(1.04) | 1.329***<br>(0.36) |
| **Rural** | -1.041***<br>(0.19) | -0.967***<br>(0.11) | -1.185***<br>(0.08) | -0.809***<br>(0.10) | -0.657***<br>(0.14) | -1.198***<br>(0.08) |
| **Number of adult females** | 0.031<br>(0.08) | 0.067<br>(0.05) | -0.048<br>(0.05) | -0.105<br>(0.07) | 0.210**<br>(0.10) | 0.198**<br>(0.06) |
| **Constant** | -2.763***<br>(0.34) | -16.829<br>(635.72) | -0.903***<br>(0.17) | -4.303***<br>(0.73) | -2.174***<br>(0.29) | 1.770***<br>(0.15) |
| **Number of obs** | 13,100 | | 10,717 | | 8,953 | |
| **Wald χ2 (22)** | 7939.59 | | 8536.25 | | 47198.33 | |
| **Prob > χ2** | 0.0000 | | 0.0000 | | 0.0000 | |
| **Pseudo $R^2$** | 0.4984 | | 0.4481 | | 0.4757 | |
| **Log pseudo-likelihood** | -3995.975 | | -5257.559 | | -3665.947 | |

*Source: DHS. Authors calculations. Robust standard errors corrected in brackets.*

*Notes: ***; ** and * indicate significance at the 1%, 5%, and 10% levels respectively. Ref : denotes reference category.*

## 4. Discussion

Budgetary constraints are an important factor in household cooking fuel choice. The coefficients associated with different wealth levels indicate that high-income households are the most likely not to use firewood. This result is consistent with the studies of Behera et *al.* (2017), Muller and Yan (2018), and Choumert-Nkolo et *al.* (2019). In fact, as their wealth increases, households tend to turn to modern energy sources, including gas, to meet their kitchen cooking needs.

The human capital of the household head, i.e. his level of education and culture, reduces the relative risk linked to the use of firewood as the main source of cooking fuel. This result is consistent with the findings of several other studies (Baiyegunhi and Hassan, 2014; Behera et *al.*, 2017). Of course, this is explained not only by the opportunity costs linked to the time required to collect solid fuels (costs which increase with the level of education), but also by the fact that better education implies greater awareness of the harmful and toxic effects of dirty fuels on health, or of the benefits derived from the use of modern fuels.

The results also show that age increases the relative risk linked to the use of firewood. This conclusion, which is consistent with those reached by Edwards and Langpap (2005), Baiyegunhi and Hassan (2014), and Stabridis and van Gameren (2018) in their work, can be explained by the fact that households headed by elderly people tend to perpetuate traditional habits, in particular, that which consists of adopting, without intention of changing them, the polluting energy sources that their ancestors used in the past, long before them. Households headed by women are, unlike those headed by men, less inclined to use firewood. This conclusion obtained at the end of our research is confirmed by previous work (Gupta and Köhlin, 2006; Heltberg, 2005; Hou et *al.*, 2017; Israël, 2002; Stabridis and van Gameren, 2018), and can be attributed to the fact that women are generally responsible for domestic cooking in Africa and, in doing so, place more emphasis on modern fuels; the main reason being that the use of the latter is likely to significantly reduce opportunity costs.

Household size is another important determinant of the decision-making process that guides the choice of domestic cooking fuel. In fact, household size increases the relative risk associated with the use of wood energy as cooking fuel. This result is in line with the findings of Behera et *al.* (2017), Baiyegunhi and Hassan (2014), Özcan et *al.* (2013), and Ouedraogo (2006), to name but a few. One possible reason for this is that the size of the poorest African households is generally larger. As a result, they cannot afford to use clean fuels like gas, which are relatively more expensive than alternative fuels like firewood. Some authors find that in rural areas, household size negatively influences the use of clean fuels, because these households have high energy needs and can, while investing in other activities, collect sufficient firewood thanks to an abundant workforce (Dewees, 1989; Nepal et *al.*, 2011; Behera et *al.*, 2017). Thus, living in a rural area increases the relative risk linked to the use of fuelwood. Studies carried out on the theme of energy choice in poor countries show that, compared to urban households, rural households are less inclined to use clean energy sources. The underlying reason for such an attitude is the high level of monetary poverty and the lack of infrastructure (Pachauri and Jiang, 2008; Behera et *al.*, 2017).

*

*      *

Based on recent national data, representative of the EDS program implemented in three main forest countries of the Congo Basin (Cameroon, Gabon and Congo), this article aimed to study the factors which determine the choice of households to use a particular cooking fuel. To deal with the different types of fuels considered but not previously ordered, we used a multinomial logit model (or MNL model). The empirical analysis that has emerged from it provides evidence on three facts. First, the results show that the level of education and wealth are two important determinants of the choice of gas as a cooking fuel by households. Thus, just as the relative risk linked to the use of gas in cooking is higher in households headed by a poorly educated chef, an increase in the income of such households also increases the probability of adopting gas as a cooking fuel. Second, the coefficients associated with different levels of education reveal that highly educated household heads are less inclined to use wood energy. Third, finally, our results show that rural households and larger households are less inclined to use gas in cooking. By analyzing the countries targeted by the study, each taken individually, it appeared that the factors which guide the choice of cooking fuel among households remain the same everywhere, in Cameroon, Congo and Gabon.

In terms of political implications concerning the specific case of the Congo Basin countries, the results of the present study highlight two. First, governments must invest in improving the average level of education nationally, with a view to raising awareness among citizens of the harmful effects of dirty fuels on health and the environment. Second, government aid or subsidies should be prioritized towards the poorest households. Another action expected from governments is to increase public investment in gas production and distribution, by granting subsidies aimed at alleviating the cost of gas used by needy households. In addition, government support for access to biogas can also help fill the significant deficit of this energy source in rural areas. The measures listed here would ultimately bring enormous environmental benefits, as switching from solid fuels such as firewood to clean fuels such as gas, would reduce air pollution and pressure on forest resources. ■

## REFERENCES


Abebaw D. (2007), "Household determinants of fuelwood choice in urban Ethiopia: A case study of Jimma Town." *The Journal of Developing Areas*, pp. 117-126.

Alem Y., A.D. Beyene, G. Köhlin, and Mekonnen A. (2016), "Modeling household cooking fuel choice: A panel multinomial logit approach." *Energy Economics*, vol. 59, pp. 129-137.

An L., F. Lupi, J. Liu, M.A. Linderman, and Huang J. (2002), "Modeling the choice to switch from fuelwood to electricity: implications for giant panda habitat conservation." *Ecological Economics*, vol. 42, n° 3, pp. 445-457.

Baiyegunhi L.J., and Hassan M.B. (2014), "Rural household fuel energy transition: evidence from Giwa LGA Kaduna State, Nigeria." *Energy for Sustainable Development*, vol. 20, pp. 30-35.

Bakehe N.P. (2021), "L'effet de l'exposition au bois de chauffage sur la santé respiratoire et sur la participation au marché du travail au Cameroun." *Revue française d'Economie*, vol. 36, n° 2, pp. 163-195.

Behera B., and Ali A. (2016), "Household energy choice and consumption intensity: Empirical evidence from Bhutan." *Renewable and Sustainable Energy Reviews*, vol. 53, pp. 993-1009.

Behera B., A. Ali, and Marenya P. (2017), "A ladder within a ladder: Understanding the factors influencing a household's domestic use of electricity in four African countries." *Energy Economics*, vol. 66, pp. 167-181.

Bofa R.O., Appiah-Konadu P., and Ngwu F.N. (2022), "Transition to cleaner cooking energy in Ghana." *Clean Energy*, vol. 6, n° 1, pp. 193-201.

Bruce N., R. Perez-Padilla, and Albalak R. (2000), "Indoor air pollution in developing countries: a major environmental and public health challenge." *Bulletin of the World Health Organization*, vol. 78, n° 9, pp. 1078-1092.

Chambwera M., and Folmer H. (2007), "Fuel Switching in Harare: an almost ideal demand system approach." *Energy Policy*, vol. 35, n° 4, pp. 2538-2548.

Chen L., N. Heerink, and van den Berg M. (2006), "Energy consumption in rural China: a household model for three villages in Jiangxi Province." *Ecological Economics*, vol. 58, n° 2, pp. 407-420.

Choumert-Nkolo J., M.P. Combes, and Le Roux L. (2019), "Stacking up the ladder : A panel data analysis of Tanzanian household energy choices." *World Development*, vol. 115, pp. 222-235.

Démurger S., and Fournier M. (2011), "Poverty and firewood consumption: a case study of rural households in northern China." *China Economic Review*, vol. 22, n° 4, pp. 512-523.

Dewees P.A. (1989), "The woodfuel crisis reconsidered: observations on the dynamics of abundance and scarcity." *World Development*, vol. 17, n° 8, pp. 1159-1172.

Edwards J.H., and Langpap C. (2005), "Startup costs and the decision to switch from firewood to gas fuel." *Land Economics*, vol. 81, n° 4, pp. 570-586.

Farsi M., M. Filippini, and Pachauri S. (2007), "Fuel choices in urban Indian households." *Environment and Development Economics*, vol. 12, n° 6, pp. 757-774.

Gebreegziabher Z., A. Mekonnen, M. Kassie, and Köhlin G. (2012), "Urban energy transition and technology adoption: the case of Tigrai, northern Ethiopia." *Energy Economics*, vol. 34, n° 2, pp. 410-418.

Gupta G., and Köhlin G. (2006), "Preferences for domestic fuel: analysis with socio-economic factors and rankings in Kolkata, India." *Ecological Economics*, vol. 57, n° 1, pp. 107-121.

Guta D.D. (2012), "Application of an almost ideal demand system (AIDS) to Ethiopian rural residential energy use: panel data evidence." *Energy Policy*, vol. 50, pp. 528-539.

Heltberg R., Arndt T.C., and Sekhar N.U. (2000), "Fuelwood consumption and forest degradation: a household model for domestic energy substitution in rural India." *Land Economics*, vol. 76, n° 2, pp. 213-232.

Heltberg R. (2004), "Fuel switching: evidence from eight developing countries." *Energy Economics*, vol. 26, n° 5, pp. 869-887.

Heltberg R. (2005), "Factors determining household fuel choice in Guatemala." *Environment and Development Economics*, vol. 10, n° 3, pp. 337-361.

Hosier R.H., and Dowd J. (1987), "Household fuel choice in Zimbabwe: an empirical test of the energy ladder hypothesis." *Resources and Energy*, vol. 9, n° 4, pp. 347-361.

Hou B.D., X. Tang, C. Ma, L. Liu, Y.M. Wei, and Liao H. (2017), "Cooking fuel choice in rural China: results from microdata." *Journal of Cleaner Production*, vol. 142, pp. 538-547.

IEA - International Energy Agency (2004), *World Energy Outlook*. IEA Publications, Paris, France, 576p. [Online] From https://www.iea.blob.core.windows.net, accessed June 15, 2024 at 6:13 p.m.

Israel D. (2002), "Fuel choice in developing countries: Evidence from Bolivia." *Economic Development and Cultural Change*, vol. 50, n° 4, pp. 865-890.

Khandker S.R., D.F. Barnes, and Samad H.A. (2012), "Are the energy poor also income poor? Evidence from India." *Energy Policy*, vol. 47, pp. 1-12.

Lay J., J. Ondraczek, and Stoever J. (2013), "Renewables in the energy transition: evidence on solar home systems and lighting fuel choice in Kenya." *Energy Economics*, vol. 40, pp. 350-359.

Leach G. (1992), "The energy transition." *Energy Policy*, vol. 20, n° 2, pp. 116-123.

Link C.F., W.G. Axinn, and Ghimire, D.J. (2012), "Household energy consumption: community context and the fuelwood transition." *Social Science Research*, vol. 41, n° 3, pp. 598-611.

Ma W., H. Zheng, and Gong B. (2022), “Rural income growth, ethnic differences, and household cooking fuel choice: Evidence from China.” *Energy Economics*, vol. 107, p. 105851.

Masera O.R., B.D. Saatkamp, and Kammen D.M. (2000), “From linear fuel switching to multiple cooking strategies: a critique and alternative to the energy ladder model.” *World Development*, vol. 28, n° 12, pp. 2083-2103.

McLean E.V., S. Bagchi-Sen, J.D. Atkinson, J. Ravenscroft, S. Hewner, and Schindel A. (2019), “Country-level analysis of household fuel transitions.” *World Development*, vol. 114, pp. 267-280.

Megevand C., A. Mosnier, J. Hourticq, K. Sanders, N. Doetinchem, and Streck C. (2013), *Dynamiques de déforestation dans le bassin du Congo: Réconcilier la croissance économique et la protection de la forêt*. Washington D.C., USA, World Bank Publications, 198p. [Online] From http://www.fao.org/docrep/015/am081m/am081m00.htm, accessed March 8, 2024 at 10:36 a.m.

Muller C., and Yan, H. (2018), “Household fuel use in developing countries: Review of theory and evidence.” *Energy Economics*, vol. 70, pp. 429-439.

Nepal M., A. Nepa, and Grimsrud K. (2011), “Unbelievable but improved cookstoves are not helpful in reducing firewood demand in Nepal.” *Environment and Development Economics*, vol.16, n° 1, pp. 1-23.

Nlom J.H., and Karimov A.A. (2015), “Modeling Fuel Choice among Households in Northern Cameroon.” *Sustainability*, vol. 7, n° 8, pp. 9989-9999.

Nwaka, I.D., K.E. Uma, and Ike, G.N. (2020), “Determinants of household fuel choices among Nigerian family heads: Are there gender-differentiated impacts?” *Environmental Science and Pollution Research*, vol. 27, n° 34, pp. 42656-42669.

Ouedraogo B. (2006), “Household energy preferences for cooking in urban Ouagadougou, Burkina Faso.” *Energy Policy*, vol. 34, n° 18, pp. 3787-3795.

Özcan K.M., E. Gülay, and Üçdogruk S. (2013), “Economic and demographic determinants of household energy use in Turkey.” *Energy Policy*, vol. 60, pp. 550-557.

Pachauri S. (2004), "An analysis of cross-sectional variations in total household energy requirements in India using micro survey data." *Energy Policy*, vol. 32, n° 15, pp. 1723-1735.

Pachauri S., and Jiang L. (2008), "The household energy transition in India and China." *Energy Policy*, vol. 36, n° 11, pp. 4022-4035.

Rao M.N., and Reddy B.S. (2007), "Variations in energy use by Indian households: an analysis of micro level data." *Energy*, vol. 32, n° 2, pp. 143-153.

Rehfuess E., S. Mehta, and Prüss-Üstün A. (2006), "Assessing household solid fuel use: multiple implications for the Millennium Development Goals." *Environmental Health Perspectives*, vol. 114, n° 3, pp. 373-378.

Stabridis O., and van Gameren E. (2018), "Exposure to firewood: Consequences for health and labor force participation in Mexico." *World Development*, vol. 107, pp. 382-395.

Stanaway J.D., A. Afshin, E. Gakidou, S.S. Lim, D. Abate, K.H. Abate, …, and Bleyer A. (2018), "Global, regional, and national comparative risk assessment of 84 behavioural, environmental and occupational, and metabolic risks or clusters of risks for 195 countries and territories, 1990-2017: A systematic analysis for the Global Burden of Disease Study 2017." *The Lancet*, vol. 392, n° 10159, p. 1923-1994.

Troncoso K., and da Silva A.S. (2017), "LPG fuel subsidies in Latin America and the use of solid fuels to cook." *Energy Policy*, vol. 107, pp. 188-196.

UNDP and WHO (2009), *The Energy Access Situation in Developing Countries, A Review Focusing on Least Developed Countries and Sub-Saharan Africa*, New York, USA, United Nations Development Programme and World Health Organization, 142p. [Online] From https://www.undp.org, accessed May 10, 2024 at 9:22 a.m.

**Appendix 1.** *Variable definitions and summary statistics*

| Variable | Explanation | Obs | Mean | Std. Dev. | Min | Max |
|---|---|---|---|---|---|---|
| **Male-HH** | 1: male; 0: female | 32,770 | .2738785 | .4459542 | 0 | 1 |
| **Age of HH** | | 32,770 | 46.32728 | 15.86165 | 12 | 99 |
| **Wealth** | | | | | | |
| Poorest | | 32,770 | .3414098 | .4741899 | 0 | 1 |
| Poorer | | 32,770 | .2278914 | .4194786 | 0 | 1 |
| Middle | | 32,770 | .1573085 | .364097 | 0 | 1 |
| Richer | | 32,770 | .1415014 | .3485433 | 0 | 1 |
| Richest | | 32,770 | .1318889 | .3383751 | 0 | 1 |
| Household size | | 32,770 | 4.796491 | 3.261843 | 1 | 43 |
| **Human capital** | | | | | | |
| Primary | | 32,770 | .6602991 | .4736149 | 0 | 1 |
| Secondary | | 32,770 | .2937138 | .4554693 | 0 | 1 |
| Higher_educ | | 32,770 | .038816 | .1931591 | 0 | 1 |
| **Rural** | | 32,770 | .5754348 | .4942844 | 0 | 1 |
| **Number of women or female adults** | Share of women or female adults in the household | 32,770 | 1.031248 | .979761 | 0 | 18 |

*Source: DHS, authors calculations.*

## *Croissance sectorielle et déforestation dans le Bassin du Congo.*

Par

***Hilaire NKENGFACK*** • *Faculté des Sciences Economiques et de Gestion, Université de Dschang*

*h.nkengfack@gmail.com*

***Hervé KAFFO FOTIO*** • *Faculté des Sciences Economiques et de Gestion, Université de Maroua*

*rvkfo19@gmail.com*

**RÉSUMÉ :**

Cet article examine l'effet de la croissance sectorielle sur la déforestation dans les pays du Bassin du Congo. De manière spécifique, il met en exergue l'impact de trois principaux secteurs d'activité - l'agriculture, l'industrie et les services - sur le couvert forestier de ces pays. Les données sont issues de quatre pays du Bassin du Congo, sur la période 1990-2017. Les résultats des analyses économétriques montrent que l'accroissement de la valeur ajoutée agricole diminue le couvert forestier, tandis que les activités des secteurs industriel et tertiaire l'augmentent de manière significative. D'autres facteurs tels que l'ouverture commerciale, la densité de la population et le contrôle de la corruption, contribuent tout aussi significativement à la déforestation.

**MOTS CLÉS :** croissance sectorielle, valeur ajoutée sectorielle, déforestation, Bassin du Congo.

**CODE JEL :** Q56, Q01, O11.

## *Sectoral growth and deforestation in the Congo Basin.*

***ABSTRACT:***

*This paper examines the effect of sectoral growth on deforestation in the Congo Basin countries. Specifically, it highlights the impact of three main sectors of activity - agriculture, industry and services - on the forest cover of these countries. The data are from four (4) countries in the Congo Basin, over the period 1990-2017. The results of econometric analyses show that the increase in agricultural value-added decreases forest cover, while the activities of the industrial and tertiary sectors increase it significantly. Other factors such as trade openness, population density and corruption control contribute equally significantly to deforestation.*

***KEYWORDS:*** *Sectorial growth, sectorial value-added, deforestation, Congo Basin.*

***JEL CODE:*** *Q56, Q01, O11.*

Avec 268 millions d'hectares, 70% de la couverture forestière d'Afrique et 6% du couvert forestier mondial, le bassin du Congo constitue le second couvert forestier de la planète, derrière l'Amazonie. Seulement, ces forêts subissent une pression de plus en plus préoccupante, en dépit des mises en garde de la communauté scientifique mondiale. Le taux de déforestation moyen dans la zone est passé de 0,09% sur la période 1995-2000, à 0,17% sur celle allant de 2000 à 2005. Si rien n'est fait, cette statistique risque de s'aggraver. Au Cameroun, l'Organisation des Nations Unies pour l'Alimentation et l'Agriculture (FAO) estime le taux de déforestation moyen à 1% entre 2000 et 2005 ; et si aucune mesure d'atténuation n'est prise incessamment, le risque est grand de voir la situation davantage se détériorer.

En réalité, la réduction du couvert forestier se poursuit de façon alarmante ; ce, malgré l'importance que représente la forêt pour l'humanité. En effet, celle-ci contribue à assurer les moyens de subsistance des populations à travers l'approvisionnement en produits vitaux tels que, entre autres, le bois de construction, le bois de chauffage, les aliments d'origine sauvage, les plantes médicinales (Megevand, 2013). Les écosystèmes forestiers contribuent en outre à prodiguer de nombreux services écologiques à la planète, en piégeant, par exemple, une partie des gaz à effet de serre (GES) responsables du réchauffement climatique ; en participant aux mécanismes de régulation qui touchent, par exemple, au débit et à la qualité de l'eau. La forêt va même jusqu'à offrir des services culturels par lesquels sont préservées, en particulier, les identités culturelles, spirituelles et religieuses des populations qui y vivent et en vivent.

C'est donc à raison que la question de la gestion durable des forêts fait l'objet de vives discussions dans les milieux scientifique et politique. Sur le plan scientifique, nombre de travaux de recherche présentent la croissance économique comme le principal facteur anthropique expliquant la dégradation de l'environnement. Les analyses s'appuient sur l'hypothèse de la Courbe Environnementale de Kuznets (CEK) qui postule l'existence, à long terme, d'une relation « automatique » et « vertueuse » entre la croissance économique et la dégradation de l'environnement (Shafik et Bandyopadhyay, 1992 ; Grossman et Krueger, 1991 ; Panayotou, 1993). L'inversion de la relation entre la croissance économique et la qualité de l'environnement serait liée à l'évolution naturelle des économies, dont le processus de développement suivrait trois étapes successives : économies agraires, économies industrielles et économies des services (Panayotou, 1997) ; la sensibilité des pays à la dégradation de l'environnement semblant devenir moins forte lorsque ceux-ci atteignent le dernier stade de développement économique. La relation ci-dessus mentionnée entre la croissance économique et la qualité de l'environnement s'expliquerait aussi par le poids relatif des effets techniques, des effets d'échelle et de ceux de composition[43] (Grossman et Krueger, 1991 ; Antweiller *et al.*, 2001). Pour sa part, Beckerman (1992) estime que l'environnement est un « bien supérieur » pour lequel la demande ne serait forte qu'au moment où les pays atteignent un certain niveau de revenu. Toutefois, les diverses conclusions de la littérature suggèrent que l'ampleur des problèmes environnementaux est différente d'une région à l'autre ; ce qui rend spécifiques les solutions à proposer pour limiter le désastre environnemental mondial.

S'agissant de l'Afrique, de nombreuses études ont examiné le lien entre la croissance économique et la dégradation de l'environnement. Notons au passage que la majorité d'entre elles s'intéressent à la relation particulière qu'entretient la croissance économique avec les émissions polluantes. L'autre singularité de la recherche africaine en la matière réside dans le fait que les auteurs considèrent généralement la croissance économique au niveau agrégé, mesurée par le PIB par tête. Pourtant, l'utilisation d'indicateurs désagrégés, notamment le PIB sectoriel, permettrait d'identifier les secteurs hautement et faiblement touchés par la pollution ; ceci en vue d'aboutir à l'élaboration de propositions de politiques environnementales non seulement plus ciblées, mais aussi plus crédibles. C'est dans cette optique que s'inscrit le présent article, dont l'objet est d'étudier l'incidence des valeurs ajoutées sectorielles sur la qualité de l'environnement dans les pays du Bassin du Congo. De manière spécifique, l'étude évalue la contribution des secteurs agricole, industriel et des services, dans la dynamique de la déforestation à l'œuvre dans ces pays. Cette approche nous semble d'autant plus pertinente pour cette sous-région que ses dirigeants ont engagé des réformes économiques visant à atteindre l'émergence économique à des horizons temporels plus ou moins proches (2025 au minimum, et 2035 tout au plus). Si cette mutation est nécessaire pour soutenir un rythme appréciable de croissance économique et réaliser une réduction significative de la pauvreté (BAD, 2013), ses impacts divers sur l'environnement n'ont pas encore été inventoriés. A notre connaissance, notre étude est la première à analyser, au niveau sectoriel, l'effet de la

[43] Pour plus de détails sur les conséquences de ces trois effets sur la dégradation de l'environnement, voir Nkengfack et Kaffo (2015), et Antweiller *et al.* (2001).

croissance économique sur la déforestation en Afrique Sub-Saharienne (ASS) en général, et dans les pays du Bassin du Congo en particulier.

A la suite de cette partie introductive, l'article est organisé de la manière suivante : dans la section 2, sont présentés des faits stylisés sur le contexte socioéconomique et environnemental caractéristique du Bassin du Congo ; la section 3 traite des enseignements tirés de la littérature ; et la section 4, elle, dresse la méthodologie d'analyse des données. Finalement, dans la section 5, les résultats issus de l'étude font l'objet de discussion ; quant à la section 6, y sont exposées la conclusion et les implications de politique économique.

# QUELQUES FAITS STYLISÉS SUR LE BASSIN DU CONGO

Les pays du Bassin du Congo présentent un visage quasi homogène, marqué à la fois par une croissance démographique notable et régulière, et une faible diversification économique ; tous phénomènes perçus très souvent comme les causes évidentes de la déforestation et de son accélération dans cette zone géographique d'ASS. La présente section énumère les caractéristiques socioéconomiques de ces pays, au travers de quelques indicateurs de croissance économique et de santé tant humaine qu'environnementale.

## 1. Le contexte socioéconomique

L'Afrique centrale est l'une des régions du monde au profil économique le moins diversifié, basé essentiellement sur l'exploitation rentière d'un nombre limité de ressources naturelles. L'analyse des performances économiques à long terme des pays du Bassin du Congo permet, comme l'indique la figure 1 illustrée ci-dessous, de décrire une évolution volatile du PIB par tête, laquelle est tributaire de la conjoncture économique mondiale.

D'après ce graphique, le Gabon est le seul pays du bloc Afrique centrale dont le PIB par tête a diminué sur la période 1980-2016, passant de 12 198 dollars US à 9 429 dollars US. Par contre, en RCA et en RDC, le PIB par tête n'a que faiblement varié entre 1980 et 2016 ; tandis qu'il augmentait significativement dans les autres pays. La hausse la plus spectaculaire a été enregistrée en Guinée Equatoriale. Ces performances dépendent, pour l'essentiel, des réformes et des mesures de politique économique mises sur pied dans le but de limiter les effets de la crise économique des années 1985-1990.

**Figure 1.** *Evolution du PIB par tête des pays du Bassin du Congo*

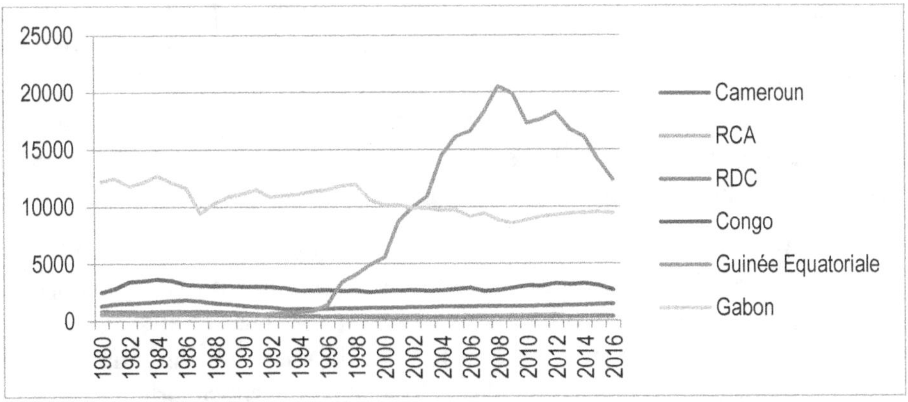


*Source : Auteurs à partir de World Development Indicators (WDI, 2019).*

Les réformes en question visaient à relancer la croissance économique, assurer une transformation structurelle qui soit compatible avec les priorités de développement, et renforcer la compétitivité des pays. Du point de vue sectoriel, ces Etats semblent ne pas avoir respecté le processus de transformation structurelle[44] normale inhérent à ce type de réformes, puisque leur structure économique reste dominée par les secteurs tertiaires et industriels, tandis que la contribution du secteur agricole au PIB diminue au fils du temps. Le tableau 1 infra présente les mutations d'ordre sectoriel enregistrées dans les pays du Bassin du Congo entre 1985 et 2016.

**Tableau 1.** *Composition du PIB dans chaque pays de l'échantillon entre 1985 et 2016*

| Pays/Variable | Valeur ajoutée agricole | | | Valeur ajoutée industrielle | | | Valeur ajoutée services | | |
|---|---|---|---|---|---|---|---|---|---|
| | **1990** | **2016** | **Variation (%)** | **1990** | **2016** | **Variation (%)** | **1990** | **2016** | **Variation (%)** |
| Cameroun | 23,99 | 14,77 | **-38,432** | 28,75 | 27,13 | **-5,634** | 44,88 | 52,07 | **16,020** |
| Congo | 12,86 | 6,91 | **-46,267** | 40,64 | 35,38 | **-12,942** | 46,49 | 51,75 | **11,314** |
| RDC | 56,54 | 18,59 | **-67,120** | 15,87 | 41,16 | **159,357** | 26,78 | 33,82 | **26,288** |
| Gabon | 7,32 | 4,97 | **-32,103** | 42,99 | 45,03 | **4,7452** | 47,76 | 41,74 | **-12,604** |
| Panel | 25,1775 | 11,31 | **-55,078** | 32,0625 | 37,175 | **15,945** | 41,4775 | 44,845 | **8,118** |

*Source : Construit à partir de World Development Indicators (WDI, 2019)*

*Note : Pour des raisons d'indisponibilité des données, la RCA et la Guinée Equatoriale sont exclus de l'analyse.*

[44] La transformation structurelle se traduit par le passage de l'agriculture à l'industrialisation, et de cette dernière aux services.

Au niveau du panel, la contribution du secteur agricole a drastiquement diminué ; une baisse qui équivaut à moins (-) 55% entre 1985 et 2016. Cette diminution de la valeur ajoutée agricole a été compensée par la hausse des valeurs ajoutées industrielle et tertiaire de 15,94% et 8,11%, respectivement. Il convient de préciser que ces chiffres occultent les disparités entre les pays, même si, chaque pays étant pris individuellement, la valeur ajoutée du secteur agricole diminue.

La reprise économique observée dans les pays du Bassin du Congo au lendemain de la crise de 1985-1990 semble, cependant, n'avoir pas profité à tous les secteurs ; particulièrement au secteur social. Les indicateurs de santé tels que l'espérance de vie et le taux de mortalité infantile restent faibles, comparés à la moyenne des pays d'Afrique subsaharienne, et par conséquent, sont largement en deçà de la moyenne mondiale. Comme on peut l'observer au tableau 2 ci-après, plaquette comparative de l'évolution de quelques indicateurs de santé pris tour à tour à l'échelle du Bassin du Congo, de l'ASS et du Monde entre 1990 et 2012, l'espérance de vie moyenne à la naissance est, dans les pays du Bassin du Congo, de 53 ans en 2012, contre 56 pour la moyenne des pays d'ASS, et 70 au niveau mondial. De plus, les taux de mortalité y demeurent assez élevés. A preuve, lorsqu'on considère la mortalité des moins de cinq ans, l'Angola enregistre en 2012, 165 décès pour 1000 naissances vivantes, contre 62 au Gabon, et 94 au Cameroun.

**Tableau 2.** *Quelques indicateurs de santé*

| Moyenne par région | Espérance de vie à la naissance | | | Taux de mortalité Infantile | | | Taux de mortalité des moins de 5 ans | | |
|---|---|---|---|---|---|---|---|---|---|
| | 1990 | 2000 | 2012 | 1990 | 2000 | 2012 | 1990 | 2000 | 2012 |
| Bassin du Congo | 49,6 | 49 | 53,4 | 99,55 | 93,7 | 77,1 | 159,2 | 153,2 | 117,6 |
| ASS | 49,9 | 50,2 | 56,4 | 106,9 | 94,1 | 63,9 | 177,9 | 155 | 97,87 |
| Monde | 65,6 | 67,6 | 70,7 | 62,5 | 52,8 | 34,9 | 89,8 | 75,4 | 47,8 |

*Source : Construit à partir de World Development Indicators (WDI, 2019).*

Les chiffres de ce tableau sont cohérents avec ceux de l'indice de développement humain (IDH) publiés par le Programme des Nations Unies pour le Développement (PNUD). En effet, excepté le Gabon qui a un IDH supérieur à 0,6 (0,683 pour être précis), tous les autres pays sont classés dans la catégorie « pays à faible IDH ». Le Congo, le Cameroun et la RDC, avec des IDH respectifs de 0,534 ; 0,495 ; et 0,304 sont, dans cet ordre, classés au 142e, 150e et 186e rang mondial en termes de développement humain.

Tous ces défis en rapport avec la survie (espérance de vie et taux de mortalité) ou le bien-être (IDH) de l'homme, sont exacerbés par le risque d'insécurité alimentaire. Et pour cause, selon une estimation de l'Organisation des Nations Unies pour l'Alimentation et l'Agriculture (FAO), la proportion de personnes sous-alimentées dans le monde est passée de 18,6% entre 1990 et 1992, à seulement 10,9% entre 2014 et 2016 (FAO, 2017). De telles statistiques, bien qu'encourageantes (le nombre de personnes sous-alimentées ayant diminué de 226 millions entre 1990 et 2010), cachent en réalité de fortes disparités entre les régions, voire entre les pays. Ainsi, près de 234 millions d'individus seraient sous-alimentées en ASS, contre 16 millions seulement dans les pays développés. Cet état des lieux met en relief les défis socioéconomiques auxquels font face les pays d'Afrique centrale et, en particulier, ceux du Bassin du Congo. L'explosion démographique, la pauvreté et la faiblesse des systèmes de production s'accompagnent d'une pression grandissante sur les ressources naturelles en général, et les forêts en particulier, y compris la biodiversité et les terres qu'elles abritent.

**2. Une richesse forestière exposée à la déforestation**

Il convient de rappeler que les forêts du Bassin du Congo subissent des dégradations de plus en plus importantes ces dernières années. A ce propos, le taux de déforestation moyen y est passé de 0,09% sur la période 1995-2000, à 0,17% sur celle 2000-2005. Au Cameroun, par exemple, la destruction des forêts est due à deux principales causes : l'agriculture itinérante sur brûlis, responsable à elle seule de 80 à 90% de la déforestation totale, et la faible productivité des scieries, à l'origine de la perte de 60% à 70% du bois récolté (Verbelen, 1999). Dans l'ensemble, le rétrécissement du couvert forestier du Bassin du Congo s'explique par la conjonction de facteurs divers, qui peuvent être regroupés en causes directes et indirectes. S'agissant des premières, Tchatchou *et al.* (2015) mettent en avant le rôle des infrastructures dont l'extension contribue significativement au processus de déforestation. Sur la base d'un ensemble de simulations, ces chercheurs sont arrivés à la conclusion que le programme d'extension du réseau ferroviaire au Cameroun pourrait coûter 2 330,5 hectares de forêts ; tandis que la construction des barrages de Lom Pangar et de Memv'ele entraînerait une perte de superficie forestière nette de 3 220 et 2 010 hectares, respectivement.

En dépit de la baisse de sa contribution au PIB des pays du Bassin du Congo entre 1990 et 2019, le secteur agricole demeure le second moteur direct à l'origine de la déforestation. Le rôle prépondérant que joue l'agriculture dans le processus de déforestation tient de la faible productivité du secteur. Kissinger *et al.* (2012) ont en effet observé à quel point l'agriculture paysanne est la principale cause de dégradation des forêts dans les pays tropicaux. Bakehe (2020) a quant à lui établi que les gouvernements du Bassin du Congo peuvent atténuer l'impact négatif du secteur agricole sur le couvert forestier en améliorant les techniques de production ; ce, par le biais de nécessaires investissements à opérer dans la recherche et le développement.

L'expansion démographique couplée à l'extraction illégale du bois et à son utilisation comme source d'énergie, concourent significativement à la déforestation. Les statistiques montrent à ce sujet que la population des six pays du Bassin du Congo a augmenté significativement entre 1990 et 2020, passant de 58,8 millions à 146,5 millions de personnes. En fait, les taux moyens de croissance démographique ont été positifs sur l'ensemble des pays. A titre d'exemple, on note, pour la RCA et la RDC, respectivement +1,82% et +3,99% sur la période 1990-2020. La hausse de la demande de bois-énergie est intimement liée à cette forte progression démographique. D'après Madi (2012), le bois-énergie est la principale source d'approvisionnement en énergie pour 83% des ménages au Cameroun, et 90% de ceux de la RDC. Cette forte dépendance au bois-énergie s'explique par le faible taux d'accès de la population à l'électricité (Banque Mondiale, 2021).

En ce qui concerne les causes indirectes du rétrécissement du couvert forestier dans les pays du Bassin du Congo, la défaillance des institutions et la mauvaise gouvernance sont mises en avant. Bakehe (2020) note que les lacunes en matière de gouvernance, notamment l'absence de transparence dans l'attribution des concessions forestières, conduisent à la corruption et aux mauvaises pratiques dans les affaires. Bien avant lui, Chichilnisky (1994) attribuait la dégradation des ressources naturelles dans les pays en développement, à l'absence ou à la mauvaise définition des droits de propriété. Dans ces conditions, personne n'a individuellement intérêt à œuvrer pour la conservation de la ressource. Cet argument rejoint celui de Garrett Hardin développé en 1968, et connu sous le paradigme de « la tragédie des biens communs ». En l'absence de droits de propriété clairement définis, indique cet auteur, la provision commune devient une ressource d'accès libre, que chacun peut exploiter selon le modèle «

premier arrivé, premier servi ». D'où la tragédie que dénonce Hardin, qui procède de ce que chaque individu, en ne considérant que ses coûts et bénéfices privés, fait l'hypothèse que ses propres actions n'ont aucun impact significatif sur la ressource globale.

# BREFS ENSEIGNEMENTS DE LA LITTÉRATURE

## 1. Les enseignements théoriques

Au cours des trois dernières décennies, une littérature abondante s'est intéressée à la relation qui existe entre la croissance économique et la qualité de l'environnement. Deux principales approches ont été utilisées. La première vérifie l'hypothèse de la courbe environnementale de Kuznets (CEK) ; la seconde utilise comme cadre de référence de l'identification des déterminants de la dégradation de l'environnement, le modèle STIRPAT (*Stochastic Impacts by Regression on Population, Affluence and Technology*) des impacts stochastiques par régression sur la population, la richesse et la technologie.

Les auteurs qui ont opté pour la première démarche supposent l'existence d'une relation non linéaire entre la croissance économique et la dégradation de l'environnement. Cette relation a la particularité de mimer la forme d'un U renversé. Ce qui, en des termes plus clairs, laissent entendre que la croissance économique s'accompagne initialement d'une forte dégradation de l'environnement. L'effet inverse se produit lorsque les pays atteignent un niveau de revenu seuil, au-delà duquel tout accroissement unitaire du revenu diminue la dégradation de l'environnement. Panayotou (1993) explique l'existence d'un tel profil de comportement similaire à la CEK, par la réallocation des facteurs de production entre les différents secteurs productifs. Cette réallocation des ressources est susceptible d'engendrer des inefficacités et peut s'avérer néfaste pour la croissance économique, voire même, à long terme, pour la qualité de l'environnement. C'est donc fort du souci de mieux cerner l'impact de la croissance économique sur la qualité de l'environnement, que Grossman et Krueger (1995), puis Antweiller et *al.*, (2001), ont proposé de décomposer la dynamique de la dégradation environnementale comme suit :

$$\widehat{deg_i} = \widehat{Y}_i + \sum_{j}^{n} \widehat{\gamma}_{ij} + \sum_{j}^{n} \widehat{e_{ij}} \qquad (1)$$

Où $deg_i$ représente la dégradation de l'environnement (celle-ci peut être captée par une variété d'indicateurs tels la déforestation annuelle, les émissions de gaz à effet de serre, la contamination des sols) ; i et j indiquent, respectivement, les pays et les divers secteurs de l'économie (agriculture, industrie et services). $Y_j$ , généralement le PIB, capture l'échelle de l'économie du pays i. $\widehat{\gamma}_{ij}$ figure la part de la valeur ajoutée du secteur j dans l'économie du pays i et désigne la composition de l'économie ; $e_{ij}$ enfin, renvoie à l'intensité de la pollution du secteur j dans l'économie du pays i.

L'effet d'échelle réfère à l'augmentation de la dégradation de l'environnement suite à une hausse de la production. En postulant que l'état de la technologie et la structure de l'économie restent inchangés, tout accroissement de la production se traduira par la montée, d'une quantité identique, des nuisances environnementales. L'effet de composition capte, lui, l'incidence d'une modification de la structure de production sur l'environnement. La technologie restant inchangée, la transformation structurelle qu'ont connue les pays développés, c'est-à-dire leur passage d'une économie essentiellement agricole à une économie industrielle, s'est traduite par une hausse de l'intensité de la pollution. L'effet technique, enfin, mesure l'impact des progrès techniques sur la qualité de l'environnement. Aussi, toute amélioration du coefficient technique se traduira-t-il par une décélération du rythme de croissance des dégradations environnementales. De plus, la mise en place d'une réglementation environnementale rigoureuse, qui obéit à une prise de conscience des enjeux écologiques, permettra de même, de réduire les pressions qu'exercent sur l'environnement, les moteurs de sa dégradation.

La combinaison des trois effets ci-dessus mentionnés permet d'appréhender l'impact de la transformation structurelle de l'économie sur l'environnement. Ces effets peuvent également être saisis en analysant le découplage (absolu ou relatif), tel qu'il est présenté par Jackson (2010). Ce découplage se produit lorsque la variation d'un indicateur de pression environnementale (le volume ou taux de pollution, par exemple), se traduit par une modification de la force motrice de l'économie (le PIB, par exemple). Dans le cadre spécifique de cette étude, il convient de noter que le découplage est « absolu » quand le volume des émissions polluantes (respectivement la quantité de ressources utilisées) est stable ou en diminution, tandis que le PIB augmente. En revanche, le découplage est « relatif » lorsque le taux d'accroissement des émissions polluantes (respectivement celui du stock des ressources utilisées) est positif, tout en restant inférieur au taux d'accroissement du PIB.

Ceci ayant été dit, intéressons-nous à présent aux scientifiques qui ont fait le choix d'appréhender l'impact environnemental de la croissance économique au travers d'un modèle stochastique. Dans un tel modèle, l'impact environnemental est déterminé de façon non proportionnelle par la croissance économique, la taille de la population, et le développement technologique. Ainsi en est-il du modèle STIRPAT qui, dans sa version originelle élaborée par Dietz et Rosa (1994), s'écrit comme suit :

$$I_{it} = aP_{it}^{b}A_{it}^{c}T_{it}^{d} \quad (2)$$

Où I est l'impact environnemental ; P la taille de la population ; A la richesse ; et T la technologie. Les paramètres a, b, c et d sont à estimer ; tandis que i et t sont les indicateurs respectifs des pays et du temps.

D'après le modèle STIRPAT, la dynamique de la déforestation s'expliquerait par la conjonction des quatre paramètres ci-dessus cités. C'est ainsi par exemple que l'accroissement de la population va induire une hausse de la demande des denrées alimentaires, dont la production nécessitera certainement que des terres non agricoles soient converties en terres agricoles.

**2. Synthèse des conclusions empiriques**

Sur le plan empirique, de nombreuses études ont évalué l'impact de la croissance économique sur le milieu naturel, en consacrant les émissions de $CO_2$ comme indicateurs par excellence de sa dégradation (Nkengfack et Kaffo, 2015). En revanche, très peu de productions scientifiques se sont intéressées à l'incidence de la croissance économique sur la déforestation.

L'une des premières études sur le sujet a été conduite par Bhattarai (2000) sur un panel de 66 pays d'Amérique Latine, d'Afrique et d'Asie. Leurs résultats ont conforté l'hypothèse de la CEK. Rappelons, en passsant, que cette hypothèse postule une relation en U inversé entre la croissance économique et la dégradation de l'environnement qui, dans ce cas de figure, est déterminée par la déforestation. Et, ce a quoi ont également abouti les résultats de Bhattarai (2000), c'est d'avoir montré que la bonne gouvernance contribue à réduire le taux de déforestation dans les pays cibles de l'étude. A ces travaux, on peut ajouter ceux de Bakehe (2018a) qui, sur la base de la décomposition de Grossman et Krueger (1995), a lui aussi examiné l'effet de la croissance économique sur la déforestation dans le Bassin du Congo. Ses résultats ont, par contre, invalidé l'hypothèse de la CEK ; ce que l'auteur a expliqué par l'effet de rebond associé à l'effet technique. Ainsi, selon Bakehe (2018a), le progrès technique accentuant la productivité des industries forestières, celles-ci, en réponse, accélèrent le rythme de la coupe, et partant, la déforestation. Ajanku et Collins (2021) ont, à leur tour, étudié la relation entre la croissance économique et la déforestation dans 45 pays africains, pour la période comprise entre 1990 et 2016. Leurs résultats vont dans le même sens que l'hypothèse de la CEK, avec un revenu seuil de 3 300 dollars US. Ce qui laisse supposer que le taux de déforestation augmentera jusqu'à ce que les pays atteignent un PIB par tête de 3 300 dollars US, niveau de revenu au-delà duquel la déforestation diminuera suite à tout accroissement du PIB par tête. D'une étude à l'autre, cette diversité de résultats peut s'expliquer ; notamment par des facteurs tels que la taille de l'échantillon, la technique économétrique utilisée et la période d'étude considérée.

D'autres facteurs contribuent significativement à la déforestation. Il s'agit de la croissance démographique et de l'urbanisation (Allen et Barnes, 1985 ; Bhattarai, 2000 ; Van et Azomahou, 2003 ; Bakehe, 2020), de la consommation d'énergie (Maji, 2017 ; Bakehe, 2020), des inégalités de revenus (Koop et Tole, 2001), et de la qualité des institutions (Bhattarai, 2000 ; Salahodjaev et Jarilkapova, 2020).

En dépit de notables avancées, les travaux existants à date considèrent la croissance économique à un niveau agrégé. Or, les secteurs d'activité ne contribuent pas de la même façon à cette croissance. En conséquence, l'utilisation des valeurs ajoutées sectorielles peut conduire à des résultats spécifiques, qui contraignent à plus de précision dans les recommandations de politiques économiques.

# MÉTHODOLOGIE

## 1. Modèle économétrique

Afin d'analyser l'incidence de la croissance sectorielle sur la qualité de l'environnement dans les pays du Bassin du Congo, nous reprenons à notre compte le modèle STIRPAT de Dietz et Rosa (1994), en réécrivant les variables de la façon suivante :

$$for_{it} = aP_{it}^{b}A_{it}^{c}T_{it}^{d} \qquad (3)$$

Où *for* est la densité du couvert forestier mesurée par le pourcentage de la surface qu'occupent les forêts, par rapport à la surface totale du pays ; P représente la population captée par la densité de la population (dpop) ; A est le PIB sectoriel capté par les valeurs ajoutées des secteurs agricole, industriel et des services, toutes définies en pourcentage du PIB ; T désigne un vecteur de variables de contrôle sélectionnées à partir de la littérature, dont entre autres, le degré d'ouverture commercial (ouvcom), la consommation de la biomasse (cdm) et l'indice de contrôle de la corruption (corr).

En décomposant le vecteur de variables de contrôle, l'équation (2) est réécrite comme suit :

$$denfor_{it} = \alpha_0 + \alpha_1 vas_{it} + \alpha_2 oucvom_{it} + \alpha_3 dpop_{it} + \alpha_4 cdm_{it} + \alpha_5 corr_{it} + \mu_i + \lambda_t + \varepsilon_{it} \quad (4)$$

Où $\mu_i$ *est l'effet fixe pays,* $\lambda_t$ *est l'effet fixe temps,* et $\varepsilon_{it}$ est le terme d'erreur composé. Les autres variables restent inchangées.

**2. Présentation des données**

En l'absence d'une variable permettant de mesurer simultanément tous les paramètres de la qualité de l'environnement en rapport avec l'évolution du couvert forestier, et compte tenu de l'indisponibilité de certaines données, l'étude porte sur un échantillon composé de 4 pays du Bassin du Congo, sur la période comprise entre 1990 et 2017. Il s'agit du Cameroun, du Congo, du Gabon et de la République Démocratique du Congo ; la République Centrafricaine et la Guinée Equatoriale ayant été exclues de l'étude en raison de l'absence de données sur des variables clés.

Concernant la mesure de la croissance sectorielle, nous utilisons la valeur ajoutée agricole, la valeur ajoutée industrielle et la valeur ajoutée du secteur tertiaire, toutes mesurées en pourcentage du PIB.

Le degré d'ouverture commerciale (*ouvcom*) joue un rôle peu lisible dans la dégradation de l'environnement ; et son poids dépendrait du niveau de développement des pays (Grossman et Krueger, 1995 ; Halicioglu, 2009). Dans les pays développés, l'imposition d'une réglementation environnementale forte conduit généralement à délocaliser les industries polluantes vers les pays à faible réglementation environnementale : c'est le principe d'action à la base de l'hypothèse du « havre de pollution ». En vertu de cette hypothèse, l'ouverture commerciale exacerbe la dégradation environnementale dans les pays en développement, tandis que l'effet inverse se produit dans les pays développés. L'ouverture commerciale peut aussi accentuer la baisse des ressources naturelles en Afrique centrale, étant donné la forte dépendance des Etats qui la composent à ces ressources.

La prise en compte de la population (*Popden*), quant à elle, s'explique par le fait que la taille de celle-ci est proportionnelle à ses besoins alimentaires. Par conséquent, toutes choses restant égales, l'explosion démographique va entraîner une forte demande en produits alimentaires, et partant, une surexploitation des ressources naturelles. Cette pression accrue sur les ressources se traduit par une mise en culture intensive des terres arables, et par ricochet, une dégradation inéluctable du couvert forestier.

La consommation de matière (Cdm), exprimée en tonnes, est utilisée comme proxy de la consommation d'énergie tirée de la biomasse. En raison de la dépendance de la population à la biomasse forestière, nous nous attendons à ce que la hausse de la demande de celle-ci induise une augmentation du taux de déforestation.

Le contrôle de la corruption (corr), enfin, réfère au rapport entre la gouvernance et les questions environnementales. En effet, il existe un débat sur le rôle des institutions dans la fourniture des biens publics, notamment en ce qui concerne la protection de la nature. A partir des estimations faites sur différents indicateurs environnementaux, des auteurs tels que Panayotou (1997), Torras et Boyce (1998), Barrett et Graddy (2000), Li et Reuveny (2006), Bernauer et Koubi (2009) sont arrivés à la conclusion que la dégradation de l'environnement a tendance à s'atténuer lorsque la qualité de la gouvernance s'améliore. Par contre, Dryzek (1987) et Midlarsky (1998) estiment que la capacité des régimes démocratiques à réguler la dégradation de l'environnement est limitée tant par les libertés économiques des individus, que par l'habileté des firmes multinationales à se constituer en groupes de pression. Dans cet article, nous avons eu recours à l'indice de contrôle de la corruption de l'International Country Risk Guide (ICRG). Ses valeurs sont comprises entre 0 et 6 ; les valeurs proches de zéro indiquant un faible contrôle de la corruption.

Le tableau 3 ci-dessous donne à voir quelques statistiques descriptives relatives aux variables sélectionnées pour l'étude, tandis que le tableau A en annexe présente les variables et leurs sources.

**Tableau 3.** *Statistiques descriptives*

| Variables | Moyenne | Ecart-type | Minimum | Maximum |
|---|---|---|---|---|
| Densfor | 65,999 | 16,86 | 43,26 | 92,21 |
| Agva | 14,52 | 11,07 | 3,329 | 56,54 |
| Indva | 41,62 | 14,13 | 15,87 | 72,15 |
| Serva | 39,43 | 8,10 | 22,54 | 53,45 |
| Ouvcom | 77,63 | 33,20 | 25,04 | 156,86 |
| Popden | 19,56 | 13,69 | 3,68 | 53,34 |
| Cdm | 137771 | 91373,7 | 8019 | 429031 |
| Corr | 1,844 | 0,955 | 0 | 4 |

*Source : Construit par les auteurs.*

## 3. Technique d'estimation économétrique

Nous ouvrons cette sous-section par le choix de la méthode d'estimation économétrique appropriée. A cet effet, l'équation 3 est estimée à l'aide des estimateurs usuels que sont les moindres carrés Ordinaires (MCO), les modèles à effets fixes et à effets aléatoires. Pour autant, la validité des estimateurs à effets fixes, tout comme celle des estimateurs à effets aléatoires, dépend non seulement du résultat du test de spécification de Hausman, mais aussi des tests de diagnostic (autocorrélation et hétéroscédasticité des erreurs).

Le test de spécification de Hausman permet de distinguer le modèle à effets fixes du modèle à effets aléatoires. Lorsque l'hypothèse nulle est admise, le modèle peut être spécifié avec des effets aléatoires, tandis que l'hypothèse alternative suppose que le modèle est à effets fixes. L'hypothèse nulle est validée si la probabilité associée à la statistique de Hausman est supérieure au seuil de significativité retenu (p-value > $\alpha$). Autrement, c'est l'hypothèse alternative qui est validée. Par ailleurs, les tests de détection de l'autocorrélation et ceux d'hétéroscédasticité des erreurs sont appliqués au modèle retenu. Toutefois, ces tests ne rejettant pas les hypothèses d'autocorrélation et d'hétéroscédasticité des erreurs, l'équation (4) est estimée par les moindres carrés généralisés faisables (MCGF) ; et les Panel, avec des erreurs standards corrigées (PCSE). Ces techniques d'estimation économétrique garantissent le meilleur résultat en présence d'autocorrélation et d'hétéroscédasticité des erreurs. Enfin, nous utilisons l'estimateur à correction de l'erreur standard de Driscoll et Kraay (1998), qui présente l'avantage de corriger le biais introduit par l'interdépendance des individus d'un même panel.

# RÉSULTATS ET DISCUSSION

Le tableau 4 ci-dessous présente les corrélations entre les variables. Il existe une corrélation négative entre l'évolution du couvert forestier (exprimée en % du territoire national) et les valeurs ajoutées agricole et tertiaire ; tandis qu'une corrélation positive est observée entre l'évolution du couvert forestier et la valeur ajoutée industrielle. Ce résultat suggère que les activités inhérentes aux secteurs agricole et des services contribueraient à accroître la déforestation dans le Bassin du Congo ; alors que l'extension de l'activité de transformation n'aurait pas d'effet néfaste. De toutes les variables de contrôle analysées, seule l'ouverture commerciale a un impact positif sur l'évolution du couvert forestier. L'accroissement de la densité de la population, la consommation de la biomasse et un faible contrôle de la corruption détermineraient, en revanche, la perte du couvert forestier dans le Bassin du Congo. C'est ici le lieu de noter que ces analyses préliminaires ne fournissent pas une idée claire de l'intensité du lien qui existe entre la croissance économique sectorielle et la dynamique d'évolution du couvert. D'où la nécessité de recourir à l'estimation économétrique.

Le tableau 5 infra affiche, pour sa part, les résultats issus de l'estimation de l'effet de la croissance sectorielle sur la dynamique du couvert forestier dans les pays du Bassin du Congo. Ces résultats suggèrent une hétérogénéité de l'effet des indicateurs de croissance sectorielle ; ceci, quel que soit le modèle estimé. Et pour cause, l'accroissement de la valeur ajoutée agricole a un impact négatif sur la densité du couvert forestier.

**Tableau 4.** *Matrice de corrélations*

| Variables | Densfor | Agva | Indva | Serva | Open | Popden | Cdm | Corr |
|---|---|---|---|---|---|---|---|---|
| Densfor | 1,000 | | | | | | | |
| Agva | -0,440 | 1,000 | | | | | | |
| Indva | 0,598 | -0,779 | 1,000 | | | | | |
| Serva | -0,375 | 0,038 | -0,613 | 1,000 | | | | |
| Open | 0,420 | -0,621 | 0,829 | -0,4633 | 1,000 | | | |
| popden | -0,851 | 0,451 | 0,703 | 0,433 | -0,624 | 1,000 | | |
| Cdm | -0,308 | 0,070 | -0,131 | -0,080 | -0,111 | 0,535 | 1,000 | |
| Corr | -0,403 | -0,277 | 0,079 | 0,248 | 0,142 | 0,147 | - 0,148 | 1,000 |

*Source : Calculs des auteurs.*

Ainsi, tout accroissement unitaire de la valeur ajoutée agricole induit une réduction de la densité du couvert forestier comprise entre 0.08 et 0.43 unités. Ce résultat est en phase avec les conclusions de l'étude de Kissinger *et al.* (2012), qui atteste que l'agriculture contribue à hauteur de 35% à la déforestation en Afrique. Ce fait trouverait une explication dans la faible productivité des unités agricoles, mais aussi et surtout, dans la pratique de l'agriculture extensive sur brûlis. Aussi, en l'absence de progrès technologique, l'accroissement de la production agricole participe-t-il fortement à la contraction du couvert forestier des pays du Bassin du Congo. Ce résultat contredit celui de Bakehe (2018b) qui, lui, observe que l'accroissement de la valeur ajoutée agricole est induit par l'amélioration de la productivité des terres cultivées ; ce qui contribue à réduire le taux de déforestation dans ces pays. L'accroissement de la valeur ajoutée industrielle, par contre, accroît significativement la densité du couvert forestier. Et, bien que l'effet ne soit significatif que pour le cas où le modèle est évalué par l'estimateur MCGF, un résultat similaire est obtenu pour la valeur ajoutée du secteur tertiaire. Ces observations d'ordre empirique suggèrent toutes, en définitive, que le développement des secteurs de la transformation et des services, a pour effet de ne pas contribuer à la déforestation.

Du côté des variables de contrôle, constat est fait de ce que l'ouverture commerciale a un impact négatif sur la densité du couvert forestier, même si cette incidence n'est pas statistiquement significative dans tous les modèles estimés. En créant de nouveaux débouchés, l'ouverture commerciale facilite, en effet, l'exploitation et l'exportation des produits forestiers ; ce qui accentue la déforestation dans les pays du Bassin du Congo. Ce résultat est similaire à celui de Tsurumi et Managi (2014) qui ont établi que l'ouverture commerciale accroît la déforestation dans les pays non membres de l'OCDE. De même, Kustanto (2021) détecte un impact négatif et significatif de l'ouverture commerciale sur l'évolution du couvert forestier en Indonésie. S'agissant de l'accroissement de la densité de la population, celui-ci a un impact négatif et statistiquement significatif sur la densité du couvert forestier ; l'augmentation de la densité de la population d'une unité ayant comme conséquence de générer une réduction de la densité du couvert forestier comprise entre 0.916 et 0.132 unité. Aussi, conformément à l'intuition de départ, pouvons-nous affirmer que l'accroissement de la densité de la population induit une hausse de l'espace dédié à l'habitation ; ce qui, mécaniquement, réduit l'espace forestier. Par ailleurs, l'augmentation de la densité de la population s'accompagne d'une hausse de la demande en produits alimentaires, ce qui incite les agriculteurs à en produire davantage. Dans un contexte marqué par la faible productivité agricole, la mise en valeur de nouveaux espaces cultivables se fait au détriment de la forêt. Ce résultat conforte celui de Van et Azomahou (2003) qui, dans leurs travaux, ont observé que dans les pays d'Asie-Océanie et d'Amérique Latine, il existe une corrélation positive entre la croissance de la population et la déforestation. D'autres auteurs, à l'instar de Cropper et Griffiths (1994) et Bakehe (2020), confirment l'effectivité d'un lien négatif entre la densité de la population et la déforestation.

En ce qui concerne la consommation de la biomasse, celle-ci a un impact positif mais marginal sur la dynamique du couvert forestier. Quant à l'amélioration de l'indice de lutte contre la corruption, elle aurait tendance à réduire l'étendue des forêts. Deux explications possibles peuvent être formulées pour comprendre le sens de ce résultat plutôt contre-intuitif. D'une part, les dispositifs anti-corruption constituent un signal d'efficience en matière de contrôle et de régulation, que les gouvernements envoient au marché. Une telle initiative des pouvoirs publics pourrait, en effet, inciter les opérateurs économiques à accroître leurs investissements dans les secteurs rentiers que sont l'exploitation forestière et l'exploitation minière. D'autre part, si les droits de propriété sur les ressources ne sont pas clairement établis, toute initiative d'amélioration du cadre de lutte contre la corruption pourrait avoir un effet pervers sur la dynamique d'évolution du couvert forestier. Confrontées à une législation plus rigoureuse, les populations vivant proche des forêts pourraient se lancer dans des activités informelles du type sciage de bois ; ou étendre leurs exploitations agricoles dans le domaine forestier. Ce résultat, bien que paradoxal, rejoint les conclusions antérieures de Dryzek (1987) et Midlarsky (1998), sur le lien entre les institutions et la dégradation de l'environnement.

**Tableau 5.** *Résultats*

| | Estimateur MCGF | | | Estimateur PCSE | | | Estimateur de Driscoll et Kraay | | |
|---|---|---|---|---|---|---|---|---|---|
| **Variables** | **(1)** | **(2)** | **(3)** | **(4)** | **(5)** | **(6)** | **(7)** | **(8)** | **(9)** |
| Agva | -0.374*** | | | -0.0811*** | | | -0.430** | | |
| | (0.0589) | | | (0.0303) | | | (0.0969) | | |
| Indva | | 0.292*** | | | 0.0244 | | | 0.293* | |
| | | (0.0908) | | | (0.0315) | | | (0.102) | |
| Serva | | | 0.227** | | | -0.00216 | | | 0.190 |
| | | | (0.0999) | | | (0.0249) | | | (0.0996) |
| Open | -0.120*** | -0.128*** | -0.0485 | -0.0158 | -0.00639 | -8.58e-05 | -0.143* | -0.157** | -0.0796 |
| | (0.0296) | (0.0358) | (0.0314) | (0.0145) | (0.0114) | (0.00754) | (0.0521) | (0.0475) | (0.0573) |
| Popden | -1.239*** | -1.128*** | -1.317*** | -1.040*** | -1.000*** | -0.916*** | -1.188*** | -1.174*** | -1.382*** |
| | (0.0854) | (0.108) | (0.0991) | (0.0717) | (0.0735) | (0.0724) | (0.119) | (0.122) | (0.143) |
| Cdm | 3.18e-05*** | 3.06e-05*** | 4.71e-05*** | 1.22e-05** | 9.63e-06* | 5.62e-06 | 2.75e-05* | 3.02e-05* | 4.67e-05** |
| | (8.68e-06) | (1.02e-05) | (1.00e-05) | (6.14e-06) | (5.09e-06) | (3.64e-06) | (9.13e-06) | (9.61e-06) | (1.12e-05) |
| Corr | -4.801*** | -3.397*** | -3.147*** | -1.601*** | -1.006** | -0.492 | -5.441** | -4.226* | -4.008 |
| | (0.839) | (0.865) | (0.873) | (0.547) | (0.462) | (0.343) | (1.656) | (1.602) | (1.771) |
| Constant | 110.3*** | 87.41*** | 85.31*** | 90.05*** | 85.60*** | 84.20*** | 113.1*** | 92.75*** | 92.90*** |
| | (3.324) | (3.514) | (4.526) | (2.487) | (2.515) | (2.162) | (3.477) | (3.981) | (4.869) |
| Observations | 104 | 104 | 104 | 104 | 104 | 104 | 104 | 104 | 104 |
| R-squared | | | | 0.911 | 0.922 | 0.939 | 0.872 | 0.843 | 0.834 |
| Number of groups | 4 | 4 | 4 | 4 | 4 | 4 | 4 | 4 | 4 |

*Notes: Erreurs standards entre parenthèses, *** p<0.01, ** p<0.05, * p<0.1.*

*

*    *

Cet article avait pour objectif de réexaminer l'effet de la croissance économique sur la déforestation, en insistant sur la contribution des valeurs ajoutées sectorielles. Les données ont été recueillies sur un échantillon de quatre pays du Bassin du Congo, pour la période 1990-2017. En corrigeant les biais économétriques liés à l'autocorrélation, à l'hétéroscédasticité et à l'interdépendance des pays, les résultats montrent que la croissance sectorielle affecte la dynamique d'évolution du couvert forestier de façon hétérogène, autrement dit selon le secteur d'activité. Ceci confirme notre intuition de départ, à savoir que l'accroissement de la valeur ajoutée agricole accentue la pression sur les ressources en réduisant le couvert forestier. Par ailleurs, l'augmentation de la taille des secteurs industriel et tertiaire préserve la surface forestière, ou en réduit le taux de perte. L'accroissement du degré d'ouverture commerciale et de la densité de la population joue un rôle très significatif dans la réduction du couvert forestier, tandis que la consommation de la biomasse restreint la pression sur les forêts. Cependant, l'impact positif de la biomasse est assez marginal pour compenser l'effet négatif induit par le secteur agricole, l'ouverture commerciale et la densité élevé de la population. Enfin, et contre toute attente, l'amélioration de l'indice de contrôle de la corruption a un effet négatif et significatif sur la dynamique de mutation du couvert forestier. Ce résultat peut se justifier par le fait que les réformes en matière de lutte contre la corruption se font généralement dans un contexte où les droits de propriété sur les ressources sont mal définis. Aussi, le renforcement du dispositif de lutte contre la corruption pourrait-il, contre toute attente, favoriser l'émergence d'activités informelles susceptibles de dégrader, voire de causer des dommages graves à la forêt.

Au regard des résultats auxquels nous sommes parvenus dans cette étude, nous suggérons aux décideurs politiques de mettre sur pied des dispositifs permettant d'atténuer l'effet négatif de l'activité économique (l'exploitation agricole en particulier) sur la déforestation. L'une des solutions consiste à créer des agropoles ; avec pour objectif d'améliorer la productivité agricole, et de faciliter l'aménagement du territoire. Une autre stratégie serait de renforcer la gestion communautaire des ressources, en impliquant davantage les populations riveraines constituées en majorité d'agriculteurs, dans les programmes de sensibilisation sur l'importance de sauvegarder le couvert forestier. Ceci permettrait de limiter les conflits hommes-ressources et d'éviter autant que possible la déforestation. ■

# RÉFÉRENCES

Ajanaku B.A., and Collins A.R. (2021), "Economic growth and deforestation in African countries: Is the environmental Kuznets curve hypothesis applicable?" *Forest Policy and Economics*, vol. 129 (C). [Online] From https://doi.org/10.1016/j.forpol.2021.102488, accessed June 11, 2024 at 8:04 p.m.

Allen J.C., and Barnes D.F. (1985), "The causes of deforestation in developing countries." *Annals of the Association of American Geographers*, vol. 75, n° 2, pp. 163-184.

Antweiler W., B.R. Copeland, and Taylor M.S. (2001), "Is Free Trade Good for the Environment?" *American Economic Review*, vol. 91, n° 4, pp. 877-908.

BAD (2013), *La transformation structurelle en Afrique centrale : Perspective historique et recommandations à moyen terme*, Revue thématique du Département régional-Centre (ORCE), Édition n° 2 / août 2013, Banque Africaine de Développement, 11p. [En ligne] sur le site web Revue thématique trimestrielle Afrique Centrale - La transformation structurelle en Afrique centrale - Edition N°2 - août 2013 (afdb.org), consulté le 10 avril 2024.

Bakehe N.P. (2018a), "Decomposition of the Environmental Kuznets curve for Deforestation in the Congo Basin." *Economics Bulletin*, vol. 38, n° 2, pp. 1058-1068.

Bakehe N.P. (2018b), « Productivité agricole et déforestation dans le bassin du Congo. » *Économie rurale - Agricultures, alimentations, territoires*, vol. 366, pp. 5-19.

Bakehe N.P. (2020), « L'accès à l'électricité : une solution pour réduire la déforestation en Afrique ? » *African Development Review,* vol. 32, n° 3, pp. 338-348.

Banque Mondiale (2021), *Communiqué de presse du 7 juin 2021*, Washington D.C., USA. [En ligne] sur le site web Rapport sur l'ODD n° 7 : Accès universel à l'énergie durable (banquemondiale.org), consulté le 17 juin 2024.

Barrett S., and Graddy K. (2000), "Freedom, growth, and the environment." *Environment and development economics*, vol. 5, n° 4, pp. 433-456.

Beckerman W. (1992), "Economic growth and the environment: Whose growth? Whose environment?" *World development*, Elsevier, vol. 20, n° 4, pp. 481-496.

Bernauer T., and Koubi V. (2009), "Effects of Political Institutions on Air Quality." *Ecological Economics*, vol. 68, n° 5, pp. 1355-1365.

Bhattarai M. (2000), "The environmental Kuznets curve for deforestation in Latin America, Africa and Asia: Macroeconomics and institutional perspectives." *Applied Economics Ph.D. Dissertation*, Graduate School of Clemson University. [Online] From the web site scholar.google.com, accessed July 18, 2024 at 3:26 p.m.

Chichilnisky G. (1994), "North-South Trade and the Global Environment." *The American Economic Review*, vol. 84, n° 4, pp. 851-874.

Cropper M., and Griffiths C. (1994), "The interaction of population growth and environmental quality." *The American Economic Review*, vol. 84, n° 2, pp. 250-254.

Dietz T., and Rosa E.A. (1994), "Rethinking the environmental impacts of population, affluence and technology." *Human ecology review*, vol. 1, n° 2, pp. 277-300.

Driscoll J.C., and Kraay A.C. (1998), "Consistent covariance matrix estimation with spatially dependent panel data." *Review of economics and statistics*, vol. 80, n° 4, pp. 549-560.

Dryzek J.S. (1987), *Rational Ecology: Environment and Political Economy*, Oxford / New York, UK / USA, Wiley-Blackwell, 288p.

FAO (2017), *Regional overview of food security and nutrition in Africa 2016: the challenges of building resilience to shocks and stresses*, Accra, Ghana, Food and Agriculture Organization of the United Nations, 52p. [Online] From the web site Regional Overview of Food Security and Nutrition: Africa - The Challenges of Building Resilience to Shocks and Stresses - World | ReliefWeb, accessed May 19, 2024 at 6:23 p.m.

Grossman G.M., and Krueger A.B. (1991), "Environmental Impacts of a North American Free Trade Agreement." NBER working papers series, Working Paper N° 3914, Cambridge, Massasuchetts (MA), USA, National Bureau of Economic Research, 57p. [Online] From the web site w3914.pdf (nber.org), accessed June 9, 2024 at 8:34 a.m.

Grossman G.M., and Krueger A.B. (1995), "Economic Growth and the Environment." *The quarterly Journal of Economics*, vol. 110, n° 2, pp. 353-377.

Halicioglu F., (2009), "An Econometric Study of $CO_2$ emissions, energy consumption, income and foreign trade in Turkey." *Energy Policy*, vol. 37, n° 3, pp. 1156-1164.

Hardin G. (1968), "The tragedy of the commons: the population problem has no technical solution; it requires a fundamental extension in morality." *Science*, vol. 162, n° 3859, pp. 1243-1248.

Jackson T. (2010), *Prospérité sans croissance : la transition vers une économie durable*, Bruxelles/Namur, Belgique, De Boeck Sup./Etopia, 248 p.

Kissinger G., M. Herold, and De Sy V. (2012), *Drivers of deforestation and forest degradation: a synthesis report for REDD+ Policymakers*, Vancouver, Canada, Lexeme Consulting. [Online] From DriversOfDeforestation.pdf_N_S.pdf (forestcarbonpartnership.org), accessed March 27, 2024 at 4:15 p.m.

Koop G., Tole L. (2001), "Deforestation, distribution and development." *Global Environmental Change*, vol. 11, n° 3, pp. 193-202.

Kustanto A. (2021), "Does Trade Openness Cause Deforestation? A Case Study from Indonesia." *Jurnal Ekonomi Pembangunan*, vol. 19, n° 2, pp. 165-182.

Li Q., Reuveny R. (2006), "Democracy and Environmental Degradation." *International Studies Quarterly*, vol. 50, n° 4, pp. 935-956.

Madi A. (2012), « Etude sur la situation de référence du bois énergie dans la région de l'Extrême Nord, Cameroun. » *GIZ* (*Coopération allemande*), Projet du *Programme Sectoriel Forêts et Environnement - ProPSFE*, 120p.

Maji I.K. (2017), "The link between trade openness and deforestation for environmental quality in Nigeria." *GeoJournal*, vol. 82, n° 1, pp. 131-138

Megevand C. (2013), *Dynamiques de déforestation dans le bassin du Congo: Réconcilier la croissance économique et la protection de la forêt*, Washington D.C., La Banque Mondiale, 201p. [En ligne] sur le site web World Bank Document, consulté le 26 mars 2024.

Midlarsky M.I. (1998), "Democracy and the environment: An empirical assessment." *Journal of Peace Research*, vol. 35, n° 3, pp. 341-361.

MINEF (1996), *Plan national de gestion de l'environnement*, vol. 1, Rapport final, Yaoundé, Cameroun, Ministère de l'Environnement et des Forêts (MINEF) / Programme des Nations Unies pour le Développement (PNUD) / La Banque Mondiale (BM), 230p. [En ligne] PLAN-NATIONAL-DE-GESTION-DE-LENVIRONNEMENT.pdf (minepded.gov.cm), site web consulté le 9 février 2024.

Nkengfack H., and Kaffo Fotio H. (2015), "Effects of Economic Growth on CO2 Emissions in the 'Congo Basin' Countries." *International Journal of Economics and Finance*, vol. 7, n° 1, pp. 107-117.

Panayotou T. (1993), *Empirical Tests and Policy Analysis of Environmental Degradation at Different Stages of Economic Development*. ILO-WEP 2-22/WP. 238 – World Employment Programme research working paper, Technology and Employment Programme, WP. 238, Geneva, International Labor Organization.

Panayotou T. (1997), "Demystifying the environmental Kuznets curve: turning a black box into a policy tool." *Environment and development economics*, vol. 2, n° 4, pp. 465-484.

Salahodjaev R., and Jarilkapova D. (2020), "Women in parliament and deforestation: cross-country evidence." *Journal for Nature Conservation*, vol. 55. [Online] From the web site https://doi.org/10.1016/j.jnc.2020.125830, accessed April 12, 2024 at 8:34 p.m.

Shafik N., and Bandyopadhyay S. (1992), *Economic growth and environmental quality: times series and cross-country evidence*, Background paper for the World Development Report, Washington D.C., USA, The World Bank, 50p. [Online] From the web site Economic Growth and Environmental Quality: Time-series and Cross-country ... - Nemat Shafik, Sushenjit Bandyopadhyay - Google Livres, accessed July 7, 2024 at 11:09 a.m.

Tchatchou B., D.J. Sonwa, S. Ifo, and Tiani A.M. (2015), *Déforestation et dégradation des forêts dans le Bassin du Congo : état des lieux, causes actuelles et perspectives*, Papier occasionnel N° 120, Bogor Barat, Indonésie, Centre de recherche forestière internationale (CIFOR), 60p. [En ligne] sur le site web OP-120.pdf (cifor-icraf.org), consulté le 19 février 2024.

Torras M., and Boyce J.K. (1998), "Income, Inequality, and Pollution: A Reassessment of the Environmental Kuznets Curve." *Ecological Economics*, vol. 25, n° 2, pp. 147-160.

Tsurumi T., and Managi S. (2014), "The effect of trade openness on deforestation: empirical analysis for 142 countries." *Environmental Economics and Policy Studies*, vol. 16, pp. 305-324.

UICN (2010), *Rapport préliminaire sur l'état de l'environnement en Afrique Centrale*, Yaoundé, Cameroun, Union Internationale pour la Conservation de la Nature, Nov. 2010, 95p. [En ligne] sur le site web Mise en page 1 (iucn.org), consulté le 17 juin 2024.

Van P.N., Azomahou T. (2003). « Déforestation, croissance économique et population. Une étude sur données de panel. » Revue économique, vol. 544, n° 4, pp. 835-855.

Verbelen F. (1999), *L'exploitation abusive des forêts équatoriales du Cameroun,* Bruxelles, Green Peace Belgique, 49 p. [En ligne] sur le site web Rapport_afrique (salvaleforeste.it), consulté le 13 juin 2024.

## ANNEXE

**Tableau A.** *Variables utilisées, définition et sources*

| Variables | Définition | Source |
|---|---|---|
| *Densfor* | Rapport du couvert forestier du pays i par sa superficie. | WDI (2019) |
| *Agva* | Part du secteur agricole dans le PIB (en %) | WDI (2019) |
| *Indva* | Part du secteur industriel dans le PIB (en %) | WDI (2019) |
| *Serva* | Part du secteur tertiaire dans le PIB (en %) | WDI (2019) |
| *Ouvcom* | Somme des exportations et importations de biens et services mesurée en tant que pourcentage du produit intérieur brut. | WDI (2019) |
| *Popden* | Densité de la population | WDI (2019) |
| *Cdm* | Consommation domestique de biomasse en tonnes | https://www.resourcepanel.org/global-material-flows-database |
| *Corr* | Indice de contrôle de la corruption | ICRG (2019) |

*Source : Construit par les auteurs.*

# *Quelles modalités de gestion des forêts communautaires au Cameroun ?*

Par

***Claudiane Yanick MOUKAM*** • *Département d'Economie Publique, Faculté des Sciences Economiques et de Gestion Appliquée, Université de Douala*

*yanickmclaudiane@yahoo.fr*

***Claude NJOMGANG*** • *Département d'Economie Publique, Faculté des Sciences Economiques et de Gestion, Université de Yaoundé 2*

*claudenjomgang@yahoo.fr*

**RÉSUMÉ :**

Cette étude évalue les modalités de gestion de la forêt communautaire (FC) au Cameroun. Elle s'inspire de la littérature sur les biens communs et utilise la méthode d'évaluation contingente. Il en ressort que les principales caractéristiques de gestion des ressources communes sont applicables aux FC et, en particulier, à la FC de Molimozok au Cameroun. 68% des populations voisines de cette dernière aspirent à une gestion plus efficiente de ses ressources. Le CAP (consentement à payer) moyen est estimé à 1 285 FCFA, soit un bénéfice total d'amélioration de 509 288 FCFA. L'amélioration des modalités de gestion des FC permettrait d'avoir une meilleure implication des populations.

**MOTS CLÉS :** biens communs, forêt communautaire, modalités de gestion, méthode d'évaluation contingente (MEC), consentement à payer (CAP).

**CODES JEL :** *H00, Q01, Q15, Q23, Q28, Q51.*

# *What management methods for community forests in Cameroon?*

***ABSTRACT:***

*This study evaluates the community forest (CF) management methods in Cameroon. It draws inspiration from the literature on common goods and uses the contingent valuation method. It appears that the main characteristics of common resource management are applicable to the CF and, in particular, to the CF of Molimozok in Cameroon. 68% of the populations neighboring the latter aspire to more efficient management of its resources. The average WTP (willingness to pay) is estimated at 1,285 FCFA, i.e. a total improvement benefit of 509,288 FCFA. Improving the management methods of the CF would allow for better involvement of the populations.*

***KEYWORDS:*** *commons, community forest, management methods, contingent valuation method (CVM), willingness to pay (WTP).*

***JEL CODES:*** *H00, Q01, Q15, Q23, Q28, Q51.*

L'importance des espaces forestiers dans la vie des populations et pour la sauvegarde de l'environnement est notable sur plusieurs plans : l'alimentation, les revenus, la médecine, … pour ne citer que ces exemples. C'est bien le cas au Cameroun, pays où la réforme[45] forestière du début des années 1990 a consacré le secteur forestier comme l'un des leviers importants du développement économique et social durable. Ce rôle majeur a été récemment consigné dans la Stratégie Nationale de Développement 2030 (SND 30). Depuis la signature de la première convention de gestion des forêts communautaires (FC) en 1997, le nombre de demandes d'attribution enregistrées par le Ministère des Forêts et de la Faune (MINFOF) a progressivement augmenté pour atteindre environ 480 demandes ; chiffre estimé à 21% du Domaine Forestier Non Permanent (DFNP), et à 7% de la surface forestière totale (MINFOF /World Resources Institute, 2015 ; Minang et *al.*, 2019). Cependant, si l'intérêt pour la foresterie communautaire a fortement progressé auprès des populations riveraines, en témoigne le nombre de sollicitations et d'acquisitions des FC, on ne peut pas en dire autant des résultats obtenus vingt-cinq ans après leur mise en œuvre. En effet, il n'existe pratiquement pas d'exemples de communautés qui, ayant accédé à une portion de forêt au titre de la loi de janvier 1994, aient réussi à atteindre les objectifs visés par cette initiative gouvernementale, à savoir : (i) améliorer la participation des populations à la conservation et à la gestion des ressources forestières ; (ii) permettre aux communautés de mener des activités génératrices de revenus pour sortir de la pauvreté ; et enfin, (iii) enclencher le développement local (Ngoumou, 2014).

D'après la classification des biens publics de Samuelson (1954), la forêt communautaire (FC) est assimilable à un bien collectif imparfait, lequel se définit par deux critères : la rivalité dans la consommation des biens et services qu'il offre ; et l'impossibilité d'exclure de son usage un utilisateur, même ce dernier ne contribue pas à son entretien (non-exclusion). Il y a rivalité en ce sens que la consommation de la part des uns, réduit les quantités disponibles pour les autres. Autrement dit, tous ceux qui y ont accès, c'est-à-dire tous les membres de la communauté, se trouvent dans une situation de concurrence ; notamment en termes de quantités consommées liées par exemple à l'exploitation du bois de chauffe, à la cueillette des produits forestiers non ligneux, et à la mise en culture des parcelles non défrichées (l'espace occupé par l'un n'étant plus disponible

---

[45] Loi N° 94/01 du 18 janvier 1994 établissant le régime des forêts, de la faune et de la pêche, et son décret d'application N° 95/531/PM du 23 Août 1995.

pour l'autre). La notion de bien public imparfait apparaît ici en raison de ce que les principes de non-rivalité et de non-exclusion ne sont plus respectés. Le non-respect du principe de non-rivalité fait des forêts communautaires des biens communs ou *Common Pool Resources* (Ostrom, 1990). Cependant, depuis Aristote, l'on sait que la gestion des ressources communes, et tout particulièrement des ressources naturelles, est une « tragédie », parce que si l'homme prend le plus grand soin de ce qui relève de sa propriété privée, il a tendance à négliger, ou à gaspiller, les biens qui appartiennent à tous. Le philosophe grec développe cette idée dans son ouvrage en huit livres intitulé *La Politique*, quand il affirme que : *« ce qui est commun au plus grand nombre fait l'objet des soins les moins attentifs. L'homme prend le plus grand soin de ce qui lui est propre, il a tendance à négliger ce qui lui est commun »* (Livre II, chapitre 3). Ainsi, parce les FC sont gérées sous le mode de la rivalité et de la non-exclusion, elles font l'objet de beaucoup de problèmes au Cameroun. La rivalité dans l'exploitation de la FC est susceptible de conduire à une exploitation abusive et anarchique, sans respect des règles établies, voire à une surexploitation pouvant déboucher sur l'épuisement de la ressource. C'est ce que Hardin (1968) a appelé la tragédie des communs[46]. A travers ce terme, Hardin entend montrer que l'action (ou les actions) des agents au sein de la FC, peut (ou peuvent) imposer un coût ou une déséconomie à l'ensemble de la communauté.

Il convient de souligner que les difficultés rencontrées dans la gestion des FC sont dues au fait que les communautés n'ont pas une claire connaissance des ressources qui leur appartiennent et des obligations qui sont les leurs. Ce qui conduit à moultes conséquences : l'appropriation des revenus ou bénéfices par les élites locales, avec la complicité des membres du comité de gestion ; l'oppression des couches les plus vulnérables telles que les femmes, les jeunes et les minorités ethniques (Baka) ; un manque de transparence dans l'utilisation des revenus tirés de l'exploitation de la FC par les membres de la structure de gestion (GIC - Groupe d'Intérêt Commun ou GIE - Groupe d'Intérêt Economique), qui sont censés gérer les FC pour le compte de la communauté. Une atmosphère de tension permanente, des emprisonnements fréquents pour cause de malversations financières, une méconnaissance manifeste de l'arsenal juridique et réglémentaire relatif à la gestion de la FC, sans compter l'absence de coordination entre les structures modernes de gestion de cette ressource

[46] Dans son article paru en 1968, Hardin montre comment en l'absence de régulation, l'usage collectif des terres communales, en l'occurrence les prairies, conduit à la ruine des paysans.

(GIE, GIC, collectifs et autres associations, etc.) et les structures traditionnelles, … sont également présentés comme de sérieuses entraves à une gestion durable des FC (Fomété, 2001 ; Djeumo, 2001 ; Oyono et *al.*, 2007 ; Nkengfack et *al.*, 2009 ; Cuny, 2011 ; Moukam, 2011 ; Ezzine de Blas et *al.*, 2011 ; Merlet et Fraticelli, 2016 ; Nonga, 2016 ; Piabu et *al.*, 2018 ; Duguma et *al.*, 2018 ; Minang et *al.*, 2019 ; Bernard et Minang, 2019). De telles défaillances laissent supposer que les populations n'ont pas été consultées ni impliquées dans la gestion de la ressource forestière commune dès la base ; et que les règles de son administration n'ont pas été définies par ces dernières, comme d'ailleurs l'admet la littérature en la matière (Ostrom, 1990 et 1992 ; Stevenson, 1991 ; de Janvry et *al.*, 1993 ; Baland et Platteau, 1996 ; Yelkouni, 2004 et 2005, etc). A cette pléthore d'entraves et de dysfonctionnements inhérents à la gestion des FC, il faut ajouter ce que Yelkouni (2004) appelle les « passagers clandestins », pour décrier l'attitude individualiste de certains acteurs. De façon plus précise, il s'agit pour cet auteur, de dénoncer le fait que des membres de la communauté ne respectent pas les règles qui ont été élaborées et mutuellement acceptées comme devant guider la bonne administration d'un bien (ici, la FC) ; ou ne participent pas à l'effort commun pour le préserver, tout en sachant qu'ils ne seront jamais exclus de son utilisation/exploitation, voire de la jouissance des produits et/ou services prodigués par ce bien.

Pour assister les communautés, *le manuel des procédures d'attribution et des normes de gestion des forêts communautaires* (*MAPRO*) a été publié en 1998. Il décrit les standards et procédures applicables dans le processus de présentation et de soumission d'une demande d'autorisation d'accès à une FC. Une version révisée du manuel a été publiée en 2009 (MINFOF, 2009), mais n'a pas fait l'objet d'une large diffusion. Plusieurs communautés n'ont par conséquent pas été au courant de son existence (Mbatu, 2012). S'assurer que les populations dépendantes des FC sont au fait de tout le dispositif réglementaire afférent à leur gestion, peut accroître la capacité de celles-ci à influencer la prise de décision, et à participer activement à la gestion de leurs parcelles de forêt commune. Un accès suffisant à l'information peut assurément les prémunir contre les abus externes, à l'instar de l'accaparemment des espaces forestiers par les élites ; et leur assurer un partage équitable des bénéfices[47].

[47] Fomété et Vermaat le soulignaient déjà en 2001.

Des statistiques sont consignés dans une étude de Piabuo et *al.* (2018), qui mettent en exergue les dysfonctionnements mentionnés supra. En faisant un examen de la gouvernance des forêts communautaires au Cameroun, avec comme substrat de travail un échantillon de 36 études de cas, il aboutit aux résultats suivants : sur les six (6) principes de gouvernance appliqués aux 36 cas retenus, seuls 45% (soit 16 cas sur 36) répondent aux normes de performance. Pour ce qui est de la représentation, le pourcentage est de 25% (soit 9 cas sur 16). Quant aux principes de participation, de responsabilité et d'équité, le chiffre est largement inférieur à 20%. Ces résultats font, pour ainsi dire, état d'une gouvernance des FC relativement médiocre ; puisqu'en définitive, tous principes de management confondus, seuls 22% des cas répondent aux normes. La tragédie des communs montre que la somme des intérêts individuels conduit à la ruine générale. Elle illustre la mauvaise allocation d'une ressource commune. Les multiples usages qu'offre la forêt communautaire sont, en outre, sources d'externalités négatives. Une négociation malhabile de coupe de bois avec un exploitant forestier conduit à la rareté du bois d'œuvre pour des besoins futurs, et constitue un coût ou une déséconomie pour l'ensemble de la communauté. Se pose alors le problème de l'appropriation d'une telle ressource, la question de l'internalisation des effets négatifs et, par ricochet, l'inconfort relatif au coût social. Après avoir dressé ce tableau peu réluisant, les interrogations qu'il y a lieu d'éclaircir sont les suivantes : quelles sont les institutions capables de gérer les FC au Cameroun ? Les modalités de cette gestion intègrent-elles véritablement les institutions locales ? Explorer les caractéristiques de gestion des biens communs pour un meilleur pilotage des forêts communautaires, s'avère donc d'une importance capitale.

L'objectif de cette étude est d'examiner et d'évaluer les modalités de gestion des forêts communautaires au Cameroun, à la lumière des principes fondamentaux de management des biens communs. Deux approches sont adoptées : tout d'abord, dans la section 2, l'examen de la faisabilité de cette forme institutionnelle de gestion, avec comme question centrale, celle de savoir si une telle méthode de gouvernance peut être mise en œuvre dans le cas des FC ; ensuite, lorsque le cadre juridique est favorable à une telle approche, s'assurer que les chefs de ménages, premiers usagers de la FC, sont prêts à contribuer financièrement à l'amélioration de ces modalités de gestion. C'est la démarche des sections 3 et 4, qui se double d'une application de la méthode d'évaluation contingente à la FC de Molimozok, laquelle est située dans la région de l'Est du Cameroun. Le questionnaire adressé aux chefs de ménages a permis de découvrir à quel niveau se situe leur consentement à payer (CAP) pour de meilleures modalités de gestion des FC.

# DROITS DE PROPRIÉTÉ, INSTITUTIONS ET FORÊTS COMMUNAUTAIRES

Le droit de propriété est le fait de disposer d'un bien, et de l'utiliser librement en excluant autrui. Cependant, dès lors que l'usage de la ressource implique plusieurs individus, ce droit est encadré et codifié (Demsetz, 1967, Furubotn et Pejovich, 1972, Alchian et Demsetz, 1972 ; Yelkouni, 2005). Et parce que les droits de propriété influencent les comportements, des lois et règlements sont nécessaires pour une utilisation efficace des ressources. Ils permettent d'internaliser les externalités par leur fonction de coordination (Yelkouni, 2005). Les institutions sont donc déterminantes dans l'allocation des ressources. Selon North (1991), elles « sont des contraintes humainement conçues qui structurent les interactions politiques, économiques et sociales ». Il existe des contraintes informelles (les sanctions, les coutumes, les traditions et les codes de comportement), et des règles formelles (les constitutions, les lois et les droits de propriété). Dans la mesure où les activités engendrent des coûts, les transactions entre les individus et les externalités sont des situations qui favorisent l'émergence des institutions (Yelkouni, 2001 cité par Polepole et *al.*, 2013).

## 1. Régimes de propriété et gestion communautaire de la forêt

Trois régimes de droits de propriété (correspondant à trois types d'institutions) peuvent être mis en concurrence pour une gestion efficace des FC. D'abord le régime public, dans lequel l'Etat intervient par la réglementation et la menace ; ensuite, le régime privé, où le marché incite les individus à modifier leurs choix au travers des signaux que sont les prix. La défaillance du marché oblige l'Etat, avec son pouvoir de régulation et de coercition, à intervenir dans la gestion du bien collectif (Pigou, 1920 ; Hardin, 1968).

Au Cameroun, les forêts communautaires sont acquises par une demande formulée à l'attention de l'administration en charge des forêts, laquelle délivre un document faisant office de convention définitive de gestion[48], valable pour une durée de 25 ans renouvelable. Mais il faut préciser que ladite convention est revue tous les 5 ans sur la base du niveau

[48] La convention définitive est le titre qui, sans lui en conférer la propriété, donne le pouvoir à la communauté d'exploiter les ressources de la forêt en usufruit pendant une durée de 25 ans renouvelable.

de mise en œuvre d'un Plan Simple de Gestion (PSG). La FC fait donc l'objet d'une certaine surveillance, qui s'exerce à travers les droits d'usage, les permis de coupe, la protection de certaines espèces et la circulation des produits, tel que cela est défini dans le PSG. De cette manière, la gestion des FC constitue toujours un monopole de la puissance publique. Elle présente un caractère directif qui ne laisse que peu de place à la population riveraine. Les prérogatives de l'Etat s'appliquent au travers de ses départements et services spécialisés (tels que, entre autres, la Cellule de Foresterie Communautaire créée en 1999 et remplacée par la Sous-Direction des Forêts Communautaires en Avril 2005 ; le Comité d'analyse des Plans Simples de Gestion et des Conventions créé en septembre 2004 ; etc.), ou par le canal des autorités déconcentrées qui, par délégation, exercent les compétences de l'Etat aux niveaux régional et départemental.

A côté des régimes public et privé, un régime communautaire est tout aussi envisageable. Dans ce cas, ce sont les organisations locales qui gèrent une ressource commune sur la base d'accords fondés sur des négociations, des coopérations et des persuasions. Pour opérer un choix de régime, il faut cependant procéder à une minimisation des coûts de transaction nés de l'allocation et de la gestion de la ressource (Coase, 1960).

L'analyse des coûts de transaction dans le cas des FC montre qu'ils sont importants autant pour un régime privé que lorsqu'il s'agit d'un régime public. L'entité de tutelle doit supporter de nombreux frais relatifs à l'information, la sensibilisation, la surveillance, le retrait des FC, l'imposition des règles d'allocation de celles-ci, tel que cela est décrit dans le manuel des procédures. Il faut y ajouter, les coûts liés à une répartition inégale des ressources forestières entre le domaine forestier permanent (plus riche) et le domaine forestier non-permanent (plus pauvre et auquel appartiennent les FC) ; les coûts dus à une faible adaptation des FC aux réalités locales ; les coûts en rapport avec la corruption ou tout comportement illégal et contraire à l'éthique dans le secteur privé (exclusion d'un privé malveillant) ; et, enfin, les coûts relatifs à l'insuffisance des capacités techniques et financières des communautés. Concernant le régime communautaire où les populations locales bénéficient d'un titre de propriété, il apparaît en revanche que les coûts d'information, d'exclusion, de surveillance et d'imposition des règles sont faibles. Toutefois, d'après Yelkouni (2001, cité par Polepole et *al.*, 2013), la négociation serait coûteuse en raison du fait que les différents acteurs doivent se déplacer et se réunir, pour permettre que des compromis se fassent dans chaque village. Le passage d'un régime de droits de propriété publique vers des régimes plus atténués (à l'exemple des droits de propriété en commun), a pour effet de minimiser les coûts de transaction. De fait, les bénéfices sociaux du régime communautaire résident dans la réduction des comportements opportunistes et la préservation de la forêt. La communauté peut en effet y édicter des règles précises et contraignantes d'accès à la forêt ; ce qui suppose d'avoir mis en place des institutions communautaires capables d'imposer, dans l'intérêt de tous, ces contraintes de gestion collective (Yelkouni, 2005).

Examinant le cas de la forêt de Tiogo au Burkina Faso, Yelkouni (2004) présente des résultats intéressants sur une coopération possible entre des individus d'un même village, ou entre plusieurs villages. Il montre pour ainsi dire que dans la zone de Tiogo, l'existence d'une cohésion sociale et d'une entente entre les villages renforce les possibilités d'une action collective en faveur de la forêt. Par ailleurs, il identifie des paramètres qui rendent possible le transfert par l'Etat, de la gestion de la forêt aux communautés riveraines. Pour arriver à une telle conclusion, l'auteur s'est appuyé sur sept (7) caractéristiques de la propriété commune développées par Stevenson (1991), et les modalités de réussite des institutions coopératives telles qu'énoncées par de Janvry et *al.* (1993). Yelkouni (2004) souligne également que le passage d'un management public à un pilotage communautaire de la forêt, implique qu'à moyen ou à long terme, le financement de cette gestion revienne à la communauté riveraine elle-même.

Ngo Nonga (2016) questionne, quant à elle, la durabilité des FC au Cameroun, en vue d'évaluer son implémentation et de réaliser un état des lieux qui remonte à la promulgation des textes en la matière. Cette auteure trouve que le concept de FC n'est pas mis en pratique au Cameroun, du moins tel qu'il est théorisé dans la littérature sur les communs. Elle estime que le modèle mis en œuvre dans le pays est limité et conduit à des résultats mitigés et non durables. En guise de solution à ces défaillances, Ngo Nonga (2016) préconise de renforcer la valorisation du capital social et la démocratisation des institutions sociales susceptibles d'octroyer de véritables droits de propriété sur la forêt. En somme, il y a lieu d'intégrer que la prise en compte des principes fondamentaux de gouvernance des biens communs, tels qu'ils sont développés par Elinor Ostrom (1990, 1992), est essentiel, voire indispensable pour une amélioration continue des modalités de gestion de la FC au Cameroun.

## 2. Gestion communautaire des ressources communes selon Ostrom (1990) et caractéristiques des forêts communautaires au Cameroun

La gestion communautaire décrite par les auteurs tels que Bromley et Cernea (*Common Property Management*, 1989) ou Ostrom (*Common Pool Resource Management*, 1990), est un système de management des ressources naturelles dont les droits de propriété appartiennent à un groupe d'usagers. Par « régime de propriété commune », l'on entend l'ensemble des droits et devoirs qu'un groupe d'utilisateurs partage par rapport à une ressource donnée, ainsi que les institutions qui définissent les conditions d'accès et de contrôle des biens et services issus de cette ressource (Yelkouni, 2001, cité par Polepole *et al.*, 2013). Ces droits et devoirs, autant que ces institutions, peuvent prendre différentes formes, en fonction de la nature de la ressource, de la taille du groupe, de la culture locale, et des systèmes politiques, économiques et sociaux qui influencent le foncier dans un pays donné (Yelkouni, 2001, cité par Polepole et *al.*, 2013).

D'après Ostrom (1990, 1992), les nombreux cas étudiés un peu partout dans le monde concernent les systèmes de gestion des prairies, des forêts, de l'eau et des pêcheries. Comme elle le souligne en outre, ces cas sont issus d'univers de ressources communes d'une relative petite échelle, dont la plus grande est constituée de 15 000 appropriateurs. Il s'agit, en effet, d'environnements localisés, dans lesquels les individus communiquent et interagissent de manière régulière. Dans ces différentes situations, les individus possèdent un capital social qui leur permet de mieux s'organiser pour générer des bénéfices, limiter les préjudices, et mettre en place des dispositifs institutionnels qui les aident à résoudre les problèmes liés à la ressource commune. De plus, pour que des appropriateurs se dotent de nouvelles règles, et modifient, grâce à celles-ci, le comportement de chacun, le système proposé se doit de présenter quelques caractéristiques importantes : *les règles doivent définir l'ensemble des appropriateurs autorisés à utiliser une ressource commune ; se rapporter aux attributs spécifiques de la ressource ; être élaborées par les appropriateurs locaux ; voir leur application surveillée par des individus qui rendent des comptes aux appropriateurs locaux ; et être accompagnées de sanctions graduelles*. Dès lors que des individus se voient proposer des règles répondant à ces critères, un engagement sûr et avantageux peut être consenti. Tel engagement est avantageux si la plupart des individus le suivent, et si leur situation s'en trouve améliorée par rapport à ce qu'elle serait s'ils avaient opté pour des stratégies dominantes de court terme. L'engagement en question est aussi sûr, en ce sens que les individus qui le respectent ne peuvent être exploités par d'autres qui rompraient leurs engagements à la moindre occasion (suite par exemple à des sanctions graduelles écopées au sein de la communauté).

Le concept de « propriété » (*Property*) est applicable aux forêts communautaires, parce qu'il donne des droits exclusifs à certaines personnes (*populations de la communauté villageoise ayant demandé la FC*) et en excluent d'autres (*populations vivant hors des villages concernés*). Le caractère exclusif des droits incite les personnes bénéficiaires à s'investir et à gérer leur FC au mieux de leurs intérêts. La figure 1 ci-dessous montre comment les principales caractéristiques des ressources gérées en propriété commune sont comparées à celles définies par la loi, dans le cadre de la foresterie communautaire.

Au regard des paramètres définis par Ostrom (1990,1992), chacun de ces facteurs joue un rôle important. Ils impactent aussi bien la confiance mutuelle, que les attentes sur ce qui peut être gagné à travers la coopération. Il ressort des comparaisons faites (voir Figure 1) qu'il existe deux principaux types de règles : celles qui définissent l'ensemble des appropriateurs autorisés à utiliser la forêt communautaire ; et celles qui se rapportent aux attributs spécifiques de la FC, au droit d'accès et d'usage, et aux mécanismes de sanction. Pour autant, contrairement à la philosophie de Ostrom qui voudrait que les communautés soient autonomes dans leur fonctionnement, au Cameroun, l'administration a la mainmise sur la FC, à la fois en termes de monitoring et de clarification des droits de gestion de la ressource. Ce qui peut limiter le niveau de surveillance mutuelle entre membres de la communauté ; et ainsi mettre à mal le respect des règles établies par le comité de gestion. Dans la suite de nos analyses, nous évaluons les modalités de gestion des FC appliquées au cas spécifique de la FC de Molimozok.

**Figure 1.** *Caractéristiques de gestion des ressources communes : Ostrom (encadré en gras au-dessus) vs Loi Camerounaise des régimes de forêt*

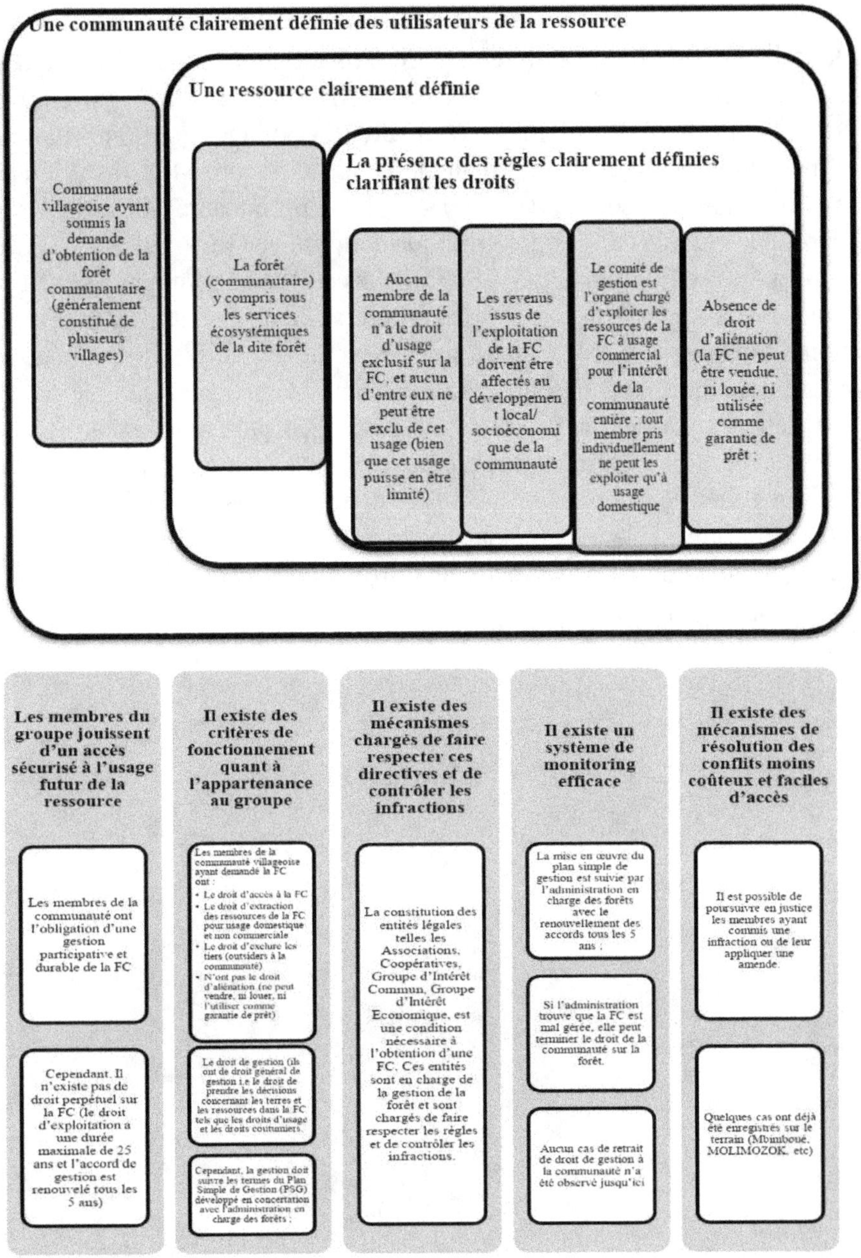


*Source : Construit par les auteurs.*

# MATÉRIEL ET MÉTHODES

## 1. Zone d'étude

La FC de Molimozok est située dans la région de l'Est, département de la Boumba et Ngoko, arrondissement de Yokadouma (Figure 2). Elle a été légalisée en 2005 et couvre une superficie totale de 4 680 ha. La communauté Molimozok regroupe quatre (04) villages que sont MOpouo, LImoe, MOdoumo et ZOKboulanebone ; d'où le nom MOLIMOZOK de la communauté créée le 10 mai 1996. La communauté ainsi établie est regroupée autour d'une entité juridique dénommée GIC « Essayons Voir » de Mopouo – Bidjouki (PSG, 2005). L'accès à la communauté se fait par route. L'axe routier qui dessert les quatre villages de MOLIMOZOK est moins enclavé, car il est situé sur une route forestière de praticabilité saisonnière, parfois entretenue par les sociétés forestières de la région. Cet axe relie Yokadouma à la République Centrafricaine et au Congo Brazzaville. Les différents tronçons routiers de la zone sont soumis à un trafic régulier de grumiers en partance ou en provenance de Douala ; avec pour corollaires, leur dégradation rapide et la destruction de ponts généralement construits en matériaux provisoires.

**Figure 2.** *Localisation de la FC Molimozok*

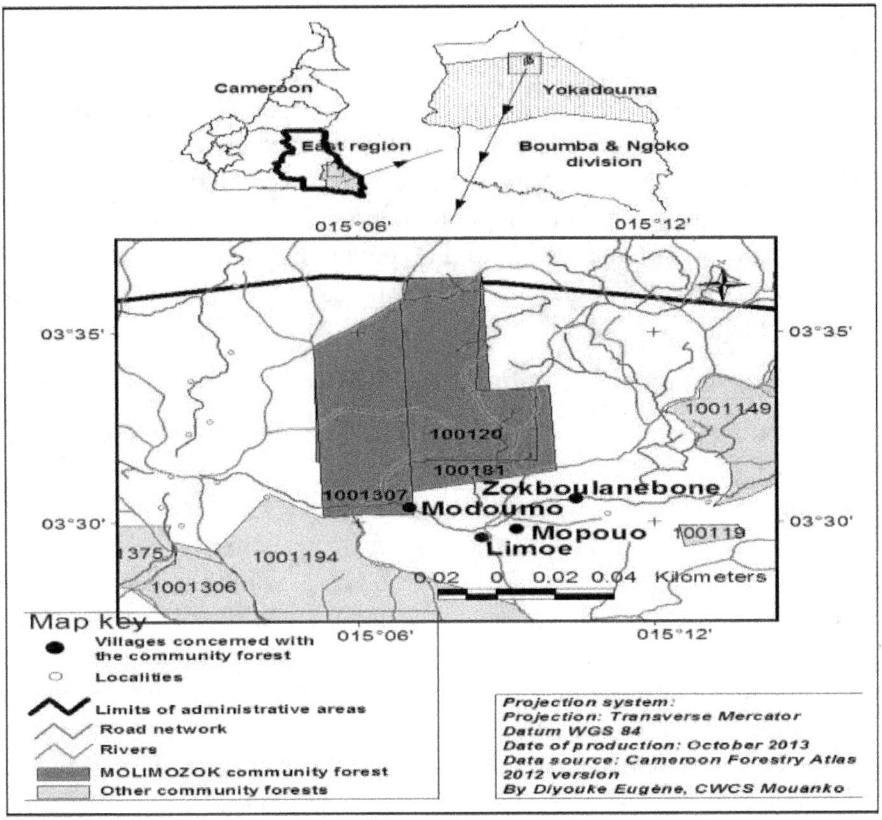


*Source : Auteurs.*

Les limites entre villages voisins sont tangibles et connues de tous. Cependant, les habitants de ces différentes bourgades ont l'habitude de se rencontrer et de se côtoyer dans de vastes espaces forestiers pour la collecte de leurs produits de cueillette, de chasse ou de pêche, sans que les frontières ne soient une contrainte majeure. Par ailleurs, au sein d'un même hameau, les forêts constituent une réserve collective de terres pour tous les ressortissants. Chacun peut créer son champ à l'endroit où il réside. Une famille n'a des droits que sur les parcelles de forêt qu'elle a transformées pour en faire un champ de cultures, saisonnier ou pérenne (PSG, 2005). D'origine naturelle, l'écosystème forestier de la FC de Molimozok appartient au type de forêt dense semi caducifoliée à Sterculiacées et à Ulmacées. Actuellement, cette forêt présente un visage plus hétérogène, fait de paysages variés, conséquences de nombreuses perturbations qu'elle a connues dans le temps. Les activités agricoles se font dans certains secteurs en fonction de leur accessibilité et de la fertilité des sols. Elles concernent les cultures de rente (cacao et café) et les cultures vivrières (manioc, banane plantain, maïs, arachide et macabo), dont la pratique est itinérante sur brûlis.

Le choix de la FC de Molimozok s'est justifié par la disponibilité de sa Convention et Plan Simple de Gestion (CPSG) ; cette dernière datant de 2007, et n'ayant donc, à ce moment-là, pas encore atteint les délais de révision. L'autre raison qui a guidé notre choix réside dans la taille relativement importante de cette FC gérée par quatre communautés villageoises fortes d'une population nombreuse (4 064 habitants répartis en 580 ménages).

## 2. Source de données, techniques de collecte et d'estimation

Les données exploitées dans cette étude sont issues d'une enquête de terrain réalisée en 2011 dans la FC de Molimozok située à l'Est du Cameroun. La taille de l'échantillon a été calculée sur la base des chiffres issus du recensement des populations de ces quatre communautés, effectué au moment de l'élaboration de la CPSG. La méthode utilisée pour la collecte est la méthode d'évaluation contingente (MEC) ; laquelle est un procédé démocratique d'obtention des préférences individuelles, qui permet en réalité, de valoriser un actif naturel à travers le consentement à payer (CAP) ou le consentement à recevoir (CAR) des individus interrogés. Elle aide également à apprécier l'attachement et la perception des populations vis-à-vis du bien qui leur a été concédé, ainsi que leur degré d'implication dans la gestion de ce dernier. Basée sur la théorie du surplus du consommateur, la MEC est aussi le moyen par lequel on appréhende le changement du degré d'utilité et de satisfaction des individus censés gérer le bien. Par cette approche, on est à même de procéder au questionnement direct des individus, et de générer une estimation des mesures compensées de variation du bien-être. A travers cette méthode d'évaluation, il s'avère donc possible de mesurer le gain ou la perte de bien-être chez les individus, associés à une amélioration ou à une détérioration de la qualité des services qui leur sont rendus par les actifs naturels.

L'objectif de la méthode est d'obtenir une évaluation ex-ante de l'impact d'une politique. Dans notre cas, il s'agit d'évaluer ex-ante l'incidence d'une politique visant à améliorer la gestion communautaire de la forêt. Un questionnaire d'évaluation est adressé à un échantillon de 60 ménages potentiellement affectés par cette politique. Il décrit les changements physiques attendus, et définit le marché contingent (fictif) ou le mécanisme de choix politique qui sera mis en place. Étant donné la mutation intervenue dans l'offre de bien public, les règles mise en place et le mode de paiement, le répondant fait des choix contingents dans un contexte convenablement structuré. L'usage d'une « question fermée » accompagnée d'une somme d'argent proposée à l'individu interrogé, facilite la franche révélation. En utilisant cette méthode de valorisation, nous supposons qu'un CAP moyen positif révèle les préférences des populations à améliorer la gestion de leur FC.

Le scénario / marché hypothétique présenté est le suivant :

*« Le non-respect des règles préétablies dans le PSG entraîne une diminution alarmante des produits forestiers. Cette diminution s'accompagne localement de celle des gibiers qui vous fournissent des protéines, des plantes médicinales, des écorces, des fruits, etc. A cet effet, l'Etat envisage de mettre en place une politique selon laquelle vous devez vous réorganiser pour améliorer la gestion commune de la forêt. Ce, dans l'optique d'éliminer les externalités issues d'une exploitation anarchique. Cela permettra d'assurer une utilisation rationnelle et pérenne de ces produits et, en fin de compte, de maintenir constant votre niveau d'utilité.*

*Si une telle politique était mise en place et que chaque usager de la FC devait payer l'un des montants ci-après (1 500, 3 000, 4 500, 6 000 FCFA) par mois, accepteriez-vous de débourser un tel montant en vue de continuer à bénéficier de cet actif ? »*

Le « scénario » aide à faire comprendre aux personnes interrogées les pertes qu'elles encourent si la FC continue d'être gérée sans que le Plan Simple de Gestion (PSG) soit mis en œuvre. Il y va de la disparition du gibier, des fruits et des plantes médicinales. Le « scénario » fait également comprendre aux intéressés que la valeur de non usage (valeur de legs, valeur d'existence) de la FC, c'est-à-dire le seul fait que la forêt existe, qu'elle regorge des richesses et procure une sorte de satisfaction aux communautés, peut être compromise à cause d'une exploitation abusive et anarchique ; ce qui constitue une perte pour les populations et les générations à venir. Le questionnaire comporte aussi des questions en lien avec les caractéristiques socio-économiques des personnes interrogées (âge, sexe, profession, etc.), et les modalités de gestion de la forêt. Ces informations permettent de tester la validité du modèle d'évaluation contingente ; la variable dépendante étant ici le CAP.

Les réponses obtenues sous un format discret (oui/non) renseignent sur la sensibilité de l'utilité des individus eu égard au montant proposé. La mesure, en grandeur monétaire, de la variation d'utilité des individus, compte tenu de leurs préférences et motivations individuelles, est d'un intérêt certain. L'une des voies possibles, largement utilisées dans les études empiriques, est celle consignée dans le modèle de Hanemann (1984). Ce modèle de choix discret s'appuie sur une fonction d'utilité aléatoire et propose une mesure du CAP sur la base de la variation compensée du surplus.

La fonction U est la fonction d'utilité aléatoire de l'individu (i). Elle est donnée par la relation :

$$U_i(j,R,X) = u_i(j,R,X) + e_j \quad \text{où } 1 \leq \text{i} \leq \text{n} \qquad \text{(Eq.1)}$$

Et où $j$ est une variable discrète indicatrice de si l'individu accepte de payer une somme d'argent pour l'amélioration de la FC $(j=1)$, ou refuse $(j=0)$ ; $R$ est le revenu ; $X$, lui, est un vecteur des caractéristiques socio-économiques individuelles ; et $e_j$, la partie aléatoire. Pour profiter des attributs de la FC et ainsi contribuer à une meilleure gestion de ce bien commun, et partant, à la proposition de l'offre (CAP), l'individu acceptera de payer si son utilité est améliorée ; c'est-à-dire si :

$$[u_i(1, R-CAP, X) + e_1] \geq [u_i(0,R,X) + e_0] \qquad \text{(Eq.2)}$$

Et refusera le prix proposé dans le cas contraire, c'est-à-dire si :

$$[u_i(1, R-CAP, X) + e_1] < [u_i(0,R,X) + e_0] \qquad \text{(Eq.3)}$$

Il s'ensuit que la réponse de l'individu est une variable aléatoire, dont la distribution de probabilité correspondant au cas où l'individu accepte de payer le montant proposé, s'écrit ainsi qu'il suit :

$$PA = P(j=1) = PA[u_i(1, R-CAP, X) + e_1 \geq u_i(0,R,X) + e_0]$$

ou

$$PA = P(j=1) = PA[u_i(1, R-CAP, X) - u_i(0,R,X) \geq e_0 - e_1] \qquad \text{(Eq.4)}$$

Et en cas de refus, la formule est la suivante :

$$PR = P(j=0) = F(CAP) = 1 - PA \qquad \text{(Eq.5)}$$

Avec $P(j=0)=F(CAP)$ la probabilité de refuser l'offre.

En posant $\Delta u_i = [u_i(1, R-CAP, X) - u_i(0, R, X)]$, et en définissant $\eta = (e_0 - e_1)$, il vient que ...

$F\eta(\Delta u_i)$ est sa fonction de densité cumulée. D'où il ressort que la probabilité que l'individu réponde 'oui' à la question posée est donnée par la relation :

$$P(j=1) = F(\Delta u_i) = 1 - F(CAP) \quad \text{(Eq.6)}$$

Plusieurs formes fonctionnelles sont utilisées pour spécifier la fonction de densité cumulée, Fη(Δu), ou la fonction de répartition du CAP, F(CAP). Dans le cas de la question fermée, les modèles usuels sont le Logit et le Probit, sous leurs formes standard et logarithmique. Le modèle estimé a été le modèle Logit, dont la forme fonctionnelle est une fonction de répartition d'une variable logistique notée :

$$F(x) = \frac{e^x}{1+e^x}$$

S'agissant du choix des variables de gestion, cette étude s'est référée aux principales caractéristiques des ressources gérées en propriété commune, tels que définis par Ostrom (1990). Toutes les variables explicatives sont des variables indicatrices (dummy) ; à l'exception de l'âge, du nombre de personnes à la charge du répondant, et du montant proposé (voir tableau 1 ci-dessous). La variable expliquée du modèle Logit est notée $CAP_1$. C'est une variable dichotomique prenant la valeur 1 si le répondant accepte le montant qui lui est proposé, et 0 sinon.

**Tableau 1.** *Description des variables et signes attendus*

| **Variables** | ***Description*** | **Signes attendus** | **Moyenne/ Proportion** |
|---|---|---|---|
| ConnaiFC | *Connaissance de la FC : 1 si le répondant connait et 0 sinon* | + | **0,8** |
| Residence | *Lieu de résidence du répondant : 1 si Mopouo et 0 sinon* | +/- | **0,6** |
| Age | *Age du répondant en années* | + | **34,2** |
| Sexe | *Sexe du répondant : 1 si masculin et 0 sinon* | +/- | **0,75** |

| | | | |
|---|---|---|---|
| Profession | *Profession du répondant : 1 si planteur et chasseur et 0 sinon* | +/- | **0,87** |
| Taillemenag | *Nombre d'enfants à la charge du répondant* | - | **7,1** |
| Education | *Niveau d'éducation du répondant : 1 si primaire et 0 sinon* | + | **0,62** |
| Revmenage0 | *Revenu du répondant : 1 si supérieur 10000 et 0 sinon* | + | **0,85** |
| Revmenage2 | *Revenu du répondant : 1 si [10000, 20000[et 0 sinon* | + | **0,32** |
| Revmenage3 | *Revenu du répondant : 1 si [20000, 30000[et 0 sinon* | + | **0,22** |
| Revmenage4 | *Revenu du répondant : 1 si [30000, 40000[et 0 sinon* | + | **0,05** |
| AvenirFC | *L'avenir de la FC : 1 si le répondant espère un meilleur avenir et 0 sinon* | + | **0,28** |
| ConnaiPSGCG | *Connaissance du PSG et CG : 1 si le répondant connait et 0 sinon* | + | **0,71** |
| RespectPCG CG | *Respect du PSG et CG : 1 si le répondant estime qu'il est respecté et 0 sinon* | + | **0,23** |
| EnvSensity | *Sensibilité environnementale du répondant : 1 si répondant est sensible à l'environnement et 0 sinon* | + | **0,97** |
| Offre (CAP) | *Montant proposé au répondant* | - | |

*Source : Construction des auteurs.*

# RÉSULTATS ET DISCUSSION

Les résultats issus de l'enquête sont présentés dans cette section. Une analyse descriptive des différentes données obtenues est faite avant l'estimation économétrique du modèle de l'étude.

## 1. Analyse descriptive des données de l'enquête

### *1.1. Caractéristiques socio-économiques et démographiques des enquêtés*

L'âge moyen des enquêtés est d'environ 34,2 ans. La dispersion ou l'écart moyen des âges autour de l'âge moyen est de 1,51. Les ¾ des enquêtés sont des hommes et près des ¾ sont aussi mariés. Plus de ¾ des enquêtés sont des agriculteurs et plus de la moitié n'ont fait que le cycle primaire. Près d'un quart des enquêtés ont un revenu de 50 000 FCFA et plus par mois (voir tableau 1, dernière colonne). Ce qui n'est pas surprenant dans les milieux ruraux des pays en développement, où la principale activité exercée est l'agriculture, et où le niveau d'éducation est souvent très bas.

*1.2. Evaluation des modalités d'implication des populations dans la gestion, sur la base des principales caractéristiques des ressources gérées en propriété commune d'Ostrom (1990, 1992)*

- Perception du concept de foresterie communautaire et principale source d'approvisionnement des produits :

**Figure 3 :** *Perception du concept de foresterie communautaire et source d'approvisionnement principale des produits consommés*

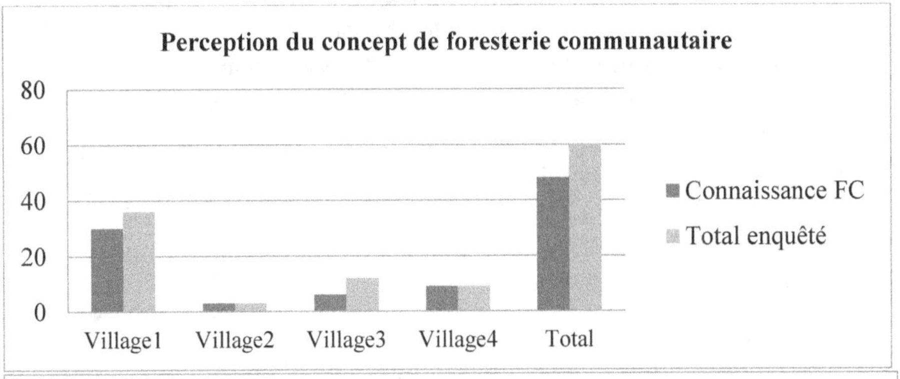


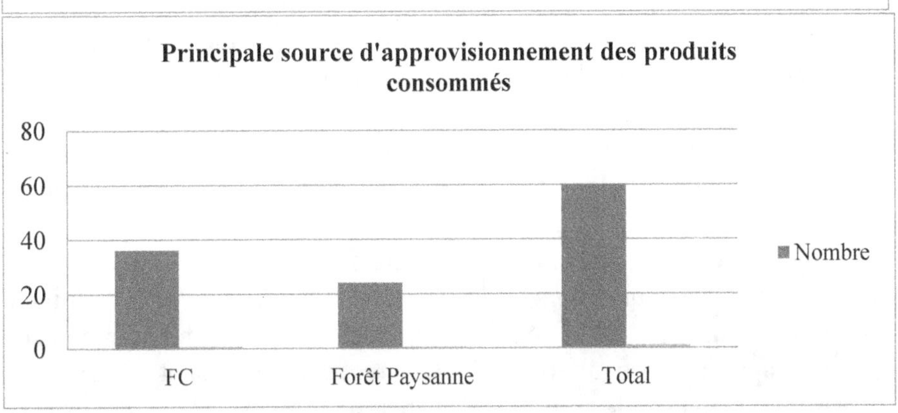


*Source : Auteurs, à partir des données de l'enquête.*

Le concept de forêt communautaire est connu par 80% des enquêtés et les produits consommés proviennent principalement de la FC (voir figure 3 ci-dessus). Ceci montre qu'aucun membre n'a le droit d'usage exclusif sur la ressource. Une corrélation positive entre le CAP et la principale source des produits consommés est attendue. Par ailleurs, parmi les 60 enquêtés, 58 ont constaté la diminution des produits forestiers dans la FC, soit 97% au total. L'accroissement de la population, la distance parcourue

(FC proche des villages) et une exploitation abusive de la ressource, sont les principales raisons de cette diminution. Les résultats obtenus indiquent que la propriété de non-exclusion est respectée et que l'augmentation de la population, une des principales raisons de la diminution des produits, peut aggraver la rivalité dans l'exploitation.

- Suivi des activités d'exploitation par les membres de la communauté :

Les résultats obtenus montrent que 98,33% des enquêtés s'attachent ou s'intéressent à l'exploitation de la FC, sans pour autant qu'ils aient toujours connaissance du concept de FC ; et ce, parce qu'ils n'apprécient pas l'abandon du bois d'œuvre coupé en forêt. Par ailleurs, 72% des enquêtés n'espèrent pas un meilleur avenir pour la FC, compte tenu de l'état actuel de son exploitation et de sa gestion (voir tableau 1 supra). De même, les membres de la communauté villageoise de Molimozok n'ont pas la garantie d'une sécurisation de la ressource dans l'avenir. L'on s'attend à ce que l'idée qu'ils se font de l'avenir de la FC soit positivement corrélée au CAP, dans l'optique d'une amélioration de la gestion de celle-ci.

- Evaluation de la connaissance et de la mise en œuvre du Plan Simple de Gestion / Convention de gestion (PSG-CG) :

Les résultats auxquels nous sommes parvenus révèlent que 72% des enquêtés sont au fait du Plan Simple de Gestion ; mais que ce dernier n'est respecté qu'à 45% (voir tableau 1 plus haut). Le non-respect du PSG découle de ce que 55% des enquêtés ignorent la destination des revenus issus de l'exploitation de la FC. Par ailleurs, 87% des enquêtés déclarent savoir qui exploite la FC à leur compte ; en l'occurrence, un exploitant forestier sous contrat avec le GIC. Cependant, 82% des enquêtés déclarent n'avoir pas été consultés lors de la signature du contrat avec l'exploitant forestier en question. Il existe néanmoins des critères de fonctionnement quant à l'appartenance au groupe ; et des règles s'appliquant à l'usage de la ressource. De plus, les mesures de sanction prévues dans la convention de gestion sont à 78% appliquées. En somme, le constat est qu'il existe bel et bien un mécanisme chargé de faire respecter les directives, et de contrôler les infractions aux règles.

En guise de conclusion, nous dirons que les principes fondamentaux de gestion des ressources en propriété commune sont en grande partie applicables au cas des forêts communautaires du Cameroun, et en particulier, celle de Molimozok ; à l'exception des règles définies pour l'usage des revenus issus de l'exploitation de ce bien commun forestier.

*1.3. CAP pour une amélioration de la gestion de la FC*

Les différentes réponses relatives aux montants proposés aux répondants, ainsi que les raisons de l'acceptation ou du refus desdites sommes d'argent sont présentés au tableau 2 ci-dessous.

**Tableau 2.** *Taux de réponses obtenus par montant proposés et raisons avancées*

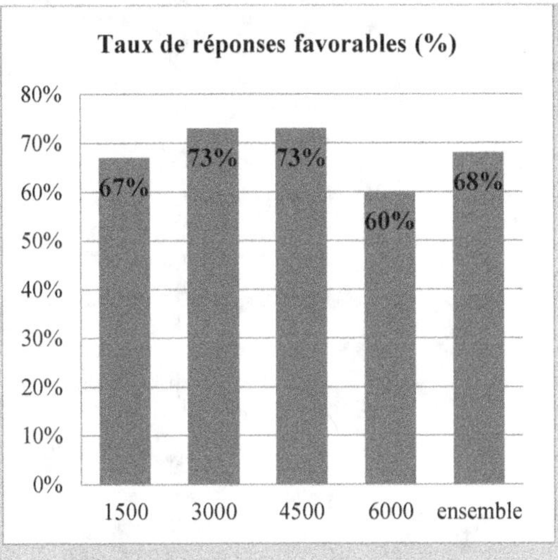


**Principales raisons de l'acceptation:**

1- « si c'est pour changer l'exploitant, je suis d'accord pour payer ce montant » ;

2- « si c'est pour gérer notre forêt nous-mêmes, oui » ;

3- « oui, car les délégués font de la chose communautaire comme si c'était pour eux » ;

4- « bureau incapable de rendre compte à la population » ;

5- « oui je suis prêt à payer, car c'est la forêt de tout le monde et pour personne » ;

6- « oui je serai prêt à payer, pour le bien de mes enfants » ;

7- « oui je payerai si en plus on convoque tout le monde, soit dans un hangar, hommes, femmes, jeunes, pour que nous soyons au courant de la gérance des biens de notre communauté » ;

8- « nous en avons besoin car nous voulons que notre forêt soit bien entretenue ».

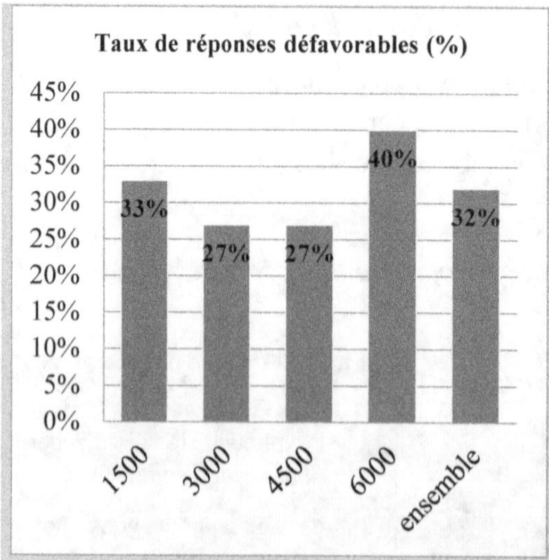


**Principales raisons de refus:**

1- « on ne gagne pas assez des travaux champêtres » ;

2- « s'il y a d'autres procédures en dehors du bois, on peut s'entendre » ;

3- « on ne voit pas ce qu'on a déjà fait de l'argent reçu de l'exploitation du bois d'œuvre dans cette FC » ;

4- « tous les projets prévus n'ont pas été réalisés durant l'exploitation » ;

5- « autant mieux arrêter cette affaire de FC... l'Etat donne par la main droite pour prendre de la main gauche » ;

6- « le délégué m'enferme trois jours en cellule pour une affaire de FC ! non, vraiment ça, je ne peux jamais oublier » ;

7- « c'est la forêt de tout le monde, que je contribue ou pas, je suis toujours dans le village » ;

8- « puisque la FC est mal gérée, nous préférons qu'elle reste sans plus être exploitée ».

*Source : auteurs, à partir des données de l'enquête.*

Il ressort globalement du tableau 2, une réelle volonté de participer à l'amélioration de la gestion de cette FC. Bien qu'ayant avancé plusieurs raisons pour justifier le refus de payer les montants proposés, les populations, étant très au fait des avantages de la FC, sont de plus en plus disposées à contribuer financièrement pour améliorer la gestion de cette dernière. Il est donc nécessaire de déterminer le niveau moyen de CAP en vue de cette amélioration.

## 2. Analyse des résultats économétriques

- *Variables explicatives du CAP et calcul du CAP moyen*

Le modèle Logit estimé dans cette étude permet d'examiner si les variables explicatives sont significatives dans la détermination des réponses du CAP ; et si elles affectent les réponses comme le prédisent la théorie économique, l'intuition et les travaux empiriques (voir tableau 3 infra). Pour que les résultats soient valides, il est important que les effets des variables soient conformes aux attentes théoriques et empiriques (Bateman et *al.*, 2002).

- *Effets des variables explicatives sur le CAP*

Au vu des résultats obtenus de l'estimation du modèle Logit, même si le coefficient associé à la variable *Offre* n'est pas significatif, il est néanmoins *négatif* ; ce qui signifie que la proportion des populations vivant à proximité de la FC, et qui répond favorablement (réponse 'oui') à la question se rapportant à l'amélioration de la gestion, décroît à mesure que le montant proposé augmente. Selon les effets marginaux calculés, l'augmentation d'une unité de l'offre proposée entraîne une diminution de $2{,}27\times10^{-7}$ de la probabilité d'accepter ladite offre.

La théorie économique postule une relation croissante entre le CAP et le revenu de l'enquêté (Bateman et *al.*, 2002 ; Luchini, 2002). Le résultat obtenu montre que le coefficient lié au *Revenu (revmenag2, revmenag3)* est positif comme attendu, et significatif. Ce résultat indique que plus le revenu de l'enquêté est important, plus grande est la probabilité que ce dernier accepte le montant proposé. Selon l'effet marginal du revenu obtenu, une augmentation du revenu d'une unité entraîne un accroissement de $3{,}3\times10^{-2}$ de la probabilité de donner une réponse favorable.

**Tableau 3.** *Résultat de l'estimation du modèle Logit*

| Variables | Coefficient estimé | Erreur standard | t-statistique (z) | Probabilité P>\|z\| | Effets marginaux |
|---|---|---|---|---|---|
| **Connaifc** | 0,088 | 1,986 | 0,04 | 0,965 | |
| **Residence** | 0,921 | 1,093 | 0,84 | 0,399 | |
| **Age** | 0,048 | 0,078 | 0,61 | 0,543 | |
| **Sexe** | 0,273 | 1,347 | 0,20 | 0,839 | |
| **Profession** | -36,502 | 3231,671 | -0,01 | 0,991 | |
| **Taillemenag** | -0,228 | 0,142 | -1,60 | 0,110 | |

| | | | | | |
|---|---|---|---|---|---|
| **Education** | 0,831 | 1,015 | 0,82 | 0,413 | |
| **Revmenageo** | -0,397 | 1,784 | -0,22 | 0,824 | |
| **revmenage2** | 4,441** | 2,072 | 2,14 | 0,032 | 0,033 |
| **revmenage3** | 6,362** | 2,865 | 2,22 | 0,026 | 0,032 |
| **revmenage4** | -35,424 | 3231,67 | -0,01 | 0,991 | |
| **Avenirfc** | -3,698** | 1,625 | -2,28 | 0,023 | -0,103 |
| **Cnaipsgcg** | 6,053* | 3,122 | 1,94 | 0,052 | 0,039 |
| **Respectpsg** | -2,008* | 1,187 | -1,69 | 0,091 | -0,324 |
| **Envsenbilit** | -23,493 | 2284,297 | -0,01 | 0,992 | |
| **Offre** | -0,0000276 | 0,0003211 | -0,09 | 0,932 | $-2{,}27x10^{-7}$ |
| **_cons** | 54,397 | 5108,59 | 0,01 | 0,992 | |
| Nombre d'observations = 60 | | | | | |
| Pseudo $R^2$ = 0,4338 | | | | | |
| Log de la vraisemblance = -21,209516 LR chi2 (16) = 32,50 Prob > chi2 = 0,0086 | | | | | |
| Taux de prédiction correcte = 99,2 % | | | | | |
| *****, **, * : significatif au seuil de 1%, 5% et 10% respectivement.** | | | | | |

*Source : Auteurs, à partir des données de l'enquête.*

Concernant les variables de gestion intégrées dans le modèle, l'on constate que les variables *avenir de la FC* et *respect du PSG* sont significatives et affectées d'un signe négatif sur leurs différents coefficients ; tandis que la variable *connaissance du PSG-CG* est significative et affectée d'un signe positif. Ainsi, le fait de ne pas connaître le PSG-CG augmente significativement la probabilité d'obtenir un CAP positif. De même, espérer un meilleur avenir de la FC, et savoir que le PSG-CG est respecté, diminuent significativement cette même probabilité.

En définitive, l'on note que sur l'ensemble des variables explicatives du modèle, cinq (05) d'entre elles expliquent de manière significative le CAP. Il s'agit du revmenage2 (+), revmenage3 (+)[49] représentant la catégorie des variables « socioéconomiques du chef de ménage », de l'avenir de la FC (-), du respect du PSG-CG (-), et de la connaissance du PSG-CG (+) correspondant à la catégorie des « variables de gestion commune ».

Certains de ces résultats sont en concordance avec ceux obtenus par d'autres chercheurs. L'effet du revenu sur le CAP a été déterminé par

[49] Le signe indique le sens de la relation entre le CAP et la variable.

Tameko et *al.* (2011). La non significativité de certaines variables s'expliquerait certainement par la taille de l'échantillon choisi.

- ***Calcul du CAP moyen et du CAP total***

L'estimation du CAP moyen à partir du modèle Logit est faite en appliquant la formule :

$$E(CAP) = -\frac{1}{\beta_1}\ln(\frac{1+e^{\delta}}{1+e^{\delta-\beta_1 M_{max}}})$$ avec $\beta_1 = -0{,}0000276$ et

$M_{max} = 6000$ ; δ est égal à la somme de la constante, du produit des coefficients estimés des variables, et de leur moyenne. L'application numérique permet ainsi d'avoir un CAP moyen $E(CAP) = 1285FCFA$.

Par ailleurs, étant donné que 41 chefs de ménage ont donné une réponse favorable aux montants proposés, et que la communauté est constituée de 580 ménages, le CAP total est estimé à :

**CAP total** = 1 285 x (41/60) x 580 = **509 288 FCFA.** Soit un bénéfice total d'amélioration de 509 288 FCFA, qui constitue l'avantage pécuniaire d'une gestion saine et transparente de la FC Molimozok.

*

* *

L'objectif de ce travail était d'évaluer les modalités de management de la FC au Cameroun, en partant des principes de gestion des biens communs, tels qu'ils sont développés dans la littérature économique. Nous avons examiné le cas particulier de la FC de Molimozok, en appliquant l'exercice d'évaluation contingente à l'amélioration des attributs de cette FC. Il était question de montrer que l'on peut rendre plus efficient son mode de fonctionnement actuel, en impliquant les populations. Le principe a été d'examiner les caractéristiques de gestion des biens communs retenus par la littérature, de les comparer à celles définies par les textes réglementaires, et d'estimer la valeur économique que les populations de la FC Molimozok accordent à cette dernière. Un questionnaire a été confectionné et administré à un échantillon de populations issues des quatre villages riverains.

A l'issue de l'analyse, il ressort que les populations rurales n'ont pas été consultées au début du processus et que les principes fondamentaux de pilotage des ressources en propriété commune, sont en grande partie applicables aux FC du Cameroun en général, et à celle de Molimozok, en particulier ; exception faite de la connaissance des règles définies pour l'usage des revenus issus de l'exploitation de la FC. Aussi, les populations riveraines éprouvent-elles un réel besoin d'amélioration des modalités de gestion de cette ressource commune. Ce résultat est confirmé par le taux de réponses favorables à la question portant sur la valorisation de ce bien commun non marchand ; il est de 68%. Ce qui nous permet de confirmer l'hypothèse que les dysfonctionnements du management actuel de la FC amènent les populations à se sentir disposées à s'impliquer financièrement pour améliorer son fonctionnement.

Le CAP moyen a été estimé à 1 285 FCFA à l'aide du modèle Logit, et le bénéfice total d'amélioration, à 509 288 FCFA ; somme qui représente l'avantage pécuniaire d'une gestion saine et transparente de la FC de Molimozok. Les populations seraient disposées à payer ce montant, étant donné qu'il résulte de leurs préférences en termes de gestion. L'utilisation soutenue de la méthode d'évaluation contingente (MEC) favoriserait ainsi la mise en œuvre d'un schéma participatif de management des FC, et donc des biens communs. De plus, une administration efficiente de la FC permettrait aux populations de mieux s'impliquer dans la sauvegarde des forêts au Cameroun. ■

# RÉFÉRENCES


Alchian A., and Demsetz H. (1972), "Production information costs and economic organization." *American Economic Review*, vol. 62, n° 5, pp. 777-795.

Baland J.-M, and Platteau, J.-P. (1996), *Halting degradation of natural resources: is there a role for rural communities?* Rome, Italy, Food and Agriculture Organization of the United Nations (FAO), ISBN: 9251037280, 423p.

Bateman I.J., R.T. Carson, B. Day, W.M. Hanemann, N. Hanley, T. Hett, M. Jones-Lee, G. Loomes, S. Mourato, E. Özdemiroglu, D. Pearce, R. Sugden, and Swanson J. (2002), *Economic valuation with stated preference techniques: a manual*, Cheltenham, UK, Edward Elgar, Ltd. ISBN: 1840649194, 480 p.

Bernard F., and Minang P.A. (2019), "Community forestry and REDD+ in Cameroon: what future?" *Ecology and Society,* vol. 24, n° 1. [Online] From the web page DOI: https://doi.org/10.5751/ES-10708-240114, accessed May 15, 2024 at 8:11 p.m.

Bromley D.W., and Cernea M.M. (1989), "The management of common property natural resources: some conceptual and operational fallacies." World Bank discussion papers, N° WDP57, Washington, D.C., USA, World Bank Group.

Coase R.H. (1960), "The problem of social cost." *The journal of Law and Economics*, vol. 56, n° 4, pp. 837-877.

Cuny P. (2011), *Etat des lieux de la foresterie communautaire et communale au Cameroun*, Wageningen, Pays-Bas, Tropenbos International Programme du bassin du Congo, 110 pp. [Online] From the web page http://www.tropenbos.org/file.php/547/etatsdeslieux-28-12-2011.pdf, accessed June 22, 2024 at 9:16 a.m.

De Janvry A., and Sadoulet E. (1993), "Market, state and civil organizations in Latin America beyond the debt crisis: the context for rural development." *World Development*, vol. 21, n° 4, pp. 659-674.

Demsetz H. (1967), "Toward a theory of property rights." *American Economic Review*, vol. 57, n° 2, pp. 347-359

Djeumo A. (2001), "The development of community forests in Cameroon: origins, current situation and constraints." *ODI Rural development forestry network papers 25b-i*, Research reports and studies, London, UK, Overseas Development Institute, pp. 1-17.

Duguma, L.A., P.A. Minang, D. Foundjem-Tita, P. Makui, and Piabuo S.M. (2018), "Prioritizing enablers for effective community forestry in Cameroon." *Ecology and Society*, vol. 23, n° 3, 16p. [Online] From https://doi.org/10.5751/ES-10242-230301, accessed July 14, 2024 at 7:10 p.m.

Ezzine de Blas D., M. Ruiz-Pérez, and Vermeulen C. (2011), "Management conflitcs in Cameroonian community forests." *Ecology and Society*, vol. 16, n° 1, 19p. [Online] From http://www.ecologyandsociety.org/vol16/iss1/art8/, accessed July 7, 2024 at 8:13 p.m.

Fomété T. (2001), "The forestry taxation system and the involvement of local communities in forest management in Cameroon." *ODI Rural development forestry network papers 25b-ii*, Research reports and studies, London, UK, Overseas Development Institute, pp. 17-27.

Furubotn E.G, and Pejovich S. (1972), "Property rights and economic theory: a survey of recent literature." *Journal of Economic Literature*, vol. 10, n° 4, pp. 1137-1162.

GIC "ESSAYONS VOIR". (2005). Convention et plan simple de gestion de la forêt communautaire de MOLIMOZOK (Mopoue, Limoe, Modoumo, Zokboulanebone). MINFOF.

Hanemann M.W. (1984), "Welfare evaluation in contingent valuation experiments with discrete responses." *American Journal of Agricultural Economics*, vol. 66, n° 3, pp. 332-341. [Online] From Hanemann_1984-libre.pdf (d1wqtxts1xzle7.cloudfront.net), accessed June 22, 2024 at 9:06 p.m.

Hardin G. (1968), "The tragedy of the commons." *Science*, vol. 162, pp. 1243-1248. [Online] From https://ecoevo.wdfiles.com/local--files/start/Hardin1968.pdf, accessed July 25, 2024 at 8:19 p.m.

Luchini S. (2002), "De la singularité de la méthode d'évaluation contingente." *Economie et statistique,* vol. 357-358, n° 1, pp. 141-152.

Mbatu R.S. (2012). "Obstacles to a conceptual framework for sustainable forest management under REDD in Central Africa: a two-country analysis." In J. Martín-García and J.J. Diez (eds.), *Sustainable forest management - Case studies*, Rijeka, Croatia, InTech, pp. 27-50 (of 269), ISBN: 978-953-51-0511-4. [Online] From Sustainable Forest Management – Case Studies (researchgate.net), accessed March 18, 2024 at 11:03 a.m.

Merlet M., and Fraticelli M. (2016), *Protecting forests, improving livelihoods - comparing community forestry in Cameroon and Guatemala*, Brussels, Belgium, FERN, ISBN: 978-1-906607-62-3, 20p. [Online] From fern_forestry_cam-guat_internet.pdf, accessed June 12, 2024 at 11:26 a.m.

Minang P.A., L.A. Duguma, F. Bernard, D. Foundjem-Tita, and Tchoundjeu Z. (2019), "Evolution of community forestry in Cameroon: an innovation ecosystems perspective." *Ecology and Society*, vol. 24, n° 1, 13p. [Online] From the web site DOI: https://doi.org/10.5751/ES-10573-240101, accessed July 18, 2024 at 5:24 p.m.

MINFOF (2009), *Manuel des procédures d'attribution et des normes de gestion des forêts communautaires* (*MAPRO*), Yaoundé, Cameroun, Ministère des forêts et de la faune, 51p. [En ligne] sur le site web Manuel forest français mounted.p65 (fao.org), consulté le 22 mars 2024.

MINFOF/World Resources Institute (2015), *Cameroon's Forest Estate*, A partnership convened by the Ministry of Forestry and Wildlife / Cameroon (MINFOF) and World Resources Institute (WRI). [Online] From Cameroon's Forest Estate, December 2015 | Global Forest Watch Open Data Portal, accessed January 14, 2024 at 11:18 a.m.

Moukam C.Y. (2011), *Gestion et conservation de la biodiversité forestière au Cameroun : une étude dans la forêt communautaire MOLIMOZOK dans la région de l'Est*. Editions Universitaires Européennes, ISBN : 6131550565, 156p.

Ngo Nonga F. (2016), "Gestion des communs et durabilité de la gouvernance forestière au Cameroun." Paris, France, Conférence Internationale de l'AFD (l'Agence française de développement) sur le développement, 12ème édition, 1 et 2 décembre 2016, thème : « Communs et développement ».

Ngoumou Mbarga H. (2014), *L'action collective locale et la gestion des forêts communautaires : cas des communautés rurales de Djoum au Sud Cameroun*, Thèse de doctorat / Géographie, Université Michel de Montaigne, Bordeaux III, France, 398p. [En ligne] sur le site web https://theses.hal.science/tel-01142713, consulté le 16 juin 2024.

Nkengfack H., C. Njomgang, and Sarpe D. (2009), "An approach for the evaluation of rural governance in Cameroon: are community forests really forests for the communities?" *The Annals of "Dunarea de Jos" University of Galati, Fascicle I. Eonomics and Applied Informatics*, vol. 1, n° 2, pp. 85-100. [Online] From Microsoft Word - Nr. 2 2009.doc (researchgate.net), accessed March 12, 2024 at 10:32 a.m.

North D.C. (1991), "Institutions." *Journal of Economic Perspectives*, vol. 5, n°1, pp. 97-112. [Online] From the web site Institutions (aeaweb.org), accessed July 21, 2024 at 7:38 p.m.

Ostrom E. (1990), *Governing the commons: The evolution of Institutions for Collective Action*, Cambridge, UK, Cambridge University Press,

295p. [Online] From ostrom_1990.pdf (actu-environnement.com), accessed May 9, 2024 at 11:38 a.m.

Ostrom E. (1992), "Institutions and common-pool resources." *Journal of Theoretical Politics*, vol. 4, n° 3, pp. 243-245.

Oyono P.R., J.C. Ribot, S. Assembe, and Logo P.B. (2007), "Improving decentralized forest management in Cameroon: options and opportunities from ten years of experience." *Governance Brief,* n° 33, Sindang Barang Bogor Barat, Indonesia, Center for International Forestry Research (CIFOR). Available [Online] From the web site 9d46cc67a64959a0cc43dce8b6ca465e8d22.pdf (semanticscholar.org), accessed April 7, 2024 at 7:23 p.m.

Piabuo S.M., D. Foundjem-Tita, and Minang P.A. (2018), "Community forest governance in Cameroon: a review." *Ecology and Society*, vol. 23, n° 3, 15p. [Online] From the web page DOI: https://doi.org/10.5751/ES-10330-230334, accessed July 17, 2024 at 9:54 a.m.

Pierre, J.M., Okoue, F., Zomo Yebe, G., Zeh Ondoua, J., Ngoye, A., Kialo, P. (2000). Etude de faisabilité des forêts communautaires au Gabon. Projet Forêts Environnement, Rapport provisoire.

Pigou A.C. (1920), *The economics of welfare*, London, UK, MacMillan and Co. Ltd., first edition, 1017p. [Online] From 1530afdfd4189d43ec91181223066fe0.pdf, accessed August 22, 2024 at 4:20 p.m.

Polepole P., J. Cizungu, G. Muzalia, et Busane W. (2013), « Droits fonciers collectifs et gouvernance des ressources naturelles dans le Bushi, en phase post-conflits », *VertigO - la revue électronique en sciences de l'environnement*, Hors-série 17 de Septembre 2013. [En ligne], sur le site web https://doi.org/10.4000/vertigo.13792, consulté le 22 août 2024.

Samuelson P.A. (1954), "The pure theory of public expenditure." *The Review of Economics and Statistics*, vol. 36, n° 4, pp. 387-389. [Online] From samuelson_pure.pdf (cornell.edu), accessed April 15, 2024 at 9:12 p.m.

Stevenson G.G. (1991), *Common property economics: a general theory and land use applications*, Cambridge, UK, Cambridge University Press, ISBN: 0-521-38441-9, 280p. [Online] From samuelson_pure.pdf (cornell.edu), accessed June 8, 2024 at 10:34 a.m.

Tameko A.M., H.P.P. Donfouet, and Fondo S. (2011), "The economic valuation of improved Urban Parks: a case study of Warda Park." *Journal of Sustainable Development*, vol. 4, n° 1, pp. 271-280.

Yelkouni M. (2001), *Décentralisation et dynamique des institutions dans la gestion des ressources naturelles en Afrique de l'Ouest : Cas des réserves de biosphère*, UNESCO, Paris.

Yelkouni M. (2004), *Gestion d'une ressource naturelle et action collective : le cas de la forêt de Tiogo au Burkina Faso*, Thèse de doctorat / Economies et Finances, Université d'Auvergne, Clermont-Ferrand I, France, 249p. [En ligne] sur le site web https://theses.hal.science/tel-00660993/document, consulté le 19 février 2024.

Yelkouni M. (2005), "La gestion communautaire : une alternative pour la forêt de Tiogo au Burkina Faso." *Revue d'Economie Régionale et Urbaine*, vol. 4, pp. 557-578.

***Complexité économique et gestion durable des ressources naturelles : enjeux et opportunités pour l'Afrique Sub-Saharienne.***

Par

***Romaine Doline NGO NGUEDA*** • *Département d'Economie Publique, Université de Dschang*

*nguedadoline@hotmail.de*

***Arsene MOUONGUE KELLY*** • Département d'Analyses et Politiques Economiques, *Université de Dschang*

*arsenkelly@yahoo.com*

**RÉSUMÉ :**

Cet article a pour objectif d'analyser l'impact de l'exploitation des ressources naturelles sur la complexité économique en Afrique Sub-Saharienne (ASS), en considérant la période allant de 1998 à 2019, et en utilisant la technique d'estimation des moindres carrés ordinaires à effets fixes. Au terme des analyses effectuées, les résultats indiquent que l'augmentation du revenu par tête, la consommation d'énergie renouvelable et les investissements directs étrangers contribuent positivement à la sophistication du système économique et du panier des biens à exporter. Les tests de contrôle de robustesse, réalisés à l'aide de la méthode des moments généralisés et des moindres carrés généralisés combinés à des effets aléatoires, confirment les résultats obtenus, ainsi que la nature de la relation entre la complexité économique et la gestion des ressources naturelles en ASS.

**MOTS CLÉS :** complexité économique, gestion, ressources naturelles, Afrique Sub-Saharienne.

**CODES JEL :** Q56, Q58, Q34, M1.

## *Economic Complexity and Sustainable Management of Natural Resources: Challenges and Opportunities for Sub-Saharan Africa.*

***ABSTRACT:***

*The aim of this paper is to analyze the effect of natural resource exploitation on economic complexity in Sub-Saharan Africa (SSA), considering the period from 1998 to 2019, and using the fixed-effect ordinary least squares estimation technique. At the end of the analyses carried out, the results indicate that the increase in per capita income, the consumption of renewable energy and foreign direct investments contribute positively to the sophistication of the economic system and the basket of goods to be exported. Robustness control tests, performed using the generalized method of moments and generalized least squares combined with random effects, confirm the results obtained as well as the nature of the relationship between economic complexity and natural resources in Sub-Saharan Africa.*

***KEYWORDS:*** *economic complexity, management, natural resources, Sub-Saharan Africa.*

***JEL CODES:*** *Q56, Q58, Q34, M1.*

Dans son *Rapport 2010 sur le commerce mondial*, lequel est dédié au commerce des ressources naturelles, l'Organisation Mondiale du Commerce (OMC) définit les ressources naturelles comme étant ces « stocks de matières présentes dans le milieu naturel qui sont à la fois rares et économiquement utiles pour la production ou la consommation, soit à l'état brut, soit après un minimum de transformation » (OMC, 2010 : 46). Les groupes de produits qui relèvent de cette définition, et qui par conséquent, figurent en tant que ressources naturelles dans les statistiques commerciales de l'OMC, sont principalement les suivants : les produits de la pêche, les produits forestiers, les combustibles, et les « produits dits des industries extractives », dont les minerais et autres minéraux, sans oublier les métaux non ferreux.

Ainsi, au sens du Rapport de l'OMC mentionné ci-dessus, dans la mesure où elles ne sont pas créées par l'activité humaine, les ressources naturelles peuvent être rangées dans le registre des biens en capital naturel, distincts de ceux tenant du capital matériel et du capital humain. En outre, elles possèdent généralement en commun, plusieurs caractéristiques essentielles : caractère épuisable, répartition inégale entre les pays, externalités[50] négatives dans d'autres domaines, prédominance dans les économies nationales, et volatilité des prix (OMC, 2010 : 46-47).

Le dictionnaire économique d'Oxford, quant à lui, définit les ressources naturelles comme des facteurs de production fournis par la nature. Ceux-

---

[50] L'externalité désigne l'effet des actions d'un agent économique sur un autre qui n'est pas transmis par les prix, les décisions du premier ayant un effet favorable ou défavorable sur le second en modifiant sa fonction d'utilité ou de coût. Les effets bénéfiques sont appelés externalités positives ; et les effets préjudiciables, externalités négatives. En présence d'externalités, les prix du marché ne reflètent pas pleinement les coûts ou les avantages de la production ou de la consommation d'un bien (Glossaire OMC, 2010 : 244).

ci comprenent l'agriculture, la foresterie, la pêche et les produits d'industries extractives au nombre desquels figurent les combustibles et les métaux et autres minéraux. Les adeptes du courant dominant en économie considèrent, pour leur part, que les ressources naturelles sont des facteurs de production non produits qui nous sont alloués (Parkin, 1990).

L'Afrique possède d'importantes richesses en ressources naturelles. Ce continent dispose de la plus grande superficie de terres arables dans le monde ; et plus de la moitié de sa population est employée dans le secteur agricole. L'Afrique a le deuxième plus grand et plus long fleuve du monde ; abrite la deuxième plus grande forêt tropicale de la planète ; et la valeur ajoutée du secteur de la pêche et de l'aquaculture y est évaluée à 24 milliards de dollars US. Dans les industries extractives, on estime que la région concentre environ 30 % de l'ensemble des ressources minérales du monde. Ses réserves établies de pétrole constituent 8% des réserves du globe ; et celles de gaz naturel s'élèvent à 7 %. Les minerais représentent en moyenne 70% du total de ses exportations, et environ 28 % de son produit intérieur brut (BAD, 2016).

Il est certes évident que les ressources naturelles aménagent des possibilités et atouts considérables pour booster la croissance humaine et le développement économique ; mais de nombreux pays africains, latino-américains et asiatiques dépendants des produits de base, restent pris dans le piège des revenus faibles ou intermédiaires, incapables qu'ils sont d´exploiter leur riche patrimoine naturel, pour de plus grands avantages en matière de développement (Gelb, 1988 ; Karl, 1999 ; Auty, 1993). Pourtant, certains pays se sont appuyés sur leur abondante dotation en ressources du sol et du sous-sol pour se développer (Australie, Canada, pays scandinaves).

Cette dynamique singulière, caractéristique de ces nations riches en ressources naturelles, mais qui se parent très souvent du statut de pays pauvres, a largement contribué à pérenniser des concepts du type « paradoxe de l'abondance » ou « malédiction des ressources naturelles ». Si elle s'explique par de multiples causes, une thèse assez répandue soutient en particulier que les pays qui ont un plus grand stock de ressources naturelles croissent économiquement moins que ceux qui en disposent peu ou pas du tout. Ce paradoxe se manifeste de plusieurs manières ; la plus connue étant « la maladie hollandaise ». On y fait référence lorsque l'exportation des ressources naturelles génère un afflux de capital qui fait apprécier la monnaie et décourager toutes les autres exportations. Avec le temps, cette situation met à mal l'industrialisation et le développement d'autres secteurs productifs. Ensuite, il faut ajouter la faible diversification de la production qui finit par affecter la croissance, et conduire à une différenciation peu accrue des exportations, doublée d'une plus grande vulnérabilité aux fluctuations des termes de l'échange. La forte volatilité des produits exportés engendre alors souvent des restrictions, et peut occasionner de fréquents déficits publics. Nombre d'autres effets induits de la « malédiction des ressources » résident dans les conflits inhérents à la répartition inégale des rentes, laquelle est susceptible d'alimenter la corruption, la violence urbaine, voire les guerres (van der Ploeg, 2007).

A ce stade exploratoire de la réflexion, il convient de noter que les débats antérieurs sur le sujet (Forsyth et Kay, 1981 ; Corden et Neary, 1982 ; Acemoglu et Robinson, 2006) portent principalement sur les rapports qui lient les ressources naturelles, la diversification productive et l'innovation technologique ; les questions environnementales et sociales étant assez souvent éludées. Or, bien qu'il soit possible de rencontrer des situations de type gagnant-gagnant, où les bénéfices économiques, sociaux et environnementaux se conjuguent à l'unisson, l'exploitation des ressources naturelles a quasiment toujours généré de graves conséquences sur les plans environnemental (à l'exemple de l'élévation du niveau des émissions de CO2 ; de la déforestation ; de l'érosion des sols ; … etc.) et social (à l'instar de l'aggravation des disparités de revenus, et partant, des inégalités de conditions sociales ; de la violation des droits des minorités, notamment ceux des peuples autochtones et des collectivités rurales locales ; etc.). D'où la nécessité d'intégrer dans notre étude, les questions de développement économique à ceux de développement durable, précisément comme le feraient les décideurs politiques dans leurs processus de décision ou d'élaboration des objectifs de durabilité environnementale. Le but étant non seulement de répondre aux besoins des générations futures, mais aussi d'assurer la croissance, le progrès et le bien-être aux générations actuelles.

L'analyse combinée des problèmes économiques et des problématiques environnementales est d'autant plus capitale que, ces dernières années, d'importantes réformes touchant à la gestion macroéconomique, à de meilleures incitations pour le secteur privé et à un contexte international relativement favorable aux pays exportateurs de matières premières, ont produit des taux de croissance relativement élevés dans de nombreux pays africains. Ce qui a contribué à rendre plus complexes ces économies.

A la suite d'une série de travaux, en particulier ceux d'Hidalgo et *al.* (2007) et Hidalgo et Hausmann (2009), la dernière décennie a vu le développement et le perfectionnement de méthodes empiriques visant à quantifier la complexité économique. Selon ces auteurs[51], il y a lieu de devoir remonter jusqu'à Adam Smith pour identifier celui qui, le premier, a élaboré le concept de complexité économique en associant l'origine du développement économique à la division du travail. Dans la réinterprétation qu'ils font de ce concept, Hausmann, Hidalgo et *al.* (2014) émettent l'idée que la division du travail permet à tout un chacun d'accéder à une quantité de savoir supérieure à ce qu'une personne, prise individuellement, est capable d'acquérir. De fait, la complexité économique pourrait se définir comme étant l'évaluation de la quantité de savoir qu'une société mobilise. Cette définition implique que la complexité économique mesure deux phénomènes conjoints : l'accumulation du savoir par une société, et la capacité qu'a celle-ci de mobiliser ce savoir. Le premier survient dès lors qu'une infime partie de ce savoir est distribuée à chaque individu. Cette quantité n'augmente pas par le fait d'une simple multiplication des mêmes savoirs au profit de plusieurs individus, mais par celui de leur diversification au sein de la société, ou de la spécialisation des individus. Ce qui implique que la quantité de savoir effectivement mobilisée dépende de la qualité des institutions mises en place par la société (qu'il s'agisse d'organisations ou de marchés) pour assurer la coopération de ses membres.

En 2013, Arthur tente de définir la complexité économique comme l´étude des systèmes économiques en tant que systèmes complexes. Ces systèmes complexes sont composés d'agents en interaction qui changent leurs actions et leurs stratégies en fonction du résultat qu'ils créent mutuellement. Le résultat le plus probant se rapportant à la croissance et au développement économique, la notion de complexité économique renvoie à l´idée de transformation structurelle et d´amélioration de la qualité de vie des populations.

Dans cet article, l'ASS est notre zone d'intérêt. Comme le montre la figure 1 ci-dessous illustrée, cette zone est marquée, depuis la fin des années 1990, autant par une faible complexité économique, que par une abondante dotation en ressources naturelles.

L'objectif de cette étude est d'analyser l'effet de l'exploitation des ressources naturelles sur la complexité économique en ASS. Pour ce faire, nous structurons la suite de cet article en présentant dans la section 2, quelques éléments d'interêt de la littérature économique sur le sujet. La

[51] Hausmann, Hidalgo *et al.* (2014).

section 3 est consacrée à la méthodologie, où est décrit le modèle de l'étude ; avec les données, les variables et les techniques d'estimation utilisés. La section 4, quant à elle, délivre les résultats et leur discussion. Dans la section 5 enfin, sont exposées nos conclusions et recommandations de politique économique faites à l'endroit des gouvernements concernés.

**Figure 1.** *Evolution de l'indice de complexité économique, du revenu par tête et de l'épuisement des ressources naturelles en ASS dans le temps*

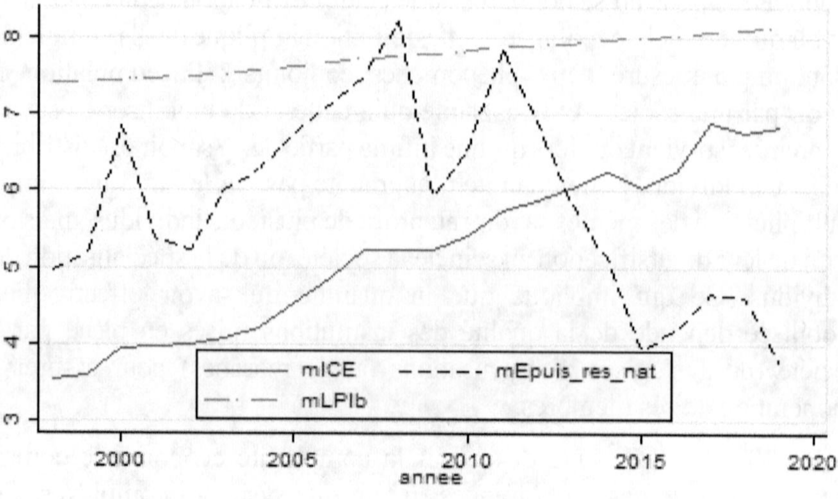


*Source : Compilation des Auteurs.*

# REVUE DE LITTÉRATURE

La rapide progression de la consommation des ressources et de la complexité économique ont entraîné une qualité environnementale médiocre en Afrique. Cette situation éveille l'attention des chercheurs du monde entier (Alola et *al.*, 2019 ; Zafar et *al.*, 2019). La plupart des études qui se sont penchées sur les problèmes de complexité économique se concentrent sur l'économie d'échelle, la croissance économique, et les émissions de gaz à effet de serre (Can et Gozgor, 2017 ; Gao et Zhou, 2018 ; Neagu et Teodoru, 2019). Et bien qu'il y ait une pénurie de travaux traitant conjointement de la complexité économique, de la consommation des énergies fossiles, des ressources naturelles, et de la qualité de l'environnement, quelques études jugées pertinentes sont, ci-après, passées en revue.

En étudiant les données annuelles relatives aux Etats-Unis, Ulucak et Lin (2017) ont exploré les chocs politiques ayant contribué à l'empreinte écologique de ce pays. Les résultats empiriques ont fait valoir que l'empreinte écologique des Etats-Unis est, à long terme, considérablement influencée par les politiques environnementales, dont celle se préoccupant du phénomène mondial du changement climatique. S'agissant de la France, Can et Gozgor (2017) ont examiné les effets de la consommation d'énergie et de la complexité économique sur les émissions de carbone. Les résultats empiriques ont révélé que l'hypothèse de la courbe environnementale de Kuznets (CEK) est valable au sujet de la complexité économique ; et que la consommation d'énergie concourt à plus de pollution. Ces résultats ont aussi indiqué que sur le long terme, la complexité économique réduit drastiquement le niveau de pollution.

Zafar et *al.* (2019) ont étudié le rôle que jouent les ressources naturelles, les investissements étrangers, le capital humain et la croissance économique dans l'empreinte écologique des Etats-Unis. Le résultat empirique du modèle ARDL, ou modèle dit autorégressif à retard échelonné ou distribué (en anglais, *Auto-Regressive Distributed Lag* model), a indiqué que les ressources naturelles, le capital humain et les investissements étrangers sont propices à l'atténuation de l'empreinte écologique. D'un point de vue politique, l'étude suggère que les Etats-Unis ont besoin de réformes pour améliorer la bio-productivité de la nature (par le biais du reboisement par exemple, ou de l'adoption des pratiques de gestion durable des sols, etc.), et assurer une croissance soutenue et inoffensive. De la même manière que l'ont fait les auteurs mentionnés supra, Li *et al.* (2019) ont étudié l'effet de la rationalisation et de la modernisation de la structure manufacturière sur les émissions de dioxyde de carbone en Chine, dans la perspective d'une moindre dépendance aux ressources naturelles. Les résultats du modèle STIRPAT obtenus sur la base des données de panel provinciales relatives au secteur manufacturier chinois, montrent que sur la période 2003-2014, la rationalisation et la modernisation apportées au système industriel du pays a contribué à réduire les émissions de CO2 ; même si de tels effets sont généralement limités par la dépendance aux ressources naturelles.

Shahzad et *al.* (2021) ont examiné le lien entre la complexité économique, l'énergie des combustibles fossiles et l'empreinte écologique aux Etats-Unis. Leur étude a, de façon plus précise, évalué les effets linéaires et asymétriques de la complexité économique et de l'utilisation de l'énergie des combustibles fossiles sur l'empreinte écologique. Ils ont, pour ce faire, exploité des données étendues couvrant la période 1965-2017, et se sont aidés du test de racine unitaire quintile, du retard distributif autorégressif quintile (QARDL), et du test quintile de causalité de Granger. L'analyse du retard distributif autorégressif quintile (QARDL) a confirmé que la complexité économique et la consommation d'énergie fossile augmentent considérablement l'empreinte écologique aux Etats-Unis.

Ang (2007) observera sur la période 1960-2000, les effets de la consommation et de la production d'énergie sur les émissions de $CO_2$ en France. Cette étude montrera qu'il existe une relation à long terme entre les variables ; et qu'en particulier, la relation entre le revenu et les émissions de $CO_2$ est de type quadratique. Cet auteur constatera par ailleurs qu'il y a entre la croissance économique et la consommation d'énergie, d'une part, et la croissance économique et les émissions de $CO_2$, d'autre part, un lien causalité qui s'étale sur le long terme. L'importante relation causale qui existe entre la consommation d'énergie et la croissance économique, est aussi observée à court terme. Allant dans le même sens, Iwata et *al.* (2010) ont analysé la validité de l'hypothèse de la CEK en France, par le contrôle des effets de la consommation d'énergie nucléaire. Au regard des conclusions de leur travaux, il est admis que l'hypothèse de la CEK (courbe dont le profil décrit la relation entre la consommation d'énergie nucléaire et la croissance économique) est verifiée en France ; et que la consommation d'énergie nucléaire y réduit le niveau des émissions de CO2.

# MÉTHODOLOGIE

## 1. Le Modèle empirique et les sources des données

La littérature fournit des informations au sujet de la complexité (ou sophistication) économique ; et permet de la calculer dans une localité comme correspondant à la moyenne pondérée de la complexité des produits que cette localité destine à l'exportation. La pondération reflète l'importance relative de chaque produit constitutif du panier d'exportation. La détermination des caractéristiques intrinsèques du produit (à l'exemple de la technologie, des compétences spécialisées nécessaires pour le produire, des investissements en termes de recherche et développement, etc.) étant difficile, surtout à un niveau très détaillé, la plupart des indicateurs (Hausmann et *al.*, 2007, Hidalgo et Hausmann, 2009) définissent la complexité des produits à partir de la structure des échanges internationaux. Hausmann et *al.* (2007) identifient les produits sophistiqués comme étant ceux qui exigent un niveau de développement élevé pour être exportés. Le niveau de sophistication (appelé « Productivité ») d'un bien k, est mesuré par le niveau moyen de revenu des pays qui l'exportent (Poncet et Starosta, 2013). L'indicateur PRODYk, qui figure l'indice de complexité économique (ICE), correspond ainsi à la moyenne pondérée des revenus des exportateurs du bien k, où le poids est l'avantage comparatif révélé de chaque pays j dans l'exportation dudit bien k :

$$PRODYk = \sum_{j} ACRjk * Yj \qquad (1)$$

Où *Yj* est le revenu par habitant du pays j, mesuré par le PIB réel par habitant.

L'indice d'avantage comparatif révélé (ACR) est défini, selon Balassa (1964), comme étant le rapport de la part des exportations d'un produit donné du panier d'exportation du pays, à cette même part au niveau mondial :

$$ACRjk = \frac{Xjk/Xj}{\sum_j Xkj/Xj} \qquad (2)$$

Où *Xjk* est la valeur des exportations du bien k par le pays j ; et *Xj*, la valeur des exportations du pays j.

Selon l'équation (1), plus le poids du bien k dans les exportations des pays riches est élevé, plus son PRODY est grand, et plus il est considéré comme sophistiqué.

Le modèle utilisé dans cette étude est inspiré des travaux de Saad (2017) et de Sandra Poncet et Starosta (2013), qui mettent en évidence, dans le cas chinois, l'effet de la complexité économique (s'agissant du premier auteur) et celui combiné de la complexité et de la croissance économiques (s'agissant des seconds) sur la pollution de l'air ; ceci via une approche inédite de la courbe environnementale de Kuznets. Pour ce faire, ils ont fondé leur recherche sur un échantillon de 133 pays, et un horizon temporel couvrant une période longue de 31 années (1984-2014). Le modèle est décrit par l'équation (3) déclinée ci-après :

$$ICE_{it} = \alpha + \beta 1Rnat_{it} + \beta 2PIB/tête_{it} + \sum_{j} \varphi Qit + \varepsilon_{it} \qquad (3)$$

Où Rnat est le vecteur colonne des variables d'intérêts qui intègre l'épuisement des ressources naturelles (Epuis res nat) et la consommation d'énergie renouvelable (Cons d'énergie) ; l'ICE, un indice composite de complexité économique comme indiqué plus haut ; la matrice Q des variables de contrôle qui intègre l'urbanisation, c'est-à-dire, la population urbaine exprimée en pourcentage de la population totale ou taux d'urbanisation ; l'IDE, l'investissement direct étranger, autrement dit, les entrées nettes formulées en pourcentage du produit intérieur brut (PIB) ; la consommation du capital immobilisé (Conso cap imm) ; et les dépenses publiques en éducation (Dep en educ) exprimées en pourcentage du PIB. Cette dernière variable représente le proxy de l'effet technologique. Par ailleurs, Ɛ est le terme d'erreur, et les indices i et t renseignent sur les pays et les périodes, respectivement. Le tableau 1 ci-dessous présente les définitions des variables et leurs sources.

**Tableau 1.** *Définition et source des variables*

| Variable | Définition | Source |
|---|---|---|
| ICE | Indice de complexité économique | Atlas of Economic complexity (2021) |
| Epuis res nat | Epuisement des ressources naturelles | WDI Data Base (2021) |
| Cons d'énergie | Consommation d'énergie renouvelable | WDI Data Base (2021) |
| Dep en educ | Dépenses publiques en éducation (% PIB) | WDI Data Base (2021) |
| IDE | Investissement direct étranger, entrées nettes (% PIB) | WDI Data Base (2021) |
| PIB par tête | Produit intérieur brut | WDI Data Base (2021) |
| Urbanisation | Population urbaine (% population totale) | WDI Data Base (2021) |
| Conso cap imm | Consommation du capital immobilisé | WDI Data Base (2021) |

*Source : Compilation des Auteurs.*

Comme l'indique le tableau 1, les données relatives aux variables macroéconomiques sont issues du *World Development Indicators* (2021). La variable complexité économique, quant à elle, est un indice composite à neuf (9) dimensions, c'est-à-dire, une variable représentant le PIB/tête et huit (8) autres, c'est-à-dire, les exportations de huit types de produits distincts : les–biens et services, les biens en TIC, les biens à haute technologie, la nourriture, le carburant, les biens manufacturiers, les matériaux agricoles, les métaux et minerais. L'échantillon comporte 36 pays d'ASS dont la liste figure à l'annexe de cet article. Ces pays ont été choisis selon la disponibilité des données et la période d'étude retenue, qui s'étale de 1998 à 2019. Les statistiques descriptives montrent de faibles variations pour la majorité des variables.

Notre modèle peut donc être spécifié comme suit :

$$ICE_{it} = \alpha + \beta 1Consdenergie_{it} + \beta 2PIB/tête_{it} + \beta 3Eprn_{it} + \beta 4Urban_{it} + \beta 5Educ_{it} + \beta 6Ln(Conscap_{it}) + \beta 7IDE_{it} + \varepsilon_{it} \quad (4)$$

Cette équation nous permet d'étudier l'influence de la gestion des ressources naturelles (laquelle intègre, et la consommation d'énergies renouvelables, et l'épuisement des ressources naturelles) sur la complexité économique en ASS.

Notre principale variable dépendante est l'ICE, l'indice de complexité économique. Cet indice a été mis au point par Hidalgo et Hausmann (2009). Il rend compte du niveau de diversification des exportations, et de l'ubiquité moyenne des produits que le pays exporte. Une plus grande diversification des exportations touchant aux produits omniprésents dans divers échanges commerciaux, suppose pour le pays, plus de capacités à fabriquer avec un réel avantage comparatif, une gamme étendue de biens. La complexité reflète donc l'ensemble des capacités productives dont dispose une économie. Elle s'évalue à l'aune des échanges commerciaux relevant de ladite économie. L'ICE permet, dès lors, de saisir la capacité de production d'une économie en tenant compte de la complexité de ses produits, notamment leur diversité (nombre de produits que l'économie exporte) et leur ubiquité (nombre d'économies qui exportent un produit donné). En fin de compte, cet indice quantifie la complexité d'une économie en un seul chiffre. Les produits les plus complexes sont exportés par un plus petit nombre d'économies ; et pour cause, ils requièrent plus d'efforts et, en même temps, nécessitent un savoir et des techniques de production plus sophistiqués (Hidalgo et Hausmann, 2009 ; Hausmann et *al.*, 2014).

**2. Technique d'estimation**

Le choix des variables et de la régression a été déterminé à partir du modèle de Saad (2017) et Poncet et Starosta (2013). Afin de vérifier la corrélation entre les variables, nous avons opté pour une matrice de corrélation (cf. tableau 3). L'hétéroscédasticité est vérifiée par le test d'Eicker White, au travers de la méthode des Moindres Carrés Généralisés (GLS) ; ceci pour ne pas être en contradiction avec le test de Hausman. En effet, l'hypothèse de présence d'effets fixes ne peut être rejetée et l'estimateur « Within » est, par conséquent, adopté pour notre modèle. Comme test de robustesse, nous utilisons l'hypothèse d'effet aléatoire des moindres carrés généralisés, ainsi que la méthode des moments généralisés (GMM), en ajoutant successivement des variables de contrôles pour mettre en lumière l'effet de la gestion des ressources naturelles sur la complexité économique en ASS.

## RÉSULTATS EMPIRIQUES ET DISCUSSION

Pour un panel constitué de 36 pays d'ASS, et une période de 22 ans s'étalant de 1998 à 2019, les données du tableau 2 montrent le nombre d'observations réalisées sur toutes les variables de l'étude. Durant la période susdite, l'indice moyen de complexité économique était de 5.20, avec un minimum et un maximum de 0.29 et 65.22, respectivement. Parallèlement, les principales variables indépendantes que sont l'épuisement des ressources naturelles et la consommation d'énergie renouvelable, avaient comme moyennes respectives 5.86 et 68.61 ; et comme minimum et maximum, 0 et 58.64 pour ce qui concerne la variable épuisement des ressources naturelles (Epuis res nat) ; 0,71 et 96.19 pour ce qui est de la variable consommation d'énergie renouvelable (Cons d'énergie). La variable IDE, quant à elle, oscille entre (-)8.70 et 57.84, pour une moyenne de 3.85. Les autres variables de contrôle, à l'exception du PIB par tête, affichent toutes des variations positives durant la période d'intérêt de l'étude (1998-2019).

**Tableau 2.** *Statistiques descriptives*

| Variable | Obs | Mean | Std. Dev. | Min | Max |
|---|---|---|---|---|---|
| ICE | 792 | 5.204 | 7.722 | .288 | 65.218 |
| Epuis res nat | 792 | 5.859 | 8.674 | 0 | 58.643 |
| Cons d'énergie | 792 | 68.61 | 23.484 | .709 | 96.189 |
| Dep en educ | 792 | 4.074 | 2.008 | .622 | 13.22 |
| IDE | 792 | 3.848 | 5.725 | -8.703 | 57.838 |
| PIB par tête | 792 | 3621.257 | 4336.385 | 429.869 | 28685.035 |
| Urbanisation | 792 | 39.033 | 17.196 | 7.83 | 89.741 |
| LnCons cap imm | 792 | 20.434 | 1.699 | 15.835 | 24.912 |

*Source: Compilation des Auteurs.*

**Tableau 3.** *Matrice de corrélation*

| Variables | (1) | (2) | (3) | (4) | (5) | (6) | (7) | (8) |
|---|---|---|---|---|---|---|---|---|
| (1) ICE | 1.000 | | | | | | | |
| (2) Epuis_res_nat | 0.073 | 1.000 | | | | | | |
| (3) Cons_d'énergie | -0.621 | 0.209 | 1.000 | | | | | |
| (4) Dep en educ | 0.186 | -0.071 | -0.373 | 1.000 | | | | |
| (5) IDE | 0.227 | 0.040 | -0.188 | 0.047 | 1.000 | | | |
| (6) PIB_par_tête | 0.981 | 0.051 | -0.642 | 0.217 | 0.186 | 1.000 | | |
| (7) Urbanisation | 0.590 | 0.080 | -0.550 | 0.039 | 0.211 | 0.649 | 1.000 | |
| (8) LnCons_cap_imm | 0.133 | 0.156 | 0.002 | 0.063 | -0.083 | 0.217 | 0.183 | 1.000 |

*Source : Compilation des Auteurs.*

Dans cette étude, la matrice de corrélation a pour but de vérifier s'il existe une quelconque relation entre les paires des variables indépendantes, gage de la présence de multi-colinéarité. Les résultats révèlent une faible relation entre la consommation d'énergie renouvelable et l'ICE, ainsi qu'entre toutes les variables et la consommation d'énergie renouvelable. D'autre part, les résultats affichent une faible relation positive entre les paires que forment le reste des variables ; à l'exception des paires taux d'urbanisation-PIB par tête et PIB par tête-ICE. Ces relations n'étant néanmoins pas très fortes, nous sommes fondés d'affirmer qu'il y a une absence de multi-colinéarité entre les variables indépendantes.

## 1. Complexité économique et Gestion des ressources naturelles

Eu égard aux effets fixes de la méthode des moindres carrés ordinaires, nos résultats indiquent que la consommation d'énergie renouvelable, l'épuisement des ressources naturelles, et le produit intérieur brut par tête, impactent positivement, et de façon significative, la complexité économique. Ce constat est illustré dans les colonnes 1 et 2 du tableau 4 presenté ci-dessous. Ces trois variables ont toutes des signes positifs ; ce qui semble logique, dans la mesure où un accroissement du revenu par habitant, ou une consommation supplémentaire d'énergie, contribuent à la sophistication des systèmes économiques. En d'autres termes, ces résultats impliquent qu'à mesure que le revenu augmente, la transformation de la structure économique connaît des avancées. Il en est de même avec la variable épuisement des ressources naturelles, significative à un seuil de 1%, qui nous permet de comprendre que les ressources sont un prérequis pour une économie complexe ; puisqu'à travers son signe positif, il est aisé de comprendre que plus on exploite les ressources, plus on développe l'économie. Ces résultats empiriques, obtenus dans le contexte de l'ASS au sujet des effets du revenu et de la consommation d'énergie sur la complexité économique, sont similaires à ceux des travaux antérieurs consacrés à la France (Ang 2007 ; Iwata et *al.*, 2010).

L'ajout des variables de contrôle (voir colonnes 3 à 6 du tableau 4) n'influence pas l'impact qu'ont le revenu par habitant, la consommation d'énergie renouvelable et l'épuisement des ressources naturelles sur la complexité économique. De plus, on constate qu'une complexité économique élevée, qui se traduit par l'inclusion de biens plus sophistiqués dans le panier d'exportation, génère plus d'investissements directs étrangers. Ces résultats sont cohérents avec ceux de Zafar et *al.* (2019), lesquels montrent que les ressources naturelles, le capital humain et les investissements étrangers sont propices à l'atténuation de l'empreinte écologique.

La consommation du capital immobilisé ou fixe apparaît comme étant significative à tous les niveaux, mais évolue en sens contraire de la variable dépendante qu'est la complexité économique. Ce signe négatif est celui attendu pour cette variable, car du fait de la détérioration physique, de l'obsolescence prévisible ou de dommages accidentels pouvant être considérés comme normaux, il représente la diminution de la valeur courante du stock d'actifs fixes détenus par les producteurs. Et c'est précisément cette diminution qui impacte négativement la sophistication du panier d'exportation rendu possible grâce à la complexité économique.

**2. Contrôle de Robustesse**

Les tableaux 5 et 6 ci-dessous établissent la robustesse de nos résultats évaluée à l'aune de la régression des moindres carrés généralisés à effets aléatoires, et de la méthode des moments généralisés, respectivement.

Comme avec nos résultats de base, et suivant le modèle à effets fixes des moindres carrés ordinaires, les deux tests de robustesse (effets aléatoires des MCO et méthodes des moments généralisés) révèlent des effets identiques. Nous constatons ainsi que les variables consommation d'énergie renouvelable, épuisement des ressources naturelles et revenu par habitant, tout en croissant toujours dans le même sens, restent significatives pour les deux techniques d'estimation appliquées. L'intervention des variables de contrôle ne modifie pas l'impact des variables indépendantes ; et les résultats qu'affichent celles-ci sont presque sans changement. Et pour cause, la variable IDE affecte positivement la complexité économique, quand la consommation du capital fixe entretient avec cette variable dépendante, une relation négative. Il y a également lieu de noter que ces variables sont toutes significatives ; ce qui nous amène à inférer que les résultats issus des tests de robustesse et nos résultats de base tendent à converger. Par conséquent, notre modèle se veut pertinent.

**Tableau 4.** *Résultats de base de la gestion des ressources naturelles sur la complexité économique*

| | (1) | (2) | (3) | (4) | (5) | (6) |
|---|---|---|---|---|---|---|
| VARIABLES | ICE | ICE | ICE | ICE | ICE | ICE |
| PIB_par_tête | 0.00175*** | 0.00176*** | 0.00190*** | 0.00191*** | 0.00191*** | 0.00191*** |
| | (2.87e-05) | (2.83e-05) | (3.22e-05) | (3.25e-05) | (3.25e-05) | (3.24e-05) |
| Cons_d'énergie Ren | 0.0431*** | 0.0436*** | 0.0190** | 0.0153** | 0.0150** | 0.0154** |
| | (0.00708) | (0.00697) | (0.00736) | (0.00739) | (0.00739) | (0.00738) |
| Epuis_res_nat | | 0.0427*** | 0.0364*** | 0.0356*** | 0.0351*** | 0.0359*** |
| | | (0.00854) | (0.00824) | (0.00819) | (0.00819) | (0.00817) |
| Urbanisation | | | -0.105*** | -0.0745*** | -0.0717*** | -0.0711*** |
| | | | (0.0130) | (0.0158) | (0.0159) | (0.0159) |
| LnCons_cap_imm | | | | -0.246*** | -0.245*** | -0.251*** |
| | | | | (0.0743) | (0.0742) | (0.0741) |
| Dep en educ | | | | | -0.0578 | -0.0577 |
| | | | | | (0.0390) | (0.0390) |
| IDE | | | | | | 0.0143** |
| | | | | | | (0.00677) |
| Constant | -4.093*** | -4.404*** | 0.910 | 4.945*** | 5.096*** | 5.098*** |
| | (0.534) | (0.529) | (0.833) | (1.473) | (1.475) | (1.472) |
| Observations | 792 | 792 | 792 | 792 | 792 | 792 |
| R-squared | 0.842 | 0.847 | 0.859 | 0.861 | 0.862 | 0.863 |
| Number of Pays | 36 | 36 | 36 | 36 | 36 | 36 |

*Source : Compilation des Auteurs.*

*Notes : Erreurs types entre parenthèses *** p<0.01, ** p<0.05, * p<0.1*

**Tableau 5.** *Analyses de sensibilité avec variables de contrôles des effets aléatoires*

| VARIABLES | (1)<br>ICE | (2)<br>ICE | (3)<br>ICE | (4)<br>ICE | (5)<br>ICE | (6)<br>ICE |
|---|---|---|---|---|---|---|
| PIB_par_tête | 0.00176*** | 0.00176*** | 0.00187*** | 0.00191*** | 0.00191*** | 0.00190*** |
| | (2.64e-05) | (2.62e-05) | (2.92e-05) | (2.83e-05) | (2.81e-05) | (2.69e-05) |
| Cons_d'énergie | 0.0292*** | 0.0287*** | 0.0111* | 0.00912 | 0.00734 | 0.00646 |
| | (0.00596) | (0.00593) | (0.00613) | (0.00571) | (0.00570) | (0.00535) |
| Epuis_res_nat | | 0.0383*** | 0.0365*** | 0.0350*** | 0.0342*** | 0.0346*** |
| | | (0.00820) | (0.00792) | (0.00763) | (0.00761) | (0.00745) |
| Urbanisation | | | -0.0761*** | -0.0468*** | -0.0463*** | -0.0448*** |
| | | | (0.0101) | (0.00983) | (0.00967) | (0.00870) |
| LnCons_cap_imm | | | | -0.372*** | -0.367*** | -0.377*** |
| | | | | (0.0522) | (0.0517) | (0.0485) |
| Dep en educ | | | | | -0.0749** | -0.0792** |
| | | | | | (0.0360) | (0.0351) |
| IDE | | | | | | 0.0179*** |
| | | | | | | (0.00674) |
| Constant | -3.169*** | -3.364*** | 0.420 | 6.906*** | 7.220*** | 7.370*** |
| | (0.504) | (0.503) | (0.692) | (1.115) | (1.111) | (1.042) |
| Observations | 792 | 792 | 792 | 792 | 792 | 792 |
| Number of Pays | 36 | 36 | 36 | 36 | 36 | 36 |

*Source : Compilation des Auteurs.*

*Notes : Erreurs types entre parenthèses *** p<0.01, ** p<0.05, * p<0.1*

**Table 6.** *Robustesse à l'utilisation de la Méthode des Moments Généralisées*

| VARIABLES | (1) ICE | (2) ICE | (3) ICE | (4) ICE | (5) ICE | (6) ICE |
|---|---|---|---|---|---|---|
| L.ICE | 0.0694** | 0.0523 | -0.00233 | -0.00884 | -0.00866 | -0.0145 |
| | (0.0336) | (0.0333) | (0.0331) | (0.0332) | (0.0332) | (0.0332) |
| PIB_par_tête | 0.00161*** | 0.00166*** | 0.00195*** | 0.00197*** | 0.00197*** | 0.00198*** |
| | (6.31e-05) | (6.28e-05) | (7.06e-05) | (7.12e-05) | (7.12e-05) | (7.11e-05) |
| Cons_d'énergie | 0.0362*** | 0.0333*** | 0.0122 | 0.00953 | 0.00946 | 0.00931 |
| | (0.0104) | (0.0103) | (0.0102) | (0.0102) | (0.0102) | (0.0102) |
| Epuis_res_nat | | 0.0610*** | 0.0465*** | 0.0478*** | 0.0478*** | 0.0486*** |
| | | (0.00870) | (0.00859) | (0.00859) | (0.00859) | (0.00858) |
| Urbanisation | | | -0.145*** | -0.119*** | -0.118*** | -0.117*** |
| | | | (0.0161) | (0.0205) | (0.0210) | (0.0209) |
| LnCons_cap_imm | | | | -0.215** | -0.219** | -0.227** |
| | | | | (0.108) | (0.109) | (0.109) |
| Dep en educ | | | | | -0.0112 | -0.0110 |
| | | | | | (0.0432) | (0.0431) |
| IDE | | | | | | 0.0132* |
| | | | | | | (0.00770) |
| Constant | -3.453*** | -3.704*** | 2.710** | 6.252*** | 6.337*** | 6.399*** |
| | (0.748) | (0.740) | (1.067) | (2.064) | (2.095) | (2.089) |
| Observations | 720 | 720 | 720 | 720 | 720 | 720 |
| Number of Pays | 36 | 36 | 36 | 36 | 36 | 36 |

*Source : Compilation des Auteurs*

*Notes : Erreurs types entre parenthèses *** p<0.01, ** p<0.05, * p<0.1*

*

* *

Cet article avait pour objectif d'analyser l'effet de l'exploitation des ressources naturelles sur la complexité économique (ICE), dans l'optique bien compris, de proposer des pistes pour un meilleur développement économique des pays d'Afrique Sub-Saharienne (ASS) qui, malgré une abondante richesse en ressources naturelles, sont caractérisés par une faible complexité économique. Pour atteindre l'objectif ainsi défini, il a fallu s'appuyer sur un modèle économétrique que nous avons appliqué à 36 pays d'ASS, sur la période 1998-2019. L'étude empirique entreprise a nécessité de recourir à la technique d'estimation des MCO à effets fixes. A la suite des différentes analyses, les résultats de base indiquent que toute augmentation du revenu par tête, de la consommation d'énergie renouvelable, et des investissements directs étrangers, contribue positivement à la sophistication du système économique et du panier des biens à exporter.

Pour comprendre en profondeur cet effet positif, un contrôle de robustesse a été effectué en utilisant la méthode des moments généralisés et celle des moindres carrés généralisés à effets aléatoires. A la suite de quoi, nos résultats ont pu expliquer la nature de la relation qui existe entre la gestion des ressources naturelles et la complexité économique en Afrique sub-saharienne.

Au vu des résultats obtenus, et considérant le fait de l'abondante richesse des pays d'ASS en ressources non renouvelables, l'Afrique en général, et ces pays en particulier, auront du mal à diversifier leurs économies. Pour remédier à leur faible complexité économique, nombre de pays du continent ont en effet tendance à se focaliser uniquement sur le secteur de l'extraction des ressources. D'où la formulation des recommandations suivantes.

Pour garantir un développement robuste et durable aux pays d'ASS, la complexification de leurs économies est plus qu'une nécessité, un impératif. Cela passe par une condition éminemment importante, qui est de voir les gouvernements de ces pays œuvrer à la préservation de leur patrimoine naturel (forêts, minerais, métaux rares, énergie, etc.) ; afin, certes, qu'il ne s'épuise pas, mais aussi et surtout, pour en tirer des bénéfices d'exploitation sur le long terme. Pour cela, il serait souhaitable d'instaurer des politiques qui font la part belle aux taxes et autres redevances environnementales et d'exploitation des ressources naturelles ;

et veiller à en contrôler rigoureusement le suivi. De plus, sachant que la région ASS est jusqu'ici fortement tournée vers le secteur primaire, un effort pour relancer les économies à travers le développement d'autres secteurs tels que la manufacture, les services ou la distribution, pourrait contribuer à davantage attirer les investissements directs étrangers, et partant, à accélérer la croissance. Enfin, nous recommandons fortement aux gouvernements pilotes des économies des pays d'ASS, de pratiquer une bonne gouvernance ; qui tienne compte des règles et des lois établies, ainsi que des impératifs de stabilité politique et de cohésion sociale. Toutes choses qui posent les bases d'une gestion transparente des ressources disponibles et, par ricochet, du développement économique. Cette dernière recommandation va dans le même sens que le message délivré par l'ex-président des Etats-Unis d'Amérique, Barack Obama, lors de sa visite au Ghana en Juillet 2009, et qui disait en substance ceci : « les nations africaines doivent accroître la force de leurs institutions et promouvoir la bonne gouvernance en tant qu'élément essentiel à la réussite des programmes de développement, car l'Afrique a besoin non pas des dirigeants forts, mais des institutions fortes ». ■

# RÉFÉRENCES


Acemoglu D., and Robinson J.A. (2006), "Economic backwardness in political perspective." *American political science review*, vol. 100, n° 1, pp. 115-131.

AfDB (2015), *African Natural Resources Center (ANRC): Strategy 2015-2020*, Revised version, ANRC department, African Development Bank Group, 61p. [Online] From African Natural Resources Centre's Strategy for 2015-2020 | African Development Bank Group (afdb.org), accessed April 15, 2024 at 7:16 p.m.

Alola A.A., F.V. Bekun, and Sarkodie S.A. (2019), "Dynamic impact of trade policy, economic growth, fertility rate, renewable and non-renewable energy consumption on ecological footprint in Europe." *Sci. Total Environ*, vol. 1, n° 685, pp. 702-709.

Ang J.B. (2007), "CO2 emissions, energy consumption, and output in France." *Energy policy*, vol. 35, n° 10, pp. 4772-4778.

Arthur W.B. (2013), Complexity economics: A different framework for economic thought, SFI Working paper N° 2013-04-012, Santa Fe Institute, 22p. (compiled in the book *Complexity Economics*, W.B.

Arthur, Oxford Univ. Press, 2013). [Online] From Untitled (iastate.edu), accessed May 17, 2024 at 11:16 a.m.

Auty, R. (1993), *Sustaining Development in Mineral Economies: The Resource Curse Thesis* (1st ed.), London, Routledge, 288p. [Online] From https://doi.org/10.4324/9780203422595, accessed March 23, 2024 at 8:12 a.m.

BAD (2016), *Catalyser la croissance et le développement par une gestion efficace des ressources naturelles*, Abidjan, Côte d'Ivoire, Centre africain des ressources naturelles, Groupe de la Banque africaine de développement. [En ligne] AfDB_ANRC_BROCHURE_fr.pdf, site web consulté le 14 mars 2024.

Bahar D., R. Hausmann, and Hidalgo C.A. (2014), "Neighbors and the evolution of the comparative advantage of nations: Evidence of international knowledge diffusion?" *Journal of International Economics,* vol. 92, n° 1, pp. 111-123.

Balassa B. (1964), "The purchasing-power parity doctrine: a reappraisal." *Journal of Political Economy*, vol. 72, n° 6, pp. 584-596.

Can M., and Gozgor G. (2017), "The impact of economic complexity on carbon emissions: evidence from France." *Environmental science and pollution research international,* vol. 24, n° 19, pp. 16364-16370.

Corden W.M., and Neary J.P. (1982), "Booming sector and de-industrialisation in a small open economy." *The economic journal*, vol. 92, n° 368, pp. 825-848.

Forsyth P. J., and Kay J. A. (1981), "Oil revenues and manufacturing output." *Fiscal Studies*, vol. 2, n° 2, pp. 9-17.

Gao J., and Zhou T. (2018), "Quantifying China's regional economic complexity." *Physica A: Statistical Mechanics and its Applications*, vol. 492(C), pp. 1591-1603.

Gelb A.H. (1988), *Oil windfalls: Blessing or curse?* London, Oxford University Press, Published for the World Bank, 369p. [Online] From World Bank Document, accessed March 7, 2024 at 9:35 a.m.

Hausmann R., C.A. Hidalgo, S. Bustos, M. Coscia, A. Simoes, and Yildirim M.A. (2014), *The atlas of economic complexity: Mapping paths to prosperity*, Cambridge, Massachusetts, USA, The MIT Press. [Online] From DOI:

https://doi.org/10.7551/mitpress/9647.001.0001, accessed May 23, 2024 at 7:05 p.m.

Hausmann R., J. Hwang, and Rodrik D. (2007), "What you export matters." *Journal of economic growth*, vol. 12, n° 1, pp. 1-25.

Hidalgo C.A., and Hausmann R. (2009), "The building blocks of economic complexity." *Proceedings of the national academy of sciences*, vol. 106, n° 26, pp. 10570-10575.

Hidalgo C.A., B. Klinger, A.L. Barabási, and Hausmann R. (2007), "The product space conditions the development of nations." *Science*, vol. 317, n° 5837, pp. 482-487.

Iwata H, Okada K., and Samreth S. (2010), "Empirical study on the environmental Kuznets curve for $CO_2$ in France: the role of nuclear energy." *Energy Policy*, vol. 38, n° 8, pp. 4057-4063.

Karl T.L. (1999), "The perils of the petro-state: reflections on the paradox of plenty." *Journal of International Affairs Editorial Board*, vol. 53, n° 1, pp. 31-48.

Li Z., S. Shao, X. Shi, Y. Sun, and Zhang, X. (2019), "Structural transformation of manufacturing, natural resource dependence, and carbon emissions reduction: Evidence of a threshold effect from China." *Journal of cleaner production*, vol. 206, pp. 920-927.

Neagu O., and Teodoru M.C. (2019), "The relationship between economic complexity, energy consumption structure and greenhouse gas emission: Heterogeneous panel evidence from the EU countries." *Sustainability*, vol. 11, n° 2 (497). [Online] From the web page DOI: https://doi.org/10.3390/su11020497, accessed May 5, 2024 at 5:17 p.m.

OMC (2010), *Rapport sur le commerce mondial 2010 : le commerce des ressources naturelles*, Genève, Suisse, Organisation Mondiale du Commerce, 256 p. ISBN : 978-92-870-3709-1. [En ligne] world_trade_report10_f.pdf (wto.org), site web consulté le 6 avril 2024.

Parkin M. (1990), *Economics*, Boston, MA (Massachusetts), USA, Addison-Wesley Publishing Company, 1053p. ISBN: 0201059312, 9780201059311.

Poncet S., and Starosta de Waldemar F. (2013), "Export Upgrading and Growth: The Prerequisite of Domestic Embeddedness." *World Development,* vol. 51, pp. 104-118.

Saad M.B. (2017), « L'effet de la complexité économique sur la pollution de l'air : une autre approche de la courbe environnementale de Kuznets. » *Région et Développement*, vol. 46, pp. 21-41. [En ligne] L'effet de la complexité économique sur la pollution de l'air: une autre approche de la courbe environnementale de Kuznets (hal.science), site web consulté le 3 mars 2024.

Shahzad U., Z. Fareed, F. Shahzad, and Shahzad K. (2021), "Investigating the nexus between economic complexity, energy consumption and ecological footprint for the United States: New insights from quantile methods." *Journal of Cleaner Production,* vol. 279. [Online] From https://doi.org/10.1016/j.jclepro.2020.123806, accessed June 18, 2024 at 8:37 a.m.

Ulucak R., and Lin D. (2017), "Persistence of policy shocks to ecological footprint of the USA." *Ecological Indicators*, vol. 80, pp. 337-343.

Van der Ploeg F. (2007), *Africa and natural resources: managing natural resources for sustainable growth*, African Development Bank, Annual Report. [Online] From the web site https://hdl.handle.net/1814/42392, accessed April 27, 2024 at 11:37 a.m.

Zafar M.W., S.A.H. Zaidi, N.R. Khan, F.M. Mirza, F. Hou, and Kirmani S.A.A. (2019), "The impact of natural resources, human capital, and foreign direct investment on the ecological footprint: the case of the United States." *Resources Policy*, vol. 63. [Online] From http://www.sciencedirect.com/science/article/pii/S0301420719302132, accessed June 14, 2024 at 6:46 p.m.

# ANNEXES

## Annexe 1

**Figure 2.** *Relation entre complexité économique, épuisement des ressources naturelles et consommation d'énergie*

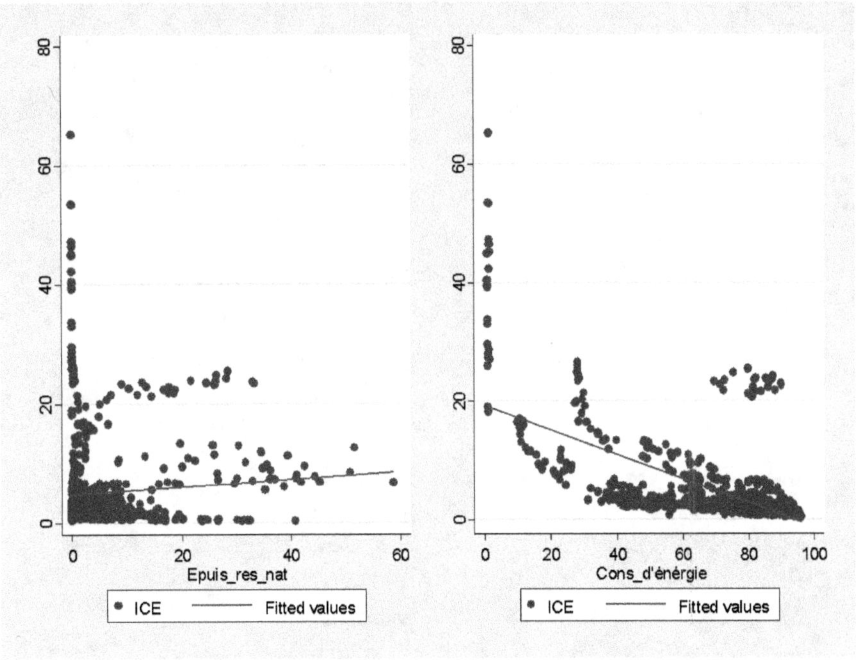


*Source : Compilation des Auteurs.*

## Annexe 2

**Tableau 7.** *Echantillon des pays d'Afrique Sub-Saharienne*

| Numéro | Pays d'Afrique Sub-Saharienne de l'échantillon |
|---|---|
| 1 | Afrique du sud |
| 2 | Angola |
| 3 | Botswana |
| 4 | Bénin |
| 5 | Cap-Vert |
| 6 | Burkina Faso |
| 7 | Burundi |
| 8 | Cameroun |
| 9 | Comores |
| 10 | République du Congo |
| 11 | Cote d'Ivoire |
| 12 | Ethiopie |
| 13 | Gabon |
| 14 | Ghana |
| 15 | Gambie |
| 16 | Guinée |
| 17 | Guinée-Bissau |
| 18 | Kenya |
| 19 | Lesotho |
| 20 | Madagascar |
| 21 | Mali |
| 22 | Malawi |
| 23 | Mozambique |
| 24 | Nigéria |
| 25 | Niger |
| 26 | Ouganda |
| 27 | République Centrafricaine |
| 28 | Rwanda |
| 29 | Sao-Tomé-Et-Principe |
| 30 | Sénégal |
| 31 | Seychelles |
| 32 | Soudan |
| 33 | Tanzanie |
| 34 | Togo |
| 35 | Zambie |
| 36 | Zimbabwe |

*Source : Auteurs.*

# QUATRIÈME PARTIE

# AGRICULTURE ET SERVICES ÉCOSYSTÉMIQUES

## *Effets de l'urbanisation sur la fourniture des services écosystémiques dans le maraîchage urbain et périurbain de Yaoundé.*

Par

***Lucien Armel AWAH MANGA*** • *Département d'Economie Publique, Faculté des Sciences Economiques et de Gestion, Université de Yaoundé 2*

*armel.awah@univ-yaounde2.org ; armel.awah@gmail.com*

***Dorothé NGONDJEB YONG*** • *Département d'Economie Publique, Faculté des Sciences Economiques et de Gestion, Université de Yaoundé 2*

*njedora@gmail.com*

**RÉSUMÉ :**

Cet article vise à estimer les effets de l'urbanisation sur la fourniture des services écosystémiques en rapport avec la production maraîchère urbaine et péri-urbaine de la ville de Yaoundé. Les données proviennent de diverses sources, dont une enquête menée par le World Vegetable Center auprès de 185 producteurs de légumes ; le Bureau Central des Recensements et des Etudes de la Population (BUCREP) - Cameroun ; et Google Maps. Elles ont été analysées à l'aide d'un modèle Probit multivarié et appliquées à quatre pratiques interdépendantes de conservation des sols (PCS), à savoir, la rotation des cultures, la fumure organique, le paillage et la jachère. Les résultats descriptifs obtenus montrent, d'une part, que la PCS la plus adoptée est la fumure organique (85%), et la moins adoptée, le paillage (61%) ; et d'autre part, que l'intensité d'adoption moyenne des PCS est de 2,87. Les résultats de régression attestent par ailleurs que la proximité du centre-ville réduit l'adoption des quatre pratiques de conservation étudiées ; tandis que la densité de la population diminue la pratique de la jachère. Compte tenu de l'accélération du processus d'urbanisation, l'adoption des PCS apparaît fragile pour pleinement contribuer à l'extension pérenne de zones péri-urbaines de production de légumes. Maintenant, pour atténuer les effets pervers de l'urbanisation sur la propension des producteurs de légumes à adopter les PCS, les décideurs et autres autorités locales devraient veiller à la préservation des terres arables, non seulement en élaborant des schémas de zonages urbains qui prennent en compte les objectifs de production agricole, mais en formalisant aussi les droits de propriété foncière sur les terres arables relevant du cadastre urbain et périurbain.

**MOTS CLÉS :** services écosystémiques, urbanisation, pratiques de conservation des sols (PCS), Yaoundé, Probit multivarié.

**CODES JEL :** Q16, R11, Q01, N57.

# *Effects of urbanization on the provision of ecosystem services in urban and peri-urban vegetable production in Yaoundé.*

***ABSTRACT:***

*This paper aims to estimate the effects of urbanization on the provision of ecosystem services in relation to urban and peri-urban vegetable production in the city of Yaoundé. The data comes from a variety of sources, including a World Vegetable Center survey of 185 vegetable producers; the Central Bureau of Censuses and Population Studies (CBCPS) - Cameroon; and Google Maps. They were analyzed using a multivariate Probit model and applied to four interrelated soil conservation practices (SCPs), namely, crop rotation, organic manure, mulching and fallowing. The descriptive results obtained show, on the one hand, that the most adopted SCP is organic manure (85%), and the least adopted, mulching (61%); and on the other hand, that the average adoption intensity of SCPs is 2.87. The regression results also demonstrate that proximity to the city center reduces the adoption of the four conservation practices studied; while population density reduces the practice of fallowing. Given the acceleration of the urbanization process, the adoption of SCPs appears fragile to fully contribute to the sustainable extension of peri-urban vegetable production areas. Now, to mitigate the perverse effects of urbanization on vegetable producers' propensity to adopt SCPs, policymakers and other local authorities should ensure the preservation of arable land, not only by developing urban zoning schemes that take into account agricultural production objectives, but also by formalizing land property rights on arable land covered by the urban and peri-urban land register.*

***KEYWORDS:*** *adoption, urbanization, soil conservation practices (SCPs), vegetables, Yaoundé.*

***JEL CODES:*** *Q16, R11, Q01, N57.*

Le processus d'urbanisation génère des bénéfices importants pour l'homme, au nombre desquels figurent, par exemple, l'augmentation des revenus, ou l'amélioration des services sociaux et des conditions de santé et de vie. Toutefois, il n'est pas sans conséquence pour l'environnement (Montgomery et *al.*, 2003). Rappelons que l'urbanisation est l'activité anthropique qui crée les paysages les plus modifiés par l'homme ; et mène la plupart du temps, à une utilisation irréversible du capital sol (Seto et *al.*, 2011). Dans les villes, les surfaces imperméables remplacent souvent le couvert végétal naturel et fragmentent les habitats qui s'y trouvent (Grimm et *al.*, 2008). Cette dégradation des écosystèmes naturels, y compris la destruction des habitats naturels, pèsent lourd sur les espèces animales et végétales qu'ils hébergent ; toutes choses qui contribuent à l'appauvrissement de la biodiversité tant au niveau local, que régional et global. De plus, les villes constituent des sources importantes de pollution ; sans compter qu'elles participent à l'introduction d'espèces exotiques quelquefois invasives, à la surexploitation des ressources, voire aux changements climatiques ; bref, à toutes les causes majeures du déclin global de la biodiversité (SCDB, 2014). C'est ici qu'il convient de se rappeler que, de nos jours, l'accélération de l'urbanisation se produit surtout dans les régions du monde à faibles capacités financières et humaines, à l'instar de l'Afrique Sub-Saharienne (ASS) ; un fait qui limite le nombre et la qualité des mesures prises pour la conservation de la biodiversité (UN-Habitat, 2016 ; SCDB, 2014). Cet état de choses est non seulement inquiétant pour le sort réservé à la diversité biologique, mais l'est aussi pour l'homme (SCDB, 2014) dont la survie dépend des biens et services fournis par la nature, son milieu de vie.

Pour les économistes de l'environnement, ces biens et services renvoient aux bénéfices que les sociétés humaines tirent de la nature. Ces spécialistes traitent du service environnemental en se fondant sur la notion de capital naturel, lequel fait référence à « la valeur des réserves de ressources naturelles d'un pays : ressources halieutiques, forêts, gisements miniers, eau et cadre naturel, notamment » (Gillis et *al.*, 1998 cités par Aznar et Perrier-Cornet, 2003). Les économistes de l'environnement définissent le service environnemental comme étant un service rendu par la nature à l'homme, sans intervention de ce dernier. Ainsi y classe-t-on : la régulation de la composition de l'air, la fourniture et la régulation de l'eau, la pollinisation, la fourniture de la nourriture, mais aussi d'opportunités pour des activités récréatives en pleine nature, etc. Tous ces bienfaits gracieusement offerts par l'environnement révèlent le caractère service-fonction du lien qui unit l'homme à son milieu de vie ; et qui pourrait être assimilé à « l'utilité attribuée aux objets naturels par les êtres humains », ou à « la contribution des objets naturels aux préoccupations humaines ». En ce sens, il est comme laissé aux éléments naturels, le soin de fournir des prestations bénéfiques aux hommes. D'où la place prépondérante qu'occupe le capital naturel chez les auteurs de l'économie écologique. A tel point que Foster (1997) est allé jusqu'à attribuer à ce stock de capital naturel dans lequel les sociétés humaines puisent pour assurer leur reproduction (Aznar et Perrier-Cornet, 2003), la possibilité de mesurer des flux de services environnementaux et les bénéfices qui en découlent.

Aujourd'hui, force est de constater que l'agriculture urbaine et péri-urbaine est intensive, qu'elle est basée sur le travail du sol et l'utilisation d'intrants industriels ; et que, par ce fait, exerce une influence négative sur la biodiversité aérienne et souterraine (Bender et *al.*, 2016 ; Emmerson et *al.*, 2016). Il apparaît aussi que le travail du sol affecte plus particulièrement certains groupes de micro-organismes ; à l'instar des populations de bactéries nitrifiantes, ou des champignons mycorhiziens (Bender et *al.*, 2016 ; El Mujtar et *al.*, 2019). Les pratiques de travail réduit du sol sont, en revanche, réputées modifier de façon favorable sa structure, puisqu'elles contribuent à la diversification des espèces de bactéries, champignons et autres animaux présents dans le sol ; permettant ainsi, de la part des acteurs biologiques, une action plus efficace sur la structuration du sol (Cousin, 2017).

En termes de transformation du milieu, l'urbanisation entraîne la conversion des paysages naturels en paysages articiels ; et renforce, spécifiquement dans les milieux de transition péri-urbains, la concurrence pour les terres. Celle-ci tient à leurs différentes utilisations possibles : industrielles, commerciales, résidentielles et agricoles (Awah Manga et *al.*, 2018). Considérée comme l'un des principaux moteurs de l'exploitation et de la dégradation des sols fertiles (ces écosystèmes extrêmement vitaux pour l'agriculture, la production et la sécurité alimentaire), l'urbanisation génère aussi des effets directs et indirects néfastes sur la biodiversité et les ressources naturelles présentes dans les sols (Chen, 2007).

L'agriculture urbaine et péri-urbaine doit de toute urgence augmenter la production alimentaire, en réponse à l'accroissement de la demande de nourriture et aux changements de régimes alimentaires dans les villes des pays d'ASS (Kurgat et *al.*, 2018). En effet, il a été démontré que la production maraîchère en zone urbaine et péri-urbaine contribue de manière significative à la création de revenus, à la sécurité alimentaire des ménages, et à la réduction de la pauvreté (Lynch *et al.*, 2013 ; The World Bank, 2013). Cependant, bien qu'elle présente des avantages exceptionnels tels que de faibles besoins en terres, des systèmes d'irrigation simples (lorsque l'eau est disponible) et une valeur à la ferme élevée ; son impact négatif sur l'agriculture urbaine et péri-urbaine n'est pas moindre. Et pour cause, l'augmentation des densités de la population et la rareté des nouvelles terres à cultiver tendent à réduire tant la période de jachère, que la fertilité des sols ; sans compter le phénomène d'érosion qui, dans ces conditions, se manifeste avec acuité (Awah Manga et *al.*, 2018). La production maraîchère en zone urbaine et péri-urbaine est donc menacée en raison d'une activité agraire faite de manière intensive, sur des exploitations dont la taille diminue ou, du moins, reste inchangée. Ainsi contraints de performer sur des surfaces cultivables de petite taille, la plupart des maraîchers sont amenés à intensifier leurs exploitations de manière non durable. En fait, ils se retrouvent pris dans un cercle vicieux, le même, au scénario presque toujours identique à celui-ci : la dégradation des sols entraînant une baisse de la productivité agricole, ce faible rendement ne permet pas de réaliser les investissements nécessaires ; d'où une utilisation de plus en plus accrue des ressources, et une demande croissante de terres à cultiver, pour maintenir à niveau les moyens de subsistance des populations (Mango et *al.*, 2017 ; Gould, 2015).

Dans ces conditions, une approche améliorée de la gestion des sols, qui vise à produire plus de nourriture tout en maintenant et améliorant les fonctions de la ressource sol, est nécessaire pour compenser les pertes de productivité dues à la dégradation des terres (Godfray, 2015). C'est dans ce sens, par exemple, que l'adoption de bonnes pratiques de conservation des sols (PCS) a été largement promue en ASS ; même si cela a plus concerné les zones rurales que les zones urbaines. Ces bonnes PCS dont, entre autres, la rotation des cultures, le paillage, l'intégration des cultures, la suppression du travail du sol via la technique du semis direct ou du non labour, la plantation de brise-vents, ... ont des effets marqués sur les services écosystémiques pourvoyeurs d'éléments entrant dans la structuration des sols, voire de nutriments et d'oligoéléments. Elles peuvent également impacter négativement les capacités suppressives des sols[52], via la perturbation des réseaux trophiques à l'origine des services écosystémiques.

C'est à la lumière de cette problématique que le présent papier se propose d'analyser l'incidence de l'urbanisation sur la fourniture des services écosystémiques ; afin de voir comment concilier le développement urbain et la conservation de la biodiversité dans l'activité de maraîchage urbain et péri-urbain opérée à Yaoundé au Cameroun. Cette analyse est importante ; car, l'évaluation des mécanismes par lesquels l'urbanisation influence la fourniture des services écosystémiques, est une

---

[52] Le concept de sols suppressifs renvoie à la capacité qu'ont certains sols de limiter l'apparition de maladies causées par toutes sortes d'organismes pathogènes présents dans le sol (bactéries, champignons, ou encore vers de terre de la famille des nématodes), en neutralisant leurs processus de développement (Mazzola, 2002).

contribution importante à la littérature. En outre, les résultats de la présente recherche pourraient être utilisés pour promouvoir l'intensification durable de la production maraîchère urbaine et péri-urbaine. Ils pourraient également aider à informer les décideurs et autres parties prenantes, des politiques et programmes spécifiques à concevoir, dans le but de préserver et de développer une production maraîchère locale durable à Yaoundé et dans d'autres villes de l'ASS. Dans cette étude, les analyses ont été faites sur la base de l'hypothèse de l'adoption par les maraîchers de Yaoundé et ses environs, de bonnes pratiques interreliées de conservation des sols. Quatre principaux modes de production durables et interdépendants ont ainsi suscité notre intérêt, à savoir : la rotation des cultures, la fumure organique, le paillage et la jachère. Ces PCS s'avèrent être les plus utilisées dans la zone circonscrite pour notre étude.

Le reste de l'article se décline comme suit : la section 2 explique le lien entre l'urbanisation et l'adoption de PCS dans l'agriculture urbaine et péri-urbaine. La section 3 décrit la méthodologie de travail, y compris le matériel utilisé. La section 4, quant à elle, présente les résultats de l'étude dont la synthèse et la conclusion serviront de substrats à l'élaboration de la section 5.

## URBANISATION ET FOURNITURE DE SERVICES ÉCOSYSTÉMIQUES VIA L'ADOPTION DE PCS DANS L'AGRICULTURE MARAICHERE EN ZONE URBAINE ET PERI-URBAINE : LE LIEN THÉORIQUE

En tant que fondement des écosystèmes terrestres, le sol ne sert pas que de base physique indispensable pour fournir de la nourriture à l'humanité, des aliments au bétail, de l'eau et de l'énergie à tous ; il est également un puits de captation de gaz à effets de serre, et fait partie intégrante des cycles biogéochimiques (Yaalon, 2000 ; Chen, 2007). Le sol est considéré comme une ressource non renouvelable ; dans la mesure où ses propriétés pédogénétiques s'obtiennent par les effets combinés de facteurs environnementaux et biologiques à l'œuvre durant des ères, ces périodes géologiques très longues en comparaison de la perception humaine du temps (Amundson *et al.*, 2003). Malheureusement, dans les régions densément peuplées, les pratiques agricoles conventionnelles amènent à davantage s'inquiéter au sujet de la dégradation des sols (Knowler et Bradshaw, 2007). L'urbanisation rapide, caractérisée par une explosion démographique et une expansion physique des villes, a en effet, des répercussions négatives sur la qualité et la quantité des ressources du sol ; avec des effets dévastateurs considérables sur les services écosystémiques que l'agriculture maraîchère urbaine et péri-urbaine pourrait générer (Dutta et *al.*, 2020 ; Huang et *al.*, 2020).

De toute évidence, l'urbanisation, tout en accroissant la densité de la population des villes, rapproche progressivement les marchés des zones urbaines et péri-urbaines qui s'adonnent à la production agricole. Par conséquent, l'abondante littérature économique qui analyse à la fois l'influence de la densité de la population et celle de la proximité des marchés urbains sur la gestion durable des terres agricoles, permet de comprendre les effets d'une urbanisation combinée à l'adoption de PCS dans l'agriculture urbaine et péri-urbaine, sur la fourniture des services écosystémiques (Binswanger et Savastano, 2017 ; Josephson et *al.*, 2014 ; Headey et Jayne, 2014 ; Pender et *al.*, 2006). Shiferaw et *al.* (2008) ont affirmé, en leur temps, que l'amélioration de l'accès aux marchés urbains qui, logiquement, suscite une hausse de la main-d'œuvre et des rendements de la terre, est généralement considérée comme étant le facteur favorisant l'adoption de nouvelles pratiques agricoles. Quelques années plus tard, Headey et Jayne (2014) ont renforcé cette idée, en soutenant que même en l'absence d'une forte densité de population, l'accès accru aux marchés urbains affecte l'intensification agricole et les conditions agro-écologiques dans les zones de production. Le phénomène de pression démographique est par ailleurs aussi, largement connue pour être un puissant moteur de l'adoption par les agriculteurs, des techniques de rajeunissement et/ou de conservation des sols sur le long terme ; l'objectif étant, en permanence, de maintenir à niveau leurs activités et leur standing de vie, dans un contexte de raréfaction des ressources et de dégradation des agro-écosystèmes (Bidogeza et *al.*, 2012 ; Bidogeza *et* al., 2015 ; Bilsborrow et Carr, 2001).

Plus récemment, cependant, Binswanger et Savastano (2017) ont remis au goût du jour les études menées par Boserup (1965) et Ruthenberg (1971) dans lesquelles, il est fait état de ce que la densité de la population et l'accès aux marchés sont concurremment considérés comme les principaux moteurs de l'intensification agricole ; dans la mesure où ces deux facteurs déterminent les contraintes (pour le premier), et les opportunités (pour le second) des ménages agricoles situés dans les zones de production proches des centres urbains. En d'autres termes, l'accès aux marchés urbains et la croissance démographique peuvent conjointement conduire à un cycle vertueux d'intensification agricole, par [i] : la réduction du temps des jachères ; [ii] : l'utilisation accrue de la fumure organique et des engrais chimiques pour compenser le déclin de la fertilité des sols ; [iii] : des investissements dans la conservation des sols, qui visent à maintenir ou à booster la production et le revenu des agriculteurs (Boserup, 1965 ; Ruthenberg, 1980). Ainsi, selon Binswanger et Savastano (2017), la densité de la population détermine le besoin d'intensification de la production agricole ; tandis que l'amélioration de l'accès aux marchés urbains en donne l'opportunité. Toutefois, une production agricole qui se veut toujours plus abondante, se fait au prix d'une hausse subséquente de main-d'œuvre et d'autres intrants par unité de surface des terres cultivées. Les résultats obtenus en termes de fourniture de services écosystémiques sont positifs dès lors que les innovations agricoles démontrent leurs capacités à stimuler la production. En conséquence, si la pression démographique réduit la disponibilité des terres et la pratique de la jachère, la fourniture des services écosystémiques peut s'opérer de manière durable ; encore faudrait-il que de nouvelles opportunités de marché apparaîssent.

# MATÉRIEL ET MÉTHODES

## 1. Zone d'étude

Notre étude couvre l'aire métropolitaine de Yaoundé ; laquelle est circonscrite à une zone délimitée depuis le centre-ville, par un rayon de 50 kilomètres (km) alentour. Le lieu a été sélectionné en raison, tout d'abord, de son emplacement dans les zones d'intervention de l'*Humidtropics*, un programme de recherche du CGIAR[53] qui met l'accent sur l'intensification durable de la production agricole. La deuxième raison de ce choix tient du fait que Yaoundé est non seulement la capitale politique et administrative du Cameroun, mais aussi l'une des deux plus grandes villes du pays. Cette métropole, qui connaît un taux de croissance démographique annuel de 5,3%, voit la taille de sa population dépasser aujourd'hui les 2 900 000 habitants (UN, 2015). L'aire métropolitaine de Yaoundé est soumise au climat subéquatorial guinéen, avec des précipitations annuelles moyennes variant de 1 500 mm à 2 000 mm par an. La zone d'étude est connue pour

[53] CGIAR est le sigle anglais pour *Consultative Group on International Agricultural Research*, ou en français, *Groupe Consultatif pour la Recherche Agricole Internationale*. Le CGIAR est un partenariat mondial de recherche pour un avenir sûr en termes de sécurité alimentaire. Sa science est réalisée par 15 centres de recherche en étroite collaboration avec des centaines de partenaires à travers le monde : http://www.cgiar.org.

pour son climat humide et une température moyenne annuelle qui oscille entre 17°C et 30°C au fil de l'an.

## 2. Collecte des données

Des données primaires et secondaires ont été collectées pour l'étude. Les premières sont issues d'une enquête du World Vegetable Center (WorldVeg), conduite entre les mois d'août et septembre 2016. Il faut dire que le WorldVeg a pour mission de mener des activités de recherche et de développement qui, dans le cas d'espèce, vise à atteindre un potentiel de production de légumes pouvant permettre aux consomateurs de vivre plus sainement ; et aux agriculteurs, d'avoir des moyens de subsistance plus conséquents. En raison de l'absence d'une enquête de référence fiable réalisée sur des zones de production de légumes, des techniques d'échantillonnage intentionnel et aléatoire ont été réalisées via une méthode d'échantillonnage à plusieurs étapes.

Dans la première étape, suivant le plan directeur de la ville de Yaoundé, publié à la fois par le Ministère du Développement Urbain et de l'Habitat (MINDUH, 2008) et la Communauté Urbaine de Yaoundé (CUY, 2008), la zone métropolitaine a été subdivisée en trois anneaux concentriques, sur la base de leur exposition à l'urbanisation. De sorte que le premier anneau s'étende du centre-ville jusqu'à 15 km à la ronde, le second de 15 à 25 km à la ronde, et le troisième de 25 à 50 km à la ronde. Ces anneaux correspondent à différents espaces définis *a priori* en référence au modèle monocentrique de Von Thünen (Von Thünen, 1826). L'anneau concentrique intérieur représente la zone urbaine, où la densité de la population est la plus élevée, et dans laquelle on trouve le plus souvent des zones de production maraîchère intensive. Les deuxième et troisième anneaux concentriques représentent, eux, les zones périurbaines. Elles ont des densités de population moindres, en comparaison de la première.

Dans la deuxième étape, deux à quatre principales zones de production maraîchère ont été sélectionnées à l'intérieur de chaque anneau concentrique. Cette sélection a été faite sur la base de l'intensité de la production de légumes, de l'orientation de la production vers les marchés, et du fait que le site de production est opérationnel depuis au moins dix ans.

Dans la dernière étape enfin, un total de 185 agriculteurs maraîchers des zones urbaine et péri-urbaine ont été choisis pour intervenir dans la zone de production intensive, ce de manière intentionnelle et aléatoire, et en fonction du nombre moyen de producteurs de légumes dédiés à chaque espace de production. Le tableau 1 ci-dessous présente le nombre de producteurs de légumes ainsi sélectionnés par anneau concentrique. A l'aide d'un questionnaire structuré, des informations ont été collectées ; elles portent sur les caractéristiques sociodémographiques, le statut économique, les caractéristiques institutionnelles et environnementales, ainsi que les modes de production mis en œuvre, dont la rotation des cultures, la fumure organique, le paillage et la jachère.

En ce qui concerne les données secondaires, elles ont été utilisées pour appréhender le degré d'urbanisation. Ces données font référence, d'une part, au nombre total de personnes et à la taille des zones résidentielles (zone de dénombrement), paramètres utiles pour mesurer la densité de la population ; et d'autre part, aux distances par route entre le centre-ville de Yaoundé et les différentes zones de production maraîchère sélectionnées dans l'étude. Notons que si les informations utilisées pour calculer la densité de la population ont été obtenues à partir de la base de données du Bureau Central des Recensements et des Etudes de la Population du Cameroun (BUCREP, 2010), les distances en kilomètres ont, quant à elles, été déterminées à partir des données de Google Maps.

**Tableau 1.** *Taille de l'échantillon et description des anneaux concentriques*

| **Distance par rapport au Centre-ville** | Densité de la population | Taux de croissance de la population | Intensité de la production maraîchère | Nombre de répondants |
|---|---|---|---|---|
| **0-15 km** | Elevée | Faible | Elevée | 76 |
| **15-25 km** | Faible | Elevé | Faible | 50 |
| **25-50 km** | Modérée | Modéré | Modérée | 59 |
| **TOTAL** | | | | **185** |

## 3. Structure du modèle

Les producteurs maraîchers n'adoptent pas les PCS de manière isolée, mais en combinaison ; ceci en raison de la complémentarité et de la substituabilité des différentes pratiques de gestion durable des sols dans les systèmes de production maraîchère. Aussi, un modèle Probit multivarié est-il utilisé dans cette étude, pour analyser les effets de l'urbanisation sur l'adoption de modes de production durables interdépendants. Un tel modèle tient compte des effets des covariables sur les probabilités d'adoption des modes de production durables ; et facilite la compréhension de l'interconnexion de ces différentes pratiques agro-environnementales, par l'estimation de leurs corrélations respectives (Lesaffre et Kaufmann, 1992). Si des études antérieures ont usé des modèles Logit et Probit univariés ; elles n'ont pas tenu compte de la multiplicité des PCS et des corrélations potentielles des termes d'erreur entre les équations d'adoption (Kassie, 2009). Ce qui peut conduire à des estimations biaisées (Lin et *al.*, 2005).

Par conséquent, prenant à notre compte les conclusions des travaux de Kurgat et *al.* (2018), en plus des variables d'urbanisation, une série d'autres prédicteurs ont été considérés pour influencer la décision des agriculteurs dans l'adoption des quatre PCS que sont la rotation des cultures, la fumure organique, le paillage et la jachère. Dans cette étude, le modèle Probit multivarié utilise quatre variables dépendantes binaires $y_{i1}$, $y_{i2}$, $y_{i3}$ et $y_{i4}$, telles que :

$$y_{ik}^* = x_{ik}'\beta_k + \varepsilon_{ik} \ , \ \forall k = 1,2,3 \ et \ 4 \quad (1)$$

$$y_{ik} = 1 \ si \ y_{ik}^* > 0 \ et \ 0 \ si \ autrement \quad (2)$$

Où $\beta_k$ est un vecteur de paramètres à estimer pour chaque PCS $(k)$ et $y_{ik}^*$ est la variable latente. Dans l'équation (1), l'hypothèse est que la variable latente $y_{ik}^*$ capte les préférences non observées associées au $k^{ième}$ choix des PCS. Elle est également supposée représenter une combinaison linéaire de l'urbanisation, des caractéristiques sociodémographiques, économiques, institutionnelles et environnementales $(x_{ik}')$ qui sont observées comme influençant simultanément l'adoption de PCS et les caractéristiques non observées capturées par les termes d'erreur aléatoires $(\varepsilon_{ik})$. En outre, les erreurs aléatoires non observées sont supposées suivre conjointement une distribution normale multivariée (NMV) avec une moyenne conditionnelle nulle et une matrice de covariance $(\Omega)$ telle que :

$$\varepsilon_{ik} \sim NMV \ (0, \Omega) \quad (3)$$

$$\Omega = (1 \ \rho_{12} \ \rho_{13} \ \rho_{12} \ 1 \ \rho_{23} \ \rho_{13} \ \rho_{32} \ 1 \ \ \rho_{14} \ \rho_{24} \ \rho_{34} \ \ \rho_{14} \ \rho_{42} \ \rho_{34} \ \ 1 \ ) \quad (4)$$

Les éléments hors diagonale représentent la corrélation des termes aléatoires non observés, qui décrivent les interdépendances entre les quatre PCS. Une corrélation positive indique une complémentarité des PCS, tandis qu'une corrélation négative renvoie à une substituabilité entre elles.

## 4. Spécification empirique

*a) Variables dépendantes*

Les quatre bonnes pratiques de conservation des sols analysées sont les PCS les plus couramment observées dans la zone d'étude, en termes d'aptitude à fournir des services écosystémiques dans l'activité de production maraîchère (Awah Manga et *al.*, 2021). Elles répondent aux définitions qui suivent. La rotation des cultures renvoie au changement, à chaque cycle de production, du type de légumes cultivés dans une parcelle. Elle permet, d'une part, de maintenir la fertilité des sols, puisqu'à chaque type de légume correspond des besoins distincts en nutriments ; et d'autre part, d'éviter les problèmes généralisés de ravageurs et de maladies, puisque certains de ces déprédateurs ne s'attaquent finalement qu'à un type bien précis de cultures. Quant à la fumure organique, elle fait référence à toutes les substances organiques qui, après traitement, sont utilisées en agriculture comme engrais. Ceux-ci ont un effet fertilisant rapide et sont donc adaptés à la culture de produits à cycle court, tels que les légumes. Usuellement, ces substances organiques sont utilisées en combinaison avec des engrais chimiques. Quid à présent du paillage ? Il consiste à recouvrir le sol d'un matériau d'origine végétale ou minérale ; permettant ainsi (i) : d'augmenter dans le sol, la matière organique et les nutriments issus de la dégradation des résidus de plantes cultivées les saisons précédentes ; (ii) : d'éloigner un bon nombre d'insectes ; et (iii) : de favoriser le développement de la microfaune utile à la vie du sol. La jachère enfin, c'est certes, la période de repos du sol (selon Roose, 1994), mais aussi l'ensemble des pratiques culturales qui visent à préparer la terre à la reconstitution naturelle de ses éléments nutritifs. Dans les systèmes de cultures maraîchères intensives, sont habituellement mises en œuvre, de courtes périodes de jachère entre les saisons.

*b) Variables indépendantes et hypothèses*

En nous fondant sur la littérature traitant essentiellement de l'adoption des PCS, nous avons retenus comme variables indépendantes, les variables d'urbanisation, ainsi que celles d'ordre socio-démographique, économique, institutionnelle et physique.

i) Variables d'urbanisation :

Les variables d'urbanisation comprennent la densité de la population et la proximité au centre-ville. Depuis Von Thünen (1826), la proximité avec le centre de la ville a conduit les producteurs à intensifier leur système de production agricole. Binswanger et Savastano (2017) affirment que la proximité des marchés offre une opportunité de renforcer les systèmes agricoles. Et pour cause, l'accès aux marchés entraîne une réduction du temps de jachère, une augmentation de l'utilisation complémentaire des engrais chimiques et de la fumure organique, et un accroissement des investissements de toutes sortes pour conserver la qualité des terres. Par conséquent, dans cette étude, on s'attend à ce que l'accès aux marchés urbains contribue d'une part, à augmenter la probabilité d'adoption de la rotation des cultures, de la fumure organique et du paillage et, d'autre part, à réduire la probabilité d'adoption de la jachère.

La densité de la population est également supposée favoriser l'adoption de bonnes PCS dans la production maraîchère péri-urbaine. Boserup (1965) affirme à ce propos que, du fait d'une utilisation plus accrue de produits chimiques, une hausse de la densité de la population est, initialement du moins, associée à des jachères plus courtes et à une utilisation plus intensive des terres. Mais au-delà d'un certain seuil, la surexploitation des sols conduit à leur dégradation et à une faible réactivité aux engrais chimiques (Drechsel et *al.*, 2001). A partir de là, les producteurs sont plus enclins à investir dans le rajeunissement naturel des sols (Tiffen et *al.*, 1994). En somme, la densité de la population devrait avoir des effets positifs sur l'adoption de la rotation des cultures, de la fumure organique et du paillage. En revanche, pour ce qui est de la jachère, cette incidence devrait être négative.

ii) variables socio-démographiques :

Les variables socio-démographiques comprennent l'âge, le sexe, la taille du ménage, le niveau d'éducation et l'expérience dans le métier d'agriculteur. Dans la littérature, l'effet de l'âge du producteur sur l'adoption des PCS est diversement apprécié. Un premier groupe d'études met en évidence une relation positive entre l'âge et l'adoption de mesures de conservation agricole (Okoye, 1998 ; Young et Shortle, 1984) ; un deuxième soutient par contre que le taux d'adoption des PCS diminue avec l'âge, dans la mesure où l'horizon de planification de l'agriculteur se raccourcit (Barry et *al.*, 1995 ; Batte et Johnson, 1993) ; un troisième groupe de travaux souligne, enfin, la possibilité d'une relation non significative entre les deux variables (Neill et Lee, 2001).

Le sexe du producteur est introduit au modèle d'étude pour rendre compte de l'existence, ou non, d'une différence dans le comportement des maraîchers hommes et femmes lors de l'adoption des PCS. L'influence de cette variable est de nature changeante dans la littérature. Alors que Demeke (2003) ne trouve pas de relation significative entre le sexe de l'agriculteur et l'adoption des PCS, Bidogeza et *al.* (2009) montrent que les agricultrices du Rwanda sont celles qui utilisent le plus de compost et de paillage.

La taille du ménage est retenue dans le modèle en présupposant qu'elle influence positivement l'adoption des PCS. Les foyers les plus grands sont en effet supposés fournir plus de main-d'œuvre dans le contexte d'une adoption de mesures de conservation et d'entretien des sols.

En ce qui concerne le niveau d'éducation, l'on suppose qu'il augmente la probabilité que les maraîchers adoptent des PCS. Ainsi, plus l'agriculteur est instruit, plus il a une meilleure compréhension des avantages et des contraintes liés à l'adoption des PCS. Et la probabilité pour qu'il soit au fait des informations relatives à la bonne mise en œuvre de ces pratiques, et qu'il les applique, est grande (Demeke, 2003 ; Feder *et al.*, 1985). Paradoxalement, dans la province d'Umutara au Rwanda, Bidogeza et *al.* (2009) ont constaté que les agriculteurs analphabètes étaient les plus enclins à pratiquer la jachère, et à utiliser la fumure organique, pour maintenir la fertilité des sols dédiés à l'agriculture.

Le nombre d'années d'expérience dans la production de légumes devrait pouvoir, lui aussi, augmenter la probabilité d'adoption des PCS par les agriculteurs. Fernandez-Cronejo et *al.* (1994) ont indiqué que ceux des leurs qui cumulent le plus grand nombre d'années d'expérience agricole bénéficient, le plus, de l'adoption d'une innovation. Cependant, certaines études (Shortle et Miranowski, 1986 ; Traoré et *al.*, 1998) ont montré que le nombre d'années d'activité et la propension à adopter les techniques de conservation agricole ont une relation non significative.

iii) Variables économiques :

Les variables économiques intégrées à l'étude comprennent la propriété foncière, l'activité économique extra agricole, et la taille de la parcelle. La propriété foncière est incorporée au modèle d'analyse, sur la base du principe selon lequel les propriétaires fonciers sont plus enclins à adopter des PCS, comparativement à ceux qui ne le sont pas (Soule et *al.*, 2000). Depuis Coase (1960), il est en effet reconnu que l'absence de droits de propriété clairement établis conduit à la dégradation des ressources naturelles. Lorsque le producteur perçoit le risque de perdre sa parcelle, il devient moins disposé à investir dans des PCS ; puisque, en réalité, ceux-ci ne génèrent des bénéfices que sur le long terme.

L'incidence de la pratique d'une activité extra agricole sur l'adoption des PCS est, elle, sujette à diverses interprétations dans la littérature. En effet, alors que Bidogeza et *al.* (2015) montrent que les revenus non agricoles peuvent fournir des ressources supplémentaires pour financer l'adoption des PCS, Knowler et Bradshaw (2007) soutiennent, au contraire, que les revenus non agricoles sont susceptibles de diminuer l'intérêt de l'agriculture dans le ménage et, par conséquent, de réduire les chances d'adopter des PCS.

S'agissant de la taille des parcelles, dès lors qu'elle est considérée comme une mesure de la richesse des producteurs, elle conduit à l'idée que les propriétaires de grandes exploitations sont susceptibles d'adopter et de maintenir des pratiques de conservation agricole (Demeke, 2003 ; Fernandez-Cornejo et *al.*, 2002). Pour autant, lorsque la quantité de travail nécessaire pour assurer la mise en place et l'entretien de ces structures est prise en compte, une relation négative entre la taille des parcelles et l'adoption de techniques de conservation agricole apparaît (Clay et *al.*, 1998).

iv) Variables institutionnelles :

Deux variables institutionnelles sont incluses dans le modèle. Tout d'abord, l'appartenance à une organisation paysanne ; laquelle est supposée stimuler l'adoption des PCS. En assimilant la variable d'appartenance à un groupe au concept de capital social, Shrestha et Ligonja (2015) soulignent que le fait d'être membre d'une coopérative de producteurs agricoles fournit des informations qui motivent les maraîchers à adopter les PCS.

Ensuite, on a l'accès au crédit, qui est retenue dans l'analyse avec l'hypothèse que l'obtention d'un crédit agricole peut accroître la probabilité d'adopter les PCS. Et bien que très peu d'études ont analysé cette relation (Knowler et Bradshaw, 2007), il est clair que les PCS génèrent des coûts supplémentaires. Ce qui, logiquement, pousse à penser avec Ngondjeb (2012) que la contrainte de liquidité peut limiter, chez les maraîchers, la propension à adopter des PCS.

v) Variables physiques :

L'influence de la manière dont est perçu l'environnement physique est bien connue dans la littérature (Adesina et Zinnah, 1993). Aussi, comme variables physiques, faut-il considérer la distance de la parcelle à la résidence, l'accessibilité de la parcelle, et la perception de la dégradation des sols. La première variable est retenue en admettant l'hypothèse que le temps mis par les agriculteurs pour aller de la maison aux parcelles, est négativement lié à l'adoption des PCS. Ainsi, plus les parcelles sont éloignées, moins les producteurs sont disposés à adopter et à maintenir les PCS. Les parcelles situées à proximité des habitations sont, elles, plus à même d'intéresser les agriculteurs (Alemu, 1999).

Rarement utilisée dans les études traitant de l'adoption des PCS, l'accessibilité des parcelles est engagée dans le modèle en admettant l'hypothèse que les exploitations agricoles très accessibles sont plus susceptibles d'être converties en usages urbains dans un futur proche (Soule et *al.*, 2000). Par conséquent, vu que les avantages de l'adoption des PCS sont plus palpables à long terme, les producteurs pourraient être moins disposés à opter pour des mesures de conservation agricole dans les zones de production facilement accessibles.

La perception de la dégradation des sols par le maraîcher est supposée favoriser son choix pour les PCS. Selon Assefa et Hans-Rudolf (2016), une condition nécessaire à l'adoption de technologies de conservation des sols est que, les agriculteurs perçoivent au préalable la dégradation des sols dans leurs parcelles. Il est communément admis qu'ils adoptent volontiers des technologies ; mais que, par la suite, celles-ci font l'objet de modifications qui tiennent compte du niveau de dégradation réelle de leurs parcelles ; tel qu'eux-mêmes le perçoivent (Teshome et *al.*, 2016).

# RÉSULTATS ET DISCUSSION

## 1. Ampleur de l'adoption et interdépendances entre les PCS

Le tableau 2 ci-dessous présente les 4 pratiques les plus utilisées par les maraîchers de la zone péri-urbaine de Yaoundé, pour assurer la bonne conservation de leurs sols ; et leur taux d'adoption. En analysant ce tableau, il est évident de noter que l'ampleur ou le degré d'adoption des PCS varie considérablement d'une pratique à l'autre. La fumure organique (pour 85% des agriculteurs) et le paillage (pour 61% des agriculteurs) sont les pratiques, respectivement, les plus et les moins adoptées par les maraîchers péri-urbains. Le résultat relatif à la fumure organique est légèrement plus élevé par rapport aux 66% de niveau d'adoption rapporté par les producteurs de légumes des zones péri-urbaines et rurales du Kenya (Kurgat et *al.*, 2018). Selon Darkwah et *al.* (2019), le paillage est la pratique la moins répandue, car elle est laborieuse à mettre en place. La jachère est aussi peu pratiquée, en raison de la rareté des terres, et du fait qu'il n'est pas possible de laisser se reposer longtemps, les quelques parcelles disponibles. Okolle et *al.* (2016) ont décrit une situation quasi similaire au sein des zones agro-écologiques situées en milieu tropical humide au Cameroun.

**Tableau 2.** *Pourcentage du niveau d'adoption et de non-adoption des PCS dans les zones de production maraîchère urbaines et péri-urbaines de Yaoundé*

| Pratique de conservation des sols | Pourcentage d'adoption et de non-adoption | |
|---|---|---|
| | **Adoption** | **Non-adoption** |
| Rotation des cultures | 75 | 25 |
| Fumure organique | 85 | 15 |
| Paillage | 61 | 39 |
| Jachère | 66 | 34 |

**Tableau 3.** *Nombre de pratiques de conservation des sols adoptées dans les zones urbaines et péri-urbaines de production maraîchère de Yaoundé*

| Nombre de PCS adoptées | Nombre d'adoptants | Pourcentage d'adoptants |
|---|---|---|
| 0 | 2 | 1.08 |
| 1 | 24 | 12.97 |
| 2 | 35 | 18.92 |
| 3 | 58 | 31.35 |
| 4 | 66 | 35.68 |

Le tableau 3 ci-dessus montre le degré d'adoption des PCS, mesurée ici par le nombre (variant de 0 à 4) de PCS adoptées simultanément par un maraîcher péri-urbain. Le nombre moyen de PCS adoptées est de 2,87. Ce qui indique un intérêt relativement élevé des maraîchers péri-urbains pour l'investissement dans les pratiques de gestion durable des sols. Cette volonté d'investir dans un plus grand nombre de PCS pourrait être liée au phénomène d'urbanisation, qui permet aux agriculteurs urbains et péri-urbains d'avoir un meilleur accès aux intrants, aux marchés urbains, et à plus d'informations sur les PCS. Il ressort aussi du tableau 3 que les adoptants des quatre PCS sont les plus nombreux, c'est-à-dire 66 au total ; ce qui représente 35% de l'ensemble des maraîchers. Les adoptants d'une seule PCS sont les moins nombreux ; 24 très exactement, équivalant à

12,97% de l'ensemble des maraîchers. En définitive, seuls 2 maraîchers sur les 185 enquêtés n'ont adopté aucune des quatre PCS considérées dans l'étude.

Le tableau 4 infra révèle quant à lui que l'hypothèse nulle d'absence d'interdépendance entre les PCS est rejetée à un niveau de significativité de 5%, sur la base du test du rapport de vraisemblance. Les résultats mettent en lumière l'existence d'interdépendances entre les PCS. Ce fait suggère que le modèle Probit multivarié est préférable aux modèles probit à une équation. Une analyse plus poussée du tableau 4 montre que trois (3) des six (6) coefficients de corrélation par paire sont significatives ; ce qui, du fait de leurs signes tous positifs, indique que certaines des PCS de l'étude sont complémentaires. Ainsi, pour préciser notre propos, la rotation des cultures et l'utilisation de fumure organique sont positivement corrélées, tout comme la rotation des cultures et la jachère, ou la fumure organique et la jachère. Il est donc suffisamment clair que, dans le cadre de leur activité agricole, les maraîchers des zones urbaine et péri-urbaine de la ville de Yaoundé ont tendance à privilégier l'utilisation de la fumure organique, qu'ils associent à une ou plusieurs PCS en fonction de la disponibilité de leurs ressources.

**Tableau 4.** *Coefficients de corrélation de l'adoption des PCS à partir du modèle MVP*

| | **ρ Rotation des cultures** | **ρ Fumure organique** | **ρ Paillage** |
|---|---|---|---|
| **ρ Fumure organique** | 0,33** | | |
| **ρ Paillage** | 0,098 | 0,131 | |
| **ρ Jachère** | 0,636*** | 0,3317* | 0,043 |

Test du rapport de vraisemblance : ρ Fumure organique = ρ Rotation des cultures = ρ Paillage = ρ Jachère = 0 ;

chi2(6) = 21.4193 ; Prob > chi2 = 0.0015.

*Note : ***, ** et * indiquent une significativité à p < 0,001 ; 0,05 et 0,1 respectivement.*

## 2. Caractérisation des adoptants et des non-adoptants des PCS dans les zones urbaine et péri-urbaine de Yaoundé

Le tableau 5 ci-dessous présente certaines variables explicatives en fonction du statut de l'agriculteur (adoptant ou non-adoptant). Les résultats montrent que pour les adoptants et les non-adoptants du paillage, l'expérience agricole est différente ; ce qui n'est pas le cas pour les autres

PCS, où aucune différence significative n'a été trouvée. De fait, l'expérience agricole s'est avérée plus longue chez les adoptants du paillage (12,9 ans), que chez les non-adoptants (9,8 ans). Ceci implique qu'une longue expérience dans l'agriculture pourrait permettre aux producteurs de légumes de mieux comprendre les avantages du paillage ; ce en dépit des contraintes liées à son application dans les zones urbaine et périu-rbaine de Yaoundé.

En ce qui concerne la propriété foncière, la possession d'une parcelle est apparue plus élevée chez les adoptants de la jachère (53,6%), que chez leurs homologues non-adoptants (22,5%) ; et faible chez les adoptants de la fumure organique (38,8%) par rapport aux non-adoptants (67,8%). Ces résultats pourraient constituer une mise en lumière du fait que la propriété foncière est un déterminant clé dans l'adoption de la jachère comme PCS, mais un déterminant mineur dans celle de la fumure organique.

L'accès au crédit agricole s'est aussi avéré différent pour les adoptants et les non-adoptants de la rotation des cultures ; en ce sens que s'il est plus faible chez les premiers (11,5%), il l'est nettement moins chez les seconds (23,9 %). Idem pour ce qui est des adoptants et non-adoptants de la fumure organique (12,7 % contre 25 %). De ces derniers constats, il ressort que l'accès au crédit agricole serait d'une importance mineure dans l'adoption des deux pratiques de conservation des sols que sont la rotation des cultures et la fumure organique.

S'agissant des variables d'urbanisation, les distances par rapport au centre de la ville de Yaoundé ont affiché des différentes, ceci uniquement dans le cas des adoptants et non-adoptants de l'assolement. Les fermes des adoptants de la rotation des cultures sont ainsi apparues, en moyenne plus éloignées du centre-ville (24,4 km) que celles des non-adoptants (17,8 km). Ces résultats suggèrent que la distance au centre-ville pourrait être déterminante dans l'adoption de la rotation des cultures comme PCS. En ce qui concerne les densités de population, tout porte à indiquer que les maraîchers ayant adopté la jachère comme mode de conservation des sols, disposent de parcelles situées dans des zones moins densément peuplées (1164,8), comparativement à celles de leurs homologues non-adoptants (2362,7). Tel constat semble montrer que la densité de la population est un facteur limitant dans le choix de la jachère comme PCS. L'âge de l'agriculteur, la taille du ménage, les activités économiques non agricoles, la taille de la parcelle, l'appartenance à un groupe, et la perception de la dégradation du sol, sont apparus être les mêmes pour tous les agriculteurs de la zone d'étude, adoptants et non-adoptants de PCS inclus. De plus, quel qu'ait été le niveau de significativité considéré (0,1%, 5%, ou 10%), les t-tests n'ont pas indiqué de différence dans les caractéristiques des deux groupes d'agriculteurs.

**Tableau 5.** *Statistiques de certaines variables explicatives parmi les adoptants et les non-adoptants des PCS*

| | Rotation des cultures | | | Fumure organique | | | Paillage | | | Jachère | | |
|---|---|---|---|---|---|---|---|---|---|---|---|---|
| | **A** | **NA** | **t/z** | **A** | **NA** | **t/z** | **A** | **NA** | **t/z** | **A** | **NA** | **t/z** |
| âge | 42 | 42.2 | 0.1224 | 42.4 | 40 | -0.988 | 43.2 | 40.1 | -1.61 | 41.7 | 42.6 | 0.47 |
| Taille du ménage | 7.8 | 7.7 | -0.155 | 7.9 | 7.5 | -0.406 | 8.2 | 7.3 | -1.15 | 8.2 | 7 | -1.55 |
| Expérience agricole | 12.3 | 9.9 | -1.334 | 11.7 | 11.6 | -0.054 | 12.9 | 9.8 | -1.9* | 11.8 | 11.4 | -0.245 |
| Propriété foncière | 41 | 50 | 1.07 | 38.8 | 67.8 | 2.85 ** | 41.5 | 45.8 | 0.57 | 53.6 | 22.5 | -4.03 *** |
| Activités extra-agricoles | 55.3 | 60.8 | 0.65 | 55.4 | 64.2 | 0.87 | 53.9 | 61.1% | 0.95 | 57.7 | 54.8 | -0.37 |
| Taille de la parcelle de moins de 500 m² | 30.9 | 41.3% | 1.29 | 31.8% | 42.8 | 1.14 | 34.5 | 31.9 | -0.36 | 30 | 40.3 | 1.39 |
| Appartenance à une OP | 24,4 | 30,4 | 0.80 | 26,7 | 21,4 | -0.59 | 22,1 | 31,9 | 1.49 | 25,2 | 27,4 | 0.32 |
| Accès au crédit | 11.5 | 23.9 | 2.07 ** | 12.7 | 25 | 1.69* | 11.5 | 19.4 | 1.49 | 13.8 | 16.1 | 0.42 |
| Perception de la dégradation des sols | 53.9 | 41.3 | -1.49 | 51.5 | 46.4 | -0.50 | 50.4 | 51.3 | 0.13 | 52.8 | .46.7 | -0.78 |
| Distance au centre-ville | 24.4 | 17.8 | -2.52** | 23.5 | 18.8 | -1.486 | 24.3 | 20.4 | -1.64 | 24.06 | 20.3 | -1.54 |
| Densité de la population | 1569.2 | 1557.6 | -0.038 | 1616.8 | 1283.2 | -0.914 | 1443.5 | 1759 | 1.177 | 1164.8 | 2362.7 | 4.5*** |

****, ** et * indiquent une significativité à $p < 0,001$, 0,05 et 0,1 respectivement.*

*Note : A = adoptants ; NA= Non -adoptants.*

### 3. Effets de l'urbanisation sur la fourniture des services écosystémiques via l'adoption des PCS dans les zones de production maraîchère urbaine et péri-urbaine de Yaoundé

Le tableau 6 illustré ci-après présente l'estimation des coefficients du modèle Probit multivarié qui indiquent la direction et la significativité entre les PCS et les covariables d'adoption. Les résultats du modèle Probit multivarié, avec des écarts-types robustes, suggèrent que l'estimation est statistiquement valide. Le modèle estimé est significatif à 1% (Prob Chi2 = 0,0000) ; et la statistique du rapport de vraisemblance obtenue est supérieure à la valeur théorique du chi-deux [Wald chi2 (84) = 425,41]. Ces résultats montrent en outre que les facteurs d'adoption diffèrent selon les PCS.

**Tableau 6.** *Modélisation Probit multivariée de l'influence de l'urbanisation sur l'adoption des PCS dans les exploitations maraîchères urbaines et péri-urbaines de Yaoundé*

| VARIABLES | Rotation des cultures | Fumure organique | Paillage | Jachère |
|---|---|---|---|---|
| **Variables sociodémographiques** | | | | |
| âge | **-0.0200* (0.0111)** | 0.00969 (0.0125) | 0.00854 (0.0108) | -0.0102 (0.0115) |
| Genre = Homme | 0.205(0.267) | -0.145 (0.301) | -0.347 (0.253) | 0.250 (0.280) |
| Taille du ménage | 0.0291 (0.0272) | **0.0844** (0.0331)** | 0.0144 (0.0282) | -0.00722 (0.0279) |
| Niveau d'éducation | | | | |
| Niveau Primaire | 0.152 (0.454) | **1.853*** (0.484)** | 0.250 (0.470) | -0.0290 (0.414) |
| Niveau Secondaire | -0.0265 (0.458) | **1.554*** (0.420)** | **0.897* (0.464)** | 0.0910 (0.433) |
| Niveau Supérieur | 0.360 (0.598) | **2.079*** (0.668)** | **1.179** (0.563)** | 0.156 (0.565) |
| Expérience agricole | 0.0184 (0.0133) | -0.00641 (0.0141) | 0.0205 (0.0133) | -0.0137 (0.0134) |
| **Variables économiques** | | | | |
| Propriété foncière | 0.0149 (0.295) | **-0.993*** (0.315)** | -0.261(0.259) | **0.941*** (0.278)** |
| Activité extra-agricole | -0.0921 (0.241) | 0.200 (0.255) | -0.184 (0.233) | -0.0750 (0.233) |
| Taille de la parcelle | | | | |
| Entre 500 m² et 1500 m² | 0.411 (0.284) | 0.378 (0.318) | 0.0350 (0.260) | 0.00786 (0.274) |
| > 1500 m² | 0.00831 (0.330) | -0.100 (0.363) | **-0.551* (0.323)** | 0.173 (0.345) |
| **Variables institutionnelles** | | | | |

| | | | | |
|---|---|---|---|---|
| Appartenance à une OP | **-0.575** (0.278)** | -0.0565 (0.327) | -0.413 (0.287) | -0.305 (0.285) |
| Accès au crédit | **-0.983*** (0.344)** | **-0.585* (0.329)** | -0.308 (0.304) | **-0.876*** (0.284)** |
| **Variables physique et de perception** | | | | |
| Distance domicile-parcelle | | | | |
| Entre 1 km et 2 km | -0.154 (0.327) | -0.224 (0.402) | -0.0705 (0.311) | **0.607* (0.316)** |
| Entre 2 km et 3 km | -0.404 (0.321) | **-1.156*** (0.374)** | -0.351 (0.297) | 0.377 (0.329) |
| > 3 km | -0.517 (0.346) | **-1.289*** (0.374)** | 0.216 (0.326) | **0.868*** (0.318)** |
| Accessibilité à la parcelle | | | | |
| Accessibilité moyenne | -0.0810 (0.284) | **-0.736** (0.333)** | **-1.240*** (0.283)** | **-0.981*** (0.295)** |
| Accessibilité élevée | 0.308 (0.317) | -0.502 (0.321) | -0.132 (0.273) | 0.288 (0.307) |
| Perception de la dégradation des sols | **0.679** (0.268)** | 0.275 (0.281) | -0.100 (0.221) | **0.371* (0.225)** |
| **Variables d'urbanisation** | | | | |
| Distance au centre-ville | **0.045*** (0.0103)** | **0.023** (0.0100)** | **0.0205** (0.0089)** | **0.0152* (0.008)** |
| Ln densité de la population | 0.131 (0.0999) | - 0.149 (0.105) | -0.0790 (0.0898) | **-0.229** (0.100)** |
| Constance | -0.825 (0.982) | 0.296 (1.004) | 0.129 (0.901) | **1.608* (0.960)** |
| Nombre observation | 185 | | | |
| Wald chi2(84) | 425.41 | | | |
| Log pseudo likelihood | -309.1681 | | | |
| Prob > chi2 | 0.0000 | | | |

*Notes : ***, ** et * indiquent une significativité à p < 0,001, 0,05 et 0,1 respectivement.*

Les résultats du tableau 6 révèlent aussi que la proximité par rapport au centre-ville a une influence négative sur l'adoption de la rotation des cultures, de la fumure organique, du paillage et de la jachère. Cette relation négative entre la proximité des marchés urbains et l'adoption des PCS est cohérente avec la littérature sur la jachère ; et incohérente pour ce qui est de la rotation des cultures, de la fumure organique et du paillage. En effet, des études antérieures montrent que la proximité des marchés urbains augmente la probabilité d'adoption des techniques de conservation des sols en Ethiopie (Gebremedhin et Swinton, 2003), des mesures de conservation de l'eau et des sols dans le nord du Ghana (Ersado et *al.*, 2004), et du paillage par les producteurs de maïs aux Etats-Unis (Soule et *al.*, 2000).

Malgré ces contradictions, plusieurs explications peuvent être avancées, notamment en relevant avec Shiferaw et *al.* (2009) que le taux d'adoption de l'agriculture de conservation peut varier, selon que l'accès aux marchés urbains affecte le type de produits et/ou les prix de ces derniers. Concernant le type de produits, les maraîchers proches du centre urbain de Yaoundé se concentrent principalement sur la production de légumes traditionnels africains,[54] pour s'assurer des revenus rapides et permanents. En conséquence, la pratique de la rotation des cultures est faible à proximité du centre-ville ; alors qu'elle se renforce lorsqu'on s'éloigne dudit centre, particulièrement du fait d'une plus grande diversification de la production. La pratique du paillage est faible elle aussi à proximité du centre, en raison de contraintes foncières. En effet, quand ils comparent la durée du cycle de production des légumes traditionnels africains et le temps moyen d'assimilation des résidus en tant qu'amendements organiques par le sol, les maraîchers ont le sentiment de perdre du temps et de l'argent en adoptant le paillage. Ainsi, plus on s'éloigne du centre-ville, plus les contraintes foncières diminuent, et plus la pratique du paillage tend-elle à augmenter. Quant aux prix des légumes cultivés, certaines études suggèrent l'existence d'une relation positive entre le niveau élevé des prix des produits agricoles et l'adoption de l'agriculture de conservation (Shiferaw et *al.*, 2009 ; Lee, 2005). Cela étant, vu que les légumes traditionnels africains cultivés principalement à proximité du centre-ville sont relativement moins chers, et que les légumes exotiques et/ou les fruits, cultivés essentiellement en périphérie du centre sont relativement coûteux, l'adoption de la rotation des cultures, de la fumure organique et du paillage, diminuent avec la proximité du centre-ville. Cette différence de prix est, à l'évidence, un argument additionnel explicatif de la faiblesse d'implémentation de ces modes de conservation des sols sur les parcelles agricoles proches du centre de la ville de Yaoundé.

La densité de la population exerce un effet négatif sur l'adoption de la jachère, mais n'a aucune incidence sur le choix de la rotation des cultures, de la fumure organique et du paillage comme PCS. Dans les zones péri-urbaines de production des légumes, constat est fait de ce que plus la densité de la population augmente, moins les maraîchers sont enclins à adopter la jachère. Des conclusions similaires sont fréquemment

[54] La demande urbaine de légumes cultivés pour leurs feuilles (encore appelés légumes feuilles ou feuilles légumières), à l'instar de la Morelle noire (*Solanum ssp.*), de l'Amarante (*Amaranthus spp.*) et de la Corète potagère (*Corchorus olitorius L.*), est élevée en raison du cycle relativement court de ces cultures.

rencontrées dans la littérature économique. En effet, il est largement reconnu que l'accroissement démographique entraîne la raréfaction des terres agricoles, la réduction de la période de jachère, et l'augmentation de la fréquence des cultures (Headey et Jayne, 2014). Néanmoins, l'influence non significative de la densité de population sur la rotation des cultures, la fumure organique et le paillage, a trouvé une explication chez des auteurs comme Pender et *al.* (2006) qui, en se référant à des études antérieures, affirment que les effets de la densité de la population sur l'adoption des PCS ne sont pertinents que dans les zones où les infrastructures et les services urbains ne sont pas bien développés. Ainsi, avec l'extension de l'urbanisation vers la périphérie de Yaoundé, c'est-à-dire en zone péri-urbaine, la pression démographique, qui y a déjà pris pied, semble n'avoir que peu d'effets sur la production maraîchère. Faisant écho aux travaux de Binswanger et Savastano (2017), force est alors d'inférer que dans les zones péri-urbaines de Yaoundé dediées à la production maraîchère, l'opportunité d'adopter des PCS en raison d'un accès aisé aux marchés urbains est plus grande que la nécessité de les adopter du fait de l'augmentation de la population. Cela peut tenir de ce que les maraîchers ont l'habitude de changer de site de production lorsque les contraintes foncières deviennent importantes (Temple et *al.*, 2008 ; Soua Mboo et *al.*, 2004). A preuve, dans la zone d'étude, en seulement 9 ans, les producteurs de légumes ont changé de site de production en moyenne 5 fois. Les sites de production proches du centre-ville ont ainsi disparu au profit d'autres, qui ont émergé plus loin, à la périphérie du centre (Dauvergne, 2011). Le motif de tels changements d'espaces d'activité a toujours été l'accès facile aux marchés urbains.

A contrario, d'autres facteurs existent, qui permettent de comprendre pourquoi les maraîchers péri-urbains optent, ou pas, pour les PCS. Dans ce travail, l'âge de l'agriculteur influence négativement l'adoption de la rotation des cultures, mais n'a aucun effet sur celle de la fumure organique, du paillage et de la jachère. Ce résultat est cohérent avec les conclusions d'études antérieurement réalisées, qui révèlent que l'adoption des pratiques de conservation agricoles est négativement liée à l'âge de l'agriculteur (Ersado et *al.*, 2004 ; Barry et *al.*, 1995). Ceci est d'autant plus vrai que la rotation des cultures entre dans la catégorie des PCS dotées d'effets positifs à long terme. Or, ce fait est en total déphasage avec le comportement naturel des producteurs qui, avec l'âge, et dans le contexte des zones urbaines en particulier, ont tendance à sans cesse envisager, voire anticiper, l'arrêt de leurs activités agricoles à plus ou moins brève échéance.

La taille du ménage de l'agriculteur augmente la probabilité d'adoption de la fumure organique, mais n'affecte pas celle des autres PCS. Ce résultat est conforme à notre intuition de départ, puisque la main-d'œuvre familiale nombreuse pourrait être utile au transport, au stockage et à l'application de la fumure organique dans les parcelles de cultures. Cependant, ce résultat semble aussi être en contradiction avec certaines études (Tadesse et Belay, 2004 ; Bekele et Drake, 2003) qui ont établi l'existence d'une relation négative entre la taille du ménage de l'agriculteur et l'adoption des PCS. Les auteurs en question ont justifié cette trouvaille en faisant valoir que les ménages de grande taille préfèrent assurer les charges quotidiennes. De ce fait, ils dépensent la plupart de leurs revenus pour la nourriture et d'autres besoins de base ; ce qui réduit leur capacité à investir dans des PCS (Mulwa et *al.*, 2017).

Le niveau d'éducation est positivement lié à l'adoption de la fumure organique et du paillage ; alors qu'il n'affecte pas celle relative à la rotation des cultures et à la jachère. Ce résultat est conforme aux études ayant établi l'existence d'une relation positive entre l'éducation et l'adoption d'une agriculture de conservation (Kurgat et *al.*, 2018 ; Mango et *al.*, 2017 ; Ersado et *al.*, 2004). Pour autant, une thèse contradictoire à ce résultat existe bel et bien, qui soutient qu'en raison du fait que l'éducation peut aussi accroître le coût d'opportunité de la main-d'œuvre familiale utilisée dans la production agricole, elle est susceptible d'influencer négativement l'adoption des PCS (Knowler et Bradshaw, 2007).

La propriété de la parcelle a des effets mitigés sur l'adoption des PCS. Elle diminue la probabilité du choix de la pratique de conservation fumure organique, et augmente celle de la pratique de conservation jachère. Ce résultat est en contradiction avec la littérature traitant de l'adoption de la fumure organique. Il y est en effet démontré que la fumure organique, tout en générant des coûts d'exploitation (achat, stockage, application, etc.), engendre aussi des bénéfices à court terme. Une explication donnée à cela pourrait être que les non-propriétaires de parcelles préfèrent engranger des bénéfices de productivité ; quand les propriétaires, eux, sont réticents à l'idée de supporter des coûts induits. Toutes choses restant égales par ailleurs, il se pourrait qu'en définitive, les propriétaires de parcelles préfèrent les PCS qui ne génèrent pas de coûts financiers, comme c'est le cas avec la jachère.

La taille de la parcelle réduit la volonté des maraîchers à opter pour le paillage, et n'a aucun effet sur l'adoption des autres PCS. Le choix du paillage diminue davantage chez les maraîchers dont les parcelles dépassent les 1 500 m², que chez ceux dont la superficie des champs est inférieure à 500 m². Des résultats similaires ont été rapportés autant par Clay et *al.* (1998) que par Shortle et Miranowski (1986), qui ont décrit une corrélation négative entre la taille de la parcelle cultivée et l'adoption des PCS. En effet, la mise en œuvre et le maintien des pratiques de conservation dans les grandes exploitations nécessitent des dépenses élevées (Norris et Batie, 1987) ; ou, dans le cas du paillage en particulier, l'utilisation d'une plus grande quantité de main-d'œuvre.

L'accessibilité au crédit affecte négativement l'adoption de la rotation des cultures, de la fumure organique et de la jachère, mais n'a aucun effet sur le choix du paillage comme PCS. Ces résultats vont à l'encontre de l'idée selon laquelle, la présence de ressources financières additionnelles dans les exploitations agricoles est susceptible d'augmenter la probabilité d'adoption d'une agriculture de conservation (Diagne et Zeller, 2001). Une telle explication peut cependant se comprendre lorsqu'on considère la nature du crédit reçu, et le type de PCS adoptées. Dans la zone d'étude, le crédit reçu n'est pas de nature formelle ; les maraîchers recevant plutôt de l'argent à l'avance, de la part de grossistes qui commandent le type de légumes à produire (Awah Manga, 2019). Aussi, y a-t-il peu de chances que la rotation des cultures soit adoptée. Il en est de même pour la fumure organique dont on ne tire des bénéfices qu'à long terme ; alors que les agriculteurs, eux, préfèrent maximiser leur production à court terme, en misant sur l'utilisation des engrais chimiques. Enfin, comme les maraîchers signent des contrats à terme avec les grossistes, la jachère a également moins de chances d'être mise en œuvre comme PCS.

La distance de la parcelle à la résidence a des effets mitigés sur l'adoption des PCS. Elle réduit la volonté des maraîchers d'utiliser la fumure organique et augmente la probabilité de leur choix pour la jachère. Des études ont rapporté des résultats similaires, de l'existence d'une relation négative entre la distance parcelle-résidence et l'utilisation de la fumure organique. L'argument avancé est le suivant : une longue distance de la parcelle à la résidence décourage les agriculteurs ; parce qu'elle signifie plus de travail pour le transport des sacs de fumure (Demeke, 2003 ; Alemu, 1999). Conformément à notre intuition, la relation positive entre la distance parcelle-résidence et l'adoption de la jachère pourrait être comprise dès lors qu'on considère la grande quantité de travail requise pour la production des légumes, comparée à celle d'autres cultures. De sorte que les maraîchers se concentrant sur les parcelles proches de leur domicile, ils se voient contraints d'adopter la jachère pour celles qui en sont éloignées.

La perception de la dégradation des sols accroît la probabilité d'adoption de la rotation des cultures et de la jachère, mais n'a aucun effet sur le choix de la fumure organique et du paillage comme PCS. En droite ligne de cette thèse, se situent Assefa et Hans-Rudolf (2016), qui attestent que la perception par les agriculteurs des problèmes de dégradation des sols dans les régions d'Arbaminch et de Chencha, les a aidés à appliquer des pratiques de gestion durable des terres ; en l'occurrence, la jachère et la rotation des cultures. Enfin, en ce qui concerne l'accessibilité des parcelles, les résultats montrent que les maraîchers dotés de parcelles dans des zones où l'accessibilité est de moyenne qualité, sont moins disposés à adopter la fumure organique, le paillage et la jachère, que les agriculteurs dont les champs sont situés dans des zones difficiles d'accès. Les mêmes résultats indiquent aussi que l'accessibilité des parcelles n'affecte pas l'adoption de la pratique de la rotation des cultures ; thèse qui rejoint celle de Soule et *al.* (2000), qui soutiennent que plus la zone où se situe l'exploitation est facile d'accès, moins l'agriculteur y possédant des parcelles est susceptible d'adopter les PCS. Ces auteurs expliquent en outre que l'accessibilité de la zone agricole augmente la probabilité que la terre soit rapidement convertie en d'autres usages urbains que l'agriculture. Ainsi, puisque les bénéfices issus de l'adoption des PCS ne sont atteints qu'à long terme, en raison du processus d'urbanisation, les producteurs sont moins enclins à s'orienter vers une gestion durable des terres dans les zones péri-urbaines facilement accessibles.

*

* *

Cette étude avait pour but d'analyser les effets de l'urbanisation sur la fourniture des biens et services écosystémiques, à travers l'adoption de quatre pratiques interdépendantes de conservation des sols (PCS) par les maraîchers de la zone métropolitaine de Yaoundé au Cameroun. Les résultats descriptifs ont montré que la PCS la plus adoptée est la fumure organique ; et la moins adoptée, le paillage. La fourniture des services écosystémiques est une réalité dans la mesure où l'ampleur ou le degré d'adoption des PCS est considérable. Les chiffres indiquent, à ce sujet, qu'en moyenne plus de la moitié des pratiques de conservation sont simultanément adoptées ; et qu'environ 1% seulement des maraîchers n'adoptent aucune PCS. Les résultats ont également révélé l'existence d'une interdépendance entre les modes de gestion durable des sols ; signifiant que toute politique qui entraîne un changement dans l'adoption d'une PCS donnée, affecterait ipso facto l'adoption des autres. Par conséquent, les pouvoirs publics gagneraient à inciter les producteurs de légumes à adopter des combinaisons de PCS, en lieu et place d'un seul des specimens de ces pratiques de conservation durable des sols. Une telle option de choix de PCS groupé serait plus efficace pour une production de légumes non seulement abondante, mais sans doute aussi, respectueuse de l'environnement.

Les résultats de la régression ont pour leur part révélé que la proximité du centre-ville affecte négativement l'adoption de la rotation des cultures, de la fumure organique, du paillage et de la jachère ; tandis que la densité de la population diminue les possibilités d'adoption de la jachère. De plus, mis à part les facteurs d'urbanisation, les autres déterminants de l'adoption de PCS interdépendants sont les suivantes : l'âge du producteur, la taille du ménage, le niveau d'éducation, la propriété foncière, la taille des champs, l'appartenance à un groupe d'agriculteurs, l'accès au crédit, la distance entre la parcelle et la résidence, l'accessibilité de la parcelle, et la perception que l'agriculteur a, lui-même, de la dégradation des sols. Les implications les plus saillantes de ces résultats sont les suivantes : toute intervention concernant l'adoption des PCS dans la zone d'étude devrait pouvoir aboutir au constat que l'urbanisation a une influence globalement négative sur la fourniture des services écosystémiques ; et que les autres déterminants d'ordre socio-démographique, économique, institutionnelle et physique, influencent de manière hétérogène la décision d'adopter des PCS.

Les résultats de cette étude suggèrent par ailleurs que, pour atténuer les effets pervers de l'urbanisation sur la fourniture des services écosystémiques, il faudrait assurer la connexion des producteurs de légumes à des marchés de proximité, faciles d'accès et efficaces en termes de fonctionnement ; ainsi que la sécurité foncière pour la production de légumes en zone péri-urbaine. En particulier, les décideurs et les autorités locales devraient être les premiers garants de la préservation des zones agricoles productives, en appliquant un certain nombre de mesures telles que : **[i]** la prise en compte des terres arables urbaines et péri-urbaines lors de l'élaboration des plans directeurs et des plans de zonage de nos villes ; et **[ii]** l'exécution des réformes foncières nécessaires, en vue de rendre formels les droits de propriété sur les terres à vocation agricole. De telles décisions devraient pouvoir contribuer à réduire l'incertitude à laquelle sont confrontés les maraîchers urbains et péri-urbains, quant à la pérennité de leurs activités agricoles ; lesquelles sont souvent menées dans un environnement en constante mutation, caractérisé par une urbanisation particulièrement galopante. ■

# RÉFÉRENCES

Adesina A.A., and Zinnah M.M. (1993), "Technology characteristics, farmers' perceptions and adoption decisions: A Tobit model application in Sierra Leone." *Agricultural economics,* vol. 9, n° 4, pp. 297-311.

Alemu T. (1999), *Land Tenure and Soil Conservation: Evidence from Ethiopia* (Unpublished Ph.D. Dissertation), Gothenburg, Sweden, Gothenburg University.

Amundson R., Y. Guo, and Gong P. (2003), "Soil diversity and land use in the United States." *Ecosystems*, vol. 6, pp. 470-482.

Awah Manga L.A., T.R. Kamga, J.-C. Bidogeza, and Afari-Sefa V. (2021), "Dynamics and sustainability of urban and peri-urban vegetable farming in Yaoundé City, Cameroon." *African Journal of Agricultural Research*, vol. 17, n° 10, pp. 1343-1359.

Awah Manga L.A., J.-C. Bidogeza, V. Afari-Sefa, J.-R. Bonabebe, and Tenkouano A. (2018), "Sustainability of peri-urban vegetable production under urban pressures in Sub-Saharan Africa." *The International Journal of environmental sustainability,* vol. 14, n° 2, pp. 19-37.

Awah Manga L.A. (2019), La durabilité des exploitations maraîchères périurbaines à Yaoundé, Cameroun. (Ph.D. en économie agricole), Université de Yaoundé 2 - Soa, Yaoundé, Cameroun.

Aznar O., et Perrier-Cornet P. (2003), « Les services environnementaux dans les espaces ruraux. Une approche par l'économie des services ». *Economie rurale*, vol. 273-274, pp. 153-168. [En ligne] Les services environnementaux dans les espaces ruraux Une approche par l'économie des services - Persée (persee.fr), site internet consulté le 16 avril 2024.

The World Bank (2013), *Urban agriculture: Findings from four city case studies.* Urban Development Series, Knowledge Papers n°18, Washington, D.C., USA, Urban Development and Resilience Unit, World Bank, 104p. [Online] From World Bank Document, accessed March 27, 2024 at 7:29 p.m.

Barry P.J., P.N. Ellinger, J.A. Hopkin, and Baker C. (1995), *Financial management in agriculture,* 5th ed., Danville, IL (Illinois), USA, Vero Media Inc., 666p. ISBN: 978-0813429717.

Batte M., and Johnson R. (1993), "Technology and its impact on American agriculture." In A. Hallam (Ed.), *Structure, and the Changing Face of American Agriculture*, Boulder, Colorado (CO), USA, Westview Press, pp 308-335.

Bekele W., and Drake L. (2003), "Soil and water conservation decision behavior of subsistence farmers in the Eastern Highlands of Ethiopia: a case study of the Hunde-Lafto area." *Ecological Economics,* vol. 46, n° 3, pp. 437-451.

Bender S.F., C. Wagg, and van der Heijden M.G. (2016), "An underground revolution: biodiversity and soil ecological engineering for agricultural sustainability." *Trends in ecology and evolution*, vol. 31, n° 6, pp. 440-452.

Bidogeza J.-C., P.B.M. Berentsen, J. De Graaff, and Oude Lansink A. (2015), "Potential impact of alternative agricultural technologies to ensure food security and raise income of farm households in Rwanda." *Forum for Development Studies,* vol. 42, n° 1, pp. 133-157.

Bidogeza J.-C., G. Hoogenboom, P. Berensten, J. De Graaff, and Oude Lansink A. (2012), "Application of DSSAT Crop Models to Generate Alternative Production Activities under Combined Use of Organic-Inorganic Nutrients in Rwanda." *Journal of crop improvement,* vol. 26, n° 3, pp. 346-363.

Bidogeza J.-C., P.B.M. Berentsen, J. De Graaff, and Oude Lansink A. (2009), "A typology of farm households for the Umutara Province in Rwanda." *Food Security,* vol. 1, n° 3, pp. 321-335.

Bilsborrow R.E., and Carr D.L. (2001), "Population, Agricultural Land Use and the Environment in Developing Countries." In: Lee D.R. and Barrett C.B. (eds.), *Tradeoffs or Synergies? Agricultural Intensification, Economic Development and the Environment*, Wallingford, UK / New York, USA, CAB International, pp. 35-55.

Binswanger-Mkhize H.P., and Savastano S. (2017), "Agricultural intensification: the status in six African countries." *Food policy,* vol. 67, pp. 26-40.

Boserup E. (1965), *THE CONDITIONS OF AGRICULTURAL GROWTH. The Economics of Agrarian Change under Population Pressure*, London, UK, George Allen and Unwin Ltd, 128p.

BUCREP (2010), *Troisième RGPH (Recensement Général de la Population et de l'Habitat) : la population du Cameroun en 2010*, Rapport de présentation des résultats définitifs, Yaoundé, Cameroun, Bureau Central des Recensements et des Etudes de la Population. [En ligne] RAPPORT DE PRESENTATION DES RESULTATS DEFINITIFS DU 3E RECENSEMENT GENERAL DE LA POPULATION ET DE L'HABITAT | Cameroun NHO (minsante.cm), site web consulté le 23 mai 2024.

Chen J. (2007), "Rapid urbanization in China: A real challenge to soil protection and food security." *Catena*, vol. 69, pp. 1-15.

Clay D., T. Reardon, and Kangasniemi J. (1998), "Sustainable intensification in the highland tropics: Rwandan farmers' investments in land conservation and soil fertility." *Economic development and cultural change,* vol. 46, n° 2, pp. 351-377.

Coase R.H. (1960), "The Problem of Social Cost." *The Journal of Law and Economics,* vol. 3, pp. 1-44. [Online] From The Problem of Social Cost (uchicago.edu), accessed June 27, 2024 at 10:21 a.m.

Cousin I. (2017), « La contribution des sols aux services écosystémiques rendus par les écosystèmes ». In Therond O., Tichit M., Tibi A. (Coords.), *Volet "écosystèmes agricoles" de l'Evaluation Française des Ecosystèmes et des Services Ecosystémiques (EFESE). Rapport d'étude, Inra (France)*, 966p., Chap. 8, § 8.4, pp. 335-347. [En ligne] Les services écosystémiques rendus par les écosystèmes agricoles - novembre 2017 (mise à jour 2018) (inrae.fr), site internet consulté le 4 mai 2024.

Darkwah K.A., J.D. Kwawu, F. Agyire-Tettey, and Sarpong D.B. (2019), "Assessment of the determinants that influence the adoption of sustainable soil and water conservation practices in Techiman Municipality of Ghana." *International soil and water conservation research*, vol. 7, n° 3, pp. 248-257.

Dauvergne S. (2011), *Les Espaces Urbains et Péri-urbains à Usage Agricole dans les Villes d'Afrique Sub-Saharienne (Yaoundé et Accra) : Une Approche de l'Intermédiarité en Géographie* (Doctorat en Géographie), Lyon, France, Ecole Normale Supérieure de Lyon.

Demeke A.B. (2003), *Factors influencing the adoption of soil conservation practices in Northwestern Ethiopia*, Discussion Papers N°

37, Goettingen, Germany, Institute of Rural Development, University of Goettingen.

Diagne A., and Zeller M. (2001), *Access to credit and its impact on welfare in Malawi*. Research reports 116, International Food Policy Research Institute (IFPRI).

Drechsel P., L. Gyiele, D. Kunze, and Cofie O. (2001), "Population density, soil nutrient depletion, and economic growth in sub-Saharan Africa." *Ecological Economics,* vol. 38, n° 2, pp. 251-258.

Dutta D., A. Rahman, S.K. Paul, and Kundu A. (2020), "Estimating urban growth in peri-urban areas and its interrelationships with built-up density using earth observation datasets." *The Annals of Regional Science*, vol. 65, n° 1, pp. 67-82.

El Mujtar V., N. Muñoz, B.P. Mc Cormick, M. Pulleman, and Tittonell P. (2019), "Role and management of soil biodiversity for food security and nutrition; where do we stand?" *Global Food Security*, vol. 20, pp. 132-144.

Emmerson M., M.B. Morales, J.J. Oñate, P. Batary, F. Berendse, J. Liira, and Bengtsson J. (2016), "How agricultural intensification affects biodiversity and ecosystem services." *Advances in ecological research*, Academic Press, vol. 55, pp. 43-97.

Ersado L., G. Amacher, and Alwang J. (2004), "Productivity and land enhancing technologies in northern Ethiopia: Health, public investments, and sequential adoption." *American Journal of Agricultural Economics,* vol. 86, n° 2, pp. 321-331.

Fernandez-Cornejo J., C. Alexander, and Goodhue R.E. (2002), "Dynamic diffusion with disadoption: The case of crop biotechnology in the USA." *Agricultural and Resource Economics Review,* vol. 31, n° 1, pp. 112-126.

Foster A.D., and Rosenzweig M.R. (1995), "Learning by doing and learning from others: Human capital and technical change in agriculture." *Journal of political Economy*, vol. 103, n° 6, pp. 1176-1209.

Gebremedhin B., and Swinton, S. M. (2003), "Investment in soil conservation in northern Ethiopia: the role of land tenure security and public programs." *Agricultural economics,* vol. 29, n° 1, pp. 69-84.

Gillis M., D.H. Perkins, M. Roemer, and Snograss D.R. (1998), *Economie du developpement*, Titre original: *Economics of Development*. Traduit de la 4e édition américaine par Bruno Baron-Renault, 2e édition, Paris, Nouveaux Horizons, 784 p. ISBN : 978-2-8041-2758-9

Godfray J.C. (2015), "The debate over sustainable intensification." *Food Security*, vol. 7, pp. 199-208.

Gould W.T.S. (2015), *Population and Development* (2nd edition), New York, USA, Routledge.

Grimm N.B., S.H. Faeth, N.E. Golubiewski, C.L. Redman, J. Wu, X. Bai, and Briggs J.M. (2008), "Global change and the ecology of cities." Science, vol. 319, n° 5864, pp. 756-760.

Headey D.D., and Jayne T.S. (2014), "Adaptation to land constraints: Is Africa different?" *Food policy,* vol. 48, pp. 18-33.

Huang J., G. Zhang, Y. Zhang, X. Guan, Y. Wei, and Guo R. (2020), "Global desertification vulnerability to climate change and human activities." *Land Degradation and Development*, vol. 31, n° 11, pp. 1380-1391.

Josephson A.L., J. Ricker-Gilbert, and Florax R.J. (2014), "How does population density influence agricultural intensification and productivity? Evidence from Ethiopia." *Food policy,* vol. 48, pp. 142-152.

Kassie M., H. Teklewold, M. Jaleta, P. Marenya, and Erenstein O. (2015), "Understanding the adoption of a portfolio of sustainable intensification practices in eastern and southern Africa." *Land use policy*, vol. 42, pp. 400-411.

Kassie M., P. Zikhali, K. Manjur, and Edwards S. (2009), "Adoption of sustainable agriculture practices: Evidence from a semi-arid region of Ethiopia." *Natural Resources Forum*, vol. 33, pp. 189-198.

Knowler D., and Bradshaw B. (2007), "Farmers' adoption of conservation agriculture: A review and synthesis of recent research." *Food policy,* vol. 32, n° 1, pp. 25-48.

Kurgat B.K., E. Ngenoh, H.K. Bett, S. Stöber, S. Mwonga, H. Lotze-Campen, and Rosenstock Todd S. (2018), "Drivers of sustainable intensification in Kenyan rural and peri-urban vegetable production." *International Journal of Agricultural Sustainability*, vol. 16, pp. 385-398, DOI: 10.1080/14735903.2018.1499842.

Lee D.R. (2005), "Agricultural sustainability and technology adoption: Issues and policies for developing countries." *American Journal of Agricultural Economics,* vol. 87, n° 5, pp. 1325-1334.

Lesaffre E., and Kaufmann H. (1992), "Existence and uniqueness of the maximum likelihood estimator for a multivariate probit model." *Journal of the American statistical Association*, vol. 87, n° 419, pp. 805-811.

Lin C.J., K.L. Jensen, and Yen S.T. (2005), "Awareness of foodborne pathogens among US consumers." *Food Quality and Preference*, vol. 16, n° 5, pp. 401-412.

Lynch K., R. Maconachie, T. Binns, P. Tengbe, and Bangura K. (2013), "Meeting the urban challenge? Urban agriculture and food security in post-conflict Freetown, Sierra Leone." *Applied Geography,* vol. 36, pp. 31-39.

Mango N., C. Makate, L. Tamene, P. Mponela, and Ndengu G. (2017), "Awareness and adoption of land, soil and water conservation practices in the Chinyanja Triangle, Southern Africa." *International Soil and Water Conservation Research,* vol. 5, n° 2, pp. 122-129.

Mazzola, M. (2002), "Mechanisms of natural soil suppressiveness to soilborne diseases". *Antonie van leeuwenhoek*, vol. 81, pp. 557-564.

MINDUH et CUY (2008), *Yaoundé 2020 - Plan Directeur d'Urbanisme*, Rapport de présentation, Yaoundé, Cameroun, Communauté urbaine de Yaoundé / Ministère de l'Habitat et du Développement Urbain, 120p. [En ligne] Yaounde 2020 Plan Directeur Urbanisme PDF | PDF | Urbanisme | Urbanisation (scribd.com), site internet consulté le 14 juin 2024.

Montgomery, M.R., Stren, R., Cohen, B., & Reed, H.E., (2003). *Cities Transformed: Demographic Change and Its Implications in the Developing World.* Washington, D.C., National Academies Press, 552 p.

Mulwa C., P. Marenya, and Kassie M. (2017), "Response to climate risks among smallholder farmers in Malawi: A multivariate probit assessment of the role of information, household demographics, and farm characteristics." *Climate Risk Management*, vol. 16, pp. 208-221.

NRC - National Research Council (2003), *Cities Transformed : Demographic Change and Its Implications in the Developing World.*

Washington, DC, USA, The National Academies Press, 550p. [Online] From https://doi.org/10.17226/10693, accessed June 5, 2024 at 8:21 p.m.

Neill S., and Lee D. (2001), "Explaining the Adoption and Disadoption of Sustainable Agriculture: The Case of Cover Crops in Northern Honduras." *Economic Development and Cultural Change,* vol. 49, n° 4, pp. 793-820. DOI :10.1086/452525

Ngondjeb Y.D. (2012), La conservation des ressources naturelles par l'agriculture au Cameroun : le cas du potentiel hydroélectrique du lac Lagdo. (Ph.D. en Sciences Economiques), Université de Yaoundé 2 - Soa, Cameroun.

Norris P.E., and Batie S.S. (1987), "Virginia farmers' soil conservation decisions: An application of Tobit analysis." *Journal of Agricultural and Applied Economics,* vol. 19, n° 1, pp. 79-90.

Okolle N.J., V. Afari-Sefa, J.-C. Bidogeza, P.I. Tata, and Ngome F.A. (2016), "An evaluation of smallholder farmers' knowledge, perceptions, choices and gender perspectives in vegetable pests and diseases control practices in the humid tropics of Cameroon." *International Journal of Pest Management,* vol. 62, n° 3, pp. 165-174.

Okoye C. (1998), "Comparative analysis of factors in the adoption of traditional and recommended soil erosion control practices in Nigeria." *Soil and Tillage Research,* vol. 45, n° 3-4, pp. 251-263.

ONU-Habitat (2014), *L'État des villes africaines 2014 : Réinventer la transition urbaine*, Nairobi, Kenya, Programme des Nations unies pour les établissements humains (ONU-Habitat), 278 p, ISBN : 978-92-1-132599-7. [En ligne] http://unhabitat.org/books/state-of-african-cities-2014-french-language-version-re-imagining-sustainable-urban-transitions/, site web consulté le 14 juin 2024.

Pender J., F. Place, and Ehui S., Eds. (2006), *Strategies for sustainable land management in the East African highlands.* Washington, D.C., USA, International Food Policy Research Institute (IFPRI), 502p. DOI: 10.2499/0896297578. [Online] From Strategies for Sustainable Land Management in the East African Highlands (ipcinfo.org), accessed March 6, 2024 at 5:24 p.m.

Roose E. (1994), *Introduction à la gestion conservatoire de l'eau, de la biomasse et de la fertilité des sols (GCES)*, ~~Montpellier~~ Bulletin

Pédologique de la FAO, n° 70, Rome, Italie, Organisation des Nations Unies pour l'Alimentation et l'Agriculture (FAO), 442p. [En ligne] Introduction à la gestion conservatoire de l'eau, de la biomasse et de la fertilité des sols (GCES) (ird.fr), site web consulté le 8 mai 2024.

Ruthenberg H. (1971), *Farming Systems in the Tropics*, Oxford, UK, Clarendon Press, 344p. [Online] From https://pdf.usaid.gov/pdf_docs/PNAAP608.pdf, accessed March 15, 2024 at 9:18 p.m.

SCDB (2014), *4e édition des Perspectives mondiales de la diversité biologique*, Montréal, Québec, Canada, Secrétariat de la Convention sur la diversité biologique, 155p. ISBN : 92-9225-542-8. [En ligne] gbo4-fr-hr.pdf (cbd.int), site web consulté le 18 février 2024.

Seto K.C., M. Fragkias, B. Güneralp, and Reilly M.K. (2011), "A meta-analysis of global urban land expansion." *PloS one*, vol. 6, n° 8, e0023777, [Online] From A Meta-Analysis of Global Urban Land Expansion | PLOS ONE, accessed March 29, 2024 at 10:44 a.m.

Shiferaw B.A., T.A. Kebede, and You L. (2008), "Technology adoption under seed access constraints and the economic impacts of improved pigeonpea varieties in Tanzania." *Agricultural economics,* vol. 39, n° 3, pp. 309-323.

Shortle J.S., and Miranowski J.A. (1986), "Effects of risk perceptions and other characteristics of farmers and farm operations on the adoption of conservation tillage practices." *Applied Agricultural Research*, vol. 1, n° 2, pp. 85-90.

Shrestha R.P., and Ligonja P.J. (2015), "Social perception of soil conservation benefits in Kondoa eroded area of Tanzania." *International Soil and Water Conservation Research,* vol. 3, n° 3, pp. 183-195.

Soua Mboo N.N., J. Gockowski, P.A. Elong, et David O. (2004), *Contribution socioéconomique de l'Agriculture Urbaine et Périurbaine aux ménages de Yaoundé*, Yaoundé, Cameroun, International Institute of Tropical Agriculture (IITA), Rapport final du projet « Urban Harvest/SIUPA », 46 p.

Soule M.J., A. Tegene, and Wiebe K.D. (2000), "Land tenure and the adoption of conservation practices." *American Journal of Agricultural Economics,* vol. 82, n° 4, pp. 993-1005.

Tadesse M., and Belay K. (2004), "Factors influencing adoption of soil conservation measures in Southern Ethiopia: the case of Gununo area." *Journal of Agriculture and Rural Development in the Tropics and Subtropics (JARTS)*, vol. 105, n° 1, pp. 49-62.

Temple L., S. Marquis, and Simon S. (2008), « Le maraîchage périurbain à Yaoundé est-il un système de production localisé innovant ? » *Economies et Sociétés - Série agroalimentaire*, vol. 30, pp. 2309-2328.

Teshome A., J. de Graaff, and Kassie M. (2016), "Household-level determinants of soil and water conservation adoption phases: evidence from North-Western ethiopian highlands." *Environmental management*, vol. 57, n° 3, pp. 620-636.

Tiffen M., M. Mortimore, and Gichuki F. (1994), *More people, Less erosion: Environmental Recovery in Kenya*, Nairobi, Kenya, African Center for Technology Studies (ACTS) Press, / London, UK, Overseas Development Institute (ODI), 326p. ISBN: 996641-082-1. [Online] From the web site More People, Less Erosion - (cdn-odi-production.s3-website-eu-west-1.amazonaws.com), accessed July 16, 2024 at 3:32 p.m.

Traoré N., R. Landry, and Amara N. (1998), "On-farm adoption of conservation practices: the role of farm and farmer characteristics, perceptions, and health hazards." *Land Economics*, vol. 74, n° 1, pp. 114-127.

UN-Habitat (2016), *Urbanization and Development: Emerging Futures.* World Cities Report 2016: Chapter 7: A City that Plans: Reinventing Urban Planning, Nairobi, Kenya, United Nations Human Settlements Programme (UN-Habitat), 264p. ISBN: 978-92-1-132708-3.

UN (2015), *World Urbanization Prospects: The 2014 Revision (ST/ESA/SER.A/366)*, New York, USA, Department of Economic and Social Affairs (DESA) / Population Division, United Nations, 517p. [Online] From the web site Microsoft Word - WUP2014-Report FINAL to PDF.docx (un.org), accessed June 16, 2024 at 7:11 p.m.

Von Thünen J.H. (1826), *L'État isolé en relation avec l'agriculture et l'économie nationale* (Titre original en allemand: *Der isolierte Staat in Beziehung auf Landwirtschaft und Nationalökonomie*), vol. 1, Wiegant, Hempel and Parey. Ré-Edition allemande de 1910 par Jena & Verlag von Gustav Fischer, 700p. [En ligne] Der isolierte Staat in Beziehung auf Landwirtschaft und Nationalökonomie (archive.org), site web consulté le 16 mars 2024.

Yaalon D. H. (2000), “Down to earth.” *Nature*, vol. 407, n° 6802, pp. 301-301.

Young C. E., and Shortle J. S. (1984), “Investments in soil conservation structures: The role of operator and operation characteristics.” *Agricultural Economics Research,* vol. 36, n° 2, pp. 10-15.

# *Productivité agricole et déforestation dans les pays francophones d'Afrique Sub-Saharienne.*

Par

***Patrick Arnold OMBIONO KITOTO*** • *Université de Maroua*

ombionopatrick@yahoo.fr

**RÉSUMÉ :**

Cette étude vise à identifier les déterminants de la déforestation dans les pays francophones d'Afrique Sub-Saharienne (ASS) sur la période 2007-2018. Concrètement, il s'agit d'examiner l'effet de la productivité agricole de la terre (PAT) sur le taux de déforestation (TDF). L'approche économétrique s'est appuyée sur l'utilisation combinée de deux variantes de la méthode des moments généralisée en panel dynamique (MMGPD). Tout d'abord, nous nous sommes attelés à trouver un effet mémoire du TDF, illustré par sa valeur retardée. Nous avons ensuite constaté que le niveau actuel de PAT ne permet pas de limiter la pression sur les forêts. Force a été, enfin, d'admettre qu'un revenu stable et suffisant peut contribuer à motiver les pays francophones d'ASS, à davantage s'impliquer dans la préservation de leurs forêts.

**MOTS CLÉS :** déforestation, productivité agricole, MMGPD, pays francophones, Afrique Sub-Saharienne.

**CODES JEL :** C23, O13, O55, Q23, Q54.

## *Agricultural productivity and deforestation in French-speaking countries of Sub-Saharan Africa*

***ABSTRACT:***

*This study aims to identify the determinants of deforestation in the French-speaking countries of Sub-Saharan Africa (SSA) over the period 2007-2018. Concretely, this involves examining the effect of agricultural land productivity (ALP) on the deforestation rate (DFR). The econometric approach was based on the combined use of two variants of the generalized dynamic panel method of moments (GDPMM). First of all, we set out to find a memory effect of DFR, illustrated by its delayed value. We then noted that the current level of ALP does not limit the pressure on forests. Finally, it was necessary to admit that a stable and sufficient income can help motivate the French-speaking countries of SSA to become more involved in the preservation of their forests.*

***KEYWORDS:*** *deforestation, agricultural productivity, GDPMM, French-speaking countries, Sub-Saharan Africa.*

***JEL CODES:*** *C23, O13, O55, Q23, Q54.*

Exprimée en termes de déforestation et de dégradation évitées, la gestion durable des forêts reste la préoccupation majeure en Afrique Subsaharienne (ASS), lorsqu'est mis en débat la question du réchauffement climatique provoqué par les émissions de gaz à effet de serre (GES) ; le dioxyde de carbone ($CO_2$)[55] en particulier. Dans ce registre en effet, les arbres absorbent et stockent du $CO_2$ durant leur vie, à tel point que les forêts représentent, depuis toujours, de grands puits de séquestration du $CO_2$ (Groupe d'experts Intergouvernemental sur l'Evolution du Climat [GIEC], 2007). Pour autant, un des problèmes importants liés à la gestion durable des forêts est le classement de celles-ci parmi les biens communs, encore appelés ressources communes. Il s'agit des biens dont il est difficile et couteux de limiter l'accès aux individus (critère de non exclusion d'usage), mais qui, du fait de leur caractère soustractible, sont susceptibles de créer de la rivalité entre les utilisateurs (critère de rivalité dans la consommation) ; et pour cause, le retrait des ressources par les uns réduit la quantité disponible de celles-ci pour les autres (Andersson et Ostrom[56], 2008). Ces deux critères, de *non exclusion d'usage* et de *rivalité dans la consommation*, sont à l'origine de deux types d'externalités[57] négatives (Ostrom et *al.*[58], 1994). La première concerne le prélèvement de la ressource commune par un agent qui, de fait, ne supporte qu'une partie seulement du coût du prélèvement. Dans ce contexte, il existe un coût social non pris en compte par l'utilisateur, mais qui est imposé à la société en dehors de toute transaction marchande. La seconde externalité fait référence à la gestion du stock de la ressource commune par un agent qui, pourtant, n'en retire qu'un bénéfice partiel. Dans ce cas, un agent qui peut bénéficier gratuitement des efforts fournis par d'autres agents, sera tenté de ne pas participer à l'effort collectif.

Ainsi, les principes de *non exclusion d'usage* et de *rivalité dans la consommation* qui sous-tendent l'exploitation des bien communs, rendent

---

[55] L'accumulation du $CO_2$ atmosphérique est la principale cause de l'augmentation de la température terrestre, et partant, du réchauffement climatique (GIEC, 2013). Entre 1970 et 2004 par exemple, les rejets annuels de $CO_2$ sont passés de 21 à 38 gigatonnes - soit une progression d'environ 80% - représentant à eux seuls 76,7% des émissions totales de GES anthropiques enregistrées en 2004 (GIEC, 2007).

[56] Cité par Perfect-Mrema (2022).

[57] On désigne par « externalité » ou « effet externe », le fait que l'activité de production ou de consommation d'un agent économique crée un avantage ou un désavantage à autrui sans aucune contrepartie financière. Une externalité peut être soit *positive* (*situation où un acteur est favorisé gratuitement par les actions d'un tiers*), soit *négative* (*situation où un acteur est défavorisé par les actions d'un autre sans aucun dédommagement*). Par exemple, la pollution faite par une usine est une *externalité négative*, car elle nuit aux habitants de la région sans contrepartie. [En ligne] https://www.novethic.fr/lexique/detail/externalite.html, site internet consulté le 26 mars 2024.

[58] Cité par Combes et *al.* (2016).

ceux-ci vulnérables à la surexploitation, à la destruction et à la dégradation (Perfect-Mrema, 2022). Une dynamique de réflexion visant à enrayer les situations de surexploitation ou d'exploitation abusive desdits biens s'est construite autour de deux théories principales. La première, développée par Hardin (1968) sous l'appellation de « tragédie des biens communs », considère que les biens communs sont voués à être surexploités et, *in fine*, condamnés à disparaître. Le seul moyen d'éviter la tragédie, toujours selon Hardin, est de faire intervenir l'Etat à travers la privatisation et/ou la nationalisation des biens communs. Cependant, ces solutions ont, dans bien des cas, été inefficaces pour prévenir la tragédie de la l'exploitation abusive des biens communs (Combes et *al.*, 2016). La seconde théorie, élaborée par Ostrom (1990) sous le concept de gouvernance des biens communs, est favorable à une gestion locale desdits biens. Cette théorie est fondée sur le postulat que les acteurs locaux ont une meilleure connaissance des ressources communes, et seraient donc les mieux placés pour assurer leur conservation et leur utilisation durable (Combes et *al.*, 2016). Certes, des études empiriques existent, qui montrent que les ressources communes peuvent être gérées conformément aux prédictions d'Ostrom, mais elles relativisent en indiquant que cela n'est possible que quand les ressources en question sont partagées entre un nombre très faible d'agents (Araral[59], 2014 ; Combes et *al.*, 2016). Par ailleurs, le caractère multifonctionnel des biens communs (à l'instar des forêts, de l'atmosphère, de l'eau des fleuves et des océans, etc.) pose des problèmes fondamentaux en rapport avec la définition des groupes d'usagers, ou la délimitation du périmètre de la ressource qui fait l'objet d'une gestion commune (Smouts, 2000).

Certains auteurs restent toutefois sceptiques quant à la pertinence de l'idée qui consiste à considérer les forêts comme des biens communs. Selon Smouts (2000) par exemple, la notion de bien commun n'est utile que lorsqu'il est fait référence à des espaces internationaux appartenant à tous, ou à des biens publics non susceptibles d'appropriation. En effet, comparée à d'autres ressources communes, la forêt a ceci de particulier qu'elle est immobile et territorialement située dans l'espace où elle se trouve. Il y a donc possibilité d'appropriation à la fois de l'espace et de la ressource, sans compter que des droits de propriété peuvent être clairement définis à son sujet. C'est sur la base de pareils arguments que la forêt est

[59] Cité par Perfect-Mrema (2022).

souvent vue comme un bien commun privatif[60]. Dans de nombreux pays, notamment en ASS, les droits de propriété de la forêt sont communautaires ou familiaux ; ce qui traduit une faiblesse, voire une carence en termes de reconnaissance juridique et, par voie de conséquence, la porte ouverte à une possible apparition de la tragédie des biens communs.

Malgré le caractère de bien commun privatif qu'on leur prête, force est de constater que les forêts font aussi l'objet d'une exploitation abusive. C'est ainsi que selon la FAO (2016), 129 millions d'hectares (ha) de surface forestière mondiale ont disparu entre 1990 et 2015 ; soit un taux de perte nette annuel de 0,13%. Le continent africain a subi la plus forte perte de forêts au cours de cette période (FAO[61], 2016). En ASS, le couvert forestier a reculé de 12% entre 1999 et 2014, avec un rythme moyen de 0,5% par an (Madon, 2017). Les conséquences de la déforestation sur le réchauffement climatique actuel sont également bien établies, puisque la destruction des arbres entraîne la libération dans l'atmosphère du $CO_2$ qui y est stocké, et une diminution de la capacité des forêts à séquestrer du $CO_2$ (GIEC, 2013 ; Combes et *al.*, 2016). Résultat, la concentration du $CO_2$ dans l'atmosphère croît. Le GIEC (2007), à ce propos, estime que la déforestation et la dégradation des forêts constituent la deuxième source d'émissions de $CO_2$ anthropique, après le secteur de l'énergie. Dans les pays en développement (PED), la déforestation[62] représente une des principales activités anthropiques responsables des émissions de $CO_2$. Nombre d'auteurs existent aussi, dont les travaux ont planché sur la contribution de la déforestation à l'érosion des sols, à la disparition des espèces végétales et animales, et au déséquilibre hydrologique (Smouts, 2000 ; Nguyen Van et Azomahou, 2003 ; Combes et *al.*, 2016 ; Ajanaku et Collins, 2021).

Les causes de la perte du couvert forestier relèvent en grande partie des comportements humains. D'après Geist et Lambin (2002), il est courant de distinguer les causes immédiates ou directes de cette déforestation, de celles sous-jacentes et indirectes. Les premières sont, entre autres, la conversion des forêts en terres arables pour l'agriculture, le besoin vital en bois-énergie des populations qui en dépendent et la prolifération des

---

[60] En économie, un bien privatif (ou bien privé) est un bien *rival* et *excluable* (Franck et *al.*, 2009). Exemple : une pomme ; parce qu'il faut payer pour l'avoir (*excluable*) et que, si je la mange, alors quelqu'un d'autre ne pourra la manger (*rival*).

[61] Cité par Ajanaku et Collins (2021).

[62] Compte tenu de la difficulté de dissocier déforestation et dégradation forestière dans les pays tropicaux en développement, ces deux notions seront indifféremment utilisées dans cette étude, afin de mieux adresser la question et d'éviter des débats complexes.

exploitations commerciales ; quand les secondes font état, elles, de la pression démographique grandissante et de la pauvreté des ménages. Pour ralentir ce phénomène de déforestation devenu très préoccupant, plusieurs auteurs ont préconisé que les politiques nationales adressent les multiples facteurs préjudiciables immédiats ; principalement l'agriculture, dont la responsabilité est très élevée comparativement à celle des autres facteurs de la déforestation (Geist et Lambin, 2002 ; Pirard et Belna, 2012). Telle recommandation se justifie, notamment, par ce constat évident de l'augmentation, au fil du temps, de la taille des parcelles agricoles (Austin et *al.*, 2017).

L'agriculture est, pour tout dire, le seul secteur producteur d'aliments naturels de première nécessité (tubercules, céreales, fruits, légumes, etc.). Pour survivre en effet, l'humanité peut se passer d'acier, de charbon ou d'électricité, mais pas de nourriture. Il semblerait que certains pays qui sont parvenus à faire baisser de façon significative le nombre de personnes sous-alimentées, aient connu, associée à de bonnes performances de croissance économique, une expansion considérable de la production agricole par habitant (FAO, 2006). Le constat est donc clair : c'est au développement de l'agriculture locale et/ou aux importations de produits agricoles qu'est liée la sécurité alimentaire des populations de l'Afrique Sub-Saharienne (ASS). Cependant, comparée aux importations de nourriture, l'augmentation de la production agricole locale fait quasiment consensus car, une grande dépendance des pays aux importations de produits agricoles implique une plus grande vulnérabilité aux chocs extérieurs. Par conséquent, l'accroissement de la production agricole locale est un choix stratégique de premier plan pour les pouvoirs publics.

Selon Douillet et Girard (2013), la production agricole peut être rehaussée soit par l'augmentation de la quantité des facteurs de production, ou l'augmentation de la productivité agricole, c'est-à-dire de l'efficacité d'utilisation des facteurs de production ou efficacité technique[63]. En ASS, la croissance de la production agricole observée au cours de ces trente dernières années s'explique en grande partie, par l'extension des surfaces cultivées (Goyal et Nash, 2020 ; NEPAD, 2013). Et même si l'ASS est riche en terres, la poursuite d'un modèle de croissance agricole axé sur l'expansion des superficies cultivées est une source principale de déforestation, dont les conséquences sont connues : érosion des sols,

[63] Un exploitant agricole est techniquement efficace lorsque la production effective de son exploitation est égale à la production potentielle de celle-ci.

changement climatique, disparition des espèces végétales et animales, etc. (Nguyen Van et Azomahou, 2003 ; Ajanaku et Collins, 2021). Aujourd'hui, il est important de déterminer la façon, à la fois économique et efficace, de gérer la ressource terre en ASS. Y parvenir permettra de freiner cette extension galopante constatée des terres agricoles, à l'origine de la déforestation. C'est dans cette perspective que s'inscrivent Fuglie et *al.* (2020), Villoria (2019) et Bakehe (2018), quand ils préconisent d'accroître la productivité agricole pour augmenter la production éponyme, tout en réduisant les besoins en terres nouvelles.

Selon Fuglie (2015), c'est depuis les années 1990 que la croissance de la productivité agricole contribue pour trois quarts à l'augmentation de la production agricole mondiale, ainsi qu'à la quasi totalité de la croissance agricole dans les pays industrialisés. Alston et *al.* (2009) révèlent quant à eux que la productivité agricole influence la croissance à long terme de l'offre des denrées alimentaires, ainsi que les prix desdites denrées. Les conclusions de Douillet et Girard (2013) sont similaires dans la mesure où ces auteurs affirment qu'une hausse de la productivité agricole stimule la production et la consommation dans les pays en développement (PED). Pour autant, les conséquences environnementales de l'amélioration de la productivité agricole demeurent difficiles à caractériser. Des travaux relativement récents soulignent la nécessité de mieux comprendre la relation entre la croissance de la productivité agricole et la déforestation ; mais les résultats auxquels ils aboutissent ne permettent pas de dégager un consensus. En outre, des études existent, qui soulignent que la croissance de la productivité agricole aide, à production constante, à ralentir l'expansion des surfaces cultivées et la déforestation (Villoria, 2019 ; Bakehe, 2018). D'autres suggèrent par contre que l'introduction de technologies qui améliorent la productivité agricole, peut engendrer un « effet rebond » ; lequel incitera à produire plus et, *in fine*, induira une hausse de la demande de nouvelles terres agricoles (Phalan et *al.*, 2016 ; Brady et Sohngen, 2008).

La littérature telle que nous l'avons explorée jusqu'ici, nous fait observer que la relation entre la productivité agricole et la déforestation reste somme toute ambiguë. La perception que l'on a de cette ambiguïté résulte, semble-t-il, de la mesure de la performance agricole. Or, plusieurs travaux récents soutiennent que la productivité totale des facteurs est l'indicateur approprié pour mesurer la performance agricole (Fuglie et *al.*, 2020 ; Douillet et Girard, 2013). Indicateur d'ailleurs souvent utilisé dans les études dont il est fait mention plus haut ; mais qui, finalement, semble ne pas être adapté au contexte spécifique de l'ASS, inaccessible qu'il est, et a toujours été, pour les exploitants agricoles de la région. Aussi, dans le cadre de cette recherche, lui avons-nous préféré la productivité agricole de la terre (PAT), dont peu d'études se sont intéressées à l'incidence que cet indicateur peut avoir sur la déforestation.

En se gardant de faire abstraction du débat persistant portant sur la question du lien qui unit déforestation et productivité agricole, la présente étude entend résoudre le problème posé en l'examinant sous l'angle du postulat suivant : la productivité agricole de la terre (PAT)est une mesure de la performance agricole. Fort de ce présupposé, l'étude vise entre autres objectifs, à identifier, analyser et estimer les déterminants de la déforestation, en portant une attention particulière à la relation qui existe entre la PAT et la déforestation dans les pays francophones d'ASS. Comparés à leurs homologues anglophones, ces pays ont ceci de commun qu'ils accusent un grand retard en matière de développement en général, et dans les domaines de la recherche et des publications scientifiques agricoles, en particulier. Selon les experts invités à la 7e édition du Forum pour la révolution verte en Afrique (AGRF, 2017), ce retard est à combler de toute urgence. La présente recherche répond déjà à cet appel, quand elle saisit l'opportunité d'apporter des éléments nouveaux susceptibles d'expliquer la relation entre la productivité agricole et la déforestation. Une meilleure compréhension de cette relation s'avère en effet essentielle, pour orienter les actions devant permettre, à terme, de minimiser les risques liés à la déforestation, et partant, les effets néfastes du changement climatique.

La suite de notre article est organisée comme suit : la section 2 présente les variables, les sources et les caractéristiques descriptives des données de l'étude ; la section 3 expose la démarche économétrique choisie ; tandis que la section 4 résume et analyse les résultats empiriques obtenus. La section 5, enfin, divulgue les conclusions de l'étude.

# DONNÉES, VARIABLES ET ANALYSE DESCRIPTIVE

Cette étude, conduite en référence à la période 2007-2018, est basée sur un panel cylindré constitué d'un échantillon de données comportant 16 pays francophones[64] d'ASS. Le choix du nombre de pays et de l'intervalle

[64] Bénin, Burkina Faso, Cameroun, Comores, Congo, Côte d'Ivoire, Gabon, Guinée, Guinée Equatoriale, Madagascar, Niger, République Centrafricaine, République Démocratique du Congo, Sénégal, Tchad, et Togo.

de temps à explorer a été opéré sur la base de la couverture temporelle de toutes les variables retenues pour l'étude. Notre objectif est, ici, de chercher à expliquer une variable dépendante en fonction de plusieurs variables explicatives. Ces variables, dont les valeurs proviennent de différentes sources, possèdent deux niveaux d'indexation : individuelle (pays i ; où i = 1, 2, ..., N pour N pays observés) et temporelle (date t d'observation des variables dans les pays ; où t = 1, 2, ..., T).

### 1. La variable dépendante

Dans le cadre de ce travail, la variable que nous cherchons à expliquer est le taux de déforestation ($TDF_{it}$). Celui-ci est défini par la relation :

$$TDF_{it} = -\left(\frac{SF_{it}}{SF_{it-1}} - 1\right) * 100$$

Où $SF_{it}$ désigne la surface forestière du pays i à la date t. Pour plus de précision, notons que la surface forestière représente la somme de la surface naturelle boisée, de la surface plantée, et de la surface déjà déboisée destinée à être reboisée dans un futur proche. Proposée par l'Organisation des Nations Unis pour l'Alimentation et l'Agriculture (FAO), cette définition est couramment retenue dans la plupart des études empiriques de publication récente (Bakehe, 2018 ; Nguyen Van et Azomahou, 2003). Observons aussi avec Nguyen Van et Azomahou (2003) que si la définition de la FAO n'est pas exclusive, elle a le mérite d'être intuitive, de recouvrir la plupart des pays, et de prendre en compte une grande variété de mesures de types de forêts (surfaces boisées, plantations, forêts en jachère, savanes boisées, etc.). Relevons enfin que les données relatives à la surface forestière (mesurée ici en milliers d'hectares) proviennent de la base de données de la FAO en ligne.

### 2. Les variables explicatives

Les variables explicatives retenues aident à expliquer le taux de déforestation. Nous distinguons deux types de variables explicatives, à savoir, la variable d'intérêt et les variables de contrôle.

#### *2.1. La variable d'intérêt*

La variable d'intérêt est constituée d'un indicateur de la productivité agricole. Celle-ci est généralement mesurée par le rapport entre la valeur[65]

[65] L'agrégation des données de production pour différents types de produits agricoles rend nécessaire le choix d'une unité de mesure commune, notamment l'unité monétaire. Le recours à cette unité de mesure commune permet d'additionner l'ensemble des productions.

de la production agricole réalisée, et celle des facteurs de production utilisés pour l'obtenir (terre, travail, capital, intrants, etc.). Lorsque tous les facteurs de production sont pris en compte, la productivité agricole se mue en productivité totale des facteurs (PTF). Reposant sur le progrès technologique et les innovations organisationnelles, cet indicateur est mondialement connu comme étant le moteur principal de la croissance de la production agricole (Fuglie et *al.*, 2020 ; Douillet et Girard, 2013). Toutefois, nous pensons que le choix de la PTF n'est pas approprié dans le contexte de l'ASS ; ce, pour trois raisons principales. Premièrement, l'agriculture en ASS reste dominée par des formes traditionnelles d'exploitations de petite taille où la terre est le facteur qui contribue le plus à l'amélioration de la production agricole ; la main-d'œuvre restant essentiellement familiale (NEPAD, 2013), et l'équipement, très rudimentaire[66]. Ensuite, en raison de la pauvreté et des défaillances des marchés du foncier, du travail et du crédit, il est difficile pour ces petits agriculteurs d'ASS de recourir à la main-d'œuvre salariée, d'investir dans l'innovation agricole ou dans l'achat d'intrants modernes (Bazie et *al.*, 2020 ; Dillon et Barrett, 2017). Enfin, de nombreuses difficultés méthodologiques persistent quant à mesurer la PTF (Villoria, 2019 ; Douillet et Girard, 2013) ; notamment le manque fréquent de données fiables, et la difficulté d'agréger les coûts associés aux différents facteurs de production (Douillet et Girard, 2013) dont, en particulier, le travail familial (Piette, 2006).

Au vu des raisons ci-dessus évoquées, la productivité agricole peut se mesurer à l'aune non plus de tous les facteurs de production, mais de certains d'entre eux seulement. La productivité agricole de la terre (PAT) et celle du travail (PAW) sont les deux mesures de productivité agricole partielle des facteurs (PPF) les plus utilisées (Douillet et Girard, 2013). Pour autant, l'indicateur de PPF le plus couramment utilisé en agriculture se trouve être la PAT (FAO, 2000). Par conséquent, dans le cadre de notre étude, nous retenons l'indicateur PAT et utilisons, d'une part, la valeur ajoutée agricole[67] (VAA) comme valeur de la production ; et d'autre part, la quantité de terre cultivée comme input terre utilisée (TU). En définitive, la PAT du pays i à la date t se décline ainsi qu'il suit :

[66] La taille de l'exploitation est souvent trop petite pour bénéficier des meilleures technologies agricoles susceptibles d'améliorer la productivité totale des facteurs (PTF).

[67] Nous optons pour la valeur ajoutée agricole (VAA) plutôt que pour la valeur de la production parce que pour le contexte de cette étude, la VAA est une meilleure représentation de la richesse créée par l'agriculteur.

$$PAT_{it} = \frac{VAA_{it}}{1000 * TU_{it}}$$

Les données sur la VAA sont extraites de la base, en ligne, des indicateurs de développement de la Banque Mondiale (WDI), tandis que celles relatives aux quantités TU proviennent de la base de données de la FAO.

### *2.2. Les variables de contrôle*

Les variables de contrôle sont constituées des autres déterminants de la déforestation régulièrement cités par la littérature, à savoir :

Le taux de croissance du produit intérieur brut (TCPIB) : utilisé comme proxy de la croissance économique, ce taux représente l'augmentation annuelle du pourcentage de la production totale.

Le taux de croissance de la population (TCPOP) : retenu pour mesurer l'impact de la croissance démographique sur la déforestation, ce taux rend compte de l'augmentation annuelle du pourcentage de la population totale.

Notons que, sont extraites de la base des indicateurs de développement de la Banque Mondiale (WDI), en ligne, les données sur le TCPIB et le TCPOP.

## 3. Statistiques descriptives et test d'autocorrélation

### *3.1. Analyse descriptive des données*

Le tableau 1 infra synthétise les statistiques descriptives des variables pour l'ensemble des pays de l'échantillon, et pour la période d'étude qui va de 2007 à 2018.

A l'analyse, il ressort du tableau 1 que le taux de déforestation est compris entre 0,02 et 3,55% ; et que sa valeur moyenne est inférieure à 1%, c'est-à-dire, pour être exact, égale à 0,78%. Ces chiffres sur le changement du couvert forestier des pays de notre échantillon indiquent que la déforestation est restée à un niveau relativement bas sur la période d'étude. Pour ce qui est de la productivité agricole de la terre, elle se situe en moyenne à 415 dollars US/hectare avec un écart-type élevé ; signifiant que les valeurs observées sont fortement dispersées autour de la moyenne et entre les pays. On note, enfin, un déséquilibre entre le taux de croissance démographique (environ 3%) et le taux de croissance du PIB (environ 4%), la première étant inférieure à la seconde. Par ailleurs, le fait que la variabilité inter-individuelle soit largement plus importante que celle intra-individuelle traduit l'existence d'une certaine hétérogénéité dans les données des variables TDF, PAT et TCPOP.

**Tableau 1.** *Statistiques descriptives des données de l'échantillon*

| Variable (unité) | Moyenne | | Ecart-type | Minimum | Maximum | Observation |
|---|---|---|---|---|---|---|
| **TDF** | overall | 0,7849843 | 0,8106335 | 0,0213734 | 3,555176 | N = 192 |
| **(% annuel)** | between | | 0,8196237 | 0,0406785 | 3,005593 | n = 16 |
| | within | | 0,1550252 | 0,0785227 | 1,334568 | T = 12 |
| **PAT** | overall | 415,4414 | 552,6894 | 40,95663 | 2936,656 | N = 192 |
| **($/hectare)** | between | | 560,0518 | 63,05936 | 2323,565 | n = 16 |
| | within | | 99,35599 | -175,7913 | 1028,532 | T = 12 |
| **TCPOP** | overall | 2,84932 | 0,7246418 | 0,25949 | 4,654911 | N = 192 |
| **(% annuel)** | between | | 0,7101163 | 1,041655 | 4,266312 | n = 16 |
| | within | | 0,2233426 | 2,067155 | 3,730289 | T = 12 |
| **TCPIB** | overall | 3,884899 | 5,040512 | -36,39198 | 17,79911 | N = 192 |
| **(% annuel)** | between | | 1,785848 | 0,5557304 | 6,102155 | n = 16 |
| | within | | 4,732989 | -33,35886 | 21,12828 | T = 12 |

*Notes : Overall (ou ensemble) : série de données entières ; Between : variabilité moyenne entre les pays ; Within : variabilité moyenne à l'intérieur des pays ; N : nombre total d'observations ; n : nombre de pays ; t : nombre de périodes.*

### *3.2. Test de corrélation entre les variables*

A l'aide de la matrice des corrélations illustrée ci-dessous au tableau 2, nous constatons que les variables explicatives retenues présentent des corrélations positives avec la variable dépendante. Cela signifie que les variables PAT, TCPOP et TCPIB ont une liaison[68] positive avec la déforestation. Dans l'ensemble, les variables explicatives ne présentent pas d'importants degrés de corrélation les unes avec les autres. Nous pouvons donc conclure à l'absence d'une relation linéaire entre les variables explicatives.

**Tableau 2.** *Matrice des corrélations*

| | TDF | PAT | TCPOP | TCPIB |
|---|---|---|---|---|
| **TDF** | 1,0000 | | | |
| **PAT** | 0,1586 | 1,0000 | | |
| **TCPOP** | 0,0255 | -0,0455 | 1,0000 | |
| **TCPIB** | 0,1220 | -0,0560 | 0,1667 | 1,000 |

[68] Précisons ici que la découverte d'une liaison, aussi bonne soit-elle, n'est pas la preuve d'une relation de cause à effet, mais de l'existence d'un lien statistique entre les deux variables étudiées.

# DÉMARCHE ÉCONOMÉTRIQUE

## 1. Présentation du modèle économétrique de base

L'approche retenue ici préfère la PAT à la PTF. En ignorant l'effet spécifique temporel[69], notre modèle de base se présente ainsi qu'il suit :

$$TDF_{it} = \beta_1 PAT_{it} + \beta_2 TCPOP_{it} + \beta_3 TCPIB_{it} + u_i + \varepsilon_{it} \qquad (1)$$

Où, les différents $\beta$ sont les coefficients (à estimer) qui désignent, chacun en ce qui le concerne, le poids relatif de chaque variable indépendante sur la variable dépendante TDF ; $u_i$ représente les effets fixes individuels qui captent l'hétérogénéité des situations particulières de chaque pays ; et $\varepsilon_{it}$ correspond au terme d'erreur.

L'équation 1, telle que spécifiée supra, est sujette à plusieurs problèmes économétriques importants. De sorte qu'il peut exister des effets spécifiques dus à l'hétérogénéité entre les pays ; ou que des variables explicatives, individuellement ou conjointement, présentent une endogénéité avec la variable dépendante. C'est le cas notamment de la variable TDF, et des variables PAT et PIB, entre lesquelles existe une causalité inverse. Enfin, il est possible de rencontrer des problèmes de mesure des variables, voire d'être confronté à une omission de variables liées à l'exploitation forestière[70]. Aussi, du fait d'éventuels biais d'endogénéité pouvant résulter de problèmes de variables omises, de causalités inverses et d'erreurs de mesure, l'estimation de l'équation (1) par la méthode des moindres carrés ordinaires (MCO) est-elle susceptible d'aboutir à l'obtention de coefficients estimés biaisés et inconsistants.

A propos justement des coefficients à estimer, l'obtention de résultats fiables nécessite d'observer rigoureusement les recommandations de la littérature qui, généralement, préconise d'utiliser la méthode des variables instrumentales (MVI)[71]. Or, il existe de nombreuses méthodes pour estimer un modèle linéaire (type équation 1) à variables instrumentales. Parmi ces méthodes, la méthode des moments généralisés en panel dynamique (MMGPD) est souvent employée. De fait, contrairement aux MVI traditionnelles, la MMGPD a la particularité de ne pas nécessiter

[69] En pratique, l'effet temporel vient s'ajouter à la source de l'aléa contenu dans l'équation 1.

[70] En ASS, particulièrement dans le Bassin du Congo, l'exploitation forestière formelle est hautement sélective, et les forêts de production restent en permanence boisées (Megevand, 2013).

[71] En statistique et en économétrie, la méthode des variables instrumentales est une méthode qui permet d'identifier et d'estimer des relations causales entre des variables.

l'identification de nouvelles variables explicatives (appelées variables instrumentales) théoriquement corrélées avec les variables explicatives endogènes, et non corrélées avec la variable dépendante (Gacko et Laffiteau, 2017). De plus, elle permet de corriger le biais de simultanéité entre les variables d'intérêt et de contrôle (Wooldridge, 2013).

La MMGPD consiste à introduire la variable dépendante décalée d'une période dans le modèle. Cette spécification permet de mettre en relation le taux de déforestation des pays de l'échantillon considéré à une date donnée, à celui observé dans les mêmes pays à la date précédente. Ainsi, la forme dynamique de l'équation 1 se présente comme suit :

$$TDF_{it} = \theta TDF_{it-1} + \beta_1 PAT_{it} + \beta_2 TCPOP_{it} + \beta_3 TCPIB_{it} + u_i + \varepsilon_{it} \quad (2)$$

L'équation 2 équivaut également à la forme suivante :

$$TDF_{it} - TDF_{it-1} = (\theta - 1)TDF_{it-1} + \beta_1 PAT_{it} + \beta_2 TCPOP_{it} + \beta_3 TCPIB_{it} + u_i + \varepsilon_{it} \quad (3)$$

**2. Stratégies d'estimation et spécifications économétriques**

Il existe plusieurs variantes d'estimateurs des MMGPD, dont deux sont les plus souvent utilisés : l'estimateur MMGPD en différence (Arellano et Bond, 1991) et l'estimateur MMGPD en système (Blundel et Bond, 1998). A chaque forme d'estimateur MMGPD, correspond une équation à estimer particulière.

Arellano et Bond (1991) proposent de considérer les différences premières des variables explicatives de l'équation 3 comme des instruments. En utilisant l'opérateur différence première ($\Delta$), on peut réécrire l'équation 3 sous la forme suivante :

$$\Delta TDF_{it} = (\theta - 1)\Delta TDF_{it-1} + \beta_1 \Delta PAT_{it} + \beta_2 \Delta TCPOP_{it} + \beta_3 \Delta TCPIB_{it} + \Delta\varepsilon_{it} \quad (4)$$

Par ailleurs, la prise en compte des différences premières élimine de façon rigoureuse tout biais lié à l'hétérogénéité individuelle non observée, et par conséquent, résout le problème de la potentielle omission des variables invariantes dans le temps. S'agissant des niveaux décalés des variables dépendantes, ils constituent des instruments faibles pour la MMGPD en différence (MMGPD-D). La faiblesse desdits instruments peut entraîner des coefficients biaisés pour de petits échantillons (Arellano et Bover, 1995).

Arellano et Bover (1995) autant que Blundel et Bond (1998) proposent de combiner les équations en différence première et les équations en niveau dans lesquelles les variables sont instrumentées en niveau ou par leurs différences premières. Ce qui conduit au système suivant :

$$\{\Delta TDF_{it} = (\theta - 1)\Delta TDF_{it-1} + \beta_1 \Delta PAT_{it} + \beta_2 \Delta TCPOP_{it} + \beta_3 \Delta TCPIB_{it} + \Delta\varepsilon_{it} \quad TDF_{it} = \theta TDF_{it-1} + \beta_1 PAT_{it} + \beta_2 TCPOP_{it} + \beta_3 TCPIB_{it} + u_i + \varepsilon_{it} \qquad (5)$$

La méthode MMGPD en système (MMGPD-S) offre beaucoup d'avantages, car elle corrige les biais présents dans la MMGDP en différence en associant l'équation de différence avec l'équation en niveau. Selon Hayakawa (2007), l'utilisation de ce double ensemble d'instruments améliore sensiblement la qualité des estimations. S'aidant des simulations de Monte Carlo, Blundell et Bond (1998) ont montré que l'estimateur MMGPD-S est plus performant que l'estimateur MMGPD-D. Toutefois, la MMGPD-S utilise généralement plus d'instruments que celle en différence, ce qui peut la rendre inappropriée dans certains cas, notamment lorsque la dimension individuelle est petite (Roodman, 2009). C'est la raison pour laquelle nous prenons comme instruments, les variables retardées d'ordre 1.

En prenant en considération leurs forces et leurs limites, et dans le but bien compris de contrôler la robustesse de nos résultats, nous estimons notre équation de base (l'équation 3 ci-dessus déclinée) à l'aide des deux MMGPD (en différence et en système) déjà présentées. Dans nos estimations, nous retenons toutefois l'approche en deux étapes car, hormis le fait qu'elle est plus efficiente que celle en une étape, elle permet de prendre en compte l'hétéroscédasticité entre individus (Blundell et Bond, 1998). En outre, il y a lieu de noter que pour éviter des écarts très importants entre les valeurs des coefficients estimés, la variable PAT est transformée en logarithme.

# PRÉSENTATION ET ANALYSE DES RÉSULTATS OBTENUS

Pour contrôler la robustesse des résultats, nous faisons deux estimations du modèle dynamique 3. La première est réalisée à l'aide de la MMGDP en différence, et la seconde, à partir de la MMGDP en système. Les résultats sont retranscrits au tableau 3 ci-dessous.

**Tableau 3**. *Résultats des régressions linéaires en panel de l'équation dynamique 3*

| Variable dépendante = TDF | | | | | | |
|---|---|---|---|---|---|---|
| Technique d'estimation | **MMGPD-D** | | | **MMGPD-S** | | |
| Variable explicative | **Coefficient** | **z-stat.** | **P > \|z\|** | **Coefficient** | **z-stat.** | **P > \|z\|** |
| **TDF-1** | 0,9328*** | 50,88 | 0,000 | 1,0303*** | 395,45 | 0,000 |
| **L(PAT)** | 0,0615*** | 4,03 | 0,000 | 0,0413*** | 10,92 | 0,000 |
| **TCPOP** | 0,0328** | 2,55 | 0,011 | 0,0359*** | 8,71 | 0,000 |
| **TCPIB** | - 0,0015** | -2,35 | 0,019 | - 0,0026*** | - 9,50 | 0,000 |
| **Constante** | - 0,3553 | -3,04 | 0,002 | - 0,3292 | - 13,40 | 0,000 |
| **Wald chi2(6)** | 175 327,95 | | | 680 469,62 | | |
| **Prob > chi2** | 0,000 | | | 0,0000 | | |
| **Test AR (2) (p-value)** | 1,0187 (0,3083) | | | - 0,42097 (0,6738) | | |
| **Test Sargan (p-value)** | 7,3151 (0,6043) | | | 9,0788 (0,9721) | | |
| **Nombre d'instruments** | 14 | | | 24 | | |
| **Nombre d'observations** | 160 | | | 176 | | |
| **Nombre de pays** | 16 | | | 16 | | |

*Notes : *** et ** indiquent la significativité des variables aux seuils respectifs de 1 et 5 % ; L désigne le logarithme.*

Il convient de préciser que quelle que soit la méthode d'estimation considérée, le coefficient associé au TDF retardé indiqué au tableau 3 correspond à la valeur $\theta$ du coefficient du TDF initial. Cela étant dit, il est à maintenant question de calculer la valeur du coefficient du TDF retardé (notée $\pi$), ainsi que celle du $z$ de student relatif au coefficient $\pi$ de cette variable. La détermination des valeurs recherchées est opérée via les équations suivantes :

$$\pi = \theta - 1 \quad et \quad z = \frac{\theta - 1}{Ecart - type\ de\ \theta} \qquad (6)$$

Les résultats obtenus sont résumés au tableau 4 ci-après :

**Tableau 4.** *Calcul des coefficients du TDF retardé*

| Spécification | Coefficient | z-stat | P > \|z\| |
|---|---|---|---|
| MMGPD-D | - 0,0672325*** | - 3,67 | 0,000 |
| MMGPD-S | 0,0303423*** | 11,65 | 0,000 |

### 1. Validité statistique des modèles estimés

Dans nos estimations, les tests de diagnostic affichent des résultats conformes aux attentes puisque les p-values respectives sont inférieures à 2%. On note aussi que, d'une part, le test de sur-identification de Sargan ne rejette pas l'hypothèse nulle (celle de la validité des instruments), signifiant que le terme d'erreur $\varepsilon_{it}$ n'est pas corrélé avec l'ensemble des variables explicatives utilisées comme instruments ; et que, d'autre part, le test d'autocorrélation d'Arellano et Bond accepte l'absence de l'autocorrélation à l'ordre 2 (AR(2)) des résidus. Les différents modèles estimés satisfont donc aux hypothèses sur lesquelles ils ont été fondés.

Selon les critères généralement considérés, il y a lieu de remarquer que les deux modèles sont globalement significatifs ; et les estimations, de bonne qualité. La valeur de la statistique Wald montre que les variables explicatives ont un pouvoir explicatif du TDF globalement significatif à un seuil inférieur à 1%. Les tests de significativité statistique individuelle des paramètres montrent que la majorité simple des coefficients sont significatifs à un seuil inférieur à 1%. Donc, les modèles estimés sont adaptés à décrire le TDF au travers des variables explicatives considérées.

D'une manière générale, en termes d'explication de la variable dépendante, les résultats des deux estimations se rapprochent. A l'exception du taux de déforestation retardé, les variables significatives, tout comme les signes des coefficients estimés, sont les mêmes, mais de poids variable ; et ce, quelle que soit la méthode d'estimation utilisée. Ce constat est une indication essentielle de la robustesse des résultats obtenus. Cependant, les estimations par les MMGPD sont plus efficaces lorsque le nombre d'individus (ici, des pays) se rapproche du nombre d'instruments (Roodman, 2009). Sur cette base, la MMGDP en différence est mieux adaptée à l'analyse des facteurs explicatifs de la déforestation.

### 2. Les déterminants de la déforestation

Les tests de significativité statistique individuelle des paramètres révèlent que la déforestation serait influencée par un certain nombre de facteurs, à savoir : *le taux de déforestation retardé, la productivité agricole, la croissance démographique et la croissance économique.* Comprendre le rôle de ces facteurs contribuerait à juguler la croissance de la déforestation dans les pays francophones d'ASS.

*2.1. Effet mémoire de la déforestation*

Les données du tableau 4 supra mettent en lumière un effet mémoire du taux de déforestation. En effet, le TDF à la date t-1 influence négativement et significativement le TDF à la date t. Par ailleurs, toutes choses restant égales, une augmentation d'une unité de la variable retardée $TDF_{t-1}$ entraînerait une baisse du $TDF_t$ d'environ 0,067 unité. Ce résultat peut s'expliquer par le critère de rivalité qui caractérise l'utilisation de la ressource commune qu'est le couvert forestier ; la notion de rivalité se rapportant ici au fait que la consommation d'une certaine quantité d'un bien peut limiter la quantité disponible pour les autres (Cornes et Sandler, 1996). Pour être précis, toute consommation de terres forestières par un agent économique à la date t-1 diminue le stock disponible pour les autres à la date t. Par conséquent, la rivalité née de l'exploitation commune des terres forestières génère des externalités négatives croisées entre les agents économiques parties prenantes de cette entreprise. On peut donc inférer, d'une part, que les prélèvements opérés par les uns réduisent la disponibilité immédiate des terres forestières pour les autres ; et, d'autre part, que cette baisse de disponibilité entraîne une certaine rareté des terres forestières qui accroît les coûts ou les efforts d'exploitation. Concernant la déforestation des pays francophones d'ASS en particulier, tel résultat valide la pertinence de l'utilisation des estimateurs MMGPD, puisqu'il confirme le comportement dynamique du taux de déforestation, capté ici par sa valeur retardée.

*2.2. Déforestation et productivité agricole*

Selon les résultats présentés plus haut au tableau 3, la productivité agricole exerce un effet statistiquement significatif sur le taux de déforestation. Contrairement à nos attentes, lorsque cet indicateur est pris individuellement, il exerce un effet positif sur la déforestation. Toute chose restant égale par ailleurs, une augmentation de 1% de la PAT entraînerait une hausse du TDF d'environ 0,0006 unité. Ainsi, il semble que l'accroissement de la productivité agricole de la terre conduise à une augmentation de la pression exrecée sur les terres forestières. Plusieurs études confirment ce résultat, notamment celles de Phalan et Green (2016) et Brady et Sohngen (2008) qui, dans leurs travaux respectifs, établissent une relation positive entre l'accroissement de la productivité agricole et l'expansion des terres agricoles ; et c'est cette dernière qui, subséquemment, déclenche une destruction du couvert forestier. Ce résultat va cependant à l'encontre de celui auquel parviennent Villoria (2019) et Bakehe (2018), de l'existence d'une relation négative entre la productivité agricole et la déforestation. Ces auteurs ont en effet révélé que l'amélioration de la productivité agricole dans les pays d'ASS a le potentiel de réduire, voire de ralentir la déforestation, en diminuant la surface des terres dédiées à la production d'une quantité déterminée de produits agricoles.

De façon conceptuelle, les effets dopants d'une amélioration de la productivité agricole sur la production agricole font l'unanimité. Dans notre contexte, Nkamleu (2004) a montré que la productivité agricole a connu une évolution négative[72] dans les pays francophones africains au cours de la période 1970-2000. Petit (2011) a généralisé ce résultat en indiquant que les agriculteurs de l'ASS sont restés à un niveau de productivité agricole très faible, contrairement à ceux d'autres régions en développement comme, par exemple, l'Amérique du sud et l'Asie. Ce faisant, il y a lieu de penser que le niveau actuel de productivité agricole ne favorise pas la conservation des forêts.

Et, au vu de cette relation complexe entre la déforestation et la productivité agricole, nous postulons que l'augmentation de la productivité agricole apparaît indispensable pour accroître la production agricole ; mais qu'étant donné son faible niveau actuel en ASS francophone, elle n'est pas en mesure de limiter la pression sur les forêts.

### *2.3. Population, croissance économique et déforestation*

Les résultats du tableau 3 présenté plus haut montrent que le taux de croissance économique et le taux de croissance de la population ont des effets très différents sur la déforestation. En effet, le taux de croissance du PIB a un effet négatif et statistiquement significatif sur le taux de déforestation. A ce propos, toutes choses restant égales, une augmentation d'une unité de la variable TCPIB entraînerait une baisse du TDF d'environ 0,0015 unité. Ce résultat corrobore celui auquel sont parvenus Nguyen Van et Azomahou (2003), qui ont établi dans leurs travaux que le taux de croissance économique réduit le taux de déforestation. Ainsi, pour l'échantillon considéré, la déforestation s'atténue avec la croissance économique. Ce fait nous autorise à conclure qu'un revenu stable et

---

72 Durant cette période en effet, les régions forestières ont accru leur productivité, quand celle des régions sahéliennes décroîssait.

suffisant peut jouer un rôle déterminant dans la motivation des pays à participer à la préservation des forêts.

L'effet de la croissance démographique sur la déforestation est, quant à lui, positif et statistiquement significatif ; en ce sens que toutes choses restant égales, une augmentation d'une unité de la variable TCPOP entraînerait une hausse du TDF d'environ 0,0328 unité (voir aussi le tableau 3 ci-dessus). Ce résultat, qui est similaire à ceux trouvés par Bakehe (2018) et Nguyen Van et Azomahou (2003), semble confirmer la thèse malthusienne qui attribue invariablement et exclusivement au fléau de la pression démographique, le recul des espaces forestiers. La croissance de la population entraîne généralement une hausse de la demande alimentaire et de la demande de bois-énergie. Si la première de ces demandes est satisfaite par une extension des surfaces cultivées en l'absence d'augmentation de la productivité agricole, la seconde l'est par d'importants prélèvements de bois-énergie dans les espaces forestiers. Ce combustible constitue, il faut le dire, la principale source d'énergie de cuisson accessible à la majorité de la population d'ASS. La satisfaction de ces deux demandes est, pour ainsi dire, la cause directe la plus couramment citée de la déforestation en ASS.

*

*    *

Cette étude avait pour objectif d'identifier, analyser et estimer les principaux facteurs influençants de la déforestation, en portant une attention particulière à la productivité agricole. Dans cette optique, nous avons construit, en nous référant à la période 2007-2018, un panel cylindré constitué d'un échantillon de données comportant 16 pays francophones d'ASS. La démarche économétrique a fait recours aux procédures d'estimation des panels dynamiques les plus courantes, notamment les MMGPD en différence et en système.

Les estimations révèlent que le taux de déforestation antérieur et le taux de croissance du PIB sont des facteurs susceptibles de juguler la déforestation. En revanche, la productivité agricole et le taux de croissance de la population sont des déterminants qui, potentiellement, favorisent la déforestation. L'étude comparative des contributions marginales des facteurs présentée supra au tableau 3 montre que l'évolution de la déforestation est largement dépendante de la productivité agricole (PAT) et de la valeur passée du taux de déforestation (TDF-1).

L'analyse des résultats obtenus nous permet de tirer plusieurs enseignements, aussi bien au plan méthodologique que pratique : ***(i)-*** compte tenu de la rivalité qui caractérise les rapports entre acteurs usagers des espaces forestiers, la valeur passée du taux de déforestation contribue à réduire sa valeur présente. Ce résultat valide le comportement dynamique du taux de déforestation ; ***(ii)-*** certes, l'amélioration de la productivité agricole apparaît indispensable pour accroître la production agricole, mais son faible niveau actuel en ASS n'est pas en mesure de limiter la pression sur les forêts ; ***(iii)-*** un revenu stable et suffisant peut jouer un rôle décisif dans la motivation des pays francophones d'ASS à participer à la préservation de leurs forêts.

Les résultats ainsi produits restent néanmoins soumis à une limite importante, celle relevant de la faiblesse des échelles temporelle et spatiale, qui ne permet pas de prendre en compte les effets de long terme. Cette faiblesse renforce d'autant plus son influence sur les résultats obtenus, que l'analyse en panels dynamiques est très gourmande en données. Précisons en outre que les erreurs de mesure ou les omissions de variables sont corrigées par les méthodes d'estimation en panels dynamiques. ■

# RÉFÉRENCES

AGRF (2017), "Accélérer la marche de l'Afrique vers la Prospérité: contribuer à la croissance d'économies inclusives et à la création d'emplois à travers l'agriculture." *Guide de l'AGRF* préparé pour la 7e édition du Forum pour la Révolution Verte en Afrique, 28p., AGRF, Abidjan, Côte d'Ivoire, 4-8 Septembre 2017. [En ligne] AGRF2017Program(P2).pdf (abidjan.net), site internet consulté le 10 juin 2024.

Ajanaku B.A., and Collins A.R. (2021), "Economic growth and deforestation in African countries: Is the environmental Kuznets curve hypothesis applicable?" *Forest Policy and Economics*, vol. 129, Elsevier. [Online] From https://doi.org/10.1016/j.forpol.2021.102488, accessed April 8, 2024 at 7:18 p.m.

Alston J.M., J.M. Baddow, and Pardey P.G. (2009), "Agricultural research, productivity, and food prices in the long run." *Science*, vol. 325, nº 5945, pp. 1209-1210.

Andersson K.P., and Ostrom E. (2008), "Analyzing decentralized resource regimes from a polycentric perspective." *Policy sciences*, vol. 41, Springer Science+Business Media, LLC. pp. 71-93. Available [Online]

From the web site below, accessed March 27, 2024 at 9:18 a.m. http://ereserve.library.utah.edu/Annual/POLS/6405/Francis/andersson.pdf

Araral E. (2014), “Ostrom, Hardin and the commons : A critical appreciation and a revisionist view.” *Environmental Science and Policy*, vol. 36, pp. 11-23.

Arellano M., and Bond S. (1991), “Some tests of specification for panel data: Monte Carlo evidence and an application to employment equations.” *The Review of Economic Studies*, vol. 58, n° 2, pp. 277-297.

Arellano M., and Bover O. (1995), “Another look at the instrumental variable estimation of error-components models.” *Journal of Econometrics*, vol. 68, n° 1, pp. 29-51.

Austin K.G., M. Gonzales-Roglich, D. Schaffer-Smith, A.M. Schwantes, and Swensen J.J. (2017), “Trends in size of tropical deforestation events signal increasing dominance of industrial-scale drivers.” *Environmental Research Letters*, vol. 12, n° 5, pp. 1-10, IOP Publishing Ltd. [Online] From https://iopscience.iop.org/article/10.1088/1748-9326/aa6a88/pdf, accessed June 14, 2024 at 9:37 p.m.

Bakehe N.P. (2018), « Productivité agricole et déforestation dans le Bassin du Congo. » *Economie Rurale*, vol. 366, pp. 5-19. [En ligne] Productivité agricole et déforestation dans le bassin du Congo (openedition.org), site internet consulté le 2 juin 2024.

Bazie Y.G., T.L. Cotty, E.M. D’hôtel, D.O. Ouattara, et Sanou A. (2020). « Pourquoi une relation positive entre taille des exploitations et productivité au Burkina Faso ? » *Economie rurale*, vol. 371, pp. 37-58. [En ligne] Pourquoi une relation positive entre taille des exploitations et productivité au Burkina Faso ? (openedition.org), site internet consulté le 20 juin 2024.

Brady M.P., and Sohngen B. (2008), “Agricultural productivity, technological change, and deforestation: A global analysis.” Selected Paper N° 469522 prepared for presentation at the *American Agricultural Economics Association* Annual Meeting, 32p., Orlando, FL/USA, July 27-29, 2008. [Online] From the web site https://ageconsearch.umn.edu/record/6420, accessed May 22, 2024 at 6:33 p.m.

Blundell R., and Bond S. (1998), "Initial conditions and moment restrictions in dynamic panel data models." *Journal of Econometrics*, vol. 87, n° 3, pp. 115-143.

Combes J.-L., P. Combes-Motel, et Schwartz S. (2016), « Un survol de la théorie des biens communs. » *Revue d'économie du développement*, vol. 24, n° 3, pp. 55-83.

Cornes R., and Sandler T. (1996), *The theory of externalities, public goods and club goods*, 2nd edition, Cambridge, UK, Cambridge University Press, 590p. ISBN: 0521477182.

Dillon B., and Barrett C.B. (2017), "Agricultural factor markets in Sub-Saharan Africa: An updated view with formal tests for market failure." *Food Policy*, vol. 67, pp. 64-77.

Douillet M., et Girard P. (2013), « Productivité agricole : des motifs d'inquiétude ? (I) Les concepts. » *Fondation pour l'Agriculture et la Ruralité dans le Monde,* vol. 1, n° 7, p. 12.

FAO (2016), *Global Forest Resources. Assessment 2015: How are the world's forests changing?* 2nd edition, Rome, FAO - Food and Agriculture Organization of the United Nations, 54p. ISBN: 978-92-5-109283-8. [Online] From Global Forest Resources Assessment 2015. How are the World's Forests Changing? (Second edition) (fao.org), accessed June 10, 2024 at 8:17 a.m.

FAO (2006), *L'état de l'insécurité alimentaire dans le monde : Eradiquer la faim dans le monde – bilan 10 ans après le Sommet mondial de l'alimentation*, Rome, FAO – Organisation des Nations Unies pour l'Alimentation et l'Agriculture, 44p. ISBN : 92-5-205580-0. [En ligne] Sofi06_F_11X06 (fao.org), site internet consulté le 15 avril 2024.

FAO (2000). *La situation mondiale de l'alimentation et de l'agriculture 2000 : enseignements des 50 dernières* années, Rome, FAO – Organisation des Nations Unies pour l'Alimentation et l'Agriculture, 354p. ISBN : 92-5-204400-0. [En ligne] La situation mondiale de l'alimentation et de l'agriculture, 2000 (fao.org), site internet consulté le 18 mars 2024.

Frank R.H., B. Bernanke, and Johnston L.D. (2009), *Principles of Microeconomics*, 4th edition, McGraw-Hill Irwin, ISBN: 9780073362663, 421p.

Fuglie K. (2015), “Accounting for growth in global agriculture.” *Bio-based and Applied Economics*, vol. 4, n° 3, pp. 201-234.

Fuglie K., M. Gautam, A. Goyal, and Maloney W.F. (2020), *Harvesting prosperity: technology and productivity growth in agriculture*, Washington, DC, World Bank Group, 271p. ISBN (paper): 978-1-4648-1393-1 / ISBN (electronic): 978-1-4648-1429-7. DOI : 10.1596/978-1-4648-1393-1

Gacko I., et Laffiteau E. (2017), « Réforme des critères de convergence et cyclicité de la politique budgétaire en zone franc. » *Mondes en Développement*, vol. 3, n° 179, pp. 119-136. [En ligne] Réforme des critères de convergence et cyclicité de la politique budgétaire en Zone franc | Cairn.info, site internet consulté le 27 avril 2024.

Geist H.J., and Lambin E.F. (2002), “Proximate causes and underlying driving forces of tropical deforestation: Tropical forests are disappearing as the result of many pressures, both local and regional, acting in various combinations in different geographical locations.” *BioSciences*, vol. 52, n° 2, pp. 143-150.

GIEC (2013), « Résumé à l’intention des décideurs. » *Changements climatiques 2013 : Les éléments scientifique. Contribution du Groupe de travail I au cinquième Rapport d’évaluation du Groupe d’experts intergouvernemental sur l’évolution du climat* [Sous la direction de Stocker T.F., D. Qin, G.-K. Plattner, M.M.B. Tignor, S.K. Allen, J. Boschung, A. Nauels, Y. Xia, V. Bex, et P.M. Midgley]. Cambridge University Press, Cambridge, Royaume-Uni et New York (État de New York), États-Unis d’Amérique. [En ligne] sur le site internet WG1AR5_SummaryVolume_FINAL_FRENCH.pdf (ipcc.ch), consulté le 18 mars 2024.

GIEC (2007), « Résumé à l’intention des décideurs. » *Changements climatiques 2007 : Les éléments scientifiques. Contribution du Groupe de travail I au 4e Rapport d’évaluation du Groupe d’experts intergouvernemental sur l’évolution du climat* [Solomon S., D. Qin, M. Manning, Z. Chen, M. Marquis, K.B. Averyt, M. Tignor et H.L. Miller (eds.)]. Cambridge University Press, Cambridge, UK et New York, NY, USA. [En ligne] sur le site internet ipcc.ch/site/assets/uploads/2020/02/ar4-wg1-sum-vol-fr.pdf, consulté le 20 mars 2024.

Goyal A., et Nash J. (2020), *Obtenir de meilleurs résultats : Priorités en matière de dépenses publiques pour les gains de productivité de l'agriculture africaine*. Collection « L'Afrique en développement », Washington, DC, World Bank Group, 380p. ISBN: 978-2-37902-005-6.

Hayakawa K. (2007), "Small sample bias properties of the system GMM estimator in dynamic panel data models." *Economics Letters*, vol. 95, n° 1, pp. 32-38.

Hardin G. (1968), "The tragedy of the commons: the population problem has no technical solution; it requires a fundamental extension in morality." *Science*, vol. 162, n° 3859, pp. 1243-1248.

Madon G. (2017), « Le bois, énergie de première nécessité en Afrique. Une ressource trop souvent négligée. » *Afrique Contemporaine*, vol. 1-2, n° 261-262, pp. 201-222.

Megevand C. (2013), *Dynamiques de déforestation dans le bassin du Congo : réconcilier la croissance économique et la protection des forêts*. Washington, DC, USA, International Bank for Reconstruction and Development / The World Bank, 201p., ISBN (version imprimée) : 978-0-8213-9827-2, ISBN (version électronique) : 978-0-8213-9838-8. [En ligne] sur le site internet World Bank Document, consulté le 16 mai 2024.

NEPAD (2013), *Les agricultures africaines : transformations et perspectives*, Johannesburg, South Africa, NEPAD – Nouveau Partenariat pour le développement de l'Afrique, 72 p. [En ligne] sur le site internet Agriculture_Africaine.pdf (un.org), consulté le 19 juin 2024.

Nguyen Van P., et Azomahou T.T. (2003), « Déforestation, croissance économique et population : une étude sur données de panel. » *Revue Economique*, vol. 544, n° 4, pp. 835-855.

Nkamleu G.B. (2004), « L'échec de la croissance de la productivité agricole en Afrique francophone. » *Economie rurale*, vol. 279, n° 1, pp. 53-65. [En ligne] sur le site internet (PDF) L'échec de la croissance de la productivité agricole en Afrique francophone (researchgate.net), consulté le 25 juin 2024.

Ostrom E. (1990), *Governing the commons: the evolution of institutions for collective action*. Cambridge, UK, Cambridge University Press, 280p.

Ostrom E., R. Gardner, and Walker J. (1994), *Rules, Games, and Common-pool Resources*. Michigan, USA, The University of Michigan Press, 369p. ISBN: 9780472065462.

Perfect-Mrema J. (2022), "Ostrom and the commons: critical appreciation and interrogation in the context of forest management in Tanzania." *Environmental Science and Policy*, vol. 127, Elsevier, pp. 77-86.

Petit M. (2011), "La productivité des facteurs de production augmente." In : M. Petit (dir.), *Pour une agriculture mondiale productive et durable*, Versailles, France, Editions Quæ, pp. 21-23 (des 120 pages), ISBN: 9782759209132.

Phalan B., R.E. Green, L.V. Dicks, G. Dotta, C. Feniuk, A. Lamb, B.B.N. Strassburg, D.R. Williams, Erasmus K.H.J. zu Ermgassen, and Balmford A. (2016), "How can higher-yield farming help to spare nature?" *Science*, vol. 351, n° 6272, pp. 450-451.

Piette F. (2006), *Les déterminants de la productivité agricole dans le nord-est du Brésil : une interrogation sur la relation négative entre la productivité et la taille des fermes*, Rapport de recherche, Montréal, Canada, Université de Montréal, 73p. [En ligne] Microsoft Word - rapport2.doc (umontreal.ca), site internet consulté le 25 mai 2024.

Pirard R., and Belna K. (2012), "Agriculture and deforestation: Is REDD+ rooted in evidence?" *Forest Policy and Economics*, vol. 21, pp. 62-70.

Roodman D. (2009), "How to do xtabond2: An introduction to difference and system GMM in Stata." *The Stata Journal*, vol. 9, n° 1, pp. 86-136.

Smouts M.C. (2000), « Un monde sans bois ni lois. La déforestation des pays tropicaux. » *Critique Internationale*, vol. 9, n° 1, pp. 131-146.

Villoria N.B. (2019), "Technology Spillovers and Land Use Change: Empirical Evidence from Global Agriculture." *American Journal of Agricultural Economics*, vol. 101, n° 3, pp. 870-893.

Wooldridge J.M. (2013), *Introductory econometrics: A modern approach* (5th ed.). Mason (OHIO), USA, South-Western Cengage Learning, 910p. ISBN: 978-1-111-53104-1. [En ligne] Introductory Econometrics: A Modern Approach (cbpbu.ac.in), site internet consulté le 14 mars 2024.

## *Analyse des contraintes liées à la fourniture des services environnementaux dans la zone soudano-sahélienne du Cameroun : le cas de la sécurité foncière.*

Par

***Dorothée NGONDJEB YONG*** • *Faculté des Sciences Économiques et de Gestion, Université de Yaoundé 2*

*njedora@gmail.com*

**RÉSUMÉ :**

Au cours de ces dernières années, la production agricole a connu une amélioration de rendement grâce aux techniques culturales qui intègrent la conservation de l'environnement et la fourniture de services environnementaux. Cette étude analyse l'impact des droits de propriété foncière sur la fourniture des services environnementaux par l'activité agricole dans le bassin versant du lac Lagdo au Cameroun. Les données ont été tirées d'une enquête menée en 2008 auprès des agriculteurs, dans le cadre du projet Eau-Sol-Arbre qui couvrait la zone soudano-sahélienne du pays. Outre une technique d'échantillonnage aléatoire à plusieurs degrés utilisée pour recueillir des données auprès de 303 agriculteurs, un modèle d'effet de traitement endogène multinomial (en deux étapes) a été mis à contribution, non seulement pour examiner l'impact des droits de propriété foncière sur l'adoption des pratiques de conservation des sols par les ménages agricoles de la zone soudano-sahélienne du Cameroun, mais aussi pour tenir compte de l'endogénéité entre le droit de propriété et l'adoption de l'agriculture de conservation. Les résultats indiquent que : [i] si les ménages de l'échantillon sont à 48% propriétaires des parcelles exploitées, 37% des parcelles sont acquises par métayage, quand 6% et 9% sont sous contrat de location et font l'objet d'un prêt ou d'un don, respectivement ; [ii] le régime foncier influence de manière significative la décision des agriculteurs d'investir dans des pratiques de conservation des sols et, par conséquent, dans la fourniture des services environnementaux ; [iii] l'adoption de ces pratiques est toujours plus élevée sur les parcelles dont le producteur est propriétaire que sur les parcelles empruntées, louées ou en métayage ; [iv] nous avons trouvé une preuve que l'hypothèse du biais de sélection ne peut être rejetée ; enfin, [v] l'approche analytique développée et la conclusion du biais de sélection peuvent être jugées pertinentes pour évaluer les effets du régime foncier sur d'autres pratiques de conservation des sols mises en place dans cette région du Cameroun.

**MOTS CLÉS :** service environnemental, droits de propriété foncière, modèle d'effet de traitement endogène multinomial, Cameroun.

## *Analysis of the constraints related to the provision of environmental services in the Sudano-Sahelian zone of Cameroon: the case of land tenure security.*

*ABSTRACT:*

*In recent years, agricultural production has seen an improvement in yield thanks to cultivation techniques that integrate environmental conservation and the provision of environmental services. This study analyzes the impact of land property rights on the provision of environmental services through agricultural activity in the Lake Lagdo watershed in Cameroon. The data were taken from a survey conducted in 2008 among farmers, as part of the Water-Sol-Tree project which covered the Sudano-Sahelian zone of the country. In addition to a multistage random sampling technique used to collect data from 303 farmers, a multinomial (two-stage) endogenous treatment effect model was used, not only to examine the impact of tariffs land ownership on the adoption of soil conservation practices by agricultural households in the Sudano-Sahelian zone of Cameroon, but also to take into account the endogeneity between property rights and the adoption of conservation agriculture. The results indicate that: [i] if 48% of the households in the sample are owners of the exploited plots, 37% of the plots are acquired by sharecropping, while 6% and 9% are under rental contract and are the subject of a loan or donation , respectively; [ii] land tenure significantly influences farmers' decisions to invest in soil conservation practices and, therefore, in the provision of environmental services; [iii] the adoption of these practices is always higher on plots owned by the producer than on borrowed, rented or sharecropped plots; [iv] we found evidence that the selection bias hypothesis cannot be rejected; finally, [v] the analytical approach developed and the conclusion of selection bias can be considered relevant to evaluate the effects of land tenure on other soil conservation practices implemented in this region of Cameroon.*

***KEYWORDS:*** *environmental service, land property rights, multinomial endogenous treatment effect model, Cameroon.*

La prise en compte de l'agriculture en tant que solution à certains problèmes environnementaux a fait l'objet d'une littérature considérable. Selon les spécialistes de l'économie de l'environnement, le concept de multifonctionnalité qui englobe, entre autres, la fourniture des services environnementaux par l'agriculture, repose fondamentalement sur la notion d'externalité. Celle-ci est basée principalement sur la divergence entre l'intérêt collectif et l'intérêt privé ; de telle sorte que le débat entre économistes s'est focalisé à la fois sur l'évaluation des impacts touchant au bien-être des agents, et les différentes modalités d'internalisation. La littérature sur l'économie de l'environnement précise la caractéristique non intentionnelle des externalités. Aznar et Pierre-Cornet (2003) estiment à cet effet que, l'externalité est une notion pour laquelle les activités économiques sont comprises comme produisant des effets secondaires (environnementaux pour le cas d'espèce) souvent ignorés par celui qui les a générés. En cela, les économistes de l'environnement les qualifient d'externalités de production, qu'elles soient positives (paysages, aménités) ou négatives (pollution). Ainsi, les services environnementaux de l'agriculture s'apparentent aux externalités positives de production. Considérer les services environnementaux comme des externalités positives de production, conduit à donc à devoir appréhender le service environnemental sur deux plans : un plan positif et un plan normatif.

Sur le plan positif, les auteurs s'intéressent principalement aux processus par lesquels des agents économiques produisent des effets externes positifs sur le milieu naturel. Autrement dit, ils s'intéressent aux caractéristiques de l'offre de service environnemental. Les services environnementaux-externalités sont produits de façon non intentionnelle et leur production ne peut être, pour l'essentiel, que le fait d'agents utilisant dans leur combinaison productive, des éléments de l'environnement, autrement dit des ressources naturelles (les sols en premier). De ce fait, les agriculteurs sont au centre des études écologiques. Le caractère non intentionnel de l'offre de service environnemental, et partant, du coût presque nul de celle-ci, sous-entend que le service-externalité est un sous-produit ; et que, par conséquent, le service environnemental-externalité est strictement indissociable du produit principal. Sur le plan normatif, tous les efforts des économistes de l'environnement sont orientés vers l'internalisation de ces externalités positives de production ; c'est-à-dire la recherche de la modalité la plus à même de permettre aux producteurs d'assurer au niveau le plus élevé, et ce de façon durable, le service environnemental-externalité.

Au Cameroun, l'agriculture occupe une place importante en termes de part dans la production totale de biens et services ; et même d'emploi de main-d'œuvre, notamment rurale. Ce secteur représente plus de la moitié des revenus d'exportation non pétroliers du pays, et emploie près de 60% de la population active (FAO, 2021). Grâce à l'agriculture, l'on peut espérer avoir au Cameroun : une amélioration des paysages ruraux et urbains (agriculture péri-urbaine) ; une lutte efficace contre la désertification en zone soudano-sahélienne (reboisement) ; un accroissement du rôle des puits de carbone que sont les arbres en zone forestière ; une amélioration de l'approvisionnement en eau potable par des aménagements de points d'eau dans les zones où il n'y en a pas ; et la préservation de la biodiversité. Plus important encore, l'agriculture peut participer à la protection et à la conservation des ressources naturelles (forêts, parcs et réserves naturelles, cours d'eau, lacs, etc.) vitales pour certaines populations.

Pour le cas spécifique du lac Lagdo, il est établi que sa dégradation est le fait des activités agricoles menées par les populations riveraines. En effet, un rapport réalisé en 2002 par le Centre d'Étude de l'Environnement et du Développement au Cameroun (CEDC), indique que le système de culture dans la zone soudano-sahélienne du pays se caractérise par une utilisation intensive des terres. Ce qui n'est pas favorable à la reconstitution du potentiel de fertilité du sol, et ne permet pas de maintenir un bon niveau de rendement. A ceci s'ajoutent les effets néfastes du changement climatique, qui accentuent la dégradation des terres (Abou et *al.*, 2006). Une solution à la dégradation des terres serait donc d'adopter des pratiques de conservation qui peuvent contribuer à améliorer la fertilité du sol, la conservation de l'eau et l'accroissement de la productivité agricole. Ceci est particulièrement important dans un contexte de changement climatique où les pratiques agro-environnementales peuvent aider les ménages agricoles à s'adapter à la variabilité de la production, et à assurer leur sécurité alimentaire (Thangataa et Hildebrand, 2012 ; Mbow et *al.*, 2014).

La présente étude vise à mettre en évidence les facteurs susceptibles de permettre à l'activité agricole menée dans le bassin versant du lac Lagdo, de contribuer à la fourniture des services environnementaux, dont la préservation du lac Lagdo. Nous y parviendrons en analysant le comportement des agriculteurs de la zone en rapport avec l'adoption de techniques antiérosives (les aménagements antiérosifs en l'occurrence) ; l'érosion dans le bassin versant étant identifiée comme la principale source d'ensablement du lac et de retenue d'eau (CEDC, 2002). Nous nous concentrons sur l'adoption des pratiques agro-environnementales que sont les bandes enherbées, les cordons pierreux et les ados en terre.

Plusieurs études ont montré que ces pratiques de conservation des sols peuvent ralentir la dégradation de ceux-ci, améliorer la gestion des ressources en eau, contribuer à la sécurité alimentaire et sécuriser les moyens d'existence des ménages pauvres qui habitent les zones rurales des pays en développement. Ce sont, de fait, des techniques de résilience à mettre en œuvre lorsqu'on est confronté aux effets néfastes du changement climatique ; ceci en raison des avantages écologiques et économiques qu'elles offrent (Nguyen et *al.*, 2013 ; Skole et *al.*, 2013).

Ces pratiques ont été abondamment vulgarisées dans la zone soudano-sahélienne du Cameroun. Depuis près de 20 ans en effet, une série de projets promeut l'agriculture de conservation dans cette région du pays, avec le soutien de bailleurs de fonds. L'objectif est d'améliorer durablement la production agricole des fermes vulnérables. C'est notamment le cas du projet « Développement paysanal et gestion des terroirs » (DPGT) qui a eu cours entre 1994 et 2002 ; suivi du projet Eau-Sol-Arbre (ESA) mis en œuvre depuis 2002. Ces projets encouragent la pratique des techniques agricoles qui réduisent l'accélération de l'érosion, ou améliorent l'état organique des sols en vue de restaurer les paysages naturels, la fertilité des sols et la production agricole (Thevoz, 1997). Il est alors important d'identifier de façon empirique les déterminants de l'adoption de telles innovations, en particulier le rôle que joue le droit de propriété foncière dans ce processus d'adoption.

Il convient de relever que la relation entre la sécurité foncière et la productivité agricole reste une question très débattue dans le monde entier. L'incidence des droits de propriété foncière sur l'investissement et la productivité agricole dans les pays en développement, a aussi fait l'objet d'une abondante documentation dans la littérature. Sur le plan théorique, nombre d'études prédisent un effet positif de la sécurité foncière sur l'investissement agricole ; ceci pour plusieurs raisons. Premièrement, les droits de propriété sécurisés présenteraient une garantie pour que les producteurs agricoles, qui n'éprouvent alors aucune crainte par rapport à une quelconque expropriation, puissent engager des investissements de long terme dans des mesures de conservation de la fertilité du sol (Abdulai et *al.*, 2011). Deuxièmement, les droits de propriété sécurisés facilitent l'utilisation de la terre comme garantie collatérale pour l'obtention du crédit susceptible de financer les investissements agricoles (Feder et Feeny, 1991). Ceci est possible parce que ce type de droits facilite le développement d'un marché foncier efficace (Ali et *al.*, 2011). Un autre argument théorique réside dans le fait que les droits de propriété sécurisés favorisent la mobilité intra sectorielle des facteurs de production qui, à terme, a des repercussions positives sur l'investissement et la productivité agricole.

Même si la littérature théorique se veut unanime quant au lien positif qui existe entre la sécurité foncière et l'adoption, les conclusions des études empiriques ne permettent pas de dégager une évidence quant aux impacts réels des droits de propriété foncière sur l'adoption des pratiques agro-environnementales ; tant les résultats sont contrastés. Aucun consensus clair n'émerge des études empiriques menées dans divers contextes socio-économiques en Afrique Sub-Saharienne (ASS), sur l'effet que l'accroissement des droits de propriété foncière pourrait avoir sur l'incitation des agriculteurs à adopter diverses pratiques de conservation des sols (Deininger et Jin, 2006 ; Place, 2009 ; Arnot et *al.*, 2011).

Dans la présente étude, nous modélisons le droit de propriété comme un processus de sélection multinomiale, de sorte que le choix d'un mode d'accès à la terre dépende de l'utilité indirecte que cela procure au producteur. En particulier, nous avons utilisé le modèle d'effet de traitement endogène multinomial développé par Deb et Trivedi (2006), pour tenir compte du biais d'endogénéité du droit de propriété en rapport avec l'adoption des innovations agro- environnementales. Cette approche permet de considérer à la fois, la question de l'endogénéité des droits de propriété, et celle du biais de sélection sur les caractéristiques observables.

Le reste de l'article est organisé comme suit : La section 2 indique le cadre conceptuel et le modèle économétrique utilisé pour cette recherche. La section 3 décrit la zone d'étude, les variables mobilisées dans les estimations économétriques, et les données exploitées. Quant à la section 4, elle présente les résultats des estimations, leur analyse et la discussion qui en est faite. Enfin, la section 5 est consacrée aux conclusions de l'étude, et à quelques recommandations de politique économique faites à l'endroit des pouvoirs publics.

## CADRE CONCEPTUEL ET ÉCONOMÉTRIQUE

Le modèle de base que nous avons employé est le modèle (à deux étapes) d'effet de traitement endogène multinomial développé par Deb et Trivedi (2006). Dans la première étape, le producteur agricole choisit un mode d'accès à la terre à partir de quatre options mutuellement exclusives que sont (i) le prêt ou le don ; (ii) la location ; (iii) le métayage ; et (iv) la pleine propriété de la terre. Comme dans le modèle de Deb et Trivedi (2006), nous formulons l'hypothèse que les producteurs cherchent à maximiser leur utilité en la comparant à celle procurée par les droits de propriétés alternatives.

Ainsi, la probabilité (conditionnelle aux variables latentes) de choisir un mode d'accès à la terre, s'écrit comme suit :

$$Pr(d_i/Z_i, l_i) = f(Z_i\alpha_1 + \beta_1 l_{i1},, Z_i\alpha_2 + \beta_2 l_{i2}, \dots Z_i\alpha_{iJ} + \beta_J l_{iJ}) \quad (1)$$

Dans cette équation, $Z_i$ est un ensemble de variables exogènes, et $\alpha_j$ le vecteur de paramètres associé à estimer ; $l_{ij}$ est le facteur latent qui inclue les caractéristiques inobservables communes au choix du mode d'accès à la terre et à l'adoption par les producteurs, de l'innovation agro-environnementale (avec $\beta_J$ le coefficient estimé). Les facteurs latents peuvent inclure, par exemple, la motivation du producteur, son horizon de planification des investissements sur la parcelle, ou sa capacité managériale. Sans perte de généralité, nous supposons que j=0 représente les producteurs du groupe de contrôle (les producteurs ayant la pleine propriété de leur terre). La lettre f figure une fonction de distribution de probabilité multinomiale supposée avoir une structure Logit Multinomial Mixte (MMNL) définie ainsi qu'il suit :

$$Pr(d_i/Z_i, l_i) = \frac{exp(Z_i\alpha_J + \beta_J l_{iJ})}{1 + \sum_{k=1}^{j} exp(Z_i\alpha_k + \beta_k l_{ik})} \quad (2)$$

Dans l'équation (1), j = 0, 1, 2, …, j. Et comme dans tout modèle logit multinomial standard, les paramètres dans le MMNL sont identifiés à l'échelle. Nous supposons également que chaque choix de traitement est affecté par un facteur latent unique et, afin de normaliser l'échelle pour chaque équation de choix de traitement, que $\beta_J = 1$ pour tout j.

Dans la seconde étape du modèle, nous évaluons l'impact du mode d'accès à la terre sur l'adoption des pratiques de conservation des sols. Les pratiques retenues sont les bandes enherbées, les cordons pierreux et les ados en terre, ou une combinaison de ces trois pratiques. La variable de production **y** est le nombre de pratiques de conservation adoptées. Il s'agit d'une variable de comptage non négative. L'équation de production pour un producteur i (i = 1, 2, …, N) peut, quant à elle, être formulée comme suit :

$$E(y_i/d_i, x_i, l_i) = x_i\beta + \sum_{k=1}^{J} \gamma_{1j} d_{ij} + \sum_{k=1}^{J} \varphi_j l_{ij} \quad (3)$$

Où $xi$ est un ensemble de variables exogènes, avec $\beta$ le vecteur de paramètres associés. Les paramètres $\gamma_j$ représentent les effets de traitement (prêt ou don, location et métayage) relatifs au choix de contrôle (le plein droit de propriété).

Dans la mesure où $E\ (y_i/d_i,\ x_i,\ l_i)$ est une fonction de chaque facteur latent $l_{ij}$, la production est affectée par des caractéristiques inobservables qui, elles-mêmes, influent sur le choix du mode d'accès à la terre. Lorsque $\varphi_J$ (le coefficient du facteur latent) est positif (négatif), cela implique que le traitement et le résultat sont positivement (négativement) corrélés par le biais de caractéristiques inobservables. Autrement dit, il y a une sélection positive (négative) avec $\gamma j$ et $\varphi_J$ est le vecteur de paramètres associés. En outre, étant donné que notre variable résultat est une variable de comptage, nous supposons qu'elle est générée par un processus de poisson.

Nous utilisons une régression binomiale négative de type 2 dans la deuxième étape du modèle, en notant bien que ce dernier a été estimé en utilisant à la fois une approche de maximum de vraisemblance simulé (MSL), et la commande stata *mtreatreg.* Toutes les estimations ont été faites avec 500 simulations par observation ; simulations basées sur les séquences Halton. Les erreurs standard ont été ajustées au niveau ménage pour tenir compte des problèmes potentiels d'hétéroscédasticité et de corrélation des erreurs entre les parcelles du même ménage.

# VARIABLES ET SOURCE DES DONNÉES

## 1. Variable dépendante

Notre variable dépendante est le nombre de pratiques de conservation des sols adoptées. Les pratiques de conservation du sol retenues sont les ados en terre (selon les courbes de niveau), les cordons pierreux et les bandes enherbées. Nous avons tenu compte des pratiques déjà adoptées par le producteur, et celles qu'il envisage mettre en œuvre lors de la campagne agricole suivante. Le fait de prendre en considération l'intention de l'agriculteur d'adopter telles ou telles pratiques au cours de la saison agricole à venir est cohérente avec la littérature, qui suppose que les agriculteurs n'adoptent pas toutes les innovations en même temps. Les études de Pannell et *al.* (2006) et Läpple et Van Rensburg (2011) ont, en particulier, montré que l'adoption ne doit pas être vue comme une simple décision, mais plutôt comme un processus décisionnel opéré dans le temps ; et que les agriculteurs essaient souvent des technologies, les adaptent et décident constamment s'il faut continuer à les utiliser ou non. En suivant Saltiel et *al.* (1994), nous avons donné le score 2 au cas où la pratique est adoptée, 1 lorsque le producteur envisage d'adopter la pratique, et 0 si la pratique n'est ni adoptée, ni prévue d'être adoptée. Puisque plusieurs pratiques peuvent être implémentées sur la même parcelle, la variable dépendante est, dans ce cas, la somme des scores d'adoption.

## 2. Variables indépendantes

Notre principale variable indépendante (ou variable de traitement) est le mode d'accès à la terre ; lequel se décline en quatre catégories binaires mutuellement exclusives : le prêt ou le don, la location, le métayage et la pleine propriété. Dans les régressions, la pleine propriété a été choisie comme catégorie de référence. Pour rappel, le prêt ou le don est le mode d'accès à la terre par lequel un individu exploite temporairement un champ sans payer une rente directe au propriétaire. Au Cameroun, le prêt ou le don est fonction d'un certain nombre de critères bien définis parmi lesquels figurent : la relation de confiance entre l'emprunteur et le propriétaire ; le fait pour l'emprunteur de jouir d'une bonne moralité ; la nécessité d'aider l'emprunteur dans ses activités agricoles pendant au moins cinq ans (IRAD, 2001 ; Abou et *al.*, 2006). La location, elle, est le mode d'accès à la terre par lequel le bénéficiaire, appelé locataire, obtient le droit d'utiliser un domaine en contrepartie d'une somme versée au propriétaire. Dans les zones rurales du Cameroun, le contrat de location de terre est généralement verbal. Le métayage fait référence, quant à lui, au moyen par lequel les ménages moins dotés en terre exploitent celles appartenant à autrui, en contrepartie d'un pourcentage de la récolte. La rente payée par le métayer, fixée de commun accord, est un pourcentage contractuel de la production par période de temps bien définie. Un ménage devient propriétaire de ses terres agricoles soit par héritage, ou par achat. Dans la zone soudano-sahélienne, l'héritage demeure le mode le plus répandu.

La description des autres variables explicatives de la procédure d'estimation est telle qu'indiquée au tableau 1 présenté ci-dessous.

**Tableau 1.** *Variables explicatives utilisées dans l'étude*

| ***Variables*** | ***Définition des variables*** |
|---|---|
| ***Caractéristiques socio-économiques du ménage*** | |
| *Age* | L'âge du chef du ménage est souvent associé à son niveau d'expérience dans les activités agricoles. L'effet de l'âge sur l'adoption de pratiques agro-environnementales peut être positif ou négatif (Bekele et Drake, 2003). |
| *Genre* | Le sexe du producteur agricole est reconnu comme un facteur important dans l'adoption d'innovations agricoles. Les femmes sont généralement contraintes dans leur accès au marché et aux |

| | |
|---|---|
| | ressources; de sorte que, contrairement aux hommes, elles adoptent beaucoup plus lentement les innovations agricoles (Doss et Moris, 2000; FAO, 2011). |
| *Education* | Les agriculteurs les plus scolarisés sont susceptibles d'être plus informés sur les avantages des pratiques agro-environnementales et, par conséquent, plus disposés à les adopter. L'éducation favorise l'accès à une source diversifiée d'informations agricoles. Kabunga et *al.* (2012) trouvent que les agriculteurs les plus scolarisés ont tendance à adopter plus rapidement les innovations. |
| *Taille du ménage* | Dans les pays en développement où l'agriculture est très peu mécanisée, la taille du ménage est généralement un indicateur de la dotation en travail. La taille du ménage est une variable de contrôle importante dans notre analyse dans la mesure où les pratiques agro-environnementales sont demandeuses de travail intensif, et leur adoption dépend de la disponibilité de la main-d'œuvre dans le ménage (Wollni et *al.*, 2010; Noltze et *al.*, 2012). |
| *Appartenance à une organisation paysanne* | L'appartenance à une organisation paysanne reflète à la fois la fréquence de contact de l'agriculteur avec la vulgarisation, et la profondeur de sa collaboration avec d'autres agriculteurs; ce qui lui permet d'apprendre de ses pairs sur les nouvelles technologies. |
| *Revenu hors ferme* | L'effet du revenu hors ferme sur l'adoption des pratiques agro-environnementales peut être positif ou négatif (Amsalu et de Graaff, 2007). |
| *Ethnie* | Cette variable mesure l'influence du groupe ethnique sur les comportements d'adoption des pratiques agro-environnementales des exploitants (1=Toupouri, 2= Moundang, 3=Massa, 4=Guiziga, 5=Mafa, Guidar, Daba-Kola, et autres). Elle est utilisée dans l'équation comme variable de restriction d'exclusion pour une identification ethnie. L'ethnie est un indicateur de système de gestion coutumière d'accès à la terre. Le groupe ethnique auquel appartient le producteur pourrait influencer son accès à la terre, mais n'aura probablement pas d'effet direct sur l'adoption d'une innovation agro-environnementale. Plusieurs études menées dans divers contextes socio-économiques en Afrique Sub-Saharienne ont trouvé une forte corrélation entre l'ethnie et les types de droits de propriété foncière détenus par les producteurs agricoles (Bekele et Drake, 2003; Boone, 2007). |
| *Taille de l'exploitation* | La taille de l'exploitation est une mesure importante de la richesse du ménage et peut, en conséquence, influencer sa décision d'adoption des pratiques agro-environnementales. Elle est exprimée ici en quart d'hectare. Une grande dotation du ménage en terres pourrait réduire son incitation à adopter des mesures de conservation des sols (Gebremedhin et Swinton, |

| | |
|---|---|
| | 2003). Par contre, une grande disponibilité de terres pourrait refléter une plus grande capacité à encourager l'adoption de telles mesures (Cramb et *al.*, 1999). |
| ***Caractéristiques de la parcelle*** | |
| *Nombre d'années d'utilisation de la parcelle* | Nous supposons que le nombre d'années d'utilisation de la terre (expérience agricole) peut être un indicateur de sécurité foncière, lequel impactera l'horizon de planification des investissements sur la terre. |
| *Distance de la ferme au marché le plus proche* | La distance de la parcelle au marché le plus proche augmente les coûts de transaction et peut affecter négativement les investissements dans la conservation du sol. |

*Source : Auteur.*

## 3. Source des données utilisées

Les données exploitées dans cette étude proviennent d'une enquête réalisée auprès de 303 chefs d'exploitations agricoles représentatifs des ménages qui vivent dans 10 villages du bassin versant du lac Lagdo au Cameroun, en zone soudano-sahélienne. La composition de l'échantillon est telle qu'indiquée au tableau 2.

**Tableau 2.** *Caractéristiques de l'échantillon des exploitations agricoles enquêtées*

| ***Localités*** | ***Groupements*** | ***Effectif déclaré*** | ***Effectif enquêté*** |
|---|---|---|---|
| *Tongo* | Tongo | 100 | 19 |
| *Mayo Bocki* | Mayo Bocki | 128 | 24 |
| *Ouro andré* | Ouro andré | 122 | 17 |
| *Nelbi* | Nelbi | 40 | 18 |
| *Doré* | Doré | 50 | 14 |
| *Carrefour Naari* | Carrefour Naari | 106 | 27 |
| *Djamboutou* | Djamboutou | 288 | 44 |
| *Zéra* | Zéra | 458 | 73 |
| *Gouna* | Balda 1 | 207 | 45 |
| *Mbella* | Mbella | 110 | 24 |

*Source : Enquête.*

Cet échantillon nous a permis d'obtenir les données relatives à 708 parcelles où sont principalement cultivés le coton, le maïs, l'arachide, le mil, le niébé, le sorgho et le riz. Les parcelles aménagées sont au nombre de 290, et celles non aménagées au nombre de 418. Ces données se rapportent à la saison agricole 2007-2008, et concernent les caractéristiques physiques de chaque parcelle de culture, à savoir : la surface, le mode de tenure foncière et la situation foncière, la production obtenue de la culture qui y a été réalisée au cours de la saison 2007-2008, les niveaux d'intrants utilisés (main-d'œuvre, fertilisants, produits de traitement phytosanitaire, etc.), les problèmes rencontrés durant l'année culturale précédente, les pratiques de conservation des sols utilisées dans les parcelles. La production des parcelles est exprimée en tonnes par hectare (t/ha). Le dispositif des technologies innovatrices proposées concerne seulement l'aménagement de l'exploitation agricole, et est constitué de trois (3) techniques antiérosives (Abou et *al.*, 2006) que sont :

[I]- Les ados en terre selon les courbes de niveau.

[II]- Les cordons pierreux, ces ouvrages réalisés perpendiculairement à la pente, par alignement de blocs de cuirasse ou de roches. La disposition des blocs se fait selon les courbes de niveau ou de forme ; soit de façon jointive simple, ou au travers de blocs dressés et soutenus à la base par de la terre damée en amont, ou de `blocs plats couchés´ en aval, ou encore avec trois pierres juxtaposées, deux à la base et une au sommet.

[III]- Les bandes enherbées d'*Andropogon gayanus* qui sont du même type que la technique précédente ; les blocs rocheux étant remplacés par des plantes vivaces.

Parfois, les aménagements sont une association de cordons pierreux (ou diguettes en terre) et *Andropogon gayanus* qui, chaque année, sont fauchés ou brûlés. Quelquefois, cette plante est remplacée par l'*Euphorbia balsamifera*.

La méthodologie adoptée dans le cadre de cette étude combine des techniques à la fois quantitatives (questionnaires) et qualitatives (entretiens informels et semi-structures). Les questionnaires ont été exécutés par les agents techniques de terrain. Ces derniers, dont le meilleur des atouts est de comprendre les langues parlées dans leurs milieux de vie respectifs, ont collecté les données relatives à 303 questionnaires élaborés par nos soins. L'entretien informel avec les producteurs (soit une dizaine d'agriculteurs) a été conduit par son principal auteur sur le mode d'interviews très ouverts. Les données secondaires recueillies dans ce cadre ont été confrontées aux données primaires collectées sur le terrain.

# RÉSULTATS, ANALYSES ET DISCUSSION

Cette section de l'article fournit les résultats empiriques de l'étude et leur discussion. Elle est organisée en deux parties principales : une analyse descriptive des données, d'une part, et une analyse économétrique, d'autre part.

## 1. Statistiques descriptives

Les statistiques descriptives des variables utilisées dans le modèle de régression sont fournies au tableau 3 illustré ci-dessous. La tenure foncière est appréhendée à travers les divers modes d'accès à la terre dans la zone d'étude : le métayage, la location, le prêt ou le don, et le droit de hache (par lequel le chef exploitant ou CE qui a défriché la parcelle en devient entièrement propriétaire. Il peut donc y investir sans risque d'en être dépossédé). Un même CE peut obtenir deux parcelles par des modes différents d'accès à la terre. Les statistiques montrent que les ménages de l'échantillon sont propriétaires de 48% des parcelles exploitées et, tandis que 37% des parcelles sont acquises par métayage, 6% et 9 % le sont, respectivement, par voies de contrat de location et de prêt ou don.

**Tableau 3.** *Statistiques descriptives des variables utilisées dans les analyses*

| *Variables* | *Moyenne* | *Ecart-type* | *Description* |
|---|---|---|---|
| **Caractéristiques socio-économiques du ménage** | | | |
| *Age* | 40,5 | 11,62 | âge du chef du ménage en années révolues. |
| *Genre* | 0,96 | 0,45 | Le chef de ménage est un homme (1= oui, 0=non). |
| *Education* | 5,06 | 4,36 | Années d'éducation formelle de l'agriculteur. |
| *Taille du ménage* | 8,35 | 3,45 | Nombre de personnes dans le ménage. |
| *Nombre de parcelles* | 2,55 | 1,35 | Nombre de parcelles exploitées par le ménage. |
| *Appartenance à une OP* | 2,96 | 0,27 | Le chef de ménage est membre d'une organisation paysanne |

| | | | |
|---|---|---|---|
| | | | (1=oui, 0=non). |
| *Taille de l'exploitation* | 8,20 | 5,72 | Superficie en quart d'hectare de toutes les parcelles du ménage. |
| *Accès à un revenu hors ferme* | 0,56 | 0,50 | Le ménage a des revenus hors ferme (1=oui, 0=non). |
| **Caractéristiques de la parcelle** | | | |
| *Nombre d'années d'utilisation de la parcelle* | 19,66 | 12,45 | Le nombre d'années d'utilisation de la parcelle. |
| *Accès au marché le plus proche* | 0,63 | 3,10 | Mesure la qualité du déplacement du champ au marché (1 si l'état de la route est bon et 0 sinon). |
| **Droits de propriété** | | | |
| *Prêt ou don* | 0,09 | 0,21 | La parcelle est acquise par prêt ou don (1=oui, 0=non). |
| *Location* | 0,06 | 0,13 | La parcelle est sous contrat de location (1= oui, 0=non). |
| *Métayage* | 0,37 | 0,41 | La parcelle est sous contrat de métayage (1=oui, 0=non). |
| *Propriétaire* | 0,48 | 0,63 | Le ménage est propriétaire de la parcelle (1= oui, 0=non). |
| *# observation des ménages* | 303 | | |
| *# observation des parcelles* | 708 | | |

*Source : Auteur.*

Pour isoler l'effet du mode d'accès à la terre sur l'adoption, par les ménages, de pratiques agro-environnementales, nous avons inclus dans l'analyse, des variables relatives aux caractéristiques du ménage et à celles de ses parcelles. Les caractéristiques du chef de ménage incluent l'âge, le sexe, l'éducation, et l'appartenance à une organisation paysanne (OP). Celles des parcelles concernent le type de sol, le relief du terrain, la distance à pied par rapport au logement et au marché local le plus proche, ainsi que le nombre d'années d'utilisation.

L'âge moyen des CE est d'environ 40 ans. Leur niveau d'instruction s'avère être très bas : près des trois quarts (73%) d'entre eux ont un niveau inférieur au secondaire, dont 37% sans aucun diplôme. Ce qui est une indication claire de ce que la plupart des agriculteurs interrogés appartiennent à la tranche d'âge économique et productive dotée d'un niveau d'éducation moyen de seulement 5 ans.

Un ménage compte en moyenne 8 membres, alors qu'à l'échelle nationale, ce nombre est de 4,4 membres (ECAM3, 2008) avec, dans le détail, 41,3% des ménages qui abritent entre 5 et 8 personnes, et plus des trois quarts, plus de 5 membres. Les groupes ethniques viennent principalement de la région de l'Extrême-Nord, la plus peuplée du Cameroun, où les ménages comptent traditionnellement beaucoup plus d'individus. La taille moyenne des fermes du district était de 8,20 acres (soit environ 4,1 ha ou 41.000 $m^2$), tandis que le nombre moyen de parcelles agricoles atteignait 2,55 unités. Ceci est principalement dû à la pression démographique et la fragmentation des terres dans la zone. La plupart des agriculteurs interrogés ont une longue expérience dans la production de coton et des céréales ; ce qui, en termes de nombre d'années, équivaut en moyenne à 19,66 ans. Le nombre de personnes disposées à travailler dans les champs s'élève à 8 personnes par famille. Pour surmonter les difficultés financières liées à l'agriculture, la plupart des exploitants agricoles se lancent dans des activités non agricoles. Cette variable d'accès à un revenu hors ferme a enregistré une moyenne de 0,56. Ce qui indique que près des deux tiers (56%) des CE interrogés ont pour activité dominante l'agriculture ; même si, dans les faits, tous développent des activités extra agricoles (petit commerce, fabrication et vente de bière artisanale locale appelée *bil bil*, etc.).

L'accès au marché est déterminé par l'état de la route qui relie les exploitations au lieu de vente le plus proche. La majorité des producteurs interrogés (63,4%) estiment que la route qui mène à leurs parcelles est en bon état et, de ce fait, susceptible de faciliter le transport des marchandises. En effet, les routes principales sont entretenues par la SODECOTON (Société de Développement du coton du Cameroun) lors des campagnes d'achat de la production du coton. Pour autant, en termes d'aménagements, l'état de la route semble ne pas être un critère déterminant pour départager les CE. Ceux d'entre eux qui exploitent plus de 4 ha de terres à des fins agricoles sont néanmoins, par rapport à la moyenne générale, plus nombreux à bénéficier des aménagements routiers. Les pourcentages de CE qui consacrent plus de 8 ha et moins de 3 ha de terres pour l'agriculture sont, respectivement, de 9,2% et 37%. La tension foncière explique cette situation dans la mesure où les superficies disponibles ne sont pas suffisantes pour qu'un grand nombre d'agriculteurs puisse disposer de surfaces importantes de terres à cultiver.

## 2. Résultats économétriques

L'un de nos objectifs étant d'analyser le lien entre le mode d'accès à la terre et l'adoption des pratiques de conservation des sols, nous avons estimé un modèle d'impact qui traite l'accès à la terre comme une variable tant endogène (le mode d'accès à la terre dépend des pratiques de conservation des sols), que de contrôle pour les inobservables. Cette approche s'est faite en deux étapes : dans la première étape, nous avons estimé les déterminants du mode d'accès à la terre avec un modèle logit multinomial mixte ; et dans la deuxième, l'effet du traitement endogène multinomiale avec une régression négative binomiale a été apprécié en considérant le mode d'accès à la terre comme un traitement endogène.

### *2.1. Les déterminants du mode d'accès à la terre*

Le tableau 4 ci-dessous présente les résultats de la première étape où une régression logit multinomial mixte (MMNL) est utilisée pour prédire le mode d'accès à la terre ; et où la catégorie de référence de la variable dépendante est la pleine propriété foncière. Le modèle est adapté aux données utilisées, car le test de wald indique que $\chi 2$=134,57 $et\ p > \chi 2$=0,00. Ceci implique que l'hypothèse nulle selon laquelle tous les coefficients de la régression sont conjointement égaux à zéro est rejetée.

**Tableau 4.** *Logit Multinomial Mixte (première équation) pour étudier les déterminants du mode d'accès à la terre*

| *Variables* | *(1)* **Prêt/don** | *(2)* **Location** | *(3)* **Métayage** |
|---|---|---|---|
| *Age* | -0,0931* | -0,0911 | -0,00125 |
| *Genre* | 0,9600 | 0,186 | -0,413 |
| *Education* | 0,166 | -0,676*** | -0,320 |
| *Taille du ménage* | -0,0345 | -0,0433 | -0,189 |
| *Nombre de parcelles* | -0,103 | 0,434 | 0,0632 |

| | | | |
|---|---|---|---|
| *Appartenance à une OP* | 0,222 | -0,205 | -0,441 |
| *Taille de l'exploitation (ha)* | -0,00617 | -0,144*** | 0,114*** |
| *Accès à un revenu hors ferme* | -0,0633 | 0,633 | -0,476 |
| *Nombre d'années d'utilisation de la parcelle* | -0,0774*** | -0,266*** | -0,125*** |
| *Distance de la ferme au marché le plus proche* | -0,0730 | -0,00311 | -0,212 |
| **Ethnie (référence Toupouri)** | | | |
| *Moundang* | 0,879*** | -2,458*** | -4,403*** |
| *Massa* | 0,425** | -0,0624 | -1,230*** |
| *Guiziga* | 0,735*** | 0,741** | -1,256** |
| *Mafa, Guidar, Daba-kola et autres* | 0,375** | 0,123 | 0,0351** |
| *Constante* | 0,649 | 0,712 | 1,348 |
| *Observations* | 708 | 708 | 708 |

*Source : Auteur.*

*Notes : Le mode d'accès à la terre de référence est la pleine propriété foncière. La taille de l'échantillon est de 303 ménages et 708 parcelles. Les erreurs standards ont été ajustées au niveau ménage ;* * $p < 0.10$ ; ** $p < 0.05$ ; et *** $p < 0.01$

Le résultat des estimations montre que l'ethnie du chef de ménage a une influence sur son mode d'accès à la terre. Ceci confirme notre hypothèse sur la différence entre les groupes ethniques en termes de pratiques coutumières de gestion du patrimoine foncier. Les chefs de ménage les plus âgés sont moins enclins à accéder à la terre par le prêt ou le don, comparativement à leurs homologues plus jeunes.

Dans les spécifications utilisant la location ou le métayage comme variable dépendante (modèles 2 et 3), l'âge du chef du ménage n'a aucun effet sur l'accès à la terre. Il n'y a donc pas de discrimination liée à l'âge du chef de ménage pour la location ou l'accès à des contrats de métayage. Par contre, les chefs de ménage alphabétisés sont moins disposés à accéder à la terre par la location. Ce qui pourrait s'expliquer par la valeur élevée des redevances à payer. Le revenu hors ferme et la dotation en terre (taille de l'exploitation) du ménage n'ont aucun effet sur la probabilité du ménage à recourir à la location ou au métayage comme mode d'accès à la terre.

Le fait que la dotation en terre du ménage n'ait pas d'incidence sur sa propension à louer ou à s'engager dans un contrat de métayage, n'est pas surprenant. M'Biandoun (2007) a montré qu'au Nord Cameroun, les ménages propriétaires de grandes superficies de terres agricoles peuvent mettre en location/métayage une partie de celles-ci, tandis qu'en parallèle, ils louent des terres appartenant à d'autres ménages. Ce procédé, somme toute particulier, permet à ces exploitants riches en possession de terres, de profiter de la différence de fertilité entre leurs parcelles et celles qu'ils obtiennent en location. Ainsi, dans le contexte du Nord Cameroun, tous les ménages sont impliqués dans le marché de la location, peu importe qu'ils soient bien dotés en terres ou non.

Par ailleurs, dans un contexte où le marché de la vente de terres est très peu développé, il est normal que, toutes choses restant égales, le revenu hors ferme (qui est un indicateur de richesse du ménage) n'ait pas d'effet significatif sur le mode d'accès à la terre. Le coefficient (estimé) de la durée d'utilisation de la parcelle est négatif et significatif dans toutes les spécifications qui impliquent que les terres soient prêtées, louées ou mises en métayage, généralement pour une courte durée.

*2.2. Effet moyen de traitement des droits de propriété*

Cette section présente les résultats de la deuxième étape de notre modèle. Pour des raisons de comparaison, nous avons estimé l'effet de traitement sous les hypothèses d'exogénéité et d'endogénéité des droits de propriété. Le tableau 5 présenté ci-après compare les résultats des deux modèles de régression négative binomiale. Le premier de ces modèles considère le mode d'accès à la terre comme une variable exogène ; alors que le second traite l'accès à la terre tel une variable endogène et de contrôle pour les inobservables. La comparaison entre les deux modèles mentionnés *supra* permettra de mieux comprendre les effets du biais d'endogénéité du traitement et leurs conséquences sur les résultats.

Avec l'hypothèse d'exogénéité du mode d'accès à la terre (modèle 1, tableau 5), les résultats montrent qu'en moyenne, les ménages qui ont acquis la terre par prêt (ou don) et par location (ou métayage) adoptent moins les pratiques de conservation des sols ; comparativement à ceux qui ont la pleine propriété de leurs terres agricoles. Les résultats sont significatifs au seuil de 1% sauf pour le métayage. Toutefois, l'hypothèse d'exogénéité du mode d'accès à la terre peut conduire à des résultats biaisés, dans la mesure où des particularités initialement relevées dans les caractéristiques des producteurs sont susceptibles d'expliquer la différence de score d'adoption. Cette différence trouve aussi ses fondements dans les caractéristiques inobservables des producteurs, à l'instar de la motivation, de l'aptitude managériale, et de la planification des investissements sur les parcelles. Nous avons contrôlé le biais de sélection sur les caractéristiques inobservables, en estimant un modèle d'effet de traitement endogène multinomial (modèle 2).

**Tableau 5.** *Modèle d'effet de traitement endogène multinomial pour l'estimation de l'impact des droits de propriété sur l'adoption des pratiques de conservation des sols*

| *Variables* | *(1)* *Droit exogène* | *(2)* *Droit endogène* |
|---|---|---|
| ***Droits de propriété*** | | |
| *Prêt ou don* | *-0,328**** | *-0,285**** |
| *Location* | *-0,256**** | *-0,178*** |
| *Métayage* | *-0,231* | *-0,116* |
| ***Caractéristiques socio-économiques*** | | |
| *Age du chef de ménage* | *-0,09* | *-0,011* |
| *Genre* | *0,065* | *0,0756* |
| *Education* | *0,186**** | *0,128**** |
| *Appartenance à une OP* | *0,054* | *0,0505* |
| *Taille du ménage* | *-0,0645* | *-0,0423* |
| *Nombre de parcelles* | *0,048**** | *0,0548**** |
| *Accès à un revenu hors ferme* | *0,263**** | *0,173**** |
| ***Caractéristiques de la parcelle*** | | |
| *Taille de l'exploitation* | *0,031**** | *0,0311**** |
| *Nombre d'années d'utilisation de la parcelle* | *0,091**** | *0,0111**** |
| *Distance de la ferme au marché le plus proche* | *0,054**** | *0,0118*** |
| *Constante* | *-0,125* | *-0,624* |
| *Ln (β)* | | *-1,323**** |
| *Prêt ou don* | | *0,341*** |
| *Location* | | *-0,0145*** |
| *Métayage* | | *-0,0378**** |
| *Observations* | *708* | *708* |

*Source : Auteur.*

*Notes : Le mode d'accès à la terre de référence est la pleine propriété foncière. Les erreurs standards ont été ajustées au niveau ménage ;* * $p < 0{,}10$ ; ** $p < 0{,}05$ ; et *** $p < 0{,}01$.

Le coefficient $\varphi$ du prêt/don dans le modèle (2) est positif et significatif au seuil de 5%. Ceci prouve l'existence d'un biais de sélection positif. Autrement dit, le coefficient ($\varphi$) indique que les caractéristiques inobservables qui augmentent la probabilité du producteur de choisir le prêt ou le don comme mode d'accès à la terre, sont associées à de plus fortes adoptions des pratiques de conservation que ce qui pourrait être attendu lorsque ce mode d'accès à la terre est assigné aux producteurs de façon aléatoire. Les résultats révèlent aussi l'existence de biais de sélection négatifs qui suggèrent que les variables inobservables qui augmentent la probabilité du producteur de louer la terre ou de s'engager dans un contrat de métayage, sont associées à de faibles taux d'adoption des pratiques de conservation des sols.

Les résultats du modèle (2) affichent les mêmes tendances que ceux du modèle (1). Ces résultats indiquent précisément que les propriétaires terriens adoptent, respectivement, 28%, 18% et 11% plus de pratiques que les producteurs prêteurs, locataires et métayers. Toutefois, lorsque le biais de sélection sur les variables inobservables est contrôlé, le droit de propriété a un effet plus important sur l'adoption, comparativement au prêt de terre ; et moins important, lorsqu'on considère la location ou le métayage. Nous interprétons ces découvertes d'ordre empirique de la manière suivante : les producteurs qui ont obtenus la terre par don ou prêt, possèdent des caractéristiques non observées favorables à l'adoption, comparativement à ceux qui sont propriétaires. Cet état de choses amplifierait l'effet du droit de propriété sur la décision d'adoption, lorsque le biais est contrôlé. De plus, même si l'impact négatif de la location et du métayage persiste dans les deux modèles, les résultats du modèle (2) montrent que cet effet est moins élevé lorsque le biais de sélection sur les variables inobservables est contrôlé. Ce résultat suggère en définitive que, selon que l'auto-sélection est négative ou positive, le contrôle du biais de sélection sur les variables inobservables réduit ou augmente l'effet du droit de propriété sur la propension des agriculteurs à adopter des pratiques agro-environnementales.

## 3. Discussion

Les principaux résultats qui émergent de nos estimations indiquent qu'en utilisant notre échantillon, les coefficients ($\varphi$) des facteurs latents sont significatifs dans les deux modèles. En outre, ils confirment la présence du biais de sélection sur les caractéristiques inobservables ; et, par ce fait, justifient l'utilisation du modèle d'effet de traitement endogène multinomial comme cadre d'analyse. Dans tous les modèles, comparés à la pleine propriété foncière, le prêt ou le don, aussi bien que la location ou le métayage, ont un effet négatif et significatif sur l'adoption des pratiques de conservation des sols. On peut donc en déduire que les producteurs adoptent moins les pratiques de conservation des sols sur les parcelles dont ils ne sont pas propriétaires.

De plus, le résultat selon lequel le coefficient de la variable âge de la parcelle (une mesure du nombre d'années d'utilisation de la parcelle) est négatif en ce qui concerne la location ou le métayage, implique que les locataires ou les métayers disposent rarement de contrats de long terme. Ceci a des répercussions négatives sur la propension de ces derniers à adopter les pratiques agro-environnementales ; et pour cause, le coefficient positif de l'âge de la parcelle dans les régressions d'adoption (deuxième étape du modèle) montre que celui-ci est positivement associé à l'adoption. L'interprétation que nous faisons de ce résultat est que, par peur de ne pouvoir, à long terme, tirer profit des investissements consentis dans la conservation des sols, les locataires et métayers cherchent à maximiser leur production à court terme ; ceci au prix de la dégradation du potentiel fertilitaire du sol.

Notre résultat corrobore celui de Bandiera (2007) au Nicaragua. En effet, cet auteur a trouvé que les producteurs sont plus enclins à adopter l'agroforesterie sur les terres dont ils sont propriétaires, que sur les terres qu'ils louent. Abdulai et *al.* (2011) aboutissent aux mêmes conlusions lorsqu'ils mettent en exergue le choix du court terme souvent opéré par les locataires, en citant l'exemple de l'engrais minéral qui est utilisé dans l'optique d'un rapide retour sur investissement, en lieu et place d'une mise en œuvre des pratiques de conservation des sols. Par ailleurs, en confirmant que la sécurité dont jouit un propriétaire terrien du fait des droits de propriété a une incidence positive sur l'adoption des innovations agro-environnementales, notre étude est clairement en phase avec la littérature.

*

* *

Dans la zone soudano-sahélienne du Cameroun, les producteurs agricoles font face à plusieurs contraintes, dont entre autres : la dégradation des sols, laquelle a pour conséquence la baisse des rendements et l'instabilité de la production ; et les menaces sur la sécurité alimentaire. Plusieurs études ont montré que la mise en œuvre des méthodes de conservation des sols peut être une réponse à ces problèmes, mais aussi à la question de la fourniture des services environnementaux. Pour autant, dans la littérature empirique sur les déterminants de l'adoption des pratiques de conservation des sols, très peu d'attention a été accordée au rôle que jouent les droits de propriété foncière dans le choix que fait un producteur de sauvegarder la fertilité de ses terres.

Parmi les études qui se sont intéressées aux effets des droits de propriété foncière sur l'investissement des exploitants agricoles optant pour la mise en œuvre des pratiques de conservation des sols, plusieurs n'ont pas tenu compte de l'endogénéité desdits droits. Celles qui ont traité le droit de propriété comme un facteur endogène ont manqué de prendre en compte les différences initiales que présentent les caractéristiques spécifiques des producteurs. En conséquence de quoi, la littérature n'a pas pu, jusqu'ici, dégager une preuve empirique claire de l'incidence réelle des droits de propriété foncière sur les décisions d'adoption des producteurs. La raison d'être de cet article reside dans l'objectif qu'il s'est donné, à savoir, examiner précisément l'impact des droits de propriété foncière sur l'adoption des pratiques de conservation des sols par les ménages agricoles de la zone soudano-sahélienne du Cameroun ; ceci en utilisant un modèle d'effet de traitement endogène multinomial. Notre étude et les analyses qu'elle a suscitées ont porté sur des données collectées à partir d'un échantillon représentatif de 303 ménages agricoles.

Les résultats indiquent que les caractéristiques socio-économiques qui influencent le mode d'accès à la terre sont l'âge du chef du ménage, son sexe, le groupe ethnique auquel il appartient, et son niveau d'éducation. Le niveau de richesse du ménage, mesuré à l'aune du revenu hors ferme et de la taille de l'exploitation, n'a aucun effet sur le mode d'accès à la terre. Idem pour ce qui est des caractéristiques de la parcelle, qui n'impactent guère le mode d'accès à la terre.

Nos estimations montrent à suffisance que les exploitants agricoles adoptent moins les pratiques de conservation des sols sur les parcelles dont ils ne sont pas propriétaires. Les coefficients des variables prêt/don, location et métayage sont négatifs et significatifs dans tous les modèles utilisés. Et, étant donné que le prêt ou le don, la location et le métayage constituent des modes d'accès à la terre fondés sur un contrat oral sans valeur juridique claire, n'offrant ainsi aucune garantie au producteur de pouvoir à long terme, tirer profit des investissements consentis dans la conservation des sols, les locataires et métayers cherchent à maximiser leur production à brève échéance ; ceci au prix de la dégradation du potentiel fertilitaire du sol. Nos résultats révèlent par ailleurs que l'hypothèse de présence de biais de sélection sur les variables inobservables ne peut être rejetée. Aussi, lorsque le biais de sélection sur les variables inobservables est contrôlé, les droits de propriété ont-ils un effet plus important sur l'adoption, comparativement au prêt de la terre ; et moins important, lorsqu'on considère la location ou le métayage. Ce qui suggère que, selon que l'auto-sélection est négative ou positive, le contrôle du biais de sélection sur les variables inobservables réduit ou augmente l'effet du droit de propriété sur la propension de l'agriculteur à adopter des pratiques agro-environnementales. Les droits de propriété foncière sont donc, pour ainsi dire, fortement corrélés à la décision du producteur de s'investir, ou pas, dans des méthodes de gestion durable des terres appartenant à son exploitation agricole. En conséquence, un programme de certification des terres serait une bonne réponse au faible taux d'adoption des pratiques de conservation des sols observé dans nombre de fermes de la zone soudano-sahélienne du Cameroun. ■

# RÉFÉRENCES


Abdulai A., V. Owusu, and Goetz R. (2011), "Land Tenure and Investment in Land Improvement Measures: Theoretical and Empirical Analyses." *Journal of Development Economics,* vol. 96, n° 1, pp. 66-78.

Abou Abba A., J.L. Hofs and Mergeai G. (2006), « Relever les défis environnementaux pour les filières cotonnières d'Afrique de l'Ouest et du Centre. » Biotechnol. Agron. Soc. Environ., vol. 10, n° 4, pp. 351-359.

Ali A. D., S. Dercon, and Gautam M. (2011), "Property rights in a very poor country: tenure insecurity and investment in Ethiopia." *Agricultural Economics,* vol. 42, n° 1, pp.75-86.

Amsalu A., and De Graaff J. (2007), "Determinants of adoption and continued use of stone terraces for soil and water conservation in an Ethiopian highland watershed." *Ecological Economics,* vol. 61, n° 2-3, pp. 294-302.

Arnot C. D., M. K. Luckert, and Boxall P. (2011), "What Is Tenure Security? Conceptual Implications for Empirical Analysis." *Land Economics,* vol. 87, n° 2, pp. 297-331.

Aznar O., and Perrier-Cornet P. (2003), « Les services environnementaux dans les espaces ruraux : une approche par l'économie des services. »

*Economie Rurale*, vol. 273, nº 1, pp. 153-168.

Bekele W., and Drake L. (2003), "Soil and water conservation decision behavior of subsistence farmers in the Eastern Highlands of Ethiopia: a case study of the Hunde-Lafto area." *Ecological Economics,* vol. 46, nº 3, pp. 437-451.

Boone C. (2007), "Property and constitutional order: Land tenure reform and the future of the African state." *African Affairs,* vol. 106, nº 425, pp. 557-586.

CEDC (2002), *Etude d'impact des activités anthropiques sur la retenue d'eau de Lagdo.* Rapport de consultation pour le compte de la Mission d'Etude pour l'Aménagement et le Développement de la Région du Nord (MEADEN), Maroua, Cameroun, Centre d'étude de l'Environnement et du Développement au Cameroun (CEDC), 73 p.

Cramb R.A., J.N.M. Garcia, R.V. Gerrits, and Saguiguit G.C. (1999), "Smallholder adoption of soil conservation technologies: evidence from upland projects in the Philippines." *Land Degradation and Development,* vol. 10, nº 5, pp. 405-423.

Deb P., and Trivedi P. K. (2006), "Maximum simulated likelihood estimation of a negative binomial regression model with multinomial endogenous treatment." *The Stata Journal,* vol. 6, nº 2, pp. 246-255.

Deininger K., and Jin S. (2006), "Tenure security and land-related investment: Evidence from Ethiopia." *European Economic Review,* vol. 50, nº 5, pp. 1245-1277.

Doss C.R., and Moris M.L. (2000), "How does gender affect the adoption of agricultural innovations?" *Agricultural Economics,* vol. 25, nº 1, pp. 27-39.

ECAM3 (2008), *Troisième enquête camerounaise auprès des ménages : tendances, profil et déterminants de la pauvreté au Cameroun entre 2001-2007*, Yaoundé, Cameroun, Institut National de la Statistique (INS).

FAO (2011), *The state of Food and Agriculture. Women in Agriculture, Closing the Gender Gap for Development*. 2010-2011, Rome, Italy, Food and Agriculture Organization of the United Nations (FAO).

FAO (2021), *The State of Food and Agriculture 2021. Making agrifood systems more resilient to shocks and stresses*. Rome, Italy, Food and Agriculture Organization of the United Nations (FAO).

Feder G., and Feeny D. (1991), "Land Tenure and Property Rights: Theory and Implications for Development Policy." *World Bank Economic Review*, vol. 5, n° 1, pp. 135-53.

Gebremedhin B., and Swinton S.M. (2003), "Investment in soil conservation in northern Ethiopia: the role of land tenure security and public programs." *Agricultural Economics,* vol. 29, n° 1, pp. 69-84.

IRAD – Garoua (2001), *Étude diagnostique des aménagements hydroagricoles de Lagdo,* Garoua, Cameroun, Institut de Recherches Agricoles pour le Développement (IRAD), 77 p.

Kabunga N.S., T. Dubois, and Qaim M. (2012), "Heterogeneous information exposure and technology adoption: The case of tissue culture bananas in Kenya." *Agricultural Economics,* vol. 43, n° 5, pp. 473-486.

Läpple D., and Van Rensburg T. (2011), "Adoption of organic farming: Are there differences between early and late adoption?" *Ecological economics*, vol. 70, n° 7, pp. 1406-1414.

M'biandoun M., and Olina J.P. (2007), « Savoir paysan et fertilité des terres au Nord-Cameroun. » *Cahiers Agricultures*, vol. 16, n° 3, pp. 185-197 (1). Disponible [En ligne] sur le site internet *https://doi.org/10.1684/agr.2007.0100*, consulté le 22 mai 2024.

Mbow C., M. Van Noordwijk, E. Luedeling, H. Neufeldt, P.A. Minang, and Kowero G. (2014), "Agroforestry solutions to address food security and climate change challenges in Africa." *Science Direct : Current Opinion in Environmental Sustainability,* vol. 6, pp. 61-67.

Naba M.I., E. Sodjinou, D. Houndetondji, P. Langley, and Toboula J. (2006), *Etude d'impacts des réformes foncières sur la pauvreté et la situation sociale au Bénin.* Cotonou, Bénin, PSIA BENIN 2005-2006, OCS, Banque Mondiale, PNUD, Rapport final, volume 2 : Aspects juridiques.

Nguyen Q., M.H. Hoang, I. Öborn, and Noordwijk M.V. (2013), "Multipurpose agroforestry as a climate change resiliency option for farmers: an example of local adaptation in Vietnam." *Climatic Change,* vol. 117, n° 1, pp. 241-257.

Noltze M., S. Schwarze, and Qaim M. (2012), "Understanding the adoption of system technologies in smallholder agriculture: The system of rice intensification (SRI) in Timor Leste." *Agricultural Systems,* vol. 108, pp. 64-73.

Pannell D. J., G. R. Marshall, N. Barr, A. Curtis, F. Vanclay, and Wilkinson R. (2006), "Understanding and promoting adoption of conservation practices by rural landholders." *Australian Journal of Experimental Agriculture,* vol. 46, n° 11, pp. 1407-1424.

Place F. (2009), "Land Tenure and Agricultural Productivity in Africa: A Comparative Analysis of the Economics Literature and Recent Policy Strategies and Reforms." *World Development,* vol. 37, n° 8, pp. 1326-1336.

Saltiel J., J.W. Bauder, and Palakivich S. (1994), "Adoption of sustainable agricultural practices: diffusion, farm structure and profitability." *Rural Sociology,* vol. 59, n° 2, pp. 333-349.

Skole D.L., J.H. Samek, W. Chomentowski, and Smalligan M. (2013), "Forests, carbon, and the global environment: new directions in research." In Brown D.G., Robinson D.T., French N.H.F., and Reed B.C. (Eds.), *Land Use and the Carbon Cycle Advances in Integrated Science, Management, and Policy*. USA, Cambridge University Press, pp. 505-522.

Thangataa P.H., and Hildebrand P.E. (2012), "Carbon stock and sequestration potential of agroforestry systems in smallholder agro ecosystems of sub-Saharan Africa: mechanisms for reducing emissions from deforestation and forest degradation (REDD+)." *Agriculture, Ecosystems and Environment,* vol. 158, pp. 172-183.

Thevoz C. (1997), « Le zaï ou les limites d'une stratégie de mise en culture des sols dégradés au Burkina Faso. » In Stäuble Tercier N. et Beat Sottas (eds.), *La sécurité alimentaire en question : dilemmes, constats et controverses*, Paris, Karthala, pp. 217-229.

Wollni M., D.R. Lee, and Janice L.T. (2010), "Conservation agriculture, organic marketing, and collective action in the Honduran hillsides." *Agricultural Economics,* vol. 41, n° 3-4, pp. 373-384.

## Structures éditoriales du groupe L'Harmattan


**L'Harmattan Italie**
Via degli Artisti, 15
10124 Torino
harmattan.italia@gmail.com

**L'Harmattan Hongrie**
Kossuth l. u. 14-16.
1053 Budapest
harmattan@harmattan.hu

---

**L'Harmattan Sénégal**
10 VDN en face Mermoz
BP 45034 Dakar-Fann
senharmattan@gmail.com

**L'Harmattan Cameroun**
TSINGA/FECAFOOT
BP 11486 Yaoundé
inkoukam@gmail.com

**L'Harmattan Burkina Faso**
Achille Somé – tengnule@hotmail.fr

**L'Harmattan Guinée**
Almamya, rue KA 028 OKB Agency
BP 3470 Conakry
harmattanguinee@yahoo.fr

**L'Harmattan RDC**
185, avenue Nyangwe
Commune de Lingwala – Kinshasa
matangilamusadila@yahoo.fr

**L'Harmattan Congo**
219, avenue Nelson Mandela
BP 2874 Brazzaville
harmattan.congo@yahoo.fr

**L'Harmattan Mali**
ACI 2000 - Immeuble Mgr Jean Marie Cisse
Bureau 10
BP 145 Bamako-Mali
mali@harmattan.fr

**L'Harmattan Togo**
Djidjole – Lomé
Maison Amela
face EPP BATOME
ddamela@aol.com

**L'Harmattan Côte d'Ivoire**
Résidence Karl – Cité des Arts
Abidjan-Cocody
03 BP 1588 Abidjan
espace_harmattan.ci@hotmail.fr


---

## Nos librairies en France


**Librairie internationale**
16, rue des Écoles
75005 Paris
librairie.internationale@harmattan.fr
01 40 46 79 11
www.librairieharmattan.com

**Librairie des savoirs**
21, rue des Écoles
75005 Paris
librairie.sh@harmattan.fr
01 46 34 13 71
www.librairieharmattansh.com

**Librairie Le Lucernaire**
53, rue Notre-Dame-des-Champs
75006 Paris
librairie@lucernaire.fr
01 42 22 67 13

www.ingramcontent.com/pod-product-compliance
Lightning Source LLC
LaVergne TN
LVHW021136061026
849535LV00002B/264